Magnus Malm

# Starker Gott – verzagte Gemeinde?

## Gott erfahren in einer schwachen Kirche

Mit einer Einleitung von Peter Strauch

14.9.03 zum ersten GD in der LGV Prenzlau

R. BROCKHAUS VERLAG WUPPERTAL

Die Edition A U F : A T M E N
erscheint in Zusammenarbeit
zwischen dem R. Brockhaus Verlag Wuppertal
und dem Bundes-Verlag Witten
Herausgeber Ulrich Eggers

Die schwedische Originalausgabe erschien
unter dem Titel I LAMMETS TECKEN
bei Artos bokförlag, Skellefteå/Bokförlaget Libris, Örebro
© Magnus Malm und Artos bokförlag 1996

Deutsch von Dr. Friedemann Lux

Abdruck der Bibeltexte im Kapitel »Kyrie« aus:
Lutherbibel, revidierter Text 1984,
© 1985 Deutsche Bibelgesellschaft, Stuttgart.

Auch die Bibelzitate im übrigen Buch sind im Allgemeinen
nach dieser Lutherbibel wiedergegeben.

© der deutschen Ausgabe:
R. Brockhaus Verlag Wuppertal 2000
Umschlag: Dietmar Reichert, Dormagen
Gesamtherstellung: Breklumer Druckerei Manfred Siegel KG
ISBN 3-417-24419-6
Bestell-Nr. 224 419

# INHALT

# Zu diesem Buch

Dies ist ein wichtiges Buch, wichtig vor allem für solche Leute, die ihre Gemeinde lieben, an ihr leiden und sich nach neuem Leben in ihr sehnen. Offen wird hier über Probleme und Fehlentwicklungen gesprochen, ohne dass Magnus Malm sich dabei von den betroffenen Gemeinden distanziert. Es ist ein konstruktives und Mut machendes Buch für Mitarbeiter und Mitarbeiterinnen, die manchmal ausgebrannt und frustriert, manchmal auch zornig und verbittert sind. Wer es liest, begreift, dass auch die tiefste Enttäuschung und Verzweiflung über Gottes »Bodenpersonal« (den Leser eingeschlossen) kein Grund ist, den Kopf hängen zu lassen. Im Gegenteil, wo wir am Ende sind, fängt Gott oft gerade erst an. Bei allen kritischen Tönen geht es auf den folgenden Seiten immer wieder um die Frage, wie sich aus Erstarrungen, Verkrustungen und Fehlentwicklungen ein guter Weg finden lässt, der den entstandenen Schaden nicht nur notdürftig begrenzt, sondern zu einem Segensweg für alle Beteiligten wird.

Dabei gibt es durchaus Passagen, die ich für problematisch halte. Dazu gehört für mich zum Beispiel, dass Magnus Malm den Begriff Kirche sowohl für die Institution als auch für die Gesamtheit des Volkes Gottes gebraucht. Dem entsprechend sind auch manche Folgerungen. Freikirchliche Entwicklungen werden auf diese Weise schnell zu Spaltpilzen der Christenheit und können folgerichtig nur verurteilt werden. Selbst in der Reformation sieht Magnus Malm eher eine zeitbedingte Frucht der Renaissance, die mit der mittelalterlichen Kirchen-, Zunft- und Feudalgesellschaft bricht, als eine geistliche Notwendigkeit.

Nun ist es ja richtig, dass Kirchenspaltungen nicht unbedingt zur Segensgeschichte Gottes gehören. Und zweifellos sind auch die Motive der Reformer nicht ausschließlich geistlich bestimmt gewesen. Außerdem sind diese Leute auch immer Kinder ihrer Zeit. Aber es gibt eben Situationen, in denen das an das Wort Gottes gebundene Gewissen einen eigenen Weg wählen muss und nicht anders entscheiden kann. Das halte ich für legitim, denn nach meiner Überzeugung sind Volk Gottes und institutionelle kirchliche Strukturen eben nicht deckungsgleich. An einigen Stellen des Buches wird auch deutlich, dass Malm eher die skandinavische kirchliche Situation im

Blick hat, etwa wenn er die katholische Kirche beschreibt, die ja in Schweden und Norwegen ein fast freikirchliches Gesicht hat.

Doch diese kritischen Anmerkungen hindern mich in keiner Weise daran, das Buch mit großer Überzeugung zum Lesen und Durcharbeiten zu empfehlen. In Gemeindeleitungen, Mitarbeiterteams und Hauskreisen sollte es diskutiert werden. Es ist ein hoch aktueller Text in einer Zeit, in der auch Kirchen versuchen, sich an den Gesetzen des Marktes zu orientieren, und den Inhalt ihrer Verkündigung von den Bedürfnissen der Leute bestimmen lassen. Das Evangelium von Jesus ist eben kein Schmerz- oder Aufputschmittel, das man sich in miesen Zeiten einverleibt. Wer es dennoch dazu macht, muss schließlich enttäuscht und frustriert werden, denn Gottes Liebe zielt auf unsere Hingabe an ihn, mit weniger ist das Leben in Fülle nicht zu haben.

Offen spricht Malm auch von solchen Verantwortungs- und Entscheidungsträgern in unseren Kirchen, die glauben, Kirche könne gemanagt werden, wie ein Wirtschaftsunternehmen. Nicht dass wir von den Erkenntnissen des modernen Management nichts lernen könnten. Das manchmal verantwortungslose Verpulvern von Zeit, Kraft und Geld ist sicher kein Ruhmesblatt für die Kirche, und die meisten Unternehmen wären vermutlich längst bankrott, arbeiteten sie so wie die Kirchen. Nur allzu oft müssen (schein)fromme Begründungen für die Einfallslosigkeit und gedankenlose Routine in christlichen Kreisen herhalten. Auch wir Christen haben verantwortlich mit den Ressourcen umzugehen, die Gott uns anvertraut hat.

Aber abzulehnen ist das mangelnde Verständnis für biblische Zusammenhänge, mit dem manche Verantwortungsträger die Kriterien des Marktes auf die Ebene des Reiches Gottes übertragen. Das Reich Gottes unterliegt eben anderen Maßstäben, hat andere Gesetzmäßigkeiten. Hier kann paradoxerweise Schwäche zur Stärke werden, das ehrliche Eingeständnis der Ohnmacht zur Erfahrung von Gottes überwältigender Kraft und Segenswirkung. Im Reich Gottes muss Negatives nicht vertuscht und Versagen eben nicht verschleiert werden. Hilflosigkeit und selbst Fehler und Schuld dürfen und müssen offen eingestanden werden. Gerade dann beginnt Gott Neues zu wirken und seine Gemeinde mit quellfrischem Leben zu beschenken. Solange wir das nicht begriffen haben, sind die Aussichten auf eine Erneuerung unserer Kirchen und Gemeinden schlecht.

Geradezu begeistert bin ich davon, wie Magnus Malm das Evangelium von Jesus entfaltet. Was bedeutet es, dass er gekreuzigt und gestorben ist? Welche Dimension haben seine Auferstehung und Himmelfahrt für seine Gemeinde heute? Wozu ist die Gemeinde da, was ist ihre Mitte, ihr Dreh- und Angelpunkt? Falsche Gottesbilder werden entlarvt. Mit der Privatisierung des Glaubens und der Hoffnung wird endlich Schluss gemacht. Auch das den kirchlichen Aufgabenkatalog bestimmende Nützlichkeits- und Nischendenken wird aufgedeckt. Die Gemeinde wird wieder an ihre Kernkompetenz erinnert und aufgefordert, das zu tun und zu sagen, was sonst niemand tun und sagen kann.

Begeistert bin ich davon, weil ich glaube, dass gerade diese Dinge eine hohe Aktualität haben und wir als Christen geradezu wachgerüttelt werden müssen, um nicht zur Bedeutungslosigkeit zu verkommen. Jesus und sein Evangelium werden zwar niemals ohne Bedeutung sein, aber Christen können den Anschein erwecken, als wären sie es. Wie oft hat die Kirche das Evangelium verdunkelt oder bis zur Unkenntlichkeit entstellt!

Die Bedeutung des Lebens als Christ liegt eben nicht in einem subjektiven Gefühl von Frieden und Geborgenheit. Beides wäre unter Umständen auch anders zu haben. Weil Gott Gott ist und in der Geschichte gehandelt und Fakten geschaffen hat, haben wir daraus die Konsequenzen zu ziehen. Sie liegen in einer Umkehr, die alles einschließt. Wie in seinem ersten Buch *Gott braucht keine Helden* beschreibt Magnus Malm Nachfolge, die nicht ein moralisches Ideal, sondern Jesus im Blick hat und dabei vor allem echt und ehrlich ist. Das ist nicht aufregend neu, sondern wahr wie seit eh und je. Aber Malm hat die Gabe, das alte Evangelium so zu entfalten, dass uns der Geist Gottes anrührt, bewegt, korrigiert und wieder neu (oder zum ersten Mal) auf den Weg bringt. Wie in seinem ersten Buch geht es auch hier wieder um einen »ehrlichen« Weg mit Jesus.

Witten, im Januar 2000                                  Peter Strauch

# Präludium – Vorspiel

Lieber Leser, liebe Leserin, wenn Sie bereit sind, sich durch dieses Buch hindurchzuarbeiten, dann sicher, weil Ihr Herz – wie meines – für die Gemeinde brennt. Vor Neugierde, wie sie all die Krisen meistern wird. Oder vor Frust über ihre Dummheiten. Oder vor Liebe zum Wunder der »Gemeinschaft der Heiligen«. Vielleicht ist es ein bisschen von allem, wie bei den meisten von uns.

Dieses Buch soll eine Stütze für Sie sein. Wir müssen einander stützen in den Umwälzungen, durch die die Kirche in unseren Tagen geht. Ich sage »die Kirche« und nicht »die Kirchen«, denn ich bin gewiss, dass es nur eine christliche Kirche gibt. Vielleicht liegt hier der Schlüssel zum Durchbruch in unserer Krise: Erst dann, wenn wir miteinander reden und unsere Erfahrungen austauschen, können wir überhaupt die richtigen Fragen stellen. Erst dann können wir gemeinsam anfangen, Gottes Willen für seine Gemeinde zu erkennen.

Darum bin ich auch zu unseren gemeinsamen Wurzeln in der alten Kirche und im Mittelalter zurückgegangen, zu dem Erbe, das wir alle teilen und das eine verblüffend deutliche Wegweisung hin zum gemeinsamen Kirche-Sein zeigt. Unsere Väter und Mütter geben uns keine Methodenkataloge, aber dafür den Scharfblick der Alten für das Wesentliche. Erst dann, wenn wir wieder wissen, wer wir als Kirche überhaupt sind, können wir Formen finden, die das Wesen der Gemeinde ausdrücken – und nicht zur Verschleierung unserer Ratlosigkeit dienen.

Darum habe ich vor allem versucht, mich Jesus zu nähern, um die Mischung aus Heiligen und Sündern, die man seine Kirche nennt, von seinem Licht beleuchten zu lassen. Je deutlicher wir sehen, wer Jesus ist, umso deutlicher sehen wir, was die Kirche ist, und je mehr wir uns von ihm entfernen, um unsere diversen Teilprobleme zu lösen, desto mehr tappen wir blind umher. Je näher wir dem urchristlichen Evangelium kommen, umso leichter finden all die Einzelfragen ihren Platz. Wir treffen uns im Zentrum.

Darum habe ich das ganze Buch um das herum aufgebaut, was seit jenem Abend in Gethsemane die Mitte der christlichen Gemeinde ist: das Abendmahl. Die Überschriften der fünf Hauptteile sind der altkirchlichen Abendmahlsliturgie entnommen, die heute noch weithin üblich ist. Der Reichtum dieser fünf Schritte in der

Teilhabe an Christi Leib und Blut ist ein zeitloser Ausdruck unserer Wanderung von der Not zur Gnade, von der Finsternis zum Licht der Gegenwart Jesu.

Natürlich ist das Buch auch von meinen persönlichen Erfahrungen geprägt. Wenn man als Kind in der schwedischen Staatskirche getauft, in der Heilsarmee aufgewachsen und in der Methodistischen Kirche konfirmiert worden ist, tut man sich schwer damit, eine bestimmte Kirche als die ganze Wahrheit zu betrachten. Dass ich danach in der Christlichen Studentenbewegung aktiv war, ein paar Sommer in einer anglikanischen Kathedrale jobbte, die Tochter eines freikirchlichen Pastors heiratete, acht Jahre lang in einer christlichen Großfamilie lebte, fünfzehn Jahre für die ökumenische Monatszeitschrift Nytt Liv arbeitete, seit 25 Jahren katholische und orthodoxe Bücher lese usw., macht das nicht einfacher. Seit vier Jahren bin ich als Angestellter der Diözese Skara und Göteborg zusammen mit katholischen Ordensschwestern in der Seelsorge- und Einkehrarbeit für Mitarbeiter tätig.

Ob dieser kleine Lebenslauf dem Leser auch das letzte Vertrauen nimmt oder ihm Hoffnung auf Einsichten jenseits der Konfessionszäune macht, weiß ich nicht. Eigentlich möchte ich mit diesem Buch einfach meine eigene Not und Sehnsucht weitergeben. Ich tue dies in größter Dankbarkeit gegen Gott, für all die Brüder und Schwestern, die dem Evangelium Fleisch und Blut verliehen und mir in der großen Gemeinschaft so unendlich viel gegeben haben. Und ich tue es in der Überzeugung, dass die heutige Krise der Gemeinde kein Todeskampf ist, sondern Geburtswehen.

Verwalten wir eine Ruine oder bauen wir eine Kathedrale? Vielleicht kann dieses Buch uns helfen, wie einst Nikodemus zu Jesus zu gehen und ihm unsere Fragen zu sagen. »Wie kann eine Kirche von neuem geboren werden, wenn sie schon alt ist? Wir können doch keine Zeitreise zurück in die Urkirche machen und noch einmal von vorne anfangen?« Vielleicht kommt dann die Antwort – wie damals, als Flüstern im Wind . . .

*Komm, Heiliger Geist!*

# KYRIE – Herr, erbarme dich

## Sie weint des Nachts

Christoph war auf dem Weg zur Kirche. Noch vor einem Monat wäre ihm der bloße Gedanke daran lächerlich gewesen. Wenn es eine unumstrittene Überzeugung unter seinen Meditationsfreunden gab, dann diese: dass die Kirche für den, der nach echter Spiritualität suchte, definitiv keine Option darstellte. Die Kirche war leer an tieferen spirituellen Erfahrungen, aber dafür umso voller von frommer Besserwisserei, angepassten Pastoren und einem hoffnungslos überholten Weltbild. Die Kirche – darüber brauchte man gar nicht mehr zu diskutieren. Er war eine Selbstverständlichkeit, der Satz: »Die Kirche ist passé.«

Aber in den letzten Wochen war es Christoph immer schlechter gegangen. Seine Meditationslehrerin hatte ihn komisch angeschaut, als er sie fragte, ob es nicht doch so etwas wie »eine absolute Wahrheit« gab, ob wirklich alles »im Fluss« war, ein ständig fließender Energiestrom, in welchem man durch ein Stadium nach dem anderen geht. »Ja, hast du das immer noch nicht begriffen?« – ungefähr das hatte ihr Blick gesagt. Der Knall war dann während des Rebirthing-Kurses am vergangenen Wochenende gekommen. In der ersten Nacht hatte Christoph furchtbare Angstzustände bekommen, und in der zweiten glaubte er, dass es ihn gleich in Stücke sprengen würde. Es war ein Gefühl gewesen, als ob glühende Ketten seinen Körper in alle Richtungen auseinanderrissen – bis die Ketten sich gleichsam umdrehten und aus allen Richtungen in ihn hineinkrochen, wie Giftschlangen. Als er am Sonntagmorgen versucht hatte, mit dem Kursleiter darüber zu sprechen, hatte er zur Antwort bekommen: »Das ist ganz okay, da musst du durch.«

»Da musst du durch . . .« Gott alleine wusste, was er in den letzten zehn Jahren alles an spirituellen Therapien, Meditationstechniken, Heilungskursen und und und ausprobiert hatte. Ja, wusste Gott das nun oder nicht? In den letzten Wochen war die Gottesfrage mit Macht zurückgekommen, und das höllische Nachterlebnis während des letzten Kurses hatte Christophs letzten Widerstand gebrochen. Er musste zur Kirche gehen! Noch schlimmer, als es jetzt schon war, konnte es dort auch nicht werden. Vielleicht würde so ein Gottesdienst ihm einen festen Grund unter den Füßen geben, einen Halt in dem inneren Chaos, das dabei war, sein Seelenleben in einen Eisnebel aufzulösen.

».. . und so erreicht uns die freimachende Botschaft, dass wir gut genug sind so, wie wir sind. Alle Forderungen unseres Alltags sind fort. Wir können genau so vor Gott treten, wie wir sind. Niemand verlangt von uns, dass wir auf eine bestimmte Art glauben oder soundso viele Erfahrungen vorweisen müssen, damit Gott uns gewogen ist. Hier kann jeder . . .«

Von was redet der? Christoph sitzt in der leeren Kirchenbank und versucht, sich auf den Mann im Talar zu konzentrieren, der da vorne in dieser Art verziertem Nistkasten steht und seine Rede schwingt. Was soll das – keine »Erfahrungen vorweisen«? Hier sitzt jemand, der jede Menge Erfahrungen mit sich herumschleppt; ein paar hätten ihn fast umgebracht. Die sind doch gerade das Problem! Ob der da vorne überhaupt selber Erfahrungen hat? Weiß der, wovon er schwätzt?

».. . Und keiner von uns kann behaupten: ›Dies ist die Wahrheit über Gott.‹ Gott ist jenseits aller Worte, ein Mysterium, das wir nur erahnen können. Im tiefsten Grunde sind wir alle Suchende, die einander an der Hand nehmen müssen auf dem Weg, der der eigentliche Sinn unseres Lebens hier auf Erden ist. Wie ein moderner Dichter es ausgedrückt hat . . .«

Christoph blättert zerstreut in dem Gesangbuch. Sonntag Sexagesimae . . . Register der Liedanfänge . . . Er legt das Buch zurück in das kleine Fach in der Bank vor ihm und sieht durch das Fenster hinaus. Draußen ist es neblig.

Wie liegt die Stadt so verlassen, die voll Volks war! Sie ist wie eine Witwe, die Fürstin unter den Völkern, und die eine Königin in den Ländern war, muss nun dienen. Sie weint des Nachts, dass ihr die Tränen über die Backen laufen. Es ist niemand unter allen ihren Liebhabern, der sie tröstet. Alle ihre Freunde sind ihr untreu und ihre Feinde geworden . . . (Sie) wohnt unter den Heiden und findet keine Ruhe . . . Die Straßen nach Zion liegen wüst, weil niemand auf ein Fest kommt. Alle Tore der Stadt stehen öde, ihre Priester seufzen . . . (Klagelieder 1,1-4)

Ihren vierzigsten Geburtstag wollte Karin richtig groß feiern. Johann hatte etwas die Stirn gerunzelt, dass sie das Fest zu Hause haben wollte. Sollten sie nicht besser den Saal ihrer Pfingstgemeinde mieten, der so praktisch für größere Festlichkeiten war? Karin hatte ihn ungeduldig angeschaut und gefragt, ob sie den Gästen etwa Saft und Sonntagsschulheftchen anbieten sollten.

Ein nachdenklicher Johann war vom Großeinkauf im Supermarkt zurückgefahren. Was würden wohl die Gemeindeältesten davon halten, dass ihre Sonntagsschullehrer so »weltlich« Geburtstag feierten? Johann hatte unter anderem einen Kollegen eingeladen, der ganz »von draußen« kam, wie man so sagte. Nun ja, der würde sich auf diesem Fest wie ein richtiger Mensch fühlen. Er hieß Uffe, und in der letzten Zeit hatte er Johann viel über Gott und die Kirche gefragt.

Nach ein, zwei Gläsern taute Karin auf und landete in einem ungewöhnlich offenen Gespräch auf dem Sofa. Direkt neben Uffe. Aus verschiedenen Gründen mussten sie sich immer mehr anstrengen, einander zu verstehen, aber hier sind ein paar Bruchstücke aus ihrer Unterhaltung:

»Bist du also auch in dieser Pfingstgemeinde? Johann hat mir ein bisschen davon erzählt.«

»So? Das hat er mir noch gar nicht gesagt. Ja, doch, wir sind ja in der Kirche aufgewachsen, sozusagen. Der Wein war gut, nicht? Hast du schon den neuen Rioja hier probiert?«

»Ja, der war gut, doch. Sag mal ganz ehrlich: Wie fühlt man sich in so einer Pfingstgemeinde? Ich bin ja kirchlich völlig unbedarft, für mich klingt das alles ziemlich exotisch. Aber andererseits ... Manchmal bin ich schon ein bisschen neidisch auf euch, dass ihr so einen Glauben habt.«

»Ach so, ja, wie man sich da fühlt ... Mensch, die Musik ist ja viel zu laut, man versteht sein eigenes Wort nicht. Warte eben, ich geh mal ...«

»Also«, fährt Uffe fort, als Karin wieder da ist und vergessen hat, worüber sie gerade reden, »ich frage mich also manchmal, wie das so ist, wenn man einen Glauben hat – wenn man Christ sein kann in so einer Welt wie unserer.«

»Also, wenn du viele schwierige Fragen über Gott und diese Dinge hast, bin ich nicht ganz die Richtige für dich, oder jedenfalls nicht heute Abend. So besonders aktiv bin ich eigentlich nicht mehr. Meine Eltern gingen ja eisern jeden Sonntag zur Kirche, und die meisten Abende in der Woche noch dazu. Eine Versammlung nach der anderen.«

»Versammlung?«

»Ja, das ist, wenn man in der Kirche sitzt und singt, und einer predigt und so. Wir Kinder mussten natürlich immer mit. Aber wir haben das in die falsche Kehle gekriegt, sozusagen. In der Schule kam man sich immer wie so ein Waschlappen vor. Eigentlich hab ich den Glauben inzwischen an den Nagel gehängt; heute sind andere Dinge wichtiger für uns. Weißt du übrigens schon, dass Johann mir zum vierzigsten Geburtstag eine Woche auf Rhodos geschenkt hat? – Ja, klar fährt er mit, aber trotzdem – ist schon echt irre, nicht?«

> Es ist von der Tochter Zion aller Schmuck dahin. Ihre Fürsten sind wie Hirsche, die keine Weide finden und matt vor dem Verfolger herlaufen. Jerusalem denkt in dieser Zeit, da sie elend und verlassen ist, wie viel Gutes sie von alters her gehabt hat, wie aber all ihr Volk daniedersank unter des Feindes Hand und ihr niemand half. Ihre Feinde sehen auf sie herab und spotten über ihren Untergang. (Klagelieder 1,6-7)

Peter war eines der Zugpferde in der Jugendarbeit der Kirche. Sein Glaube an Jesus war während der Konfirmandenzeit reifer geworden und hatte sich langsam, aber sicher zu einem wahren geistlichen Dynamo entwickelt, der eine Jugendgruppe ins Leben gerufen hatte, in der man nicht nur gemütliche Abende genoss, sondern sich in die Bibel vertiefte und ganz realistisch darüber austauschte, was es denn bedeutete, in dieser Gesellschaft Jesus nachzufolgen. Den Gedanken, Pastor zu werden, wimmelte Peter zunächst ab – teils, weil er sich eines solch verantwortungsvollen Amtes unwürdig fühlte, teils auch, weil er mehrere Beispiele dafür kannte, wie ein Theologiestudium einem den Glauben zerstören konnte. Mehrere Freunde, die früher Feuer und Flamme für Gott gewesen waren, hatten sich auf der Universität in wunderliche Zyniker von der »Kennen wir alles schon«-Sorte verwandelt. Peter wehrte sich also und setzte desto mehr auf die Gemeinde und das persönliche Bibelstudium. Eine Reise der Gruppe zu der ökumenischen Kommunität nach Taizé gab ihm wichtige Impulse zu einer Vertiefung seines Gebetslebens, ja ließ ihn sogar kurz mit dem Gedanken spielen, Mönch zu werden.

Aber Pastor? Der Gedanke wollte ihn nicht loslassen. Er sprach schließlich mit einem der Gemeindepfarrer. Der meinte: »Wenn du Pastor werden willst, gibt's keine Alternative zu einem Universitätsstudium. Bei vielen hat es doch ganz gut geklappt, und ein paar

Herausforderungen im Leben können nicht schaden. Und du hast doch so einen festen Glauben und bringst dich so voll ein ...«

Das erste Semester ging leidlich gut. Peter sehnte sich nach der alten Gemeinde zurück und fuhr am Wochenende so oft nach Hause, wie er konnte. Aber je länger er studierte, umso mehr spürte er eine schleichende Entfremdung, wenn er nach Hause kam. Und sie wurden auch immer seltener, die Besuche. Klausuren und Prüfungen verlangten Peters vollen Einsatz. Der Kopf schwirrte ihm von Perikopen und von dem Jahwisten und der Kontextualisierung und der Septuaginta und der Theologie der Säkularisierung und dem modalistischen Monarchianismus und und ...

Anfangs besuchte er treu die Wochenandachten in einer der Kirchen der Universitätsstadt. Hier war eine Oase für die Seele, hier gaben Brot und Wein des Abendmahls einen festen Halt in den Strudeln all der verschiedenen Theologien. Aber je länger sich das Studium hinzog und je müder Peter wurde, desto schwerer fiel es ihm, sich innerlich zusammenzuhalten. Das Abendmahl schien immer weiter entfernt vom wirklichen Leben zu sein, das Gebet fühlte sich immer platter an unter dem Gewicht von Peters neuen Kenntnissen in der Religionspsychologie, die Bibel verwandelte sich unmerklich aus einem lieben Freund in ein Lehrbuch für das nächste Examen. Er versuchte, mit seinen Problemen zu seinem Pfarrer zu Hause zu gehen, musste aber bald entdecken, dass der ihn nicht verstand. Die alten Freunde aus dem Jugendkreis kannten ihn nicht wieder, und er musste entweder in einem fort in dem alten Jargon daherreden oder ganz den Mund halten.

Eines Tages kam er beim Kaffee neben einen seiner Dozenten zu sitzen. Man kam ins Gespräch und er erwähnte, dass »es nicht so einfach ist, als Christ in dieser Umgebung zu leben; ganz zu schweigen davon, wie schwer es sein wird, etwas zum Predigen zu haben, wenn man dann schließlich als Pastor vor einer Gemeinde steht«.

»Nun, Sie sind doch sicher in Kontakt mit Ihrer Dekanatsgruppe, die Ihnen helfen soll, sich auf Ihren Dienst vorzubereiten?«

»Ja, doch, aber ich meine ... Das akademische Milieu regt ja die grauen Zellen an und so, aber der innere Mensch hat eigentlich nicht viel davon.«

»Was meinen Sie mit ›innerer Mensch‹? Die paulinische Definition betont doch sehr auch die intellektuellen Prozesse. Ich glaube, wir müssen Schluss machen mit einer allzu pietistischen Sicht von der Begegnung mit dem Numinosen. Die Kirche hat zu wenig beachtet, dass . . .«

> Ihre Tore sind tief in die Erde gesunken; er hat ihre Riegel zerbrochen und zunichte gemacht. Ihr König und ihre Fürsten sind unter den Heiden, wo sie das Gesetz nicht üben können, und ihre Propheten haben keine Gesichte vom Herrn. Die Ältesten der Tochter Zion sitzen auf der Erde und sind still, sie werfen Staub auf ihre Häupter und haben den Sack angezogen. Die Jungfrauen von Jerusalem senken ihre Köpfe zur Erde. (Klagelieder 2,9-10)

Alle in der Missionsgemeinde wissen es: Auf Börje und Birgitta ist Verlass! Sie sind da, wenn es gilt anzupacken. Schon als Teenager waren sie Säulen der Gemeinde. Börje ist aktiv im Gemeindevorstand, im Finanzausschuss und im Programmausschuss und einer der beliebtesten Gruppenleiter bei den Pfadfindern, nicht zu vergessen der Gebetskreis am Donnerstag – das alles, versteht sich, neben seiner Arbeit als Chef einer kleinen Firma. Birgitta, die im Büro der Firma arbeitet, leitet den Musikausschuss und die Sonntagsschule und singt im Chor. So ist das schon seit Jahren, man kennt es gar nicht anders.

Birgitta lernte Göran auf einem von der Firma gesponserten Kurs kennen. Sein Charme eroberte sie fast im Sturm. Sie konnte lachen wie noch nie, wenn er einen Witz machte. Auf dem Fest, das den Kurs beschloss, war es so richtig gemütlich, und danach gingen die beiden ausgiebig an dem herrlichen See spazieren. Birgitta genoss es in vollen Zügen, endlich einmal nicht die große, reife, für alles und jedes verantwortliche Stütze der Gemeinde sein zu müssen und erleichterte ihr Herz um das eine und andere kleine Geheimnis.

Doch, sie konnte ihm noch widerstehen, Görans saugendem Blick, als sie sich gute Nacht sagten. Danach, als sie in ihrem Zimmer in ihr Bett gekrochen war, konnte sie lange nicht schlafen. Ihre Gedanken und Gefühle waren ein einziger wilder Wirbel . . .

Was würde Börje sagen, wenn er das hier wüsste? Warum hab ich nicht mehr Widerstandskraft bei so etwas? Was hat die Gemeinde getan, um mich auf solche Situationen vorzubereiten? Warum verbrate ich so viel von meiner Zeit für all diese Betriebsamkeit? Wann habe ich endlich mal Zeit, einfach Mensch und Frau zu sein? Ob überhaupt einer in meiner Gemeinde weiß, wie es mir geht? Und wo ist Gott in diesem ganzen Schlamassel? Der Gott, dem ich einmal als

Teenager mein Leben übergab – ja, wo ist er jetzt? Im Musikausschuss? Im Programmausschuss? Im Chor? Wofür steht Gott eigentlich? Dass wir alles perfekt machen? Hat er uns für diese ewige Plackerei geschaffen? Ist diese Tretmühle das phantastische »Leben«, das wir der Welt »bezeugen« sollen?

Sie faltete unter der Bettdecke die Hände und versuchte, ihr Abendgebet zu sprechen, aber die Worte wollten ihr im Hals stecken bleiben.

Und Börje? Was will Gott für ihn? Dass er so oft wie möglich von mir und den Kindern weg ist? Oder dass er nach der Gemeindevorstands-Sitzung fix und fertig nach Hause kommt und wie ein Sack ins Bett fällt? Kein bisschen Zärtlichkeit. Und jeden Sonntagmorgen dieses Gezänke und Gezerre; noch nicht mal da kann man richtig ausschlafen, sondern muss zur Kirche und tapfer lächeln und die christliche Familie und den fröhlichen Glauben vorführen. Mein Gott . . .

Gedenke, Herr, wie es uns geht; schau und sieh an unsre Schmach! . . . Wir sind Waisen und haben keinen Vater; unsre Mütter sind wie Witwen. Unser Wasser müssen wir um Geld trinken; unser eigenes Holz müssen wir bezahlen. Mit dem Joch auf unserm Hals treibt man uns, und wenn wir auch müde sind, lässt man uns doch keine Ruhe. (Klagelieder 5,1-5)

Als Eva in ihre neue Gemeinde kam, wusste sie schon, dass der leitende Pfarrer etwas dagegen hatte, dass Frauen ins Pfarramt gingen. Sie hatte im Stift mit mehreren Kolleginnen darüber gesprochen, die sie gewarnt hatten, aber sie glaubte, dass sie sich mit dem Pfarrer schon zusammenraufen würde. Sie war gerne Pfarrerin und nicht konfliktscheu, und dass es der Gemeinde guttat, wenn einmal eine Frau auf der Kanzel stand, war ja auch nicht auszuschließen.

Mehrere Mitglieder des Gemeindeteams kamen schon in der ersten Woche auf sie zu: »Wie schön, dass Sie da sind; wir hoffen, es gefällt Ihnen bei uns.« Es klang aufrichtig und Eva freute sich. Die Gespräche mit dem Pfarrer waren dagegen schlimmer, als sie befürchtet hatte. Er begegnete ihren ausgestreckten Fühlern mit eiskalter Förmlichkeit. Er beschrieb ihr in dürren Worten, was ihre Aufgaben sein würden und wie die Arbeiten in der Gemeinde verteilt waren. Als sie ihn fragte, ob sie sich nicht einmal darüber austauschen könnten, wie sie einander sahen und wie sie ihr Amt verstünden, bekam sie zur Antwort: »Ich diskutiere nicht mit meinem Gewissen.«

Nun gut, das war wohl nicht zu ändern. Und sie versuchte, sich ganz auf ihre Arbeit zu konzentrieren, die sehr reizvoll war in dieser Neubausiedlung mit so vielen jungen Familien. Die Resonanz, die sie aus dem Mitarbeiterteam und dem aktiven Kern der Gemeinde erhielt, trug sie auch durch die dunklen Tage, wenn der Widerstand des Pfarrers wie eine Säure an ihrem Herzen fraß. Doch dann kam der Dienstagmorgen, wo sie die einleitende Andacht beim Mitarbeitertreff zu halten hatte. Bisher hatte der Pfarrer es immer so gedeichselt, dass er selber oder einer der anderen männlichen Kollegen die Andacht hielt, aber in dieser Woche ging es nicht anders: Eva war an der Reihe.

Sie begann die Andacht mit klopfendem Herzen. Sie glaubte, eine Botschaft für dieses Arbeitsteam zu haben, etwas, das Gott in die Herzen hineinflüstern wollte – einen Aufruf, das harte Herz weich werden zu lassen, neue Ohren zu bekommen, die auf das hörten, was jenseits der Verteidigung des eigenen Reviers lag. Sie hatte Gott um die Gnade gebeten, dies so sagen zu können, dass es nicht wie ein Angriff klang, sondern wie eine geöffnete Tür, ein Erahnen neuer Möglichkeiten.

Als sie halb durch die Andacht durch war und aus dem Augenwinkel sah, wie der Pfarrer demonstrativ in seinem großen Terminkalender blätterte und schrieb, spürte sie, wie die Tränen in ihr hochstiegen. Sie hatte Lust, ihm den Kalender aus den Händen zu reißen und ihn zu zwingen, sie anzusehen, aber sie beherrschte sich und brachte die Andacht fertig, ohne dass jemand ihre Tränen sah – dachte sie jedenfalls. Sie ließ die folgenden Terminplanungen stumm über sich ergehen und ging danach ohne ein Wort nach Hause, in ihre Einzimmerwohnung im Häuserblock neben dem Gemeindebüro.

Fast wäre sie über die Zeitung gestolpert, die hinter der Tür lag. Sie wollte sie wütend gegen die Wand werfen, als ihr Blick auf eine Überschrift fiel: »Mobbing in der Kirche«. Sie setzte sich im Flur auf den Fußboden, die Zeitung auf den Knien, und las:

»Die Gewerbeaufsicht hat scharfe Kritik an der schwedischen Staatskirche geübt. Das Klima in den Gemeinden ist oft so gespannt, dass es die Angestellten belastet. Aus dem ganzen Land sind Fälle bekannt. Eine Untersuchung in Skåne ergab, dass dort kirchliches

Personal zehnmal so häufig das Opfer von Mobbing wird wie in anderen Berufen.«[1]

> Alle, die vorübergehen, klatschen in die Hände, pfeifen und schütteln den Kopf über die Tochter Jerusalem: Ist das die Stadt, von der man sagte, sie sei die allerschönste, an der sich alles Land freut? Alle deine Feinde reißen ihr Maul auf über dich, pfeifen und knirschen mit den Zähnen und sprechen: »Ha! Wir haben sie vertilgt! Das ist der Tag, den wir begehrt haben; wir haben's erlangt, wir haben's erlebt.« (Klagelieder 2,15-16)

Seit neun Jahren ist Gunnar auf dieser Pfarrstelle. Als er kam, wurde er mit offenen Armen empfangen; mehrere Dorfbewohner kamen zu ihm, um ihm zu sagen: »Wie schön, dass abends wieder Licht brennt im Pfarrhaus. Als Enocksson weggezogen war, war das wie ein Loch.« Aber zum Gottesdienst kamen sie nicht; es schien ihnen zu reichen, dass wieder jemand in dem alten Pfarrhaus wohnte und dass man wusste, dass es wieder Gottesdienste gab.

Vor fünf Jahren war die Kirche zwar plötzlich in aller Munde, aber das lag nicht daran, dass die Leute sich für Gott zu interessieren begannen, sondern daran, dass der Gemeindevorstand den alten Glockenturm wegen akuter Baufälligkeit abreißen wollte. Unterschriftenlisten gingen um, man beteuerte die Wichtigkeit des alten Kulturgutes und die Bedeutung, die die Kirche »seit Urzeiten für unser Dorf gehabt hat« usw. Als der Gemeindevorstand es sich darauf anders überlegte und den Turm renovieren ließ, war die Reaktion die gleiche wie damals, als Gunnar und Marita gekommen waren: »Prima, jetzt ist wieder alles wie früher.«

»Wo zwei oder drei in meinem Namen zusammen sind, da bin ich mitten unter ihnen« – Gunnar hatte dieses Jesuswort buchstäblich kennen gelernt – oder jedes Jahr buchstäblicher, denn anfangs waren immerhin noch zehn bis fünfzehn Leute zu den Gottesdiensten gekommen. Was hatte er nicht gekämpft und geschuftet . . . Wenn der Sonntagsgottesdienst vorbei war, hatte er sich aufs Bett geworfen und all sein Elend ausgespuckt vor Marita – seine Wut, seinen Frust, seine Sehnsucht, seine Zweifel, seine Einsamkeit. Und sie hatte ihm geduldig zugehört, diese gesegnete Frau; wie klug, ja weise sie war.

Im Laufe des letzten Jahres war in ihren Gesprächen und Gebeten ein Gedanke immer stärker geworden: In dem jetzigen Zustand, wo

Gunnar sonntags durch die Gegend fuhr, um mal vor den einen, mal den anderen leeren Kirchenbänken zu predigen, war an ein einigermaßen normales Gottesdienstleben nicht zu denken. Der einzige Ausweg war, die Arbeit auf eine Kirche zu konzentrieren, jeden Sonntag dort Gottesdienst zu halten und zu versuchen, einen »harten Kern« von Gemeindegliedern aufzubauen, die echt etwas erwarteten und bereit waren, sich einzubringen. Gunnar hatte schon mit dem Bischof darüber gesprochen und grünes Licht erhalten. Fehlte noch der Gemeindevorstand.

Als Gunnar das Thema vorbrachte, schlug ihm ein eisiges Schweigen entgegen. Niemand antwortete etwas auf seine flammende Präsentation dieser Strategie, die er als »die einzige Alternative zu dem in den nächsten zehn bis zwanzig Jahren drohenden Totalausverkauf der Kirche in unserer Gegend« beschrieb. Er bat seine Leute eindringlich, bis zur nächsten Sitzung wenigstens einmal ernsthaft über die Idee nachzudenken. Mit einem halben Auge sah er zu dem Großen Mann im Dorf hin, als er das sagte. Ihre Blicke trafen sich nicht.

Die nächste Sitzung kam. »Also, letztes Mal habe ich ja die Gottesdienste in unserer Gemeinde angesprochen, und ihr wolltet euch Gedanken darüber machen. Also – wie sieht es aus?«

Erneute Eisesstille bei den Männern und Frauen, die vor ihren Notizblöcken und ausgetrunkenen Kaffeetassen sitzen. Verstohlene Blicke wandern zu dem Großen Mann, der sich schließlich räuspert und seine massigen Hände auf der Tischplatte verschränkt: »Erst haben sie uns die Molkerei genommen, dann die Post, dann die Schule. Dann hat das Lebensmittelgeschäft geschlossen. Soll jetzt also die Kirche drankommen?«

Gunnar spürt, wie etwas in ihm zerbricht. Wie soll man eine Gemeinde bauen mit Menschen, die noch nicht einmal den Unterschied zwischen einem Molkereibetrieb und Gottes Kirche begreifen?

> ... sie ist betrübt. Ihre Widersacher sind obenauf, ihren Feinden geht's gut; denn der Herr hat über die Stadt Jammer gebracht um ihrer großen Sünden willen, und ihre Kinder sind gefangen vor dem Feind dahingezogen. (Klagelieder 1,4-5)

Es waren die Regenwälder, die Carina und Petra so auf Trab brachten. Die beiden Mädchen waren im besten Teenageralter und große

Pferdefreunde, und die Berichte über die Vernichtung der tropischen Regenwälder schnitten ihnen so ins Herz, als ob da jemand die Axt an sie selber legte. Es brauchte keine ökonomischen Analysen und politischen Streitschriften, um ihr Blut zum Kochen zu bringen. Für sie bestand ein selbstverständlicher Zusammenhang zwischen den weichen Nüstern eines Pferdes und ihrer eigenen Lebenslust, zwischen dem Gras in den Eichenhainen hinter dem Reitstall und dem schwarzen Rauch der Brandrodungen in Südamerika. Sie brauchten keine theologischen Wälzer, um das, was sie vom Kindergottesdienst an über den Gott der Schöpfung gelernt hatten, mit dem zusammenzubringen, was da mit seinem Werk geschah.

Sie machten in einem Gebetskreis in der Kirche mit. Die meisten dort hatten sich schon als Kinder gekannt; schließlich waren schon ihre Eltern in diese Gemeinde gegangen. Es gab immer noch einige, die eigentlich nur deswegen in dem Kreis mitliefen, aber die meisten hatten begonnen, ihren eigenen Weg zum Glauben zu finden, ja in den letzten Jahren war es in der Gemeinde zu einer kleinen Jugenderweckung gekommen, und mehrere der »Veteranen« hatten zum allgemeinen Erstaunen ihr altes »Nur nicht zu fromm!« aufgegeben und waren jetzt die eifrigsten Fürsprecher für eine geistliche Erneuerung. Auch in Petra und Carina war etwas in Bewegung gekommen, und ihre Eltern bemerkten mit einer Mischung aus Freude und schwer definierbarem Neid, dass jetzt die Bibel auf ihrem Nachttisch lag.

»Du, das mit den Regenwäldern sollten wir mal im Gebetskreis vorbringen«, sagte Petra eines Abends, als sie im Stall die Pferde absattelten. »Das ist echt was, wofür man beten sollte. Vielleicht kriegen wir sogar eine Aktionsgruppe auf die Beine in der Gemeinde? Gestern hab ich gelesen, wie Jesus den Lahmen heilte, den sie durch das Dach runterließen. Da kann er bestimmt auch einen gelähmten Wald heilen!«

»Ja, und die Menschen, die nur noch an Geld und Profit denken«, sagte Carina, während sie den Mist von den Hufen zu kratzen begann.

Die Lobpreislieder rollten wie weiche Wellen über die Runde, die mit Gitarren und Kerzen dasaß und Gott lobte. Es war wie ein warmer, stiller Frühlingsregen, der den Stress und die Schulmüdigkeit und die Meckerei zu Hause fortspülte. Björn schlug seine Bibel auf und las einige Verse vor, die ihm jetzt, wo sein Vater so schwer krank war, viel bedeuteten. Jemand schlug vor, dass sie für seinen Vater beten sollten, was sie auch taten.

»Carina und ich haben uns über die Sache mit den Regenwäldern unterhalten und wie da unten in Südamerika die Umwelt zerstört wird. Die armen Bauern da haben es ja nicht leicht, und manchmal sind sie fast gezwungen, den Wald abzubrennen, um Ackerland zu haben. Und dann die großen Forstwirtschaftsunternehmen, die möglichst viel verdienen wollen. Könnten wir nicht anfangen, auch dafür zu beten? Wir wären gerne bereit, eine Umweltgruppe anzufangen, um die Gemeinde da ein bisschen wachzurütteln.«

Die Reaktion, die kam, hatten sie sich im Traum nicht vorgestellt. Ein paar Fragen hatten sie erwartet, vielleicht auch ein bisschen Stöhnen von den weniger Engagementwilligen. Stattdessen wurden gleich mehrere aus der Runde fast aggressiv. Weg war sie, die Lobpreisatmosphäre.

»Wie könnt ihr verlangen, dass wir für so was Zeit haben? Wir haben so eine tolle Erweckung hier und sind echt Jesus begegnet; begreift ihr nicht, dass es wichtigere Dinge gibt als die Lianen am Amazonas? Politik hat in der Gemeinde nichts zu suchen; hier geht es um Gottes Reich und nicht um irgendwelche menschlichen Projekte. Im Matthäusevangelium steht doch klipp und klar . . .«

Doch, das hatten Petra und Carina auch gelesen. Und sie versuchten, so gut es ging, ihre Überzeugung zu erklären, dass Gottes Reich groß genug war, um auch Platz für Pferde und Papageien und Mangrovensümpfe zu haben. Aber an diesem Abend senkte sich gleichsam eine unsichtbare Wand zwischen sie und den Rest der Gruppe.

»Die wollen doch bloß nicht gestört werden in ihrer Lobpreisgemütlichkeit; was in der Welt los ist, ist denen egal«, sagte Carina eines Abends, nachdem die Bitterkeit sich in ihre Herzen hineingefressen hatte und sie nicht mehr in den Gebetskreis gingen.

»Stimmt«, antwortete Petra. »Übrigens: Ich hab gelesen, dass der Umweltverband hier in der Stadt eine Ortsgruppe gebildet hat. Kommst du auch am Freitagabend hin?«

Ach du Tochter Jerusalem, wem soll ich dich vergleichen und wie soll ich dir zureden? Du Jungfrau, Tochter Zion, wem soll ich dich vergleichen, damit ich dich tröste? Denn dein Schaden ist groß wie das Meer. Wer kann dich heilen? Deine Propheten haben dir trügerische und törichte Gesichte verkündet und dir deine Schuld nicht offenbart, wodurch sie dein Geschick abgewandt hätten, sondern sie haben dich Worte hören lassen, die Trug waren und dich verführten. (Klagelieder 2,13-14)

Als die Firma einen neuen Geschäftsführer suchte, rechnete Martin sich gute Chancen aus. Er arbeitete seit vielen Jahren in der Firma mit, war den langen Weg gegangen, ohne alle möglichen Diplome und Karrieremanöver, und genoss das volle Vertrauen seiner Kollegen. Das Firmenschiff machte flotte Fahrt, man hatte etliche interessante neue Produkte entwickelt und der Konkurrenz wichtige Marktanteile abjagen können. Man befand sich in einer »dynamischen Phase«, und Martin fühlte sich stark hingezogen zu dieser Herausforderung und ihren kreativen Möglichkeiten. Auch Christina hatte ihm grünes Licht gegeben und ging davon aus, dass er auch als Geschäftsführer noch genügend Zeit für zu Hause haben würde. Aber wie regelmäßig würde er dann in die Gemeinde gehen können?

Er spürte, wie die kreativen Herausforderungen ihn kitzelten, wie es ihn juckte, sich voll einzusetzen und zu sehen, wie weit er kommen konnte, Neuland zu betreten und sein Potential voll auszufahren. Konnte er das in der Gemeinde?

Die Gemeinde . . . Sie ging ihm durch den Kopf an einem der »Entscheidungsabende«, als er den beleuchteten Trimm-dich-Pfad über dem Viertel entlang ging. Was für Chancen hatte er denn bisher gehabt, sich wirklich einzusetzen in der Kirche? Der Gemeindevorstand lockte ihn nicht; der war zu viel damit beschäftigt, »den Betrieb am Laufen zu halten«: Anbau an das Gemeindehaus, neue Gesangbücher usw. usw. Und die Strukturen erinnerten ihn zu sehr an das, was er im Beruf am wenigsten schätzte.

Die Jugendarbeit war noch nie seine Sache gewesen. Lag es vielleicht daran, dass er als Teenager nicht in einer Clique gewesen war? Ja, was für ein Betätigungsfeld hatte er in der Gemeinde? Schön, er glaubte an Jesus, seine Gottesbeziehung schien in Ordnung zu sein. Dann und wann hatte es ihn zu neuen Ufern gezogen: Missionar in einem Entwicklungsland oder so; aber verschiedene Umstände hatten seine Aufmerksamkeit jedes Mal wieder zurück zu dem Leben hier in der Stadt geführt.

»Willst du nicht im Chor mitsingen?« Doch, die Frage hatte er mehrmals gehört in den letzten Jahren. Aber das war auch schon die einzige konkrete »Herausforderung«, die er in der Gemeinde je bekommen hatte. Er blieb unter einer der Laternen stehen, während ein verschwitzter Jogger an ihm vorbeisauste. Er lachte auf und fühlte sich gleichzeitig furchtbar wütend. Hier ging er durch das Leben, und Gott hatte ihm einen Haufen Gaben gegeben, ein Talent zum Analysieren und Lösen von Problemen, ein brennendes Interesse für globale Fragen und den aufrichtigen Wunsch, mit aller Kraft für Gottes Reich zu arbeiten – und dann das: »Willst du nicht im Chor singen?«

Nichts gegen den Chor. Aber ist das wirklich die Aufgabe, die Martins Gaben entspricht? Er muss an die spitze Antwort von einer der Frauen in der Gemeinde denken, als er vor vielleicht einem Jahr in einer Gemeindeversammlung ein paar Sätze darüber gesagt hatte, dass die Gemeindeleitung klarer strukturiert sein müsste, mit klarer definierten Kompetenzen: »Das könnte euch Männern so passen, noch mehr Macht hier in der Gemeinde an euch zu reißen.« Er spürte jetzt noch, wie es ihn damals getroffen hatte, dass seine Ansicht so sang- und klanglos als »typisches Macho-Machtstreben« abgetan wurde.

Er geht langsam den Hang zu seinem Haus hinunter. Gibt es für so jemanden wie ihn überhaupt einen Platz in der Gemeinde? Kann einer wie er in ihr existieren und als Jünger Jesu wachsen, ohne in bloße passive Nebenrollen abgedrängt zu werden? Er spürt, wie die Waagschale in seiner Seele sich unerbittlich zu der anderen Seite neigt. Ob er wohl oft Dienstreisen ins Ausland machen wird?

> Lasst uns erforschen und prüfen unsern Wandel und uns zum Herrn bekehren! Lasst uns unser Herz samt den Händen aufheben zu Gott im Himmel! Wir, wir haben gesündigt und sind ungehorsam gewesen, darum hast du nicht vergeben. . . . Du hast dich mit einer Wolke verdeckt, dass kein Gebet hindurchkonnte. (Klagelieder 3,40-42+44)

Die Kirchengemeinden der Stadt befanden sich im Endstadium der Planung für die große Evangelisation. Zwei Jahre lang waren unzählige inner- und außerkirchliche Hindernisse geduldig umschifft worden und alle waren sich einig: Selbst wenn sich kein einziger Nichtchrist bei der Evangelisation blicken lassen würde – die Vorbereitungen waren die Mühe wert gewesen, so viel näher war man sich gekommen, hatte Vorurteile ans Licht gebracht und sich in vielem an eine gemeinsame Sprache herangetastet. An diesem letzten Planungsabend waren nur noch ein paar technische Details mit der Mikrofonanlage und dergleichen zu klären, nebst ein paar Fragezeichen auf der Rednerliste für einen der Abende.

»Hat Jonas Bengans Audio kontaktiert, wegen der Lautsprecher?«

»Ja. Wir kriegen einen Superrabatt; die einzige Bedingung ist, dass ihr Logo mit im Programmblatt erscheint.«

»Na, das geht wohl in Ordnung, wir unterstützen damit ja keine staatsfeindlichen Umtriebe, oder?«

Man schmunzelt zufrieden. Maria merkt, wie ihr das Blut ins Gesicht steigt, und kritzelt angestrengt auf ihren Block, die Stirn in die Hand gestützt. *Wie soll ich das denen nur sagen? Die schmeißen mich glatt raus! Man kann ja doch nichts mehr ändern, jetzt, wo alles besprochen ist.* Warum kann sie nie den Mund halten? Warum muss sie dauernd ins Fettnäpfchen treten? Sie bereut bitter, dass sie als Vertreterin der Pfingstkirche hier mitgemacht hat. Diese Leute haben wirklich einen tüchtigeren Mitarbeiter verdient!

»Ja, und dann noch die Presse: Ich hab mit diesem Zeitungsmenschen geredet, und er hat mir eine ›positive Berichterstattung‹ zugesagt, wie er sich ausdrückte. Ich glaube, der meint das auch so. Ich bin gerade noch am Überlegen, ob wir nicht ein paar eigene kleine Interviews mit Christen hier in der Stadt machen und die Zeitung fragen, ob sie die auch bringen, zusammen mit den anderen Sachen. Das würde alles noch authentischer machen, finde ich. Der Vorsitzende des Stadtrats ist ja kein Unbekannter und auch aktiv in der Missionsgemeinde. Das ist jetzt nur ein Beispiel, wir können gerne auch einen Sozialdemokraten nehmen, damit Thomas nicht traurig ist, hahaha!«

Jetzt muss sie es sagen. »Ich hab da über was nachgedacht.« Maria wundert sich, wie wenig ihre Stimme zittert. Es wird still um den Tisch; die anderen scheinen es ihr anzumerken, dass ihr etwas auf der Seele liegt.

»Wir sitzen hier und überlegen uns, wie wir an die Menschen hier im Ort herankommen. Wir wollen Interviews mit Christen machen und versuchen, Christus sichtbar zu machen in dieser Stadt. Das ist ja alles prima, und ich habe wirklich eine Menge gelernt in den Monaten, die wir hier zusammen geplant haben. Was ich jetzt sagen will, ist wirklich nicht gegen euch gerichtet, das gleich vorweg.« *(Was für ein Zeug ich daherschwätze . . .)*

»Aber ist das eigentliche Problem nicht vielmehr, dass die Leute schon längst ihre ganz bestimmten Vorstellungen von unseren Kirchen haben? Nämlich, dass sie auch nicht anders sind als der ganze Rest? Wir sind doch genauso ein Teil der Konsumgesellschaft wie alle anderen, wir sind genauso verstrickt in das allgemeine Macht- und Geldspiel. Und was noch schlimmer ist: Wir finden das sogar gut so. Die Autos auf unseren Kirchenparkplätzen sind eher noch ein bisschen besser als der Durchschnitt, und unsere Mitglieder sind unter denen, die die Macht in unserer Stadt haben, eher noch ein bisschen mehr vertreten als die anderen Bürger. Ich weiß da auch keine Lösung und ich bin eine genauso große Sünderin wie ihr auch. Aber es frustet mich total, dass wir dann, wenn wir von Evangelisation reden, uns nie mit diesen grundlegenden Fragen beschäftigen, sondern immer nur davon reden, ›nach draußen zu gehen‹. Aber nach draußen mit was?«

»Mit der Botschaft von Jesus, natürlich!« Die Irritation des Planungsausschuss-Leiters ist hörbar. »Wir sollen ja ihn predigen und nicht uns selber!«

»Ja, schon, aber wie sollen die Menschen ihn denn sehen können, wenn wir selber nur ein Spiegel der Gesellschaft sind? Das Einzige, was uns von den anderen unterscheidet, ist doch eigentlich, dass wir zur Kirche gehen und nicht zum Fußballklub oder zur Parteiversammlung. Ist es das, wofür wir die Menschen gewinnen wollen?«

»Du sprichst da ein paar echt interessante Punkte an und wir sollten da sicher noch einmal genauer drüber reden.« Der Leiter schaut auf die Uhr. »Im kommenden Jahr wird unsere Gemeinde übrigens das Thema ›Die Gemeinde – Zeichen in der Zeit‹ beackern; dann haben wir sicher Gelegenheit, diese Diskussion wieder aufzunehmen, gerne auch in einem ökumenischen Rahmen. Aber jetzt müssen wir die Sache hier echt abschließen. Also noch mal danke schön, Maria, für deinen Beitrag. – Für die Rednerliste für den letzten Themenabend brauche ich dann Bescheid bis, sagen wir mal . . .«

Die Krone ist von unserm Haupt gefallen. O weh, dass wir so gesündigt haben! Darum ist auch unser Herz krank, und unsre Augen sind trübe geworden . . . Bringe uns, Herr, zu dir zurück, dass wir wieder heimkommen; erneure unsre Tage wie vor alters! Hast du uns denn ganz verworfen, und bist du allzu sehr über uns erzürnt? (Klagelieder 5,16-17+21-22)

# Was machte Lenin im Tresor?

Es geschah in den etwas verworrenen ersten Monaten nach der Auflösung der Sowjetunion. Als die neuen Machtstrukturen sich noch nicht verfestigt hatten, gaben die vorher so uneinnehmbaren Mauern des Kreml der Welt ein Geheimnis nach dem anderen preis. So tauchte eine Fotografie von Lenin auf, die in den allergeheimsten Staatsarchiven gelegen hatte. Sie zeigte den gealterten Lenin in einem Rollstuhl sitzend, offenbar draußen in einem Garten. Er schaute starr und teilnahmslos in die Kamera, und man brauchte weiter keine antisowjetische Phantasie, um sich zu fragen, ob seine Krankheit zum Schluss nicht mehr als nur seinen Körper befallen hatte. Das Bild war angeblich von seiner Schwester aufgenommen und Lichtjahre entfernt von dem Leninbild, mit dem über siebzig Jahre lang nicht nur der sowjetische Bürger, sondern die ganze Welt gefüttert worden war. Ein menschliches Wrack, ergreifend in seiner Hinfälligkeit . . .

Natürlich war es ein streng bewachtes Staatsgeheimnis gewesen, dieses Leninbild – etwas, was nie bekannt werden durfte. Für die Öffentlichkeit produzierten mehr oder weniger willige Künstler ein Heldenporträt nach dem anderen: Lenin der mitreißende Barrikadenredner, Lenin der geduldige Überzeuger auf Parteikongressen, Lenin der Arbeiterfreund draußen auf dem Land, Lenin der Köpfe tätschelnde Kinderfreund usw. Und all das, um die Vorstellung zu erhalten, dass die Revolution ihre Wurzeln in einem Mann hatte, dessen Integrität und Liebe zum Volk meilenweit über den kleinlichen Alltagsnöten besagten Volkes schwebte.

Und diese Strategie war kein Zufall, keine Erfinderlaune eines eifrigen Propagandaministers, sondern sie ergab sich wie von selbst aus der leninistischen Sicht von der »Masse« und der »Wirklichkeit«: Die Masse konnte mit der Wirklichkeit nicht umgehen; ihr revolutionäres Bewusstsein war noch nicht entwickelt genug, um auf die Wirklichkeit zu reagieren, ohne den Glauben daran zu verlieren, dass die Revolution das Beste für das Volk war.

Und so war die gigantische Sowjetbürokratie pausenlos damit beschäftigt, das Volk zu erziehen. Einerseits musste man die Wahrheit über Lenins Gesundheitszustand, über das verfehlte Jahresproduktions-Soll in der Traktorenfabrik »Roter Oktober«, über Umweltkatastrophen, den Alkoholismus der Arbeiter usw. um jeden

Preis vertuschen, andererseits galt es, das Volk mit einem unablässigen Strom von Plakaten, Kunstwerken, Filmen, Theaterstücken, Büchern zu überziehen, die braungebrannte, vor Leben strotzende Arbeiter, selbstlose Parteigenossen, glückliche Kinder vor den Toren der Fabriken, wogende Kornfelder und dergleichen mehr zeigten.

Es wäre schön, wenn man all diese Jahre heute mit einem aufseufzenden »Das war ja alles nicht wahr, aber jetzt wissen wir endlich Bescheid« zu den Akten legen könnte, um anschließend die Ärmel hochzukrempeln und eine neue Gesellschaft zu bauen. Aber so einfach ist es leider nicht. Das vielleicht gefährlichste Erbe der Revolution ist, dass diese Jahrzehnte das Bewusstsein eines ganzen Volkes für Wahr und Unwahr, Recht und Unrecht untergraben haben. Derartig lange auf allen Lebensgebieten mehr oder weniger unter Lebensgefahr zu einer »doppelten Buchführung« gezwungen zu sein, vom Freundeskreis um die Wodkaflasche (was, wenn mein Nebenmann KGB-Agent ist?) bis zu den pelzgekleideten Rängen der Mächtigen bei den 1. Mai-Paraden auf dem Roten Platz – das wirkt wie eine langsam fressende Säure im tiefsten Fundament des Menschen und der Kultur: dem Gewissen.

Wenn man sich dann mit einer Schocktherapie nach der anderen auf diese zerbröckelnde Gesellschaft stürzt, um eine funktionierende neue Ordnung aus dem Boden zu stampfen, ohne zuerst diesem Fundament die Zeit und Kraft zu geben, sich zu reinigen und zu regenerieren, dann nützt das so ziemlich allen, außer dem ewigen Verlierer: dem kleinen Mann.

Aber was hat denn dies mit den christlichen Gemeinden bei uns zu tun? Leider eine ganze Menge. Es ist nämlich ein Spiegel davon, wie wir selber mit der »Wirklichkeit« und der »Masse« umgehen. Ich sage sicher nichts Neues, wenn ich feststelle, dass die Kirche in der zweiten Hälfte des 20. Jahrhunderts in eine große Krise geraten ist. Schreibt man für Schweden die heutigen, im Großen und Ganzen eindeutigen Statistiken fort, ergibt sich, rein menschlich-mathematisch gerechnet, das Zukunftsszenario eines Landes ohne christliche Kirchen. Das Gesamtbild ergibt sich aus einer Vielzahl von Problem-Puzzleteilen, die ich im ersten Kapitel gestreift habe. Teils sind es die alten Sünden aus dem Magnetfeld um Macht, Sex und Geld, das die Kirche schon immer verfolgt hat, teils auch Probleme, die typisch für unsere heutige Zeit sind und auf die man nicht so leicht sein »So waren die Menschen halt immer schon« murmeln kann.

Wie reagieren wir nun darauf? Hier kommt die leninistische Sichtweise ins Spiel. Natürlich lesen wir in den Kirchen nicht Lenin, sondern die Bibel – aber offenbar ist es möglich, dies auf eine Art zu tun, die eher Lenins Umgang mit der Wirklichkeit als dem der biblischen Autoren entspricht.

Wir wissen nämlich, wie es eigentlich sein müsste, wie die Gemeinde sein sollte, wie schön und wichtig eine Erweckung wäre, wie lieb uns unsere Kirche und unsere Arbeit ist. Drinnen wie draußen schreien die Menschen doch förmlich nach etwas, an das sie sich halten können, nach glaubwürdigen Vorbildern und Gemeinschaften – da können wir doch nicht fallenden Statistiken und leeren Kirchen hinterhergrübeln, nicht immer nur im Dreck der religiösen Ignoranz und Beziehungskälte in unseren Gemeinden wühlen, uns nicht in tausend Problemen und Widerwärtigkeiten vergraben.

Und so suchen wir verzweifelt in allen Richtungen nach der großen Lösung. Am laufenden Band importieren wir ganze Galerien von »Glaubensvorbildern«. Beispiele für »lebendige Gemeinden«. Dynamische Stars, die uns zeigen, wo es langgeht. Geistliche Strömungen, die sich in Menschen, Liedern und Pressefotos kristallisieren, die man anschließend als glaubensstärkende »Ikonen« hochhält, um all den gewöhnlichen Christen, die sich in ihren Gemeinden abmühen, Leben einzuflößen. Und dies ist keineswegs ein Komplott irgendwelcher böser »hohen Tiere«, die uns von ihren Gemeindebüros aus manipulieren wollen; nein, aus meiner fünfzehnjährigen Arbeit als Journalist für eine christliche Zeitschrift weiß ich aus eigener Erfahrung, wie tief dieses Muster in uns allen verwurzelt ist: »Wir brauchen positive Bilder.«

Natürlich brauchen wir sie! Das Problem ist nur, dass die Grenze zur Wirklichkeitsverdrängung so heimtückisch unsichtbar ist. Gleich hinter dieser Grenze wird er geboren, der Optimismus der Verlogenheit. Keiner von uns will von vornherein dort landen, aber viele kleine Faktoren scheinen uns ständig in diese Nebellandschaft hineinzusaugen, bis wir zum Schluss nicht mehr imstande sind, die Wirklichkeit zu sehen. Wir können nicht mehr die wirklichen Fragen stellen, weder an uns selber noch an die Bibel. Wir versuchen krampfhaft, »die Lage« zu beschönigen, negative Statistiken umzudeuten, notwendige Veränderungen mit dem einen trostreichen »Glaubensbild« nach dem anderen von uns wegzuschieben. Wir merken gar nicht mehr, dass eben diese Bilder die wirksamste Sperre gegen die Veränderungen sind, nach denen wir uns tief drinnen sehnen – viel wirksamer als die kalten Fakten, vor denen wir solche Angst haben. Wie lange dauert es, bis ein solches Imperium von seinen eigenen Mythen aufgefressen wird?

## Eine schmerzliche Geschichte

Die tiefsten Wurzeln dieses Denkmusters heißen Unsicherheit und Angst; der Feind ist der, der die Wahrheit sagt. Bei dem politischen Diktator sehen wir das gerne ein; aber dass die Triebfeder unseres Bedürfnisses nach aufmunternden Glaubensbildern in der Gemeinde auch die Angst ist – kann das wirklich sein? Ist es nicht vielmehr der freimütige Glaube, der sich nach diesen Bildern ausstreckt, und der Unglaube und der Zweifel, die ständig Probleme analysieren müssen? Sucht nicht der Glaube die positive Veränderung, während der Unglaube sich an den Schwierigkeiten festhält?

Das klingt so selbstverständlich, dass wir die verhängnisvolle Lüge in diesem Denken kaum zu sehen vermögen. Aber das Licht Gottes kann uns unseren Denkfehler enthüllen – so wir denn offen die Wahrheit suchen. Doch oft mangelt es uns genau an dieser Voraussetzung; wir wollen lieber einen raschen Notausgang aus unserem Dilemma als die ungeschminkte Wahrheit, warum wir in ihm gelandet sind.

Ein eindrucksvolles Beispiel für die Sicht der Bibel ist Psalm 106, der in der Lutherübersetzung mit »Gottes Gnade und Israels Undank« überschrieben ist. Die Einleitung ist ein erfrischender Glaubensruf, eine freimütige Proklamation vor Gottes Angesicht: »Halleluja! Danket dem Herrn; denn er ist freundlich, und seine Güte währet ewiglich. Wer kann die großen Taten des Herrn alle erzählen und sein Lob genug verkündigen?«

Es folgt ein Gebet: »Herr, gedenke meiner nach der Gnade, die du deinem Volk verheißen hast; erweise an uns deine Hilfe, dass wir sehen das Heil deiner Auserwählten und uns freuen, dass es deinem Volke so gut geht, und uns rühmen mit denen, die dein Eigen sind.« Für den Psalmdichter gibt es also keine Privatfrömmigkeit, keine Auferbauung nur für mich in meiner eigenen Ecke. Was er begehrt, ist die gleiche Gnade, die Gott seinem Volk erzeigt hat. Er will sich zusammen mit diesem Gottesvolk freuen, er will stolz darauf sein können, zu ihm zu gehören. Gott hat ein Volk, eine Gemeinschaft zu sich gerufen und nicht isolierte Einzelne, und in diesem Zusammenhang entwickeln wir unsere persönliche Gottesbeziehung.

Aber lesen wir weiter. Sicher kommt jetzt eine erbauliche Meditation über all die Gnadenerweise Gottes, die das Volk erlebt hat, ein triumphierendes Bekenntnis zu der Gemeinschaft, die ihren Gliedern solch einen Anlass zu Stolz und Dankbarkeit gibt? Sicher zeigt der Psalmdichter uns gleich, worauf wir denn alles stolz sein dürfen als Gottes Volk?

»Wir haben gesündigt samt unsern Vätern, wir haben Unrecht getan und sind gottlos gewesen« (V. 6). Kracks! Der glänzende Spiegel unserer geistlichen Träume zerspringt und wir schauen in die Nacht der irregegangenen Gottesgemeinde hinein. Statt einer triumphierenden Aufzählung aller Erfolge und Erweckungen folgt eine schmerzlich detaillierte Darstellung all der Sünden, die Gottes Volk im Laufe der Jahrhunderte auf sich geladen hat:

»(Er) half ihnen aus der Hand dessen, der sie hasste, und erlöste sie von der Hand des Feindes ... Da glaubten sie an seine Worte und sangen sein Lob. Aber sie vergaßen bald seine Werke, sie warteten nicht auf seinen Rat ... Und sie empörten sich wider Mose im Lager, wider Aaron, den Heiligen des Herrn ... und beteten das gegossene Bild an ... Und sie achteten das köstliche Land gering; sie glaubten seinem Worte nicht und murrten in ihren Zelten; sie gehorchten der Stimme des Herrn nicht ... Und sie ... aßen von den Opfern für die Toten ... denn sie erbitterten sein Herz ... sie ließen sich ein mit den Heiden und lernten ihre Werke ... und vergossen unschuldig Blut, das Blut ihrer Söhne und Töchter, die sie opferten den Götzen Kanaans, so dass das Land mit Blutschuld befleckt war ...« (V. 10-38)

Stolz? Glaubwürdig? Erbaulich? Diese Aufzählung ist Lichtjahre entfernt von unseren »Glaubensvorbildern«. Ein Bruchteil dieses Sündenregisters in einer heutigen Gemeinde, und wir hätten ihr längst den Rücken gekehrt: Weg hier, wir haben das lange genug mit angesehen, wir müssen etwas schaffen, das den Namen »christlich« verdient! Doch in unserem Psalm findet sich nicht die Spur eines solchen Denkens.

Aber wie kann der Psalmdichter dann davon reden, sich zu »freuen, dass es deinem Volke so gut geht« und zu »rühmen mit denen, die dein Eigen sind«? Das Sündenregister in diesem Psalm gibt doch, auf die Geschichte der christlichen Kirche übertragen, all denen Recht, die mit dem Finger auf »die Christen« zeigen. Wie ein Nichtchrist mir einmal schrieb: »Ein Großteil der christlichen Geschichte . . . ist so furchtbar, dass man keine Lust verspürt, selber in diese verdreckte Uniform zu schlüpfen. Es ist nicht nur Wein im Abendmahlskelch, sondern ein ekliges Gebräu aus Zuckersirup und Galle und abgestandenem Sumpfwasser und dem Blut unschuldiger Kinder.«

Ja, worauf können wir eigentlich stolz sein? Warum glauben wir an die Gemeinde? Warum wollen wir zu ihr gehören? Offenbar nicht, weil dort alles so glaubwürdig, rein und vorbildlich wäre! Nein, die Antwort steht am Ende des 106. Psalms: ». . . und gedachte an seinen Bund mit ihnen, und es reute ihn nach seiner großen Güte. Und er ließ sie Barmherzigkeit finden bei allen, die sie gefangen hielten«.

*Er gedachte an seinen Bund.* Ohne diesen Satz kann man diesen Psalm, ja das ganze Alte Testament, ja die christliche Kirche nicht verstehen. Angefangen hat alles damit, als Gott Abraham berief und zu ihm sagte: »Siehe, ich habe meinen Bund mit dir, und du sollst ein Vater vieler Völker werden. . . . So haltet nun meinen Bund, du und deine Nachkommen von Geschlecht zu Geschlecht« (1. Mose 17,4+9). Aus diesem einen Mann und seiner Frau Sara wächst ein Volk, das durch eine jahrhundertelange Geschichte auf den nächsten Bundesort, den Berg Sinai zuwandert, wo Gott durch Mose seinen Bund erneuert: »Werdet ihr nun meiner Stimme gehorchen und meinen Bund halten, so sollt ihr mein Eigentum sein vor allen Völkern; denn die ganze Erde ist mein. Und ihr sollt mir ein Königreich von Priestern und ein heiliges Volk sein« (2. Mose 19,5-6). Und Mose nahm Blut von dem Brandopfer und besprengte das Volk damit und sprach: »Seht, das ist das Blut des Bundes, den der Herr mit euch geschlossen hat auf Grund aller dieser Worte« (2. Mose 24,8).

Über tausend Jahre danach sitzt an einem Abend voller Angst, Verrat und unfassbarer Liebe ein Mann im Kreis seiner Freunde. Er nimmt die schlichten Zeichen des Gottesbundes, die das Volk seit Mose jahrhundertelang genossen hat – das ungesäuerte Brot und den Becher mit dem Wein –, und stiftet einen neuen Bund, der alle Grenzen der Welt durchbricht: »Nehmet, esset; das ist mein Leib . . . Trinket alle daraus; das ist mein Blut des Bundes, das vergossen wird für viele zur Vergebung der Sünden.« (Matthäus 26,26-28)

Darum also gibt es die Kirche: nicht, weil es ihr gelungen wäre, ein gewisses Maß an politischer Glaubwürdigkeit durchzuhalten oder erfolgreich Modelle der Gemeindeerneuerung umzusetzen oder ihren Gliedern eine einzigartige Gemeinschaft zu bieten oder in unserer Zeit effektiv zu missionieren. Worauf wir Christen stolz sein können, ist nicht das, was die Kirche tut oder nicht tut, sondern etwas, was Gott getan hat: Er hat in der Gemeinde einen Bund mit uns Menschen aufgerichtet.

»Bund« – das ist etwas, wozu wir Heutigen nicht leicht einen Zugang haben, leben wir doch in einer Zeit, wo die Beziehungen zwischen Menschen, Dingen und Vorstellungen weiter entfernt von einem Bundesdenken sind als je zuvor. Das Schlagwort von der »Bindungslosigkeit« ist nur zu gültig für unsere immer mehr entwurzelte abendländische Kultur, in der die Datenautobahn Jahrtausende fester kultureller Muster untergräbt und relativiert. Alles – Menschen, Ideen, Gegenstände, Institutionen, Sitten usw. – wird nur noch nach seinem augenblicklichen Nutzwert beurteilt. Was nicht funktioniert, nichts »bringt«, nicht lohnt, hat keine Existenzberechtigung. Zum Beispiel die Kirche.

Diese allgemeine Unsicherheit und Verlassenheit ist ein idealer Nährboden für die sogenannte »narzistische Kultur«. Wo die alten, historischen Kulturfundamente zerbrochen daliegen, wird es immer schwieriger, sich eine Zukunft zu denken. Bleibt nur noch die Gegenwart und das ängstliche Kreisen um uns selber und unser Image, das heute das dominierende abendländische Lebensmuster ist, vom Starkult über Politik, Medienwelt, Industrie, kulturelles Leben, Jugendbanden usw. bis hin . . . zur Gemeinde.

Und wir ahnen es schon: Das verzweifelte Sichklammern an die positiven Bilder, an die eigene Glaubwürdigkeit und das eigene Potential, es wurzelt eben *nicht* in einem gelassenen Wissen darüber, wer wir sind, sondern umgekehrt in einer großen Unsicherheit. Dem verunsicherten Menschen ist der kleinste Haarriss in der Fassade etwas Unerträgliches, das sofort wegretuschiert werden muss. Oder um auf Lenin zurückzukommen: Es war natürlich seine eigene Unsicherheit über die Revolution und das Volk, die diese Schreckensherrschaft der Lüge schuf. Wovor hätte er sonst Angst haben sollen?

Hier liegt das Geheimnis hinter der so unzensierten Selbstkritik, die wir in der Bibel finden. Wir mit unserem gebrochenen Verhältnis zur Kirche hätten doch die unangenehmen Abschnitte im

106. Psalm ausgelassen und dafür das Positive hervorgehoben, denn wenn die Existenzberechtigung der Kirche an ihrer Glaubwürdigkeit hängt, ist es überlebenswichtig, dass man den Leuten draußen das richtige Bild von ihr vermittelt.

Vielleicht ist dies die tiefste Ursache für unsere nervösen Reaktionen auf schlechte Nachrichten in der Kirche und für unsere Jagd nach »Erbaulichkeit« um jeden Preis. Sie wurzeln eben nicht im Glauben, sondern in Unsicherheit und Angst. Und umgekehrt: Die so ungeschminkte Schilderung des Psalmdichters entspringt nicht etwa aus Zweifel und Kleinglauben, sondern aus einer selbstverständlichen Geborgenheit in Gottes Volk, wie wir sie uns kaum vorstellen können. So paradox es klingen mag, aber ein solcher Psalm zeugt von einem weit stärkeren Gottvertrauen als die schönste und bewegendste Erweckungschronik.

Warum haben die Verfasser der Bibel die Biographien der drei Erzväter Abraham, Isaak und Jakob nicht von all den Skandalkapiteln gereinigt? Wenn die Geschichte von den Siegern und Machthabern geschrieben wird, warum hat dann König David seinen Ehebruch mit Batseba und die Ermordung ihres Mannes nicht zensiert? Und warum hat man in Jesu Stammbaum solche zwielichtigen Gestalten wie Jakob (betrog seinen Bruder um das Erstgeburtsrecht), Rahab (ältestes Gewerbe der Welt), David (siehe oben) und Manasse (großer Okkultist, der unter anderem Kinderopfer darbrachte) nicht einfach weggelassen? Aber beweisen nicht gerade diese Namen, wie unerschütterlich Gottes Bund mit seinem Volk ist? So unverrückbar war seine Treue gegen uns, dass er zuletzt das tat, was mein Bekannter verweigerte: Er schlüpfte selber in »diese besudelte Uniform« . . .

Und so stellt Jesus von Anfang an klar, dass er untrennbar mit der christlichen Gemeinde verbunden ist. Als er seine Jünger aussendet, sagt er ihnen: »Wer euch hört, der hört mich; und wer euch verachtet, der verachtet mich« (Lukas 10,16). Womit er der heute so gängigen Einstellung »Gott ja, vielleicht auch Jesus, aber die Kirche – nein, danke« den Riegel vorschiebt. Als Paulus auf dem Weg nach Damaskus ist, um die Christen dort zu verhaften, wird er mit der gleichen Identifikation zwischen Jesus und der Gemeinde konfrontiert – in der Frage, die ihn wie ein Donnerschlag trifft: »Saul, Saul, was verfolgst du mich?« (Apostelgeschichte 9,4) *Mich?* Er verfolgte doch die christliche Gemeinde! Doch so bedingungslos bindet Jesus sich an seine Kirche, dass Paulus einige Jahre später der von Problemen und Skandalen geschüttelten Gemeinde in Korinth schreibt: »Ihr aber seid der Leib Christi und jeder von euch ein Glied« (1. Korinther 12,27). Wir sind nicht deswegen Christen, weil wir so gut wären, sondern weil Gott sich in Christus mit uns identifiziert hat. Und wenn er diese Kirche nicht fallen lässt – wie können wir das dann tun? Sind wir geistlicher als er?

## Nichts zu verbergen

Nun kann man sich immer noch fragen: Was sollen diese dunklen Kapitel in der Bibel? Dass man sie nicht zu verstecken braucht – schön und gut; aber warum muss man sie auch noch wiederholen und ständig wieder auf sie zurückkommen, wie das so oft im Alten Testament geschieht? Nun, Jesus selber hat gesagt: »Die Wahrheit wird euch frei machen« (Johannes 8,32).

Anstatt die deprimierenden Realitäten mit mehr oder weniger verlogenen Heile-Welt-Visionen zu übertünchen zu versuchen, graben die biblischen Verfasser die alten Leichen beharrlich wieder aus. Sie wissen, dass aus kranker, vergifteter Erde nichts Gesundes wachsen kann. Es kann erst dann wieder gut werden, wenn wir die Sünde in unserem Leben – im Leben des Einzelnen wie in dem der Gemeinde – aufgedeckt haben. Sie wühlen nicht in dem Elend herum, weil sie keinen Glauben hätten, sondern sie ziehen es ans Licht, weil sie von einem unverrückbaren Glauben an den Gott des Bundes erfüllt sind. Darum haben sie nichts zu verbergen und nichts zu fürchten.

Im Tiefsten geht es hier um das Verhältnis zwischen den beiden Grundwörtern »sein« und »tun«. Für den Menschen, der sich seiner Identität nicht sicher ist, verrutscht der Schwerpunkt seiner Ichfindung und seines Wertes unweigerlich von dem, was er ist, hin zu dem, was er tut. Er muss ständig beweisen, dass er jemand ist, indem er etwas tut – ob er nun der größte Schläger in seiner Bande ist, am meisten und besten büffelt, auf der Karriereleiter am höchsten steigt – oder wie ein Verrückter in der Gemeinde arbeitet. Tag und Nacht ruft seine innere Leere nach Anerkennung und er kennt keine andere Möglichkeit, sie zu bekommen, als dadurch, dass er sie sich erarbeitet.

Für einen solchen Menschen ist die Beschuldigung, dass er falsch gehandelt hat, eine tödliche Bedrohung, ein Stoß ins Herz seines mühsam aufgebauten Selbstwertgefühls, und er kämpft sozusagen um sein Leben, wenn er die Anschuldigungen zurückweist und behauptet, dass das Problem woanders liegt – bei anderen Menschen, in den Umständen, in der Struktur der Firma usw. In diesem Licht haben wir den ungeheuren Widerstand gegen Schuldbekenntnisse zu verstehen, der uns aus allen Ecken der Gesellschaft entgegenspringt. Dass ich zugebe, gesündigt zu haben, dass ich etwas bereue – der bloße Gedanke ist unerträglich für den verunsicherten Menschen, der seine ganze Selbstachtung darauf aufgebaut hat, dass er immer alles richtig macht.

Und hier stehen wir und unser Verhältnis zur Kirche vor einem Spiegel! Solange wir als Kirche keine Identitätssicherheit haben, werden wir unseren Einsatz darauf bauen, was die Gemeinde alles tut und wie gut sie funktioniert. Dies ist vor allem für leitende Mitarbeiter ein Problem, die ja sozusagen ihr ganzes Berufsleben darin investiert haben, »den Karren am Laufen zu halten«. Wenn dann die Kirche von innen und außen kritisiert wird, fühlen sie sich sehr leicht persönlich angegriffen – und schon fangen sie an, die Verteidigungsmanöver und die Ausreden. Anstatt dass man sich auf den Felsen des Bundes Gottes mit uns stellt, mit der gleichen gelassenen Haltung zur Wahrheit, wie wir sie bei den Verfassern der Bibel finden.

Wir können hier viel von unseren katholischen Brüdern und Schwestern lernen. Die Gespräche mit manchen meiner »urkatholischen« Freunde sind im besten Sinne des Wortes glaubensstärkende Stunden für mich gewesen. Frank und frei reden sie über die Macken und Missstände in der kirchlichen Hierarchie, in den Traditionen und im heutigen Gemeindeleben. Sie haben nichts zu beweisen und nichts zu verteidigen. Die Heiligen haben sie gelehrt, dass die Erneuerung der Kirche nie auf Kosten der Wahrheit geschieht oder indem man die Augen vor der Wirklichkeit verschließt, sondern nur dadurch, dass wir in offener Konfrontation mit der Realität mit dem Geist der Wahrheit zusammenarbeiten.

Und es würde ihnen im Leben nicht einfallen, wegen dieser Skandale und Missstände die Kirche zu verlassen oder gar »etwas Eigenes« aufzubauen. Die Kirche ist ja ihre Mutter, sie hat ihnen das Leben in Christus vermittelt – wie könnten sie sie da im Stich lassen? Es ist bezeichnend, dass Katholiken ihre Kirche quasi als lebendige Person betrachten und nicht als ein bloßes Ding, eine Institution, die man nach Belieben verändern oder abschaffen kann.

Um mit einem Bild zu sprechen: Wenn wir in einem kleinen Ruderboot in See stechen, ist es äußerst wichtig, dass alle im Boot still sitzen und keiner sich weit von seinem Platz rührt. Auf einer großen Fähre dagegen kann man tanzen – oder sich prügeln, ganz wie man möchte –, ohne dass das Schiff zu schwanken beginnt oder der Kapitän herbeistürzt und uns die Leviten liest.

Mit anderen Worten: Mir scheint in der ganzen Zersplitterung der christlichen Kirche in so viele kleine Denominations- und Richtungs-»boote« ein eingebautes Verlogenheitsrisiko zu liegen. Ist das Boot zu klein, wird das »Stillsitzen« wichtig, denn jede kleine Bewegung kann zum Kentern führen. Einzelne Personen erhalten zu großes Gewicht; Diskussionen und Initiativen, die im Schoß der großen Kirche wesentlich weniger dramatisch ausfallen würden, werden zu »Entscheidungsschlachten«. Der enge Horizont macht es schwieriger, mit schlechten Nachrichten umzugehen, hängt doch die sichere Fahrt des Ruderboots so sehr davon ab, was wir tun und sagen. Und er bedeutet natürlich einen grundsätzlichen Widerstand gegen Überlegungen, die das Boot als solches in Frage stellen könnten – zum Beispiel, ob es immer gut war, sich von einer bestehenden Kirche zu trennen und auf eigene Faust weiterzufahren.

Alle solche bewussten oder unbewussten Sperren dagegen, die Wahrheit zu sehen und die wirklichen Fragen zu stellen, sind eine gefährliche Bedrohung für die Kirche – viel gefährlicher als die Probleme, die wir um uns herum sehen. Die Probleme zuzugeben und ans Licht zu bringen, bedeutet ja nicht, dass man Gottes Güte verdunkelt; es ist im Gegenteil die entscheidende Voraussetzung dafür, Gottes Güte kennen zu lernen. Gottes Güte ist ja nicht eine Art Zuckerglasur auf dem Lebenskuchen, die den Geschmack verbessert und das Elend darunter verdeckt, sondern sie beruht auf unbedingter Offenheit für die Fakten, so dass die Probleme ehrlich benannt werden können; erst dann können wir sie in die Hände des Vaters der Barmherzigkeit legen.

## Die Wahrheit macht frei

Die Voraussetzung dafür, die Probleme mit ihrem richtigen Namen zu nennen, ist also, dass wir in dem »Bund« gründen, in der unverrückbaren Identität der Kirche als Gottes Volk. Die Kirche ist eine

Schöpfung Gottes, nicht ein menschliches Projekt. Ohne diese Grundgeborgenheit werden wir uns immer gegen die Wahrheit wehren und uns über die verschiedensten Hintertüren und Sackgassen vor dem Schmerz davonzuschleichen versuchen. Aber es gibt noch mehr Dinge, die uns hindern, die Wahrheit über uns zu sehen. Hier sind einige:

1) *Die falsche Trostpredigt.* Die Kirche scheint ein Talent dafür zu haben, sich im Zickzackkurs durch die Geschichte zu bewegen. Wir überkorrigieren unsere Fehler und landen prompt im entgegengesetzten Straßengraben. Es gibt heute noch Christen, die ein Lied singen können von »Feuer-und-Schwefel-Predigten«, von einer Verkündigung, die nur ein Thema kannte: die Sünde. Was man auch war und was man tat, es war alles sündig. Sie riss tiefe Wunden, diese Verkündigung. Die typische Reaktion in der Kirche: eine wachsende Angst, auch nur das Wort »Sünde« in den Mund zu nehmen, um ja nicht an die eigenen Narben erinnert zu werden oder von neuem Menschenseelen zu verletzen.

Dazu kam die »Therapeutisierung« unseres ganzen kulturellen Klimas. Ob Freud oder nicht Freud – der Vormarsch der Psychotherapie hat vielerorts dazu geführt, alles und jedes an menschlichem Verhalten und Problemen zu analysieren, mit dem Ergebnis, dass die Probleme eine Erklärung und einen Namen bekommen und damit entschuldigt werden. »So wie meine Eltern mich erzogen haben, muss ich mich ja so verhalten . . .« Womit eine durchaus wichtige Wahrheit – dass unsere Herkunft unser Verhalten prägen kann – gegen eine andere wichtige Wahrheit ausgespielt wird, nämlich dass wir immer verantwortlich für unsere eigenen Handlungen sind. Es versteht sich von selbst, dass es in einem solchen Klima völlig unmöglich ist, noch von »Sünde« und »Schuld« zu reden – allenfalls noch von Schuld*gefühlen*, die durch wachsende Einsicht in ihre Ursachen »verarbeitet« werden können. Der Fehler liegt nie bei mir selber, sondern bei den anderen und den Umständen.

Das schlechte Gewissen der Kirche wegen ihrer Höllenpredigten öffnet einem solchen Denken weit die Tür. Wen wundert's, dass der Pastor vom Propheten zum Therapeuten geworden ist. Sie sind ja so gestresst, die armen Menschen der Leistungsgesellschaft, da darf die Kirche ihnen nicht noch eins draufgeben! Und so wird die Predigt zu einer Folge von Variationen über das Thema: »Du kannst so bleiben, wie du bist.«

Der Trappistenmönch Thomas Merton schreibt: »Es ist das Markenzeichen des Scheinchristentums, dass es bei allen Beteuerungen, wir seien durch den Glauben – oder den Glauben und die Taten der Liebe – vor Gott gerechtfertigt, nicht zum Bekennen und Vergeben der Sünde aufruft, sondern im Grunde eine Art Sünden-Entschuldigungsautomat ist – eine Maschine, die das Gefühl erzeugt, dass ich im Recht bin und alle anderen im Unrecht.«[2]

Um einen etwas älteren Autor zu zitieren: ».. . aber bei den Propheten zu Jerusalem sehe ich Gräuel, wie sie ehebrechen und mit Lügen umgehen und die Boshaften stärken, auf dass sich ja niemand bekehre von seiner Bosheit« (Jeremia 23,14). Jeremia nimmt hier einen roten Faden in der prophetischen Verkündigung des Alten Testaments auf: die Abrechnung mit den falschen Propheten, deren Erkennungsmerkmal eben jenes falsche Trösten ist, das Beschwichtigen und Bejahen um jeden Preis, ohne die Menschen mit der Wahrheit zu konfrontieren. Diese Verkündigung ist nicht nur schlecht, sie ist gefährlich, da sie die Menschen aktiv daran hindert, umzukehren und Buße zu tun. Wie Hesekiel ausruft: »Weil sie mein Volk verführen und sagen: ›Friede!‹, wo doch kein Friede ist, und weil sie, wenn das Volk sich eine Wand baut, sie mit Kalk übertünchen« (Hesekiel 13,10).

Mit anderen Worten: Wo wir unsere Verteidigungsmauern hochziehen und an unseren Sünden festhalten, erscheint flugs der falsche Verkündiger, schmiert seinen weißglänzenden Putz auf die Mauer und tönt: »Macht alles nichts, Gott nimmt dich so an, wie du bist.« Oder in anderem Stil: »In Christi Gerechtigkeit kann dir nichts geschehen.« Und so befestigt man die Sündenmauern der Menschen noch, anstatt ihnen zu helfen, sie niederzureißen.

Dieses gleiche Widerstreben, Sünden beim Namen zu nennen, das wir im persönlichen Leben haben, haben wir auch bei Problemen in der Gemeinde. Aus Mobbing unter Mitarbeitern machen wir »gravierende Persönlichkeitsprobleme«. Wir verstecken das dramatischste Ereignis der Weltgeschichte hinter einer Monumentalfassade der Langeweile und sprechen anschließend von der »Krise der Predigt«. Wir spalten uns in immer neue Gruppen und Gemeinden und murmeln etwas davon, dass wir in einer »pluralistischen Gesellschaft« leben. Wir richten Pastoren und andere Mitarbeiter samt ihren Ehen zugrunde und nennen das »unrealistische Arbeitsbedingungen«. Und vieles von all dem hat ja auch mit Zusammenhängen und Bedürfnissen zu tun, die man nicht auf Sünde im biblischen Sinne zurückführen kann.

Aber ist das das ganze Bild? Wenn das Volk Gottes im Alten Testament über seinen Niedergang nachsinnt, dann nicht, um wohlfeile Ausreden und Erklärungen zu finden – »eigentlich konnten wir doch nicht anders« –, sondern um seine Beziehung zu dem lebendigen Gott gründlich ins Reine zu bringen, so dass es zu einem neuen, radikalen Durchbruch seiner heiligen Gegenwart unter dem Volk kommen kann und nicht bloß zu einem trostreich-milden »Ist ja alles nicht so schlimm«-Feeling. Sind grundlegende Veränderungen in unseren Gemeinden überhaupt möglich ohne eine Rückkehr zu einer biblischen Sicht von der Sünde? Unsere Sündenbekenntnisse warten darauf, dass wir wesentlich deutlicher und konkreter formulieren, was wir unseren Mitmenschen, der Schöpfung und Gott angetan haben.

Wie sonst wollen wir einen der wichtigsten Aufträge der Kirche in dieser Welt erfüllen: dass sie wie niemand sonst Sünde erkennen und bewältigen kann? Hören wir wieder Thomas Merton: »Die Kirche bekennt gleichzeitig alle Sünden der Menschen als ihre eigenen und nimmt in sich selbst die Gnade entgegen, die allen Menschen angeboten wird.«[3] Hier gilt die Goldene Regel, dass wir den Menschen nicht etwas beibringen können, das wir selber nicht erfahren haben. Wir können der Welt nicht ihre Sünden vorhalten, wenn wir selber nie als Sünder vor Gott gestanden haben. Es geht hier darum, Heilungs- und Versöhnungskräfte freizusetzen, die viel tiefer gehen als die immer hilflosere Leier, dass wir Gott schon so recht sein werden, wie wir sind.

*Die Angst vor der Stille.* Dies ist eine Art akustisches Gegenstück zu unserer Jagd nach »positiven Bildern«. Wir leben in einer Kultur des Lärms. Von Kind auf sind Radio, Kasettenrekorder, CD-Spieler unser liebster Besitz. Es gilt, ständig die richtige Musik und Geräusche für unsere Gefühle zu finden, so dass sie in der richtigen Richtung verstärkt werden und nicht unkontrolliert auf Wanderschaft gehen. Jeder von uns lernt es, die richtige Musik zu seinem Lebensfilm ablaufen zu lassen, auf dass jede Szene auch genau die passende Stimmung hat. Undenkbar, die Natur ohne Musik zu genießen – wo käme ich da am Ende hin mit meinen Gedanken und Gefühlen? Lieber schnell die Lieblingsmusik einschalten und auf die passende Lautstärke hochdrehen. Zum Betäuben der Morgen- oder Abendangst stellt man den Radiowecker auf Wecken bzw. Einschlafen. So dichten wir alle Ritzen und Fugen gegen die bedrohliche Stille ab.

Es ist so ähnlich wie bei den Steinzeitmenschen, die um jeden Preis das Feuer in Gang halten mussten, um die wilden Tiere auf Abstand zu halten. Wenn es erlosch, strichen sie in immer engeren Kreisen um den Wohnplatz, wenn es wieder aufloderte, zogen sie sich knurrend zurück und die Menschen atmeten auf. Die Bestien unserer Zeit sind unsichtbar und wesentlich schwerer zu definieren; letztlich sind sie all das, was wir nicht erklären oder korrigieren können und vor dem wir Angst haben.

So wurzelt unsere Angst vor der Stille sowohl in einem mangelnden Kontakt mit der Wirklichkeit, so dass wir sie ständig auf verschiedene Weise »verstärken« müssen, um sie erleben zu können, als auch in einer Angst vor dem Teil der Wirklichkeit, den wir nicht kontrollieren können. Im Tiefsten ist es vielleicht die Angst vor dem Tod, der letzten Stille.

Doch damit verrammeln wir auch unsere Fenster und Türen vor allen nicht eingeplanten Botschaften, die uns sonst erreichen könnten. Wie weit ist diese Lärmsucht in unsere Kirchen eingedrungen? Was hat sie mit unserer Fähigkeit gemacht, die Stimme Gottes und unseres eigenen Herzens zu hören? In welchem Maße ist es ganz einfach eine Angst vor der Stille und den unangenehmen Einsichten und Wahrheiten, die sie bloßlegen könnte, die uns unser Leben so frenetisch mit Musik »abdichten« lässt, ob es sich nun um Barockkonzerte oder charismatische Lobpreis-Chorusse handelt? Ist ein Lobpreis-Gottesdienst ein echter Ausdruck davon, dass die Wahrheit unser Leben freigemacht hat, oder ein Mittel, uns schmerzhafte Wahrheiten vom Leib zu halten? Vielleicht ein wenig von beidem. Was doch wohl heißt, dass es hier etwas zu entdecken gibt ...

Ein Jünger Jesu sein bedeutet vor allem anderen, dass ich auf den Meister höre. Das Hören ist die erste Pflicht des Jüngers; wie sonst soll er wissen können, was sein Meister will? Aber wie soll er hören, wenn er nicht still ist? So ist es ja auch in unseren mitmenschlichen Beziehungen. Wenn ich mit jemandem zusammensitze und ihm ständig ins Wort falle, wird er schließlich mit der Faust auf den Tisch hauen und brüllen: »Du hörst mir ja gar nicht zu!« Jüngerschaft beruht auf Hören, und Hören auf Stille. Warum wohl haben sich die Gottesmänner der Bibel so oft für kürzere oder längere Zeit an Orte der Einsamkeit und Stille zurückgezogen?

Auf die Krise der Kirche angewandt heißt dies, dass wir überlegen sollten, ob wir überhaupt noch ein Ohr für die Stimme unseres Herrn haben in unserem Lärmbabel aus Diskussionen, Ausschüssen und lautstarker Betriebsamkeit. Wenn die Kirche nichts mehr zu sagen hat, kann sie auf dreierlei Art reagieren: Entweder sie wiederholt mechanisch das, was sie immer gesagt hat, ohne nachzuschauen, ob die Worte noch von ihrem Leben gedeckt sind oder die Hörer überhaupt berühren. Oder sie jagt ängstlich nach dem, was der Rest der Gesellschaft Interessantes zu sagen hat, nach Zitaten »aus dem Leben«, die sie in der nächsten Predigt bringen kann, um zu verbergen, dass sie selber nichts zu sagen hat. Oder aber sie geht den Weg, den die Kirche zum Schluss immer gegangen ist, wenn sie nichts mehr zu sagen hatte: hinaus in die Stille, um auf Gott zu hören, wohl wissend, dass es lange dauern kann, bis wir seine Stimme vernehmen. Nicht, dass Gott heute schweigsamer wäre als früher, sondern wir selber sind schwerhöriger geworden, als wir ahnen.

Paradox formuliert: Das Schweigen der Kirche kommt von ihrer Angst vor der Stille.

In dem wachsenden Interesse an Einkehrfreizeiten, Taizé, Klöstern und dergleichen manifestiert sich eine steigende Welle der Sehnsucht in der innersten Seele der Gemeinde – eine Sehnsucht letztlich nach dem Geliebten selber, ein Verlangen, sich zu Jesu Füßen zu setzen, ihm zu lauschen und im Lichte seines Angesichts sich selber und Gott zu sehen. Sich zu Jesu Füßen setzen – das bedeutet, dass ich mit den beiden Triebfedern der Angst vor der Stille konfrontiert werde: der Realitätsabstumpfung und der Angst vor dem Unbekannten. Hier, bei Jesus, treten wir in den direkten, »unverstärkten« Kontakt mit der Wirklichkeit, der uns immer hinaus ins Unbekannte führt, und hier beginnen wir zu ahnen, was der Geist den Gemeinden sagen will.

3/ *Eine verkümmerte Sicht des Heiligen Geistes.* Als Anfang der siebziger Jahre die charismatische Erweckung wie eine Woge in unsere staubtrockenen Kirchen hineinschoss, war das wie eine einzige warme, tröstende Umarmung Jesu für seine Gemeinde. Wo man so lange vor sich hingeschuftet und seine fromme Pflicht getan hat, ohne Leben zu spüren in all den Worten und ohne sich ein Fest mit dem Herrn zu gönnen, da ist eine solche Welle genau das, was man braucht. Millionen Menschen in aller Welt wurden von ihr erfasst und erfuhren ganz persönlich, dass der Heilige Geist in unserer Zeit wirkt und ein vertrocknetes Menschenherz unendlich mehr trösten und erfreuen kann, als wir zu glauben oder zu hoffen gewagt hatten. Ich weiß, wovon ich rede, bin ich doch selber ein Kind dieser Erweckung; sie krempelte mein ganzes Leben um.

Doch nur zu oft ist diese Bewegung in einem schmalen Seitenzweig hängen geblieben. Hat dies vielleicht unter anderem damit zu tun, dass wir bei unseren ersten Eindrücken vom Wirken des Heiligen Geistes stehen geblieben sind? Der Geist ist mit festlicher Freude in die Kirchen gekommen – folglich muss diese Freude sein Markenzeichen für alle Zeiten sein, und Traurigkeit, Zorn, kritische Fragen, durchdachte Analysen und dergleichen können eben nicht vom Heiligen Geist sein, sondern sind eher Zeichen dafür, dass die Menschen sich gegen den Geist stellen und nicht offen sind für das, was er in den Gemeinden tun will. Der Geist will doch wohl immer noch mehr Lobpreis, Freude, Harmonie, und man braucht sich nur die Gesichter anzusehen, um herauszufinden, wer in der Gemeinde Gemeinschaft mit dem Geist hat und wer nicht . . .

Und so kommt es, dass die »Botschaft des Geistes« an unsere heutigen Gemeinden immer lauter Trost, Aufmunterung und Verheißung von Erneuerung und Erweckung ist. Wer es wagt, mit seinen Problemen und ungelösten Konflikten zu kommen, der ist halt noch nicht »offen«, der hat noch nicht gelernt, auf den Geist zu hören, der ist noch in seinem »fleischlichen« Denken gefangen und ein ernstes Hindernis für das freie Wirken des Geistes unter uns, schafft er doch eine ungesunde, kritische Atmosphäre, die nicht aus dem Glauben kommt.

Wenn wir einige der alttestamentlichen Propheten zusammenrufen und ihnen dieses vorlegen würden, würden sie wohl bekümmert ihre ergrauten Häupter schütteln und uns fragen, ob wir überhaupt eine Ahnung haben, wer der Heilige Geist ist. Selbst leisteten sie oft erbitterten Widerstand, bevor sie sich dem Geist auslieferten, und mussten anschließend erfahren, welche einschneidenden Folgen es hat, wenn man »offen für den Geist« ist. Diese Männer, die direkt in den Rachen der sichtbaren und unsichtbaren Machthaber ihrer Zeit gingen, würden uns wahrscheinlich erklären, dass wir den Geist des lebendigen Gottes mit unseren eigenen Wunschträumen verwechselt haben!

Hätte beispielsweise der Prophet Hesekiel die gleiche Vorstellung vom Heiligen Geist gehabt wie wir, wäre die folgende Schilderung seines Verhaltens während der Babylonischen Gefangenschaft völlig unverständlich: »Da hob mich der Geist empor und führte mich weg. Und ich fuhr dahin im bitteren Grimm meines Geistes, und die Hand des Herrn lag schwer auf mir. Und ich kam zu den Weggeführten, die am Fluss Kebar wohnten, nach Tel-Abib und setzte mich zu denen, die dort wohnten, und blieb dort unter ihnen sieben Tage ganz verstört.« (Hesekiel 3,14-15)

Hätte der Prophet Micha den Heiligen Geist nur als Aufmunterer und Frohmacher verstanden – die Menschen, die die Armen im Land unterdrückten, hätten sich nie von seiner Botschaft stören lassen brauchen: »Ich dagegen bin mit Kraft erfüllt durch den Geist des Herrn und mit Rechtsgefühl und Mut, um Jakob seine Treulosigkeit vorzuhalten und Israel seine Sünde. . . . Ihre Häupter sprechen Recht für Geschenke, und ihre Priester erteilen Rechtsbescheide für Bezahlung, und ihre Propheten wahrsagen für Geld; und dabei berufen sie sich auf den Herrn, dass sie sagen: ›Ist nicht der Herr in unserer Mitte? Uns kann kein Unglück widerfahren.‹« (Micha 3,8+11)

Hätte Petrus in der Erwartung ständig neuer Streicheleinheiten vom Heiligen Geist gelebt, hätten wir nie das Evangelium von Jesus gehört. Dann hätte Petrus nämlich nie die ihm zutiefst widerwärtige Vision zu Herzen genommen, die der Geist ihm bei einem Mittagsgebet auftischte: alle unreinen Tiere, die ein Jude unter keinen Umständen genießen durfte, und dazu eine Stimme, die ihn aufforderte, genau dies zu tun. Seine erste Reaktion war denn auch: »O nein, Herr; denn ich habe noch nie etwas Verbotenes und Unreines gegessen« (Apostelgeschichte 10,14). Doch zum Glück kannte Petrus den Heiligen Geist als jemanden, der erheblich dynamischer war als seine eigenen frommen Vorstellungen, und so überwand er sich – und das Evangelium schaffte den Epoche machenden Durchbruch hin zu den Heiden.

Wenn Paulus nur dann auf den Heiligen Geist gehört hätte, wenn dieser ihm positive Glaubensbilder und schöne Visionen von kommenden Erfolgen malte, hätte er nie etwas so Deprimierendes sagen können wie in seiner Abschiedsrede vor den Ältesten der Gemeinde in Ephesus: »Und nun siehe, durch den Geist gebunden, fahre ich nach Jerusalem und weiß nicht, was mir dort begegnen wird, nur dass der Heilige Geist in allen Städten mir bezeugt, dass Fesseln und Bedrängnisse auf mich warten« (Apostelgeschichte 20,22-23). Und als dann die Gemeinde in Cäsarea ihn von seiner Reise nach Jerusalem abbringen will, klagt er, dass sie ihn mutlos machen will (Apostelgeschichte 21,7-14)! Hier finden wir das Grundmuster der Märtyrer – eine Nachfolge Christi, die undenkbar gewesen wäre mit der heutigen Definition von »Offenheit für Gottes Geist«.

Der entscheidende Test ist natürlich Jesus selber. So wie der Sohn das vollkommene Abbild und die Offenbarung des Wesens des Vaters ist, so nimmt in ihm auch die Persönlichkeit des Geistes sichtbare Gestalt an. Er ist der Messias – der, der mit dem Heiligen Geist gesalbt ist, um die Welt zu erlösen: »Der Geist des Herrn ist auf mir, weil er mich gesalbt hat, zu verkündigen das Evangelium den Armen; er hat mich gesandt, zu predigen den Gefangenen, dass sie frei sein sollen, und den Blinden, dass sie sehen sollen, und den Zerschlagenen, dass sie frei und ledig sein sollen, zu verkündigen das Gnadenjahr des Herrn.« (Lukas 4,18-19)

Wir haben einen sehr oberflächlichen Begriff von dieser Gefangenschaft, dieser Blindheit und diesem Zerschlagensein, wenn wir uns einbilden, dass die Befreiung auf Samtpfoten daherkommt, und wir brauchen nicht viele Seiten in den Evangelien zu lesen, um zu merken, dass diese zahme, verkrüppelte Vorstellung vom Wirken des Geistes eher von den romantisch-süßlichen Jesusbildern in gewissen Gemälden des 19. Jahrhunderts herrührt als aus den Augenzeugenberichten der Evangelien. Der Eine, der mehr als jeder andere den Heiligen Geist verkörperte, zeigt die ganze Bandbreite von Trauer und Freude, zorniger Kritik und herzlichem Erbarmen, intellektueller Schärfe und heilender Berührung. So ist Gottes Geist!

Dieser Jesus steht heute mitten in seiner Kirche, wie er einst mitten im Tempel stand. Der Geist ließ ihn weder die Augen schließen vor dem, was im Tempel vor sich ging, noch dem Tempel den Rücken kehren. Statt dessen trieb er voll Heiligen Geistes all das aus, was den Tempel daran hinderte, ein Gebetshaus zu sein (Matthäus 21,12-13).

Genauso redet sein Geist auch heute. Er sagt uns nicht, dass wir die Probleme in der Kirche vertuschen sollen, auch nicht, dass wir aus ihr ausziehen sollen. Er zeigt uns, was die Kirche daran hindert, Kirche zu sein, und hilft uns, uns im Namen Jesu davon freizumachen.

# Sand im Getriebe

Wir hatten zusammengesessen und über Mitarbeit in der Gemeinde gesprochen. Wir – das war eine Runde aus Jugendleitern aus verschiedenen Kirchen. Wir hatten über unseren inneren Menschen und unsere Arbeit gesprochen und wie es kommt, dass die Waagschale sich immer unerbittlich zur Arbeit hin zu neigen scheint. Die Stimmen, die Blicke, die ganze Körpersprache verrieten die übliche Spannung zwischen einer wachsenden Sehnsucht nach einem tieferen Leben mit Gott und einer wachsenden Frustration über das Räderwerk einer Geschäftigkeit, die überallhin zu führen schien, nur nicht dahin.

Nach dem Ende der Runde bleiben ein paar Teilnehmer noch da, und wir setzen das Gespräch fort, jetzt noch persönlicher. Mitten in dem fast leeren Seminarraum, frei und ungeschützt, steht ein Mädchen. Kaum hat sie begonnen zu erzählen, wie es in ihrer Gemeinde ist, da strömen die Tränen. Sie trocknet sie nicht, sie entschuldigt sich nicht für sie. Sie ist jenseits aller Verteidigungs- und Beweisversuche. Ihre nackte Verzweiflung über Strukturen und Leitung geht weit tiefer als das übliche Aufbegehren der Jüngeren. Sie sucht keine Macht, will kein Revier verteidigen, schon gar nicht sich als Problemlöserin anbieten. Sie weint die schutzlosen Tränen all derer, die mühselig und beladen sind von der furchtbaren inneren Wüste in der Kirche.

Sie weiß es nicht, aber sie und ihre Tausend unbekannten Brüder und Schwestern in unseren Kirchen und Gemeinden sind die Träger der Antwort auf diese Krise. Denn just diese nackte, ungeschminkte Not eines Herzens, das all die offiziellen Fassaden und praktischen Hintertüren durchschaut hat, ist das Verheißungsvollste, was es in der heutigen Kirche gibt. Dieses Mädchen ist schwanger mit neuem Leben; möge Gott ihr den Mut geben, nicht fortzulaufen, sondern die Geburtswehen auszuhalten.

Ihr stiller, unsichtbarer Weg ist Lichtjahre entfernt von dem Krisenmanagement der offiziellen Kirche. Eines der vielleicht tiefsten Symptome unserer Verweltlichung ist ja die Art, wie wir auf Probleme und Herausforderungen reagieren. »Das schaffen wir nicht« – ist das nicht unsere spontane erste Reaktion? Und wir beginnen, fieberhaft nach Lösungen zu suchen: »Wie können wir das in den Griff kriegen?«

Mitten hinein in diese Panik flattert eines der Zauberworte unserer Zeit: Kompetenz. In Wirtschaft, Politik, Verwaltung – überall ist das die große Lösung: mehr und noch mehr Kompetenz, mehr Know-how, mehr Professionalität, bis zum Geht-nicht-mehr. Wehe dem, der nicht dabei mitmacht.

In den Gemeinden sitzt es bei vielen wie ein brennender Gewissensstachel: »Wenn ich nur das und das besser könnte ...« Wir heuern Unternehmensberater an, schicken unsere Leute auf Fortbildungen und Schulungen. Die theologische Ausbildung hat den gleichen Kurs: Noch mehr Kurse, noch mehr Stoff. Wir stehen hier vor dem Spiegel der für den Westen so typischen Wachstumsideologie: Drückt ordentlich aufs Gaspedal, und die Krise wird vorübergehen. Wir sind zu langsam, wir müssen schneller werden; wir haben zu wenig, wir brauchen mehr.

Dass wir möglicherweise *zu viel* haben und also Ballast abwerfen müssen – dieser Gedanke kommt uns nicht, und wenn, dann ist er uns nicht geheuer. Dass wir nicht das Tempo erhöhen, sondern *die Richtung ändern* und *umkehren* müssen – das ist etwas für leicht exotische Kaminfeuergespräche, aber nicht für die Sitzungen der Entscheidungsträger. Das Muster findet sich auf allen Ebenen wieder, von der hohen Politik bis zur kleinen Ortsgemeinde. Sie fährt blind weiter, die unsichtbare Lokomotive: »Ich schaff es schon ... ich schaff es schon ... ich schaff es schon ...«

Wenn uns dann die Last all dieser Informationen und Impulse immer mehr niederdrückt, deuten wir dies selten als Signal zum Innehalten, sondern vielmehr als Zeichen dafür, dass wir uns immer noch nicht richtig auf die Herausforderungen des Informationszeitalters eingestellt haben, und die Jagd geht weiter. Vielleicht liegt die Lösung hinter der nächsten Wegbiegung, dem nächsten Kurs, der nächsten Gemeinde-Erneuerungskonferenz ...

Dieses Denken bei den Leitern wirft einen grauen Schatten auf die Gemeinden, eine lähmende Leere, die man vielleicht nicht konkret benennen kann, die aber sowohl dem nichtchristlichen Besucher als auch dem noch nicht ganz abgestumpften Frommen ein dumpfes Unbehagen verursacht. Zwei, drei Stichworte können dieses unterschwellige Gefühl, das viele von uns kennen, vielleicht genauer umschreiben:

*Lustlosigkeit.* Die Orientierung ist verloren gegangen. Die Wochen fließen dahin, dann und wann unterbricht ein Gastredner, ein

Chor, eine Sonderveranstaltung den Trott. Aber eine wegweisende Vision, wohin die Reise denn geht, lässt sich nicht ausmachen. Es herrscht »jene Einheitsharmonie, die immer schwerer von Resignation zu unterscheiden ist«.[4]

*Seichtheit.* Je mehr Nachfolge durch Nett-zueinander-Sein ersetzt wird, umso geringer wird unser geistlicher Tiefgang. Wir erkennen nicht mehr die Tiefe des Bösen in unserem Leben und seine Querverbindungen zum Bösen in der Welt. Der Teufel wird als die Harmonie störend entmythologisiert. Wir sehen auch nicht mehr die Tiefe von Gottes Gnade und Sieg. »Wie kriegt man eine tiefere Gottesbeziehung?« Wir schauen verlegen auf unsere Computer-Tastaturen ...

*Kälte.* Wenn unsere Wurzeln vertrocknen und der warme Lebensstrom aus Gottes Gnaden- und Liebesquellen nicht mehr fließt, kriecht bald die Kälte in unsere Beziehungen hinein. Das Leiterteam (so es denn eines gibt) wird zu einer rein technischen Arbeitsverteilungsmaschine. In den Gottesdiensten herrscht weniger Gemeinschaft als in der Straßenbahn. Man kommt zusammen, um diverse Aktivitäten abzuspulen, und nicht, weil man als Brüder und Schwestern zusammengehört. Das »Siehe, wie haben sie einander so lieb« aus der Zeit der frühen Kirche – fast klingt es wie ein Hohn in unseren halb leeren Kirchen.

## Szenen aus einer Ehe

Was machen wir mit dieser schleichenden Leere, die unsere Kirchen so unerbittlich aussaugt? Vielleicht hilft uns der Vergleich mit einer Ehe, die in die Krise geraten ist. Die Kinder sind groß geworden, es entwickelt sich das leere Nest. Arbeit, Haus und Garten strapazieren unser Zeit-, Geld- und Kraftbudget, es bleibt immer weniger für die Pflege der Beziehung, mit der doch alles angefangen hat – damals. Was nun?

Das schlimmste Szenario: Die beiden Partner tun gar nichts – sei es, weil sie sich der Tiefe der Krise nicht bewusst sind, sei es, weil sie meinen, es habe doch alles keinen Zweck. Jeder geht seinen eigenen Beschäftigungen und kleinen Freuden nach, die Gemeinschaft verkümmert immer mehr. Immer dicker wird die Schale der Einsamkeit um die Herzen, bis die Ehe in den endgültigen Todesschlaf sinkt.

Ein häufigeres Szenario ist, dass einer der beiden – meist die Frau – anfängt, Notsignale auszusenden. Sie klagt, dass er nie Zeit für sie hat, dass sie nicht mehr miteinander reden oder ausgehen, dass es ihm egal ist, wie viel Arbeit sie hat und wie fertig sie sich am Ende des Tages fühlt. Anfangs sind diese Signale vielleicht nur Andeutungen, dann werden sie aggressiver. Aus dem vorsichtigen »Könnten wir nicht mal...« wird bald die offene Anklage: »Du hörst mir ja nie zu...«

Wie reagiert der Mann? Oft leugnet er zunächst einmal alles ab. »Was hast du denn, uns geht's doch prima!« Und er vertieft sich wieder in seine Sportschau. Es sind solche Männer, die dann eines Tages brutal aufwachen, wenn die Frau mit gepacktem Koffer dasteht und verkündet, dass sie auszieht.

»Bist du verrückt?«, heißt es dann. »Warum hast du denn nie was gesagt?« Sagt dann die Frau, dass sie es etliche Male versucht hat, er aber nie zuhören wollte, antwortet er womöglich: »*Wann* hast du das versucht?«

Oft geht das Ableugnen in die Verteidigung über. Die Schuld muss woanders liegen: »Wir sind ja auch beide total überarbeitet! Aber letztes Jahr hatten wir doch einen prima Urlaub in der Schweiz, und dieses Jahr waren wir schon drei Mal aus essen. Letzten Freitag hab ich dir Blumen mitgebracht, welcher Mann macht das schon?« Anstatt auf die Signale der Frau zu hören, versucht der Mann zu zeigen, dass sie unberechtigt sind. Der Parteivorsitzende lässt grüßen, der nach der verlorenen Wahl bleich kommentiert: »Unser Programm war vollkommen richtig, aber leider ist es nicht angekommen.«

Oder man flüchtet in die Selbstverachtung: Ich habe nicht *falsch gehandelt, ich bin der Falsche.* Korrektur unmöglich. »Du hättest mich nicht heiraten sollen, ich tauge nicht für dich! Diese ganze Ehe war von vornherein ein Fehler. Ich weiß, dass ich nicht liebenswert bin, keinen Scheißdreck bin ich wert!« Hier knallt die Tür zum Dialog zu. Sie ist schier uneinnehmbar, die Festung Selbstverachtung. Oft zwingt sie den anderen zu hastigen Zugeständnissen: »So hab ich das doch nicht gemeint, ich liebe dich doch...« Sofern die Frau sich nicht ihre eigene Festung baut: »Was bin ich für eine schlechte Frau, dass ich meinem Mann solche Schuldgefühle mache...« Es ist immer wieder das Gleiche: die Flucht vor der sachlichen Analyse der Krise.

Merken die Partner richtig, wie der Boden unter ihnen zu schwanken beginnt, kann es zu panischen Rettungsversuchen kommen. Es muss doch eine Lösung geben, ein paar Blumensträuße oder Dinners zu zweit werden doch wohl den Hausfrieden retten!

Ich gehe hier von der häufigsten Rollenverteilung zwischen Mann und Frau aus; es kann natürlich auch umgekehrt sein. Und dann gibt es natürlich auch die gemeinsame Flucht: »Unsere Wohnung ist zu klein, wir müssen uns nach einem Haus umsehen! – Wir brauchen schon längst eine neue Polstergarnitur. – Wie wär's mit einer Reise nach Venedig?« Manchmal sind die Drogen noch offensichtlicher.

Schließlich als letzte Möglichkeit die Trennung. Ist der Schmerz zu groß geworden, ist dieser Fluchtweg für viele unwiderstehlich. Bis wir dann merken, dass wir unser Krisengepäck mit in die neue Beziehung genommen haben. Die Statistiken belehren uns, dass die zweite Scheidung meist leichter fällt als die erste . . .

Das Modell der Ehekrise lässt sich Punkt für Punkt auf die Gemeindesituation übertragen. Man ersetze die Polstergarnitur durch die neue Orgel, die Reise durch eine Bibelwoche usw. Von der Krebsdiagnose des Arztes bis zur neusten Mitgliederstatistik – überall finden wir das gleiche Krisenbewältigungsmuster: Nur nicht einsehen, wie ernst die Lage ist; »das wird schon wieder«. Vielleicht kann der »Ehespiegel« uns helfen, unsere Fluchtmechanismen zu entdecken und zu einem reiferen Gespräch miteinander und mit Gott zu kommen. Vielleicht führt er uns ein wenig näher zu dem Punkt, wo die ganze Not der Gemeinde nackt vor Gottes Gnade steht: in der Armut des Geistes.

»Als Jesus das Volk sah, ging er auf einen Berg und setzte sich; und seine Jünger traten zu ihm. Und er tat seinen Mund auf, lehrte sie und sprach: Selig sind, die da geistlich arm sind; denn ihrer ist das Himmelreich.« (Matthäus 5,1-3)

Jesus sagte nicht: »Selig sind die Kompetenten, denn sie können diesen Armen helfen.« Das Unglaubliche, ja Skandalöse am Evangelium ist nämlich, dass nicht unsere Tüchtigkeit die Krise der Gemeinde lösen kann, sondern gerade unser schreiendes Unvermögen. Unsere geistliche Armut ist nicht unser größtes Problem, sondern unsere größte Chance. Das große Problem ist, dass wir ständig vor dieser Armut fliehen, sie ableugnen, verdrängen, verachten und so den Durchbruch aufschieben und unser Elend verlängern. Unsere Fixierung auf Kompetenz, Effektivität und neue Lösungen ist ein Riesenhindernis für die Gemeindeerneuerung, denn sie lässt uns auf uns selber vertrauen und nicht auf Gott. Wie jemand einmal sagte: »Wenn Gott seinen Geist von den Kirchen wegnähme, würde der Betrieb doch zu 90 Prozent weitergehen.« Vielleicht ist dies ein größerer Sieg für die Säkularisierung, als wenn der ganze kirchliche Betrieb verschwunden wäre.

Nein, der Durchbruch in unseren Gemeinden kommt dort, wo wir wie das Mädchen vom Anfang dieses Kapitels dastehen und es vor uns selber und vor Gott zugeben: Jawohl, wir sind entsetzlich arm. Wir haben das geistliche Erbe unserer Väter und Mütter aufgezehrt, wir haben die Seele der Kirche um Geld verkauft, so viele Suchende bekommen Steine statt Brot in unseren Gottesdiensten, eine junge Generation nach der anderen bleibt vom Evangelium unerreicht, weil wir es hinter leerer Betriebsamkeit versteckt haben. Die Kirche hat nicht mehr die Kraft, Gottesmänner und -frauen hervorzubringen, die Lichter in der wachsenden Dunkelheit sind, ja sie ist ein Spiegel dieser Dunkelheit und Hoffnungslosigkeit geworden.

Was können wir hier noch tun? Gar nichts. Just dieser Punkt der äußersten Nacktheit, wo wir keine Lösungen mehr haben und endlich gelernt haben, den Machern zu misstrauen, ist der Ausgangspunkt für den Durchbruch der Gnade. Wir tun, was wir können, um diesem schmerzlichen Punkt auszuweichen. Wie viele von unseren Experten und Propheten und Kursen und Erneuerungsmodellen sind eigentlich nur Feigenblätter für diese Nacktheit? Nur zu oft liegt unter der Oberfläche unserer glaubensfrischen Neuprojekte die tiefe Angst davor, unser Elend einzugestehen und radikal Gott das Ruder in die Hand zu geben.


## Ganz unten

Gehen wir ein paar tausend Jahre zurück, in eine andere Armutszeit des Gottesvolkes. Gut tausend Jahre vor Christi Geburt lag das geistliche Leben in Israel tief darnieder. Im Heiligtum in Silo wirkten der alte Eli und seine beiden Söhne, und diese Söhne fragten nicht nach Gott und missbrauchten ihr Amt zur persönlichen Bereicherung. Das Endergebnis dieser Verweltlichung der geistlichen Führerschaft war damals wie heute die Verweltlichung der ganzen Gesellschaft: Die Sünde der Eli-Söhne war »sehr schwer vor dem Herrn, weil die Leute das Opfer des Herrn geringschätzig ansahen« (1. Samuel 2,17). Kein Wunder, dass man in Israel Gottes Stimme kaum noch vernahm (1. Samuel 3,1).

In diesem Elend begegnet uns eine Frau, Hanna. Sie ist unfruchtbar und hat viel zu leiden deswegen. Eines Tages geht sie wieder mit ihrem Mann Elkana nach Silo, um Gott zu opfern. Unter bitteren Tränen betet sie und legt vor Gott ein Gelübde ab: Wenn er ihr einen Sohn schenkt, will sie ihn ihm weihen (1. Samuel 1,11).

Eli, der meint, sie sei betrunken, schimpft sie aus. Sie erklärt ihm, dass sie nur ihre Seele vor Gott ausgeschüttet hat, worauf Eli, dem seine Worte Leid getan haben mögen, ihr verspricht, dass ihr Gebet erhört werden wird. Eine getröstete Hanna geht zurück nach Hause (V. 12-18).

Als Samuel zur Welt kommt, bringt Hanna ihn nach Silo, wie sie es versprochen hat. Ihr Lobgesang bricht wie eine lebendige Quelle aus dem Boden dieser Wüstenlandschaft hervor: »Mein Herz ist fröhlich in dem Herrn ... Es ist niemand heilig wie der Herr, außer dir ist keiner, und ist kein Fels, wie unser Gott ist ... Er hebt den Dürftigen aus dem Staub und erhöht den Armen aus der Asche, ... denn viel Macht hilft doch niemand.« (1. Samuel 2,1-9)

Diesen Lobgesang kann nur beten, wer an der äußersten Grenze seines eigenen Vermögens gestanden hat. Was kann eine Unfruchtbare machen? Nichts – außer beten. An wen kann sie sich wenden? An niemand – außer an Gott. Und *wo* macht sie das? Im Gotteshaus. Sie verachtet die säkularisierten Priester und die ausgeleierten Gottesdienste nicht. Mitten in dieser Einöde steht sie da mit ihrer Not und Sehnsucht. So verkörpert Hanna vor Gott und Menschen das Unvermögen des ganzen Volkes, geistliches Leben zu gebären, Gottes heiliger Nähe unter seinem Volk Gestalt zu geben. Eine einsame Frau wagt es, in ihrer totalen Verlassenheit vor Gott zu treten, während die anderen sich um ihre privaten Fleischtöpfe drehen. Aber das reicht Gott, um sie mit seinem Schöpfergeist anzurühren und durch sie den Propheten zu schenken, der das Volk aus seiner Erniedrigung herausführen sollte.

Immer wieder in der langen Geschichte des Gottesvolkes finden wir dieses Muster. Wenn wir ganz unten sind, brechen Gottes Quellen auf. Jene Kräfte, die stur behaupten, dass es »doch gar nicht so schlimm ist mit den Gemeinden«, und fieberhaft nach Lösungen suchen, stehen Gottes Durchbruch nur im Weg. Solange sie noch genügend Einfluss haben, bleiben die radikalen Veränderungen aus. Doch als Angeld gibt es immer wieder jene Einzelnen, die wie Hanna in ihrer inneren Armut der Gnade entgegengehen. Sie sind die eigentlichen Wegbereiter der Kirche.

Als die Verfolgung der frühen Christen aufhörte und der Staat die Kirche an seine Brust nahm, ließ der Verfall nicht lange auf sich warten. Ämterneid, Verfolgung Andersdenkender, Profitdenken und anderes mehr führten zur Bewegung der Wüstenväter im 4. und 5. Jahrhundert. Sie war nicht ein Auszug aus der Kirche, die sie innig liebten, sondern ein persönlicher Aufbruch aus jener falschen Sicherheit, die sich als so giftig für die Kirche erweisen sollte, hinaus in die Ungeschütztheit der Wüste, wo Gott das einzig Lebendige war. Dort kämpften Tausende Männer und Frauen ihren »Hanna-Kampf«, breiteten in Gebet, Fasten und Arbeit jahrzehntelang ihre eigene innere Armut und damit die der Kirche vor Gott aus. Nur zu leicht hätten sie bloße Rebellen werden können, eine bald wieder vergessene Sekte. Statt dessen wurden sie buchstäblich Väter und Mütter der Kirche, die in stiller Geduld die Geburtswehen der Kirche ertrugen. Bald kamen von überall her Ratsuchende zu ihnen. Ohne ihre Mühen hätte die Kirche wohl nie beten gelernt, sondern wäre zu einer Art frommem Marmoranbau an den Kaiserpalast geworden. Aber so wuchs aus diesen Wüstenwurzeln die gigantische Klosterbewegung, als Stammbaum für unzählige Kulturzweige und prophetisches Zeichen der wahren Identität der Kirche.

Aber auch dieses Zeichen sollte verdunkelt werden. In der Völkerwanderungszeit und im 9. und 10. Jahrhundert verbreiteten die Benediktinerklöster sich über ganz Europa. Im Umbruch zwischen Antike und Mittelalter, in einem Kontinent ohne Schulen, Krankenhäuser, Verwaltungs- und Kulturzentren waren diese Klöster Inseln des Friedens und des Gebets, welthistorische Kulturträger und Baustellen der Gesellschaft. Doch schon bald erfuhren die Mönche und Nonnen, wie leicht die Kirche ihre Seele an die Gesellschaft verlieren kann; gegen Ende der Feudalzeit ersticken die Klöster schier vor Reichtümern und unheiligen Machtbündnissen mit weltlichen Fürsten.

Im 12. und 13. Jahrhundert wachsen die neuen Städte heran. Die Menschen werden mobiler, Handel und kultureller Austausch wachsen in allen Richtungen – und die Kirche wird immer mehr zum Wächter des Althergebrachten. Da wird ein lebensfroher junger Mann, Sohn eines Textilkaufmanns, von Gottes Ruf getroffen und beginnt, in ein paar verfallenen Kapellen am Stadtrand von Assisi Gott um sein Erbarmen mit seinem eigenen Leben und dem der Kirche anzuflehen. Franziskus hat keine Lösungen, keine Methoden, nicht einmal eine theologische Ausbildung – nur seine Armut, und in diese Armut legt Gott eine wunderbare Antwort auf die Krise der Kirche hinein, und die Franziskaner verbreiten sich wie ein Lauffeuer über Europa.

In einer späteren Verfallsperiode, in der Renaissance, kommen in Spanien einem verwundeten Soldaten während der langen Genesung christliche Bücher in die Hände. Er beginnt, Gottes Willen zu suchen, und erfährt den Widerstand der Kirche gegen solche wie ihn, die das Evangelium ernst nehmen wollen. Der einzige Mensch, der Ignatius von Loyolas Anliegen begreift, ist eine alte Frau, die seit vielen Jahren Gott dient. Im Gespräch mit ihm ruft sie eines Tages aus: »Oh, dass es meinem Herrn Jesus gefallen möge, sich Euch eines Tages zu zeigen!«[5] Wie viel mag wohl ihr Gebet bedeutet haben für die Ausbreitung der weltweiten Missions- und Jüngerschaftsbewegung, die durch Ignatius und seine Exerzitien angestoßen wurde?

Ungefähr zur gleichen Zeit ringt in Deutschland ein junger Mönch namens Martin Luther darum, als Christ zu leben. Auch er leidet unter dem Niedergang einer Kirche, die keine Kraft mehr hat, den Suchenden zu Gott zu führen. In seiner eigenen geistlichen Not trägt er die Bürde unzähliger anderer mit, denen die vergoldeten Pforten der Kirche den Weg zur Gemeinschaft mit Gott verschließen. Auch hier wächst aus dem Kampf eines Einzelnen eine gigantische Erneuerungsbewegung hervor.

In diese Linie gehören schließlich auch die großen Erweckungsbewegungen des 19. Jahrhunderts, jener Zeit der galoppierenden Industrialisierung, Verstädterung und Verelendung, in der die Kirche nur zu oft als der alte Verbündete der Reichen und Mächtigen dastand. Tausende und Abertausende von Menschen folgen dem Ruf Jesu und beginnen ein Leben in der Nachfolge, das oft in schroffem Gegensatz zum kirchlichen Establishment steht – die Geburtsstunde der Freikirchen.

## Das Geheimnis der Heiligen

All diese Männer und Frauen und noch viele mehr sind unser Erbe, aus dem wir schöpfen können. Aber in den beiden letzten Beispielen findet sich auch etwas zutiefst Leidvolles, das letztlich nicht von unserer eigenen geistlichen Armut zu trennen ist: dass die Kirche sich so schwer tut, auf den Gotteshunger der Menschen einzugehen, und ihre Machtansprüche so weit treibt – und auch dieses, dass die Hungrigen die Einheit ihrer Kirche nicht mehr liebten, sondern als Rebellen aus ihr ausbrachen. Es ist die notvolle Zerspaltungssucht, die zu einem Markenzeichen des Protestantismus geworden ist. Es ist daher keine Nestbeschmutzung, wenn viele junge Christen ihre geistlichen Wurzeln bewusst jenseits des separatistischen Erbes suchen. Es wird heute immer deutlicher, dass die Frage des geistlichen Zustands der Kirche nicht zu trennen ist von der Frage ihrer geistlichen Einheit. Es geht nicht mehr an, eine vertiefte Spiritualität um den Preis der nächsten Kirchenspaltung zu suchen. Die lange Geschichte der Kirche zeigt überwältigend deutlich, dass dieser Weg einfach nicht gangbar ist. Er löst unsere Krise nicht, er schafft nur neue. Irgendwo tief drinnen wissen wir, dass es einen anderen Weg gibt, mit unserem Durst zu leben, als den Leib Christi in immer kleinere Stücke aufzubrechen. Lehren uns die Heiligen nicht, mit unserem Hunger und Durst dort zu bleiben, wo wir sind, damit Gott sich über seine Kirche erbarmen und sie wieder lebendig machen kann?

Was ist also das Geheimnis jener Väter und Mütter der Kirche? Vielleicht kann man es so ausdrücken: Sie zeigen uns keine »Lösungen«, sondern wie man sich bedingungslos auf Gott wirft, wenn alle Lösungsversuche gescheitert sind.

Da jede Zeit ihre eigenen historischen Voraussetzungen hat, können wir die Glaubensväter und -mütter nicht einfach kopieren. Wir sollten sie sorgfältig studieren, aber sie können nie unser eigenes Hören auf Gott ersetzen; ein solches Ersetzen wäre der größte Verrat, den wir ihnen antun könnten! Sie helfen uns, den faulen friedlichen Schein zu durchschauen und zu erkennen, was auf dem Spiel steht. Sie lehren uns, den einfachen Schnell-Lösungen zu misstrauen und unsere Privilegien und lieb gewordenen Sicherheiten loszulassen. Vor allem aber zeigen sie uns, wie man in seiner tiefen Geistesarmut vor Gott stehen bleibt, bis er antwortet – und wenn es Jahrzehnte dauern sollte.

In den christlichen Klöstern wird im Rahmen der Stundengebete jeden Abend ein Lobgesang gesprochen oder gesungen, der zum ersten Mal von einem jungen Mädchen gebetet wurde, in dessen Leib Gottes Verheißung wunderbar in Erfüllung ging. Danach machte sich die Kirche ihn zu eigen. Er ist ein Lobpreis der unerhörten Möglichkeiten Gottes, Leben in seiner Kirche zu schaffen, wenn sie ihm nichts zu bieten hat als ihre leeren Hände. Und er ist eine Warnung vor jenen Tendenzen in der Kirche, die Gott im Weg stehen und die er nicht akzeptieren kann:

»Meine Seele erhebt den Herrn, und mein Geist freut sich Gottes, meines Heilandes; denn er hat die Niedrigkeit seiner Magd angesehen ... Er übt Gewalt mit seinem Arm und zerstreut, die hoffärtig sind in ihres Herzens Sinn. Er stößt die Gewaltigen vom Thron und erhebt die Niedrigen. Die Hungrigen füllt er mit Gütern und lässt die Reichen leer ausgehen.« (Lukas 1,46-53)

In ihrem Magnificat hat Maria für alle Zeiten formuliert, wie Gott wirkt. Kurz und bündig skizziert sie die Ursachen von Niedergang und Verfall in der Kirche: Hochmut, Machthunger, Reichtum. Und die Voraussetzungen für ihre Heilung und Herrlichkeit: Demut, Niedrigkeit, Hunger. Wer diesen Maßstab an die Kirchengeschichte anlegt, der entdeckt rasch, dass er stimmt. Er gilt auch für unser High-Tech-Zeitalter. Der Weg zum Leben ist keine Gipfelbesteigung, sondern führt durch das Tal der entblößten Armut. Denn die Quelle des Lebens ist Gott, und er begegnet uns da, wo wir ganz unten sind.


## Unser Durst als Kompass

Was bleibt uns also? Nur dieses: unser Durst. Das bewusste, offene Eingeständnis unseres Mangels ist das größte Kapital, das die Kirche heute hat.

In diesem Schmerzenstal der geistlichen Armut beginnt der Heilige Geist uns vorsichtig in die richtige Richtung zu ziehen. Gottes Werk beginnt mit einer ahnungsvollen Sehnsucht. Dieser Durst ist ein Werk des Heiligen Geistes. Es ist also nicht so, dass wir den Durst liefern und Gott das Getränk, sondern wir hätten den Durst gar nicht, wenn er ihn nicht in uns wecken würde. Dieses Entdecken und Bejahen, dass der Heilige Geist ja schon in uns am Werk ist, ist oft der erste Lichtstrahl in der Dunkelheit. Dies ist das vielleicht unverkennbarste Zeichen für das Wirken des Geistes in der heutigen Gemeinde: ein immer stärkerer Durst nach Gott.

Menschen mit diesem Durst gibt es auf allen Ebenen der Gemeinden, von Amt- und Würdenträgern bis hinunter zum gelegentlichen Gottesdienstbesucher. Aber wo die Gemeinde nicht auf diesen Durst eingerichtet ist, wird sie ihn nicht als Segen empfinden. Er geht ja in eine andere Richtung als die kirchlichen Aktivitäten, er ist ein Sandkorn im Getriebe. Dieses Sandkorn kann als lästiges Gejammere abgetan werden, ähnlich wie oben in unserem Ehe-Beispiel. Oder auch als Privatproblem eines Einzelnen, der Hilfe braucht.

Doch wir gehen fehl, wenn wir diesen Durst bloß als Privatproblem Einzelner in einer an sich gut funktionierenden Gemeindestruktur sehen. Es ist ohne weiteres möglich, neu »aufzutanken«, nur um anschließend weiter in die falsche Richtung zu fahren. Aber was, wenn dieses Kratzen im Getriebe anzeigen würde, dass nicht ein paar Einzelne Probleme haben, sondern die ganze Kirche falsch liegt? Was, wenn hinter dieser Gottessehnsucht mehr steckte als nur persönliche religiöse Selbstverwirklichung, wenn die Hilferufe die Stimme des Geistes an die Gemeinde wären, hautnah und viel verlässlicher als alle teuren Meinungsumfragen über die Rolle der Kirche in der Gesellschaft?

Unsere Gottessehnsucht ist wie ein Kompass. Wie Augustinus einmal sagte: »Unser Herz ist unruhig, bis es Ruhe findet in Dir.« Wir können als Einzelne wie als Gemeinde diesen Kompass lange falsch ablesen und versuchen, uns an etwas anderem als Gott zu messen. Einige dieser Ersatzgötter sind leicht zu erkennen: Geld, Karriere, Sex, Drogen usw. Viel schwieriger wird es, wenn die Kompassnadel auf das zu zeigen scheint, was fast Gott ist – nämlich die Arbeit für Gott. Dies ist die große Falle für jeden Mitarbeiter, und sie ist so heimtückisch, dass es lange dauern kann, bis man merkt, dass man ja immer noch Durst hat. Denn die Nadel vibriert ständig zu Gott selber hin. Die Grundvoraussetzung dafür, recht als Mensch in dieser Welt zu leben und in unsere wahre Identität als Gottes Kinder hineinzuwachsen, ist, dass wir diesen inneren Kompass richtig zu deuten und ihm ohne Zögern zu folgen vermögen – und dies auch dann, *wenn wir die Umrisse der Antwort noch gar nicht ausmachen können!*

Und dieser innere Kompass ist auch entscheidend für unseren Kurs als Kirche und für unser Hineinwachsen in unsere Identität als Gottes Volk. Die zunächst vielleicht störenden Hilferufe des einzelnen Gemeindeglieds können lebenswichtige Signale für die Kirche sein. Beachtet sie sie nicht, wird sie sich immer weiter verirren. Nimmt sie sie dagegen ernst und (nicht zuletzt) bekräftigen ihre Leiter diesen Durst in ihrem eigenen Leben, kann der Heilige Geist sie langsam aber sicher zurück an ihren rechten Platz vor Gott führen, und wir erkennen plötzlich die peinlich einfache Antwort auf die Frage, wie wir die Gottessehnsucht der Menschen ernst nehmen sollen: indem wir unsere eigene Gottessehnsucht ernst nehmen! Wie sonst sollen wir die der anderen stillen können?

Doch aufgepasst: Es gibt auch einen falschen Durst! Da steht in einer Gemeindeversammlung jemand auf und sagt: »Wir denken doch bloß an uns selber in dieser Gemeinde! Wo ist unsere Hingabe an Gott? Wer von uns lebt wirklich im Wort und betet regelmäßig um eine Erweckung? Was tun wir eigentlich für die vielen Suchenden in unserem Stadtviertel? Wir müssen Buße tun und wieder echte Christen werden, dann kommt auch wieder Freude in unsere Gottesdienste!«

Peinliche Stille. Und genau dieser bittere Nachgeschmack von Schuld, Missmut und Versagen ist das Markenzeichen des falschen Durstes. Was sind wir doch für schlechte Christen ... Man spürt förmlich, wie alles erstarrt, bis einer der Gemeinde-Oberen pflichtschuldigst das Gesagte bejaht und das Thema wechselt.

In vielem hat er ja Recht, der Mahner. Aber die Gemeinde spürt nur zu gut, dass *diese* Worte ihr überhaupt nicht helfen. Man fühlt sich nur noch schlechter und tastet sich zurück zu dem alten Trott, der wenigstens nicht so schmerzlich ist.

Es ist daher lebenswichtig, dass wir es lernen, den falschen vom echten Durst zu unterscheiden. Der falsche Durst jenes Gemeindeglieds entspringt wahrscheinlich aus persönlichen Problemen, nicht zuletzt aus einem verdrehten Gottesbild. Sicher ohne es zu wissen, erlebt dieser Mensch Gott als den ständig Fordernden, der nie zufrieden ist mit unserem Gebetsleben, Bibellesen und Missionseifer. Er kämpft mit diesem Gott, und da er diese Last nicht allein tragen kann, ist halt die ganze Gemeinde »ungeistlich« ... Was als ehrliche Ermahnung gemeint war, ist so von der Brühe der eigenen Probleme durchsäuert, dass es die anderen nur belastet.

Wo solche Menschen sich frei austoben können, womöglich gar leitende Funktionen bekommen, und die anderen die psychologischen Mechanismen nicht durchschauen und Angst haben, »dem Geist zu widerstehen«, da braucht es keine große Phantasie, um das Ergebnis zu ahnen. Solche Menschen brauchen feste, barmherzige Seelsorge – falls sie denn offen dafür sind –, und ihr Einfluss muss um der Gemeinde willen gebremst werden.

»Wo der Geist des Herrn ist, da ist Freiheit«, schreibt Paulus (2. Korinther 3,17). Es ist ein Kennzeichen des Heiligen Geistes, dass man in seiner Nähe leichter atmet, nicht schwerer. Der echte Gottesdurst macht die Bürde unserer Schuld leichter, so dass wir unser Haupt etwas erheben können über die grauen Pflichten. Er eint die Gemeinde und spaltet sie nicht. Er schenkt Leben und erstickt uns nicht mit schweren »Du sollst . . .« und »Du musst . . .« Er zeigt uns immer deutlicher und gangbarer den Weg, anstatt uns noch mehr darüber zu verwirren, wohin wir denn unterwegs sind. Er lässt uns mehr von Jesu wahrem Antlitz entdecken, anstatt uns unseren ach so schwachen Glauben bejammern zu lassen. Er senkt einen Anker in unsere Seele, anstatt uns in Selbstzweifel und Manipulation zu führen.

Vielleicht sind auch uns schon Menschen begegnet, die diese befreiende Ausstrahlung haben, die ein gesunder Durst nach Gott verwandelt hat. Sie nehmen sich nicht wichtig, sie sind menschlich und können über sich selber lachen. Ein paar Worte und Blicke nur, und sie verstehen die Nöte und Sehnsüchte der anderen, kennen sie sie doch von sich selber. Sie haben nicht immer eine Antwort, aber ein hörendes Herz. In ihrer Nähe betet es sich leichter, nicht schwerer. Ihre schlichte, aufrichtige Gottessehnsucht lässt lebendiges Wasser in vertrocknete Gemeinden fließen.

Manchmal kommt es zur Begegnung dieser Dürstenden, aber auch wo sie einsam kämpfen, bilden sie ein verborgenes Netzwerk, das alle Gemeinde- und Kirchengrenzen überschreitet. Sie tragen die Kirche von morgen in ihrem Schoß. Sie verkörpern das Gebet, das Jeremia in der großen Dürre sprach: »Gedenke doch an deinen Bund mit uns und lass ihn nicht aufhören! Ist denn unter den Götzen der Heiden einer, der Regen geben könnte, oder gibt der Himmel Regen? Du bist doch der Herr, unser Gott, auf den wir hoffen.« (Jeremia 14,21-22)

# GLORIA – Ehre sei Gott

## Das habt zum Zeichen

Die Dunkelheit kam rasch. Und die Kälte. Ein klammer Nebel stieg aus dem Boden herauf, so dass Matthias den Mantel noch fester um sich zog. Er lag neben dem Feuer. Es roch nach Erde, Rauch und nasser Wolle. Nichts war zu hören außer einem fernen Hund und dem Widerkäuen der Tiere. Und Dan und Samuel natürlich, die sich leise unterhielten. Manchmal war Matthias fast neidisch auf ihre Freundschaft, aber im Grunde war es ihm hier auf den Weiden doch am liebsten, wenn er mit sich und seinen Gedanken allein war.

Er holte das letzte Stück Schafskäse und Brot aus seinem Ranzen und sah zu dem Mutterschaf hin, das er am Nachmittag aus einer Steinmauer hatte herausziehen müssen. Es hinkte etwas, aber das würde sich bald geben. Er aß, dann prüfte er das Gatter des Pferches und ging zum Feuer zurück, auf das Dan gerade Holz nachgelegt hatte. Er legte sich wieder und sah zum dunklen Sternenhimmel hoch. Was war es kalt heute Abend. Er dachte an die Wärme seiner Frau, die jetzt allein in ihrem Bett lag. Eigentlich wäre es jetzt nicht schlecht ...

Er setzte sich abrupt auf. In dem Pferch stand jemand! Wie war der da hineingekommen? Dan und Samuel waren ebenfalls aufgesprungen. Ein paar Schrecksekunden lang schien die Welt stillzustehen.

Dann stieg ein Licht aus dem Boden hervor, fast so wie der Nebel, und strömte aus allen Richtungen auf sie zu. Es war so stark, dass es ihnen die Luft wegnahm; sie warfen sich auf den Boden.

»Fürchtet euch nicht!« Die Stimme des Mannes schien aus dem Licht zu kommen, fast war es, als ob er in ihnen selber sprach. »Siehe, ich verkündige euch große Freude, die allem Volk widerfahren wird; denn euch ist heute der Heiland geboren, welcher ist Christus, der Herr, in der Stadt Davids. Und das habt zum Zeichen: Ihr werdet finden das Kind in Windeln gewickelt und in einer Krippe liegen.« (Lukas 2,10-12)

Kaum sind die Worte verklungen, da bricht ein noch mächtigeres Licht über die Hirten herein, diesmal vom Himmel, eine wahre

Sturzflut des Lichts, und in dem Licht blendend helle, mächtige Gestalten, Woge um Woge, eine ganze Armee, eine gewaltige Druckwelle der Güte, die allen Widerstand und alle Angst hinwegfegt, ein brausender Lobgesang aus den fernsten Galaxien des Universums: *Ehre sei Gott in der Höhe und Friede auf Erden bei den Menschen seines Wohlgefallens!*

Dauerte der Lobgesang drei Sekunden? Dreißig Jahre? Die Hirten wussten es nicht, egal, wie oft sie später darüber diskutierten. Aber sie wussten, dass sie die ganze Zeit bei klarem Bewusstsein waren, und als die Stimme und das Licht verklungen waren, da waren sie nicht ekstatisch oder verwirrt, sondern ganz ruhig und leicht und frei: »Lasst uns nun gehen nach Bethlehem und die Geschichte sehen, die da geschehen« ist, die uns der Herr kundgetan hat« (Lukas 2,15).

Wir wissen nicht, ob die Hirten dort im Stall den Sterndeutern aus Babylonien begegneten und wie diese Begegnung sich gestaltete. Wir wissen nur, dass dieses kleine Kind eine so mächtige Ausstrahlung hatte, dass es solch unterschiedliche Menschen zu sich ziehen konnte. Und damit wird dieser Stall zu einer christlichen Gemeinde, die sich um das Mensch gewordene Wort versammelt und es anbetet. Wie bei allen großen Geheimnissen des Evangeliums treffen sich in dieser Nacht alle Seiten der Wirklichkeit in einem göttlichen Brennpunkt: Gott und Mensch, Zeit und Ewigkeit, prophetische Tradition und Zukunftshoffnung, Juden und Heiden, Mann und Frau, Gelehrte und einfache Arbeiter, tiefste Armut und überfließender Reichtum, Tiere und ihr Schöpfer, Alltag und himmlisches Fest . . .

Keine Predigt der Welt, keine tiefen Mythen oder scharfsinnigen Philosophien hätten derart vereinend wirken können, denn ihre Sprache wirkt immer trennend, sie folgt den ausgetretenen Grenzen zwischen Klassen, Nationen und Kulturen. Sie mag die besten Brückenbauerabsichten haben, in der Praxis führt sie doch nur zur nächsten geschlossenen Gesellschaft: Wir, die dieselbe Sprache haben und gleich denken . . . Die einzige Sprache, die die Menschen vereinen kann, ist die des Geschehens. Vor dem historischen Faktum von Bethlehem ist jede menschliche Sprache gleich brauchbar, ob sie die der hochgelehrten Astronomen ist oder die der Hirten. Was hier geschehen ist, können die verschiedenen Sprachen dieser unterschiedlichen Menschen beschreiben, aber ihre Worte sind immer zweitrangig gegenüber dem Wort, das Fleisch wurde. Das ist der Grund, warum die christliche Gemeinde einend wirken kann wie sonst nichts auf der Welt.

Ducken wir uns hinein in den Stall, setzen wir uns zwischen die Hirten und die Astronomen. Schauen wir uns an, was hier geschehen ist, und überlegen wir, was dieses Zeichen für die christliche Kirche an der Schwelle zum 3. Jahrtausend bedeutet. Was bedeutet es für uns, dass das Wort Fleisch geworden ist? Wer ist der, der da in der Krippe schläft? Wie die anderen in dem halbdunklen Stall können wir nur Bruchstücke erahnen, aber sie genügen schon, um uns immer klarer in den Lobgesang der Engel einstimmen zu lassen.

## Er ist der Fleischgewordene

»Nachdem Gott vorzeiten vielfach und auf vielerlei Weise geredet hat zu den Vätern durch die Propheten, hat er in diesen letzten Tagen zu uns geredet durch den Sohn« (Hebräer 1,1-2). Gottes Botschaft an uns – das ist sein Sohn. Das Wort kam nicht als Prinzip oder Mythos in die Welt, sondern als Mensch von Fleisch und Blut. Allein dies kann die Kanzeln zum Vibrieren bringen in einer Kirche, die doch seit Jahrhunderten die Kirche des Wortes sein will. Ist sie das auch heute noch? Viele würden sie eher eine Kirche der vielen Worte nennen. Die massive Konzentration auf das gesprochene Wort hat bei vielen den Blick auf das Wort, das Fleisch wurde, verdunkelt.

Ist dies womöglich mit ein Grund dafür, dass die Kirche im Westen in solchem Maße eine Kirche der Mittelschicht geworden ist? In der Mittelschicht redet und liest man sich durchs Leben, muss man diskutieren und argumentieren können. Haben sich vielleicht deswegen die Arbeiter bei uns so lange ausgeschlossen und unqualifiziert gefühlt? Kommen deswegen unsere Versuche, die Klassengrenzen zu durchbrechen, immer wieder ins Rutschen – weil wir lediglich kluge Worte zu bieten haben, die nur etwas für die Gebildeten sind?

Unsere katholischen und orthodoxen Brüder und Schwestern scheint das Geschehen im Stall tiefer geprägt zu haben. Gegen Ende der kommunistischen Herrschaft in Polen wurde der Priester und Regimekritiker Jerzy Popieluszko eines Abends von der Geheimpolizei im Kofferraum eines Autos entführt und ermordet. Nach dem Mord pilgerten Tausende von Polen zu seiner Kirche, vor der man ein ähnliches Auto abgestellt hatte, in dessen geöffnetem Kofferraum eine das Jesuskind darstellende Puppe lag. Statt wortreicher Predigten und Analysen hatte man ein für jedermann verständliches, direkt an den Stall von Bethlehem anknüpfendes Bild, das zeigte, dass Jesus nachzufolgen im damaligen Polen das Martyrium bedeuten konnte.

Wir könnten hier viele Beispiele dafür geben, wie Katholiken und Orthodoxe ihren Glauben mit Bildern, Festen, Gesten usw. ausdrücken. Dass Franz von Assisi als Erster eine (originalgroße!) Weihnachtskrippe baute, ist nur natürlich in einer Tradition, die so stark um die Inkarnation kreist. Die alte lutherische, reformierte und freikirchliche Geringschätzung von Kreuzeszeichen, Kerzen, Prozessionen und dergleichen verblasst vor der Tatsache, dass diese Sprache oft einander wirkt als die theoretischen Begriffe. Der schwedische König Johan III. (1537–92) schrieb in der Vorrede zu seinem Liturgiebuch, mit dem er einen Teil dieser Sprache zurück in den Gottesdienst holen wollte: »Wir sollen Gott nicht nur mit dem Herzen dienen, sondern auch mit unseren Händen und Füßen.«[6] Gott selber ist ja Fleisch und Hände und Füße geworden!

Eine andere Seite des Fleischgewordenen hat mit der Glaubwürdigkeit der Kirche und unseren Ambitionen zu tun. Meine Familie lebte acht Jahre lang in einer christlichen Wohngemeinschaft. Es war die Zeit nach der Studentenrevolution von 1968, als christliche Kommunitäten und marxistische Kollektive neue Formen des Zusammenlebens in einer immer mehr in Kleinhaushalte zerfasernden Welt ausprobierten, und ich stand frustriert vor der Trägheit der Kirchen, die so recht eine Bestätigung des marxistischen Schlagworts vom Opium des Volkes zu sein schienen.

Dann kamen die Berichte über die im Gefolge der Jesus-People-Bewegung wie Pilze aus dem Boden schießenden christlichen Kommunitäten in den USA und Europa. Für unsere Zeitschrift *Nytt Liv* (»Neues Leben«) machten wir Reportagereisen und wurden alsbald berühmt und berüchtigt für unsere radikalen Modelle christlicher Gemeinschaft. Zu Hause zogen einige von uns in ein großes Haus um, das fünf Jahre lang auch unsere Redaktion beherbergte, und begannen, das ganze Spektrum von Gemeinschaftsformen auszuprobieren, von einigen Jahren mit voller gemeinsamer Kasse bis zu normalem Kernfamilienleben unter einem Dach. Unsere Großfamilie wurde zum Zentrum eines ganzen Netzwerks in der Nachbarschaft, in welchem Christen verschiedene kleinere Konstellationen des gemeinschaftlichen Lebens praktizierten. Unsere geistliche Heimat war eine Freikirche am Ort.

Wir arbeiteten vor allem an unseren Beziehungen. Den traditionellen Betrieb und die Oberflächlichkeit in unseren alten Gemeinden waren wir ziemlich satt. Wir lernten auswendig, was die Bibel über die Gemeinschaft der Urchristen zu sagen hatte, und niemand konnte uns weismachen, dass dies ein Idyll aus längst vergangenen Tagen war. Wenn wir heute gelegentlich die Freunde von damals wieder treffen, merken wir, wie diese harte Beziehungsarbeit Früchte getragen hat. Wir sind *nicht* gebrannte Kinder, die bitter wieder auseinandergelaufen sind; wir haben Erfahrungen mit Gott und mit uns selber gemacht, die uns unser Leben lang bereichern werden.

Doch im Laufe der Jahre beschlich uns eine wachsende Müdigkeit, eine tiefe Hoffnungslosigkeit vor dem scheinbar unüberbrückbaren Graben zwischen dem, was wir wollten, und dem, was wir taten. Ich ließ meiner Frustration über unsere mangelnde »Hingabe« und »Radikalität« immer freieren Lauf. Mich selber sah ich natürlich nicht als Bremsklotz, oder genauer gesagt: Tief drinnen sah ich mich schon so, aber ich brachte es nicht fertig, meine hohen Ambitionen loszulassen und von meinem hohen Ross herabzusteigen. Ich habe diese Krise ausführlicher in meinem Buch *Gott braucht keine Helden* beschrieben. Es ging in ihr um typische Strukturen und Fehler, die ich später noch oft wiedertreffen sollte.

Aber es ging auch um dies: Was ist eigentlich eine christliche Gemeinde? Wie viel können wir erreichen, wenn es um Glaubwürdigkeit in Lebensstil und Beziehungen geht? War all unser strebendes Bemühen letztlich zum Ausbrennen und zur stillen Anpassung an das allmächtige Establishment verdammt?

Wir hatten so viele »Visionen« von einer besseren, perfekteren, liebevolleren Gemeinde, aber diese schillernde Welt der »Visionen« wurde immer wieder gestört durch den Einbruch des ganz gewöhnlichen Alltags. Wie viel wir auch mit der Bibel kämpften und redeten und uns zu neuen Lösungen durchzubeten versuchten – immer wieder entglitt das Ideal unseren eifrig ausgestreckten Händen, wie eine Fata Morgana, die sich hinter die nächste Düne schiebt. Immer wieder störten unsere menschlichen Bedürfnisse, Sünden und Mängel das schöne Bild.

Ja, ist sie eine Fata Morgana, die glaubwürdige Gemeinde?

Ich weiß noch, wie ich eines Abends müde in meiner Bibel blätterte und zu der Einleitung des 1. Johannesbriefes kam: »Was von Anfang an war, was wir gehört haben, was wir gesehen haben mit unsern Augen, was wir betrachtet haben und unsre Hände betastet haben, vom Wort des Lebens – und das Leben ist erschienen, und wir haben gesehen und bezeugen und verkündigen euch das Leben, das ewig ist, das beim Vater war und uns erschienen ist –, was wir gesehen und gehört haben, das verkündigen wir auch euch, damit auch ihr mit uns Gemeinschaft habt; und unsere Gemeinschaft ist mit dem Vater und mit seinem Sohn Jesus Christus. Und das schreiben wir, damit unsere Freude vollkommen sei.« (1. Johannes 1,1-4)

Es war, als ob ein Dämmerschein in meine trostlose Nacht hineinbrach. Johannes schreibt nicht über seine Visionen, er stellt kein Gemeindaufbau-Programm vor, er spricht überhaupt nicht von etwas, das wir tun müssten; er ist einfach voll stiller Freude darüber, dass all das, was wir so herbeisehnen, *schon mitten unter uns Wirklichkeit geworden ist.* Das Wort ist Mensch geworden, die Verheißungen und Visionen sind Fleisch geworden. Heiligkeit ist kein unerreichbares Ideal mehr, sondern ein Körper mit Gesicht, Augen und Händen. Er, Jesus, ist der Glaubwürdige!

Und die Gemeinde? Das sind ganz einfach die Menschen, die sich um ihn scharen, um ihn zu sehen, zu berühren, seine Gemeinschaft zu suchen. Die Kirche ist nicht eine Gruppe von Menschen, die etwas verwirklicht haben, sie besteht aus Menschen, die sich um den Verwirklichten sammeln.

Langsam begann ich einzusehen, dass ich alles auf den Kopf gestellt hatte. Für uns war Gemeinde ein Programm gewesen, eine Vision, die zehn oder hundert Meter vor uns lag – kein Wunder, dass wir so müde waren vor Freudenanstrengungen. Johannes geht von *dem* aus, der schon Wirklichkeit ist und uns Freude die Fülle bietet, und dann lädt er uns ein, diese Wirklichkeit zu schmecken – was Wunder, dass er sich so freuen konnte! Im Grunde kann kein Fortschritt im Gemeindebau noch etwas zu dieser Fleischwerdung hinzutun, wie auch kein Rückschlag etwas davon wegnehmen kann.

Aber was ist dann die Gemeinde? Johannes spricht oft vom »Zeichen«. Im griechischen Grundtext steht hier das Wort *semeion* (wörtlich: »Zeichenträger«). Wenn die volle Glaubwürdigkeit in Jesus bereits Fleisch geworden ist, dann steht die Gemeinde in einer Zeichenbeziehung zu ihm: Sie ist ein Signal seiner Nähe in der Welt. Die Menschen suchen nicht uns, sie suchen Jesus. Wir können nur ein kleines Zeichen sein, das auf ihn zeigt: »Dort ist die Freude.«

Dies bedeutet keine Herabsetzung der Gemeinde oder dass wir nicht mehr aufgerufen wären, sie radikal zu gestalten. Im Gegenteil: Es verleiht dem kleinsten Ausdruck christlicher Gemeinschaft eine Bedeutung, die weit über unser Bemühen hinausgeht. Die herzliche Begegnung zweier Freunde Jesu irgendwo im Gewühle der Straße ist genauso ein Zeichen wie eine große Kommunität mit voller Gütergemeinschaft. Ich glaube kaum, dass die so viel gelobten Urchristen ein »Gemeindekonzept« hatten, das uns verloren gegangen ist. Ich glaube, sie waren einfach voll von dem Fleisch gewordenen Wort.

Welche Lasten können nicht von unseren Schultern abfallen, wenn wir diesen Weg entdecken, der so einfach ist! Wohlgemerkt: *einfach* – nicht *leicht*. Aber er liegt viel näher und ist viel weniger kompliziert als unsere krampfhaften Gemeindebauversuche. Wie jemand es ausgedrückt hat: »Die eigentliche Krise in der Vermittlung des Glaubens ist nicht die mangelnde Anpassung an unsere Situation, sondern die mangelnde Anpassung an Jesus Christus, das Unvermögen zur Nachfolge. Kirchliche Tradition wird nicht dadurch aktuell, dass man der Tagesaktualität hinterherjagt, sondern dadurch, dass die Aktualität Jesu Christi deutlich gemacht wird.«[7]

## Er hat ein Gesicht

Hier stoßen wir auf einen weiteren wichtigen Unterschied: den zwischen *deutlich* und *fertig*. Zur »politischen Korrektheit« breiter kirchlicher Kreise gehört es heute, zu beteuern, dass der christliche Glaube nicht in »vorgefertigten Sätzen« ausgedrückt werden könne. Zum Teil ist diese Attacke auf alles »Vorgefertigte« eine verständliche Reaktion auf ein bloßes Nachplappern von Glaubenssätzen, ohne Rücksicht auf die tatsächliche Lebenswirklichkeit. Aber sie wurzelt auch in einer bedeutend tieferen Kluft in unserem Denken, die vielleicht eine neue Variante des bekannten Kindes ist, das mit dem Bad ausgeschüttet wird. Jedenfalls landet die Kritik an den vorgefertigten Sätzen oft in einer einseitigen Betonung der persönlichen Erfahrung. Entweder man verlässt sich auf überkommene Überzeugungen oder auf seine persönliche Erfahrung. Entweder man denkt logisch und grundsätzlich (was oft als typisch »männlich« gilt) oder man denkt intuitiv und erfahrungsmäßig (»weiblich«).

Im Geistlichen äußert sich diese Polarisierung in einem Gegensatzverhältnis zwischen »Mysterium« und »Dogma«. In weiten Kreisen ist es heute geradezu selber ein Dogma, dass man zwischen Mysterium und Dogma zu wählen habe. Entweder ist der Glaube und Gott ein einziges großes Mysterium, und wir müssen die Dogmen hinauswerfen oder zumindest sehr kritisch sehen – oder aber wir halten an der überkommenen Lehre der Kirche fest und schließen uns so mit unseren begrenzten Formulierungen die Tür zu dem großen Mysterium zu. Ein typischer Leitsatz dieser Polarisierung lautet: »Wir wollen zeigen, dass Gott größer ist als unsere Denksysteme.«

Die Theologen der alten Kirche hätten sich hier verdutzt an die Stirn gegriffen: »Natürlich ist Gott größer als unsere Denksysteme! Aber wie kommt ihr denn dazu, das gegen die Dogmen auszuspielen? Wie sollte das Bekenntnis der Kirche das Mysterium beeinträchtigen können? Gerade um die Tür zum Mysterium offen und frei von zeitgebundenen und einengenden Vorstellungen zu halten, haben wir doch so um die Bewahrung des Bekenntnisses gekämpft!«

Nehmen wir ein Bild. Die entscheidende Gottesbegegnung des Mose war sicherlich der brennende Busch. Als Mose auf den Busch zugeht, sagt Gott ihm: »Tritt nicht herzu, zieh deine Schuhe von deinen Füßen; denn der Ort, darauf du stehst, ist heiliges Land! . . . Ich bin der Gott deines Vaters, der Gott Abrahams, der Gott Isaaks und der Gott Jakobs.« Und Mose »verhüllte sein Angesicht; denn er fürchtete sich, Gott anzuschauen« (2. Mose 3,5-6).

Hier lernt Mose etwas Entscheidendes für sein Leben und seinen Auftrag: dass er um jeden Preis die Grenze zu Gottes Heiligkeit respektieren muss, denn hinter dieser konkreten Grenze gibt es ein göttliches Geheimnis, das *jenseits* all dessen liegt, was er sehen, verstehen und ausdrücken kann.

Als Mose einige Jahre später mit dem Volk zum Berg Sinai kommt, sagt ihm der Herr: »Geh hin zum Volk und heilige sie heute und morgen, dass sie ihre Kleider waschen und bereit seien für den dritten Tag; denn am dritten Tage wird der Herr vor allem Volk herabfahren auf den Berg Sinai. *Und zieh eine Grenze um das Volk ...,* dass sie nicht durchbrechen zum Herrn, ihn zu sehen, und viele von ihnen fallen.« (2. Mose 19,10-12+21)

Die Art, wie Mose hier, aus Respekt vor Gott wie aus Fürsorge für das Volk, die Grenze zu Gottes Heiligkeit zieht, gibt uns ein Bild für das rechte Verhältnis zwischen Dogma und Mysterium: Das Glaubensbekenntnis formulieren heißt, jene absolute Grenze zum Heiligen ziehen – nicht um Gott zu begrenzen, sondern um immer wieder neu eben solche Begrenzungsversuche zu verhindern; nicht um Gott kleiner zu machen, sondern damit die Menschen den Abstand zu ihm wahren und sich nicht verbrennen. Es geht nicht darum, das Geheimnis »beschreiben«, geschweige denn »besitzen« zu wollen, sondern gerade darum, falsche Beschreibungen und subjektive Inbesitznahmen zu verhindern! So bewahrt die Kirche seit ihrer Geburtsstunde ihr Glaubensbekenntnis.

Eine Dominikanerschwester sagte einmal: »Wir können das Mysterium nicht umschreiten, aber wir können hineingehen.« Wir können Gott nicht analysieren, aber wir können ihn schmecken.

Seit das Wort Fleisch wurde, hat die Heiligkeit ein konkretes Antlitz in der Geschichte bekommen, und die Gemeinschaft mit Jesus lehrt uns, was Heiligkeit ist und was sie nicht ist. Anstatt von einem gestaltlosen Urmysterium zu reden, über das man nichts aussagen kann, spricht die Kirche freimütig und im Plural von den großen konkreten Mysterien: Jesu Geburt, Leben, Tod, Auferstehung, Himmelfahrt und die Ausgießung des Geistes. Jedes dieser Geheimnisse ist unendlich größer und tiefer als all unsere Vernunft und Theologie. Aber – und dies ist der entscheidende Unterschied zu dem heute vorherrschenden Denken – die Vernunft und die Dogmen stehen nicht in Gegensatz zu den Geheimnissen, gerade so wie ein Kompass nicht im Gegensatz zur Landschaft steht.

In der so wunderbar direkten Sprache der Nichttheologen drücken die Hirten aus, was das Fundament jedes christlichen Glaubens ist: »Lasst uns nun gehen nach Bethlehem und die Geschichte sehen, die da geschehen ist, die uns der Herr kundgetan hat.« Übersetzt in die klassischen drei Punkte der Theologen: 1. Hier ist an einem bestimmten Ort und zu einer bestimmten Zeit in der Geschichte etwas geschehen. – 2. Gott hat offenbart, was dieses

Geschehen bedeutet. – 3. Dieses objektive Faktum können ganz gewöhnliche Menschen heute subjektiv erfahren. Zwischen diesen drei festen Seiten des Glaubensgeheimnisses gibt es einen Spielraum, innerhalb dessen der Mensch sich nach seinen geistlichen und geistigen Möglichkeiten so weit zu Gottes Fülle hin ausstrecken kann, wie er es vermag.

Leider ist es auch möglich, sich einseitig auf einen dieser drei Punkte zu fixieren und damit auf den Abweg jenes ständigen Begleiters der Kirche, der Irrlehre, zu rutschen. Wir können uns nur mit der geschichtlichen Überlieferung beschäftigen und so in einer konservativen Häresie landen, einer Art »Glaubensarchäologie« ohne Bezug zu unserem Leben und unserer Gesellschaft. Wir können den Glauben von seiner historischen Verankerung abkoppeln und frei herumspekulieren, wie Gott wohl sein könnte – die liberale Häresie. Und wir können uns nur noch mit unserem persönlichen geistlichen Erleben beschäftigen – eine Häresie, die oft mit den Freikirchen verbunden wird. Wie alle einseitigen Bruchstücke aus der Wahrheit sind auch diese drei Spaltpilze für die christliche Gemeinde.

Das Evangelium als bloße Ansammlung von historischen Fakten, die man zu glauben hat, lässt einen Großteil der Gemeinde frustriert im Regen seiner unbeantworteten Fragen und Lebensprobleme stehen. Die »neuen« und »relevanten« Deutungen des Glaubens verwickeln die Gemeinde früher oder später in endlose Debatten für die Sprachgewandten. Das Spaltungspotential der »richtigen« geistlichen Erfahrungen ist wohldokumentiert: Wer hat sie, wer hat sie nicht? Viele der Irrwege der Kirchengeschichte lassen sich auf diese drei Grundmuster zurückführen.

Die Hirten weisen uns den Weg: Geht zurück zum Stall, sammelt euch um den Fleischgewordenen. Er ist nicht die *totale* Gottesoffenbarung – sonst wäre Gott nicht Gott und wir keine Menschen. Aber seine Offenbarung *reicht aus*. Mose hat den Unterschied so ausgedrückt: »Was verborgen ist, ist des Herrn, unseres Gottes; was aber offenbart ist, das gilt uns und unsern Kindern ewiglich, dass wir tun sollen alle Worte dieses Gesetzes« (5. Mose 29,28). Und ganz ähnlich schreibt Johannes über das Evangelium: »Noch viele andere Zeichen tat Jesus vor seinen Jüngern, die nicht geschrieben sind in diesem Buch. Diese aber sind geschrieben, damit ihr glaubt, dass Jesus der Christus ist, der Sohn Gottes, und damit ihr durch den Glauben das Leben habt in seinem Namen.« (Johannes 20,30-31)

## Er ist der Erlöser

Jesus der Erlöser – ist das nicht reichlich abgedroschen nach zweitausend Jahren? Aber andererseits: Wo hören wir das heute hoch? Jesus ist das große Vorbild, der große Lehrer, der große Tröster – aber Erlöser? Das heißt ja »Retter«. Retter von was? Und wozu?

Jesus der Retter – das ist das zentrale Jesusbekenntnis, wie schon der Name *Jesus* (»Der Herr ist Errettung«) sagt. »Er wird sein Volk retten von ihren Sünden«, erklärt der Engel, der Josef im Traum erscheint. Das begreifen können wir freilich nur, wenn wir die biblische Analyse der Situation des Menschen bejahen:

Seit dem Sündenfall sind wir von Gott und damit von der Quelle des Lebens abgeschnitten und in allen vier Grunddimensionen des Lebens – in unserem Verhältnis zu Gott, zu uns selber, zum Nächsten und zur übrigen Schöpfung – unter die Herrschaft des Bösen geraten. Der Apostel Johannes drückt unser Dilemma so aus: »Wir wissen, dass wir von Gott sind, und die ganze Welt liegt im Argen« (1. Johannes 5,19).

Diesen Betäubungszustand (im Urtext heißt es, dass die Welt im Argen »ruht«) können wir bekämpfen, deuten, zu verbessern versuchen – wir kommen nicht aus ihm heraus. Aber nun hat Gott seinen Sohn gesandt, um uns aus dieser Fremdherrschaft zu befreien. Gewiss, Jesus ist auch unser Vorbild, Lehrer und Tröster; aber wenn wir nicht die ganze Hoffnungslosigkeit unserer Lage einsehen, werden wir ihn nie als den erkennen, der er im Tiefsten ist: unser Erlöser.

Ein erster Schlüssel zu dieser Einsicht ist vielleicht unser Verhältnis zum Teufel, der nach Jahrzehnten des Museumsdaseins heute ein unerwartetes Comeback erlebt in der schier unerklärlichen Welle brutaler, mit banalen Scheinproblemen gekoppelter Gewalt, die über uns hereingeschwappt ist. Die Fernsehnachrichten reichen, um uns wieder an eine Macht des Bösen glauben zu lassen.

»Ihr habt den Teufel zum Vater«, sagt Jesus ohne jede Rücksicht auf politische Korrektheit. »Der ist ein Mörder von Anfang an und steht nicht in der Wahrheit; denn die Wahrheit ist nicht in ihm. Wenn er Lügen redet, so spricht er aus dem Eigenen; denn er ist ein Lügner und der Vater der Lüge« (Johannes 8,44). Der Teufel ist der perfekte Medienvirtuose: ein blendender Schauspieler mit tausend Gesichtern, ein Meister im Erfinden von Szenen, im Aufblasen von Scheinproblemen und Verharmlosen der wirklichen Fragen. Er ist das schwarze Loch, der Fürst der Leere, der Herr über das Reich des Mangels.

Die klassische christliche Literatur wimmelt von Hinweisen auf die Trugbilder des Teufels; man lese nur die berühmte Antonius-Biographie des Kirchenvaters Athanasios. Und zu Beginn des 2. Jahrhunderts schreibt Bischof Ignatius von Antiochia in einem seiner Briefe von den »Körperlichen und Gespensterhaften«[8], eine zeitlose Anleitung zum Aufspüren der Werke des Teufels. Es ist das Wesen des Teufels, dass er mit einem imponierenden Schein großzügiger Menschlichkeit daherkommt, aber innen drin die jämmerlichste Unmenschlichkeit ist.

Gott dagegen kommt in der Gestalt des Geringen und Verachteten – aber mit einer unendlich reichen, wahren Menschlichkeit. Bereits in der Krippe hat er über den Teufel triumphiert: »Dazu ist erschienen der Sohn Gottes, dass er die Werke des Teufels zerstöre« (1. Johannes 3,8). Vor dem Kind in der Krippe zerstieben alle noch so frommen Trugbilder des Teufels. Die wahre Frömmigkeit ist die, die von der Fleischwerdung her kommt und daher das wahrhaft Menschliche bejaht.

Deswegen fährt Johannes fort: »Ihr Lieben, glaubt nicht einem jeden Geist, sondern prüft die Geister, ob sie von Gott sind; denn es sind viele falsche Propheten ausgegangen in die Welt. Daran sollt ihr den Geist Gottes erkennen: Ein jeder Geist, der bekennt, dass Jesus Christus in das Fleisch gekommen ist, der ist von Gott; und ein jeder Geist, der Jesus nicht bekennt, der ist nicht von Gott. Und das ist der Geist des Antichrists.« (1. Johannes 4,1-3)

Es sagt viel über das Wesen des Christentums aus, dass der neutestamentliche Verfasser, den wir am meisten mit der tieferen Erkenntnis des Geheimnisses verbinden, gleichzeitig der ist, der am deutlichsten betont, dass das Wort tatsächlich als Mensch in diese Welt kam. Ja mehr noch: Derselbe Johannes, der so viel und innig über Gottes Liebe spricht, ist auch der, der am häufigsten über den Teufel redet. Möge Gott uns von den Trugbildern befreien! Und die gefährlichsten Trugbilder sind die »frommen«, denn sie sind die heimtückischsten Feinde der Menschlichkeit, die Gottes wahre Frömmigkeit aufrichten will.

Jesus kam zu uns, um Gott und Mensch wieder zu vereinen. Dann aber muss er selber bereits gleichzeitig Gott und Mensch sein. Wie der Kirchenvater Irenäus, Bischof von Lyon, gegen Ende des

2. Jahrhunderts schrieb: »Und deswegen brachte der Herr uns in den letzten Zeiten durch seine Menschwerdung in die Freundschaft mit ihm zurück, indem er ›der Mittler zwischen Gott und den Menschen wurde‹.«[9] In der alten Kirche tobte um dieses Bekenntnis, dass Gott in Christus Mensch wurde, ein jahrhundertelanger, unerhört intensiver Kampf. Gleich zu Anfang wurde es, offen oder indirekt, aus allen möglichen Richtungen in Frage gestellt, und die Debatten späterer Jahrhunderte sind eigentlich nur Neuformulierungen der Zweifel und Antworten der ersten 400 Jahre der Kirche.

Die gefährlichste Attacke kam von dem so genannten Gnostizismus. Er ist nicht so sehr eine fertige Lehre als eine Art, zu denken, und hat darin viel mit dem heutigen »New Age« gemeinsam. Das gnostische Weltbild basiert unter anderem auf einem Gegensatz zwischen Geist und Materie; das Geistige ist gut, das Materielle minderwertig oder böse. Erlösung geschieht durch einen schrittweisen Aufstieg zum Geist hin. Eine Konsequenz dieses Denkens war, dass die Gnostiker sich schwer taten mit dem Glauben an einen Schöpfergott, wenn doch das Materielle böse war. Und dass Gott Mensch wurde, das war vollends unmöglich und die größte Leugnung von Gottes Reinheit, die man sich denken konnte. Jesus als Gott und Mensch – das war der große Stein des Anstoßes (griech. *skandalon*) für die Gnostiker.

Aber was dann mit Jesus machen? Hier boten die Gnostiker zwei Antworten an, die seitdem in allen Angriffen auf das christliche Glaubensbekenntnis wiederkehren. *Entweder* Jesus war ein Mensch wie wir auch, den Gott lediglich mit ungewöhnlichen Fähigkeiten ausgestattet hatte, so dass man sagen konnte, dass Gott »in ihm wohnte«, »durch ihn redete« oder »sich in ihm offenbarte«; aber nie und nimmer konnte es sein, dass Jesus Gott war.

Oder aber Jesus war wirklich Gott, aber dann war er kein Mensch, sondern hatte nur einen Scheinleib. Gott wurde in Bethlehem nicht wirklich Mensch, sondern benutzte dieses Kind lediglich als Medium; Jesu Kreuzestod war nur ein Scheintod und die Auferstehung rein geistig zu verstehen.

Die gnostische Häresie klang so attraktiv und vernünftig, dass sie tief in die Kirche eindrang. Im 4. Jahrhundert schien das Gewebe der Kirche nur noch an einem Faden zu hängen, und dieser Faden war Athanasius, ein junger Diakon in Alexandria, der mit prophetischer Klarsicht sah, was hier auf dem Spiel stand: Hier ging es nicht um die Haarspaltereien von ein paar Gelehrten, sondern um die Kraft des Evangeliums, den Menschen die Erlösung zu bringen. Das Leben des Athanasius war ein einziger Krimi: Bischof von Alexandria, Verbannung, Rückkehr, erneute Verbannung usw. Lange Zeit weilte er unter den Mönchen in der Wüste, wo er seine messerscharfen Analysen niederschrieb, in der ruhigen Gewissheit, dass sie eines Tages von der ganzen Kirche angenommen würden.

## Er ist Mensch

Hätten die Gnostiker Recht behalten, hätte die Kirche in einer ständigen Spaltung zwischen dem Göttlichen und dem Menschlichen gelebt, in einem elitären Hochklettern zu einer weltabgewandten Superfrömmigkeit hin. Wenn aber Athanasius und das klassische (z.B. das Nizänische) Glaubensbekenntnis Recht haben, dann ist die Kirche ein Ort, wo Gottheit und Menschheit sich vereinen, und die Richtung geht nach unten, hinein in ein Dienen unter den Menschen. Und schon merken wir, dass man keine einzige Zeile Kirchengeschichte gelesen haben muss, um Beispiele für diese beiden Grundmuster vor unserer eigenen Haustür zu entdecken.

Eine der Ursachen für diese Spannungen ist, dass wir so oft »sündig« mit »menschlich« verwechselt haben. Dies führt stets zu einer Leugnung der Inkarnation, wenn nicht im Bekenntnis, so mindestens im Leben der Gemeinde: Finger weg vom Menschlichen, es ist sündig! Aber es ist nicht sündig; im Gegenteil: Alle Sünde ist im Grunde unmenschlich und ein Angriff auf das wahre Menschliche.

Bei Jesu Geburt sangen die Engel: »Ehre sei Gott in der Höhe!« So singen sie jedes Mal neu, wenn ein Mensch in Christus seine verlorene Menschlichkeit wiederfindet. Denn dazu wurde Jesus Mensch: um uns menschlicher zu machen, und nicht weniger menschlich. Der Einzige, der ein Interesse daran hat, uns weniger menschlich zu machen, ist der Teufel, der sich daher gerne in das Gewand der »Supergeistlichkeit« hüllt. Zu viel Frömmigkeit ist für die Gemeinde ein größeres Problem als zu wenig. Der Superfromme lässt sich nichts mehr sagen, aber der zu wenig geistliche Mensch hat die Chance, mehr von Gottes Gnade zu entdecken.

Dass Jesus wahrer Gott *und* Mensch ist, hat entscheidende Folgen für alle Gebiete christlicher Jüngerschaft. Ein Christus, der nur

Mensch ist, führt zu einem saft- und kraftlosen Christenleben, das ständig versuchen muss, aus eigener Kraft seine großen Ideale zu verwirklichen. Und ein unkörperlicher Erlöser bedeutet eine unkörperliche Nachfolge – eine leere Frömmigkeit ohne konkrete Konsequenzen im Lebensstil.

Als Bischof Ignatius von Antiochien unterwegs nach Rom ist, um in der Arena den wilden Tieren vorgeworfen zu werden, schreibt er auf dem Schiff Briefe an mehrere Gemeinden. Mit ungeschminkter Sachlichkeit benutzt er seine Situation als Beispiel für den Irrsinn einer »Scheinheiligkeit«, die Mythen hinterherspekuliert, aber nicht Christus nachfolgen will: »Wenn nämlich dies nur zum Scheine von unserem Herrn vollbracht wurde, dann bin auch ich nur zum Scheine gefesselt. Wozu habe auch ich mich gänzlich dem Tode überliefert, fürs Feuer, fürs Schwert, für wilde Tiere? Aber nahe dem Schwerte ist nahe bei Gott, inmitten der wilden Tiere ist inmitten Gottes; einzig im Namen Jesu Christi. Um mit ihm zu leiden, ertrage ich alles, wenn er mir Kraft gibt, der vollkommener Mensch geworden ist.«[10]

Wes Geistes Kind eine Frömmigkeit ist, zeigt sich daran, wie sie den Leib sieht. Die gnostische Leibesverachtung äußerte sich in zwei ganz unterschiedlichen Einstellungen, die schon zur neutestamentlichen Zeit zu Problemen in den Gemeinden führten. Die eine bestand darin, dass man den ach so bösen Leib durch Askese bekämpfte. Dieses Problem spricht Paulus unter anderem in den Briefen an Timotheus an, wenn er vor Irrlehrern warnt, die »gebieten, nicht zu heiraten und Speisen zu meiden, die Gott geschaffen hat, dass sie mit Danksagung empfangen werden« (1. Timotheus 4,1-5). Und die zweite Variante ist das zügellose Sich-Ausleben – was soll's, wenn der Leib doch nichts wert ist? Solche Menschen beschreibt Petrus so: »Denn sie reden stolze Worte, hinter denen nichts ist, und reizen durch Unzucht zur fleischlichen Lust diejenigen, die kaum entronnen waren denen, die im Irrtum ihr Leben führen, und versprechen ihnen Freiheit, obwohl sie selbst Knechte des Verderbens sind. Denn von wem jemand überwunden ist, dessen Knecht ist er geworden.« (2. Petrus 2,18-19)

Wieder merken wir, wie das Bekenntnis zum Fleisch gewordenen Wort uns auf die Haut unseres Alltags rückt. Und dass die Kirche über lange Strecken hinweg in ihrer Einstellung zu Körper, Sexualität, Kunst, Kleidung, Essen, Arbeit usw. mehr von der Gnosis als

vom christlichen Glauben geprägt war, muss ich nicht extra betonen. Wir scheinen es nicht lassen zu können, Frömmigkeit mit Leib-
feindlichkeit zu verwechseln.

Es ist daher kein Zufall, dass der Brief, in welchem Paulus am
meisten über den Leib spricht, an eine charismatisch überhitzte Ge-
meinde gerichtet ist. Das Feuer des Geistes brannte in Korinth, die
Gnadengaben flossen reichlich, und – schwups! – fing die fromme
Kletterei an . . . Paulus merkt, woher der Wind weht, und führt die
Gemeinde mit fester Hand zurück zum Stall von Bethlehem:

»Doch der Leib ist nicht für die Unzucht da, sondern für den
Herrn, und der Herr ist da für den Leib« (1. Korinther 6,13, Menge;
den Gnostiker schaudert's!). »Oder wisst ihr nicht, dass euer Leib ein
Tempel des Heiligen Geistes ist, der in euch ist und den ihr von Gott
habt, und dass ihr nicht euch selbst gehört? Denn ihr seid teuer erkauft; darum preist Gott mit eurem Leibe« (V. 19-20).

Im berühmten 12. Kapitel benutzt Paulus das Bild des Leibes, um
zu verdeutlichen, was Gemeinde ist: »Denn wie der Leib *einer* ist
und doch viele Glieder hat, alle Glieder des Leibes aber . . . *ein* Leib
sind: so auch Christus. Denn wir sind durch einen Geist alle zu *einem*
Leib getauft . . .« (1. Korinther 12,12-13). Und als er über die Auferstehung Christi und ihre Bedeutung für unsere Zukunftshoffnung
spricht, müssen wieder die Trugbilder der Körperlichkeit Platz machen: »Es wird gesät ein natürlicher Leib und wird auferstehen ein
geistlicher Leib . . . Aber der geistliche Leib ist nicht der erste, sondern der natürliche; danach der geistliche.« (1. Korinther 15,44-46)

Und ebenfalls in diesem Brief hebt Paulus die allerkonkreteste
Manifestation der Fleischwerdung in der Kirche hervor, ihren
Brennpunkt der Vereinigung zwischen Gott und Mensch, zwischen
Geistlichem und Irdischem: das Abendmahl (1. Korinther 11). Für
die Gnostiker konnte es natürlich nur ein rein symbolisches Abendmahl geben. »Von der Eucharistie und dem Gebete halten sie sich
ferne, weil sie nicht bekennen, dass die Eucharistie das Fleisch unseres Erlösers Jesus Christus ist . . .«, schrieb Ignatius von Antiochien.[11] Und Irenäus stellt triumphierend fest: »Von dem Seinigen
nämlich opfern wir ihm, indem wir geziemenderweise die unauflös-
liche Einheit von Fleisch und Geist verkünden. Denn wie das von der
Erde stammende Brot, wenn es die Anrufung Gottes empfängt,
nicht mehr gewöhnliches Brot ist, sondern die Eucharistie, die aus
zwei Elementen, einem irdischen und einem himmlischen besteht,

so gehören auch unsere Körper, wenn sie die Eucharistie empfangen, nicht mehr der Verweslichkeit an, sondern haben die Hoffnung der Auferstehung.«[12]

Wie gesagt: Es ist Gottes Art, in niedriger, verachteter Gestalt zu uns zu kommen, aber mit seinem unendlichen göttlichen Reichtum. Ein Stück von diesem einfachen Brot zu essen, einen Schluck von diesem Wein zu nehmen, dies ist jedesmal ein neuer Triumph über alles Blendwerk des Teufels. Das Abendmahl ist ein Festmahl, das Menschen aller Schichten, Geschlechter, Kulturen, Sprachen und Nationen vereint, genau wie damals im Stall von Bethlehem. Es ist ein Geschehen, das viel tiefer zu uns spricht als alle theologischen Auslegungen der Welt. Wie Paulus den Korinthern schrieb: »Der gesegnete Kelch, den wir segnen, ist der nicht die Gemeinschaft des Blutes Christi? Das Brot, das wir brechen, ist das nicht die Gemeinschaft des Leibes Christi? Denn *ein* Brot ist's: So sind wir viele ein Leib, weil wir alle an *einem* Brot teilhaben.« (1. Korinther 10,16-17)

# CREDO – Ich glaube

## Ein einfacher Mensch, ein brennendes Herz

Im Winter 1994/95 wurde Schweden von mehreren Morden erschüttert. Der vielleicht schrecklichste geschah in Bjuv in Skåne, wo ein 16- und ein 17-Jähriger einen gleichaltrigen Freund totschlugen. Sie waren nicht betrunken, sie handelten nicht im Affekt. Sie wussten genau, was sie taten, und hatten es lange vorher geplant. Nach der Tat genehmigten sie sich eine Pizza in der Pizzeria. Etwa drei Monate nach der Mordtat besuchten Reporter der Tageszeitung *Dagens Nyheter* den Ort. Sie schrieben:

»...Es liegt wie ein graues Tuch über der kleinen Industriestadt...Es ist fast wie nach einem Erdbeben. Eine unerhörte Kraft hat zugeschlagen, und keiner weiß, ob wirklich alles vorbei ist; es kann jederzeit Nachbeben geben. Äußerlich hat es zwar den Anschein, als ob der Alltag wieder eingekehrt ist...«[13]

So beginnt eine Reportage, die an jedem beliebigen anderen Ort in Schweden hätte geschrieben werden können. Man kennt es alles wieder: Jugendhaus, Schule, Videothek, Pizzeria, TV, Sparmaßnahmen, Graffiti. »Am Tatort sieht alles so normal aus, dass es schon fast wehtut.«

Wir treffen verschiedene Menschen in dem Artikel. Daniel (9. Klasse, elf Ohrringe) will mit einem Kumpel nach Kopenhagen auf eine Rave-Party fahren. »Ist das nicht gefährlich?«, fragt der Reporter. »Klar! Darum fahren wir doch hin!«

Der Schulrektor hat sich in die Computer-Rollenspiele vertieft, die die Täter zu dem Mord angeregt haben sollen. In der Aula haben die aufgewühlten Eltern sich die Vorträge der Experten angehört. Der Rektor: »Die Frage ist nur, was wir dagegensetzen können. Unsere humanistische Moral muss neben diesen Rollenspielen ja wirklich uralt aussehen...«

Eine Teenagermutter berichtet, wie sie seit dem Mord den Fernsehkonsum und die Computerspiele ihrer Kinder kontrolliert. »Ich will nicht das Böse in mein Haus hereinlassen.« Thomas und seine beiden Mörder kannte sie gut – »zwei nette, wohlerzogene Jungen.« Sie findet, dass »gute, positive christliche Ideale« am besten für die

Jugend wären, aber oft suchen sie halt Spannung und Action um jeden Preis.

Diese Reportage handelt nicht nur von Bjuv, sie handelt von der modernen Gesellschaft in Schweden (und anderswo). Es ist eine Gesellschaft, die unaufhaltsam immer dämonischere Züge annimmt: auf der einen Seite eine trostlos-graue, nichts sagende Alltagsbanalität, wo niemand mehr etwas hofft oder träumt oder für etwas kämpft, auf der anderen Seite die Faust der brutalen Gewalt, die plötzlich und sinnlos zuschlägt und schwarze Löcher der Angst und des Hasses zurücklässt. Es ist eine Welt ohne Richtig und Falsch, Wahr und Unwahr, in der die Menschen wie blinde Fliegen um den betäubenden Zucker des Wohlbefindens kreisen, auf der Jagd nach Gemütlichkeit und Spannungskitzel. Keine Aussicht nach hinten mehr für uns geschichts- und zusammenhanglose Wesen, und auch keine nach vorne, denn wer hofft noch auf eine Zukunft oder denkt weiter als bis zum nächsten Wochenende? Bleibt nur der Kick des Augenblicks. Wir sind leichte Beute für Kräfte, die über den Augenblick hinaussehen können.

Was für Kräfte sind das? Es scheint zum Wesen des Bösen zu gehören, solche Fragen so komplex zu machen, dass zum Schluss keiner mehr weiß, was er tun soll. Auf allen möglichen Ebenen sind wir eine Gesellschaft ohne Fronten geworden, ohne deutliche Grenzen und Feinde, ohne große Herausforderungen. Der Fall des Eisernen Vorhangs in Europa hat mitnichten zu eitel Frieden und Stabilität geführt, sondern eher dazu, dass Aggressivität und Gewalt sich formlos in alle Richtungen verbreiten, in dem Versuch, neue Fronten zu finden, wo bisher keine waren. Jeder Nachbar ist ein potentieller Feind, gerade so wie in Bjuv.

Sie sind kein Zufall, diese Drachen- und Monsterspiele, aber der eigentliche Bösewicht sind sie nur für den, der die tieferen Kräfte, die hier am Werk sind, nicht sieht oder nicht sehen will. Sie sind eigentlich nur ein Symptom für die frontenlose Gesellschaft: Wenn es keine wirklichen Feinde, Grenzen, Abenteuer mehr gibt, bleiben einem nur noch die Scheinmonster des Fernseh- oder Computerbildschirms, und es braucht keine große Phantasie, um das Spiel zur Wirklichkeit werden zu lassen, denn was ist denn heute die Wirklichkeit?

Die wirklichen Herrscher erreicht man nicht mit Fernbedienung und Joystick. In unserer offiziell agnostischen Gesellschaft herrscht der allmächtige Gott »Markt« mit seinen Mitgöttern »Technologie«

und »Militärische Macht«. Natürlich wird kein vernünftiger Mensch sie seine Götter nennen, aber wir vertrauen genauso auf sie, wie die Menschen im Laufe der Geschichte auf ihre Götter vertraut haben.

Und diese Götter werden von einer Kirche, die die Menschen mit den von der Mutter in Bjuv angemahnten »guten, positiven christlichen Idealen« ruhig stellt, in keiner Weise gestört. Sie ist dieser Gesellschaft gerade recht, die Kirche, die nicht mehr zur Umkehr zu dem lebendigen Gott und damit zur Abkehr von den falschen Göttern aufruft. So wird das Christentum das, was sich die Machthaber aller Zeiten gewünscht haben: ein Beruhigungsmittel für die Angst, ein netter Club, wo die Leute sich nicht prügeln und keine unangenehmen Fragen stellen.

Und so geht die Kirche unmerklich in der allgemeinen Frontlosigkeit auf, denn auch ihre Fronten – gegen das Fleisch, die Welt und den Teufel – verschwimmen zu wohlberechenbaren Beruhigungsfloskeln: Du bist o.k., so wie du bist. Daher kann heute auch so gut wie jede politische Partei die »christlichen Werte« beschwören; kaum noch jemand versteht darunter mehr als ein harmloses »Seid nett zueinander«.

Darf es da noch wundern, wenn das Christentum als das Gegenteil zu allem Spannenden, Risikoreichen betrachtet wird? Bei uns ist heutzutage eine Kirche der ungefährlichste Ort, den es gibt, und nicht mehr, wie im Römerreich, der riskanteste. Diese Kirche reiht sich in die Schlange der Eltern ein, die hilflos dastehen, wenn ihre Kinder sich in Abenteuer hinaus begeben. Wir sind so eingeschläfert von unserer risikofreien Frömmigkeit, dass wir solche Abenteuer schon als eine gesunde Reaktion deuten – als Zeichen dafür, dass die jungen Leute noch *nicht* von der Gesellschaft kaputt gemacht worden sind. Die Kirche als Sprachrohr einer vor lauter unverbindlicher Nettigkeit stocktaub gewordenen Generation . . .

In einer solchen Situation benimmt die Kirche sich wie alle anderen auch. Wir sind mit uns selber beschäftigt, prüfen ängstlich, wie wir auf unsere Umgebung wirken, klammern uns an unsere Privilegien und betrachten jede radikale Veränderung als Bedrohung. Von der wirklichen Front sind wir desertiert und kämpfen nun gegen diverse Scheinfeinde. Unsere Computermonster sind alle möglichen inner- und parakirchlichen Phänomene, die zur »großen Herausforderung« geschminkt werden. So geht unsere Säkularisierung und Marginalisierung weiter, ganz nach Plan.

## Spuren von Gottes Reich

Mitten hinein in diese immer kälter werdende Gesellschaft geht ein einfacher Mann mit einem brennenden Herzen. Die alles sehenden Augen der regierenden Götter registrieren seine Schritte genauestens, mit derselben fischgleichen Verachtung, mit der sie ihre übrigen Geschäfte in dieser Welt betreiben. Mitten in ihrem sich zusammenziehenden Netz der regierenden Götter steht er ruhig da und sagt uns: »*Die Zeit ist erfüllt, und das Reich Gottes ist herbeigekommen. Tut Buße und glaubt an das Evangelium!*« (Markus 1,15)

Seine Spuren gehen kreuz und quer zwischen dem Neuen Testament und unserer frontlosen Gesellschaft und zeichnen die Umrisse eines Reiches mit immer deutlicheren Frontlinien. Von Anfang an stellt er klar, dass dieses Reich keine religiöse Fassade für die anderen Reiche ist, keine »spirituelle Dimension«, die sich geschwind in unsere Weltbilder und Machtkonstellationen einbauen lässt. Er ist nicht das fehlende Stück in unserem fast fertigen Puzzle (wir in der Mitte und Jesus und all das drum herum); er ist der Puzzle-Designer, der das Puzzle umschüttelt, um es zu einem ganz neuen Muster zu legen.

Er sucht nicht friedliche Koexistenz mit den Göttern dieser Welt, er fordert sie heraus auf Leben und Tod. Ihm nachfolgen heißt nicht, durch einen religiösen Supermarkt zu schlendern und ein paar »christliche Werte« in unseren Warenkorb zu legen; es bedeutet, sich von den Götzen zu Gott zu bekehren, um dem wahren Gott zu dienen (1. Thessalonicher 1,9). »Niemand kann zwei Herren dienen: Entweder er wird den einen hassen und den andern lieben, oder er wird an dem einen hängen und den andern verachten. Ihr könnt nicht Gott dienen und dem Mammon.« (Matthäus 6,24)

Diese Umkehr ist die Tür hinein in ein Reich, das Punkt für Punkt eine Herausforderung an Gesellschaft und Lebensstil unserer Zeit ist. Was geschieht, wenn wir dem Mammon den Rücken kehren? Was passiert mit dem Markt, wenn Menschen in die Wirklichkeit eintreten, die Jesus so beschreibt: »Darum . . . fragt nicht danach, was ihr essen oder was ihr trinken sollt, und macht euch keine Unruhe. Nach dem allen trachten die Heiden in der Welt; aber euer Vater weiß, dass ihr dessen bedürft. Trachtet vielmehr nach seinem Reich, so wird euch das alles zufallen . . . Verkauft, was ihr habt, und gebt Almosen . . . Denn wo euer Schatz ist, da wird auch euer Herz sein.« (Lukas 12,29-34)

Was bedeutet Gottes Reich für unsere Sicht von Macht und Karriere – diesen unwiderstehlichen Magneten, die die höchsten Ideale korrumpieren und aus Volkshelden bürokratische Platzhirsche machen? »Ihr wisst, die als Herrscher gelten, halten ihre Völker nieder . . . Aber so ist es unter euch nicht; sondern wer groß sein will unter euch, der soll euer Diener sein . . . Denn auch der Menschensohn ist nicht gekommen, dass er sich dienen lasse, sondern dass er diene und sein Leben gebe als Lösegeld für viele.« (Markus 10,42-45)

Was für Konsequenzen hat Gottes Reich für eine Gesellschaft, die die Sexualität als Ware feilbietet und Männer und Frauen wie Spielsteine hin- und herschiebt? »Habt ihr nicht gelesen: Der im Anfang den Menschen geschaffen hat, schuf sie als Mann und Frau und sprach: ›Darum wird ein Mann Vater und Mutter verlassen und an seiner Frau hängen, und die zwei werden ein Fleisch sein‹? . . . Was nun Gott zusammengefügt hat, das soll der Mensch nicht scheiden!« (Matthäus 19,4-6)

Was bedeutet Gottes Reich für die Kinder, die wir viel zu früh in die Erwachsenenwelt mit ihren vergifteten Bonbons des Mammons und der Medien hineinzwingen, denen wir ihre Träume und ihren Zukunftsglauben wegnehmen und die immer häufiger Opfer von Misshandlungen werden? »Jesus rief ein Kind zu sich und stellte es mitten unter sie und sprach: Wahrlich, ich sage euch: Wenn ihr nicht umkehrt und werdet wie die Kinder, so werdet ihr nicht ins Himmelreich kommen. Wer sich nun selbst erniedrigt und wird wie dies Kind, der ist der Größte im Himmelreich. Und wer ein solches Kind aufnimmt in meinem Namen, der nimmt mich auf. Wer aber einen dieser Kleinen, die an mich glauben, zum Abfall verführt, für den wäre es besser, dass ein Mühlstein an seinen Hals gehängt und er ersäuft würde im Meer, wo es am tiefsten ist. Weh der Welt der Verführungen wegen!« (Matthäus 18,2-7)

Wir könnten (und müssen!) hier fortfahren, mit einem Bereich nach dem anderen, bis Gottes Reich nach und nach seine ursprünglichen Konturen einer Gegenkultur, eines von den falschen Göttern befreiten Territoriums wiederbekommt. Jesus ist die Verkörperung der Befreiung von dem, was uns gefangen hält. Ihm nachfolgen *Nachfolge* heißt, sich in einen lebenslangen Heilungsprozess begeben, der die vier Grundbeziehungen des Lebens umfasst: die Beziehung zu Gott, zu uns selber, zum Nächsten und zur Schöpfung. Gottes Reich ist nicht eine fromme Enklave in dieser Welt, eine Nische für Freizeitchristen, sondern in Jesu Befreiungswerk manifestiert sich Gottes ursprüngliche Absicht mit seiner ganzen Schöpfung.

Den Kern der vier Grundbeziehungen bildet unsere Beziehung zu Gott, der Quelle des Lebens. Auch hier bringt Gottes Reich Befreiung – für alle, die sich mit der schwersten aller Lasten abschleppen: einem falschen Gottesbild. Nichts kann einem Einzelnen wie einer ganzen Kultur so die Lebensfreude nehmen wie falsche Gottesbilder, ob es nun die der steinharten religiösen Unterdrückung sind oder die formlos zerrinnenden des Zeitgeistes. Gottes Reich grenzt sich fassbar ab von den Lebensstilen und Machthabern dieser Welt, aber es ist keine Ideologie, kein Parteiprogramm, keine Philosophie, sondern ein Kraftfeld, ein Befreiungsstrom von dem lebendigen Gott, der ein ganz bestimmtes Antlitz hat: ». . . niemand kennt den Sohn als nur der Vater, und niemand kennt den Vater als nur der Sohn und wem es der Sohn offenbaren will. Kommt her zu mir, alle, die ihr mühselig und beladen seid; ich will euch erquicken. Nehmt auf euch mein Joch und lernt von mir; denn ich bin sanftmütig und von Herzen demütig; so werdet ihr Ruhe finden für eure Seelen. Denn mein Joch ist sanft, und meine Last ist leicht.« (Matthäus 11,27-30)

Dass dies mehr ist als schöne Worte, zeigt sich, als Jesus eine Gemeinschaft um sich schart, die sich zu ihm bekennt und an das Evangelium vom Gottesreich glaubt. Hier setzt sich das Muster aus dem Stall fort. Nie hätte ein Programm oder eine Lehre so unterschiedliche Menschen zusammenbringen und zusammenhalten können. Aber da Gottes Reich sich in einer befreienden und heilenden Person verkörpert, dauerte es nicht lange, bis der eine Zaun nach dem anderen fiel und die christliche Kirche Gestalt annahm:

»Und es begab sich danach, dass er durch Städte und Dörfer zog und predigte . . . das Evangelium vom Reich Gottes; und die Zwölf waren mit ihm, dazu einige Frauen, die er gesund gemacht hatte von bösen Geistern und Krankheiten, nämlich Maria, genannt Magdalena, von der sieben böse Geister ausgefahren waren, und Johanna, die Frau des Chuzas, eines Verwalters des Herodes, und Susanna und viele andere, die ihnen dienten mit ihrer Habe.« (Lukas 8,1-3)

Die so ganz untheatralischen Worte lassen uns das Gewaltige, das hier geschieht, leicht übersehen. (Typisch für die Kirche . . .) Aber wenn wir etwas genauer hinschauen, merken wir, wie hier, ausgehend von Jesus als der Mitte, Gottes Reich Gestalt annimmt in einer Gemeinschaft, die den Menschen vorführt, dass Jesus nicht irgendein neues religiöses Trostpflaster lehrt, sondern eine neue Art, zu leben – und die können wir durch Gottes Gnade auch heute in unserer Welt verwirklichen. Nicht, weil Gottes Reich schon in seiner Fülle angebrochen wäre – das wird erst geschehen, wenn Jesus wiederkommt. Sondern als Zeichen dafür, dass sein Reich *nahe* ist, als Vorgeschmack auf das, was kommen wird.

- Die Klassengrenzen sind fort. Neben der exklusiven Johanna finden wir die offenbar nicht gerade gutbürgerliche Maria Magdalena. Der Revolutionär Simon steht Seite an Seite mit den Mittelständlern Petrus, Jakobus und Johannes.
- Die Grenzen zwischen den Geschlechtern sind fort. In einer ausgeprägten Männergesellschaft schafft Jesus eine Familie, in der Brüder und Schwestern sich wie selbstverständlich Gemeinschaft und Verantwortung teilen.
- Die Grenzen zwischen Geistlichem und Materiellem sind fort. Das Brot miteinander teilen und füreinander beten, Kranke heilen und Hungrige satt machen – es ist alles gleich selbstverständlich.
- Die Grenzen zwischen Sonntag und Alltag sind fort. Jeder Tag ist ein Tag in Gottes Reich.
- Die Grenzen zwischen Stadt und Land sind weg. Es ist richtig, dass das Christentum sich zuerst in den Städten verbreitete, aber hier sehen wir ein Beispiel dafür, wie die Kirche quer durch die traditionellen Strukturen (die herrische Stadt, das sie ernährende Land) ihr Netzwerk baut.
- Die Grenzen zwischen persönlichem Leben und Gemeindearbeit sind fort. Der Gedanke, dass diese Menschen eine Art Bodenpersonal für etwas sind, das weit über ihrem Leben schwebt, will gar nicht erst kommen. Die Gemeinde – das *ist* die persönliche Gemeinschaft, wo einer dem anderen hilft.

Wir könnten hier noch andere Grenzen aufzählen, vor allem die zwischen den Rassen und Nationen. Man beachte, dass die Gemeinde nicht identisch mit Gottes Reich ist! Gottes Reich ist viel größer und letztlich ein weiteres Geheimnis, das die Kirche niemals ausloten oder »besitzen« kann. Aber die Kirche ist das größte *Zeichen* der Gegenwart Gottes in dieser Welt, ein Zeichen, das uns sagt: Dies hier ist Gottes Ziel für seine ganze Schöpfung! Wie Paulus schreibt: ». . . damit jetzt kundwerde die mannigfaltige Weisheit Gottes den Mächten und Gewalten im Himmel *durch die Gemeinde*« (Epheser 3,10).

Als Mahnmal und Wegweiser steht das Zeichen der Gemeinde in der Welt – doch nicht, damit die Gemeinde sich überhebt, wie dies die große Versuchung aller Menschen ist, die »anders« leben. Es ist kein Zufall, wenn Jesus seinen Reichsgottes-Unterricht in der Bergpredigt so beschließt: »Richtet nicht, so werdet ihr auch nicht gerichtet ... Vergebt, so wird euch vergeben ... mit dem Maß, mit dem ihr messt, wird man euch wieder messen.« (Lukas 6,37-38)

Also nicht die engherzige Mauer um die eigene Gerechtigkeit, sondern ein freier, grenzenloser Strom aus dem Zentrum des Gottesreiches hinaus in die Welt! Ein wiederkehrendes Bild des Reiches Gottes ist das Festmahl des Messias, zu dem alle geladen sind, und einmal mehr ist hier das Abendmahl das zentrale Zeichen, jene konzentrierte Tischgemeinschaft, in der Gott den letzten Beweis seiner Liebe gibt: seinen Leib und sein Blut. Mit jeder Feier des Abendmahls öffnen wir die Fenster des Gottesreiches zur Zukunft hin, wenn »Frucht der Erde und Arbeit der Menschen« gleich zwischen alle verteilt werden und wir auf der neuen Erde das Hochzeitsfest mit Jesus feiern dürfen.

## Friede, Freude, Eierkuchen?

Dem aufmerksamen Leser des Neuen Testamentes wird bald klar, dass das Reich Gottes keine religiöse Kuscheldecke ist, die wir an uns drücken, wenn das Leben hart wird; diese Funktion kann das Evangelium nur um den Preis der völligen Verwässerung und Verdrehung bekommen. Auf das Evangelium, wie es uns bei Jesus von Nazareth begegnet, gibt es nur zwei Reaktionen: Ablehnung oder Umkehr, und es ist ein erschreckendes Symptom für das Aufgehen der Kirche in der allgemeinen Konturenlosigkeit, wenn sie nicht mehr die Notwendigkeit der Bekehrung verkündigt, sondern nur noch als Trösterin und Hüterin christlicher Werte auftritt, womit wir die Tür zur Nachfolge zusperren und die größte aller Sünden begehen: Menschen daran hindern, Gott zu begegnen.

Dietrich Bonhoeffer sah in den deutschen Kirchen der dreißiger Jahre das gleiche Muster. Der braune Aufmarsch kam so betäubend rasch und das Reichsgottes-Bewusstsein der Kirchen war so verkümmert, dass die Christen Hitler anfangs kaum nennenswerten

Widerstand leisteten. In seinem 1937 erschienen Buch *Nachfolge* spricht Bonhoeffer prophetisch von der »billigen Gnade«:

»Billige Gnade ist der Todfeind unserer Kirche. Unser Kampf heute geht um die teure Gnade … Billige Gnade heißt Gnade als Lehre, als Prinzip, als System; heißt Sündenvergebung als allgemeine Wahrheit, heißt Liebe Gottes als christliche Gottesidee. Wer sie bejaht, der hat schon Vergebung seiner Sünden. Die Kirche dieser Gnadenlehre ist durch sie schon der Gnade teilhaftig. In dieser Kirche findet die Welt billige Bedeckung ihrer Sünden, die sie nicht bereut und von denen frei zu werden sie erst recht nicht wünscht. Billige Gnade ist darum Leugnung des lebendigen Wortes Gottes, Leugnung der Menschwerdung des Wortes Gottes …

Die ganze Welt ist unter dieser Gnade ›christlich‹ geworden, das Christentum aber ist unter dieser Gnade in nie dagewesener Weise zur Welt geworden. Der Konflikt zwischen christlichem und bürgerlich-weltlichem Berufsleben ist aufgehoben. Das christliche Leben besteht eben darin, dass ich in der Welt und wie die Welt lebe, mich in nichts von ihr unterscheide, ja mich auch gar nicht – um der Gnade willen! – von ihr unterscheiden darf, dass ich mich aber zu gegebener Zeit aus dem Raum der Welt in den Raum der Kirche begebe, um mich dort der Vergebung meiner Sünden vergewissern zu lassen. Ich bin von der Nachfolge Jesu befreit – durch die billige Gnade, die der bitterste Feind der Nachfolge sein muss, die die wahre Nachfolge hassen und schmähen muss …

Aber wissen wir auch, dass diese billige Gnade in höchstem Maße unbarmherzig gegen uns gewesen ist? Ist der Preis, den wir heute mit dem Zusammenbruch der organisierten Kirchen zu zahlen haben, etwas anderes als eine notwendige Folge der zu billig erworbenen Gnade? Man gab die Verkündigung und die Sakramente billig, man taufte, man konfirmierte, man absolvierte ein ganzes Volk, ungefragt und bedingungslos, man gab das Heiligtum aus menschlicher Liebe den Spöttern und Ungläubigen, man spendete Gnadenströme ohne Ende, aber der Ruf in die strenge Nachfolge Christi wurde seltener gehört. Wo blieben die Erkenntnisse der alten Kirche, die im Taufkatechumenat so sorgsam über der Grenze zwischen Kirche und Welt, über der teuren Gnade wachte? Wo blieben die Warnungen Luthers vor einer Verkündigung des Evangeliums, die die Menschen sicher machte in ihrem gottlosen Leben? Wann wurde die Welt grauenvoller und heilloser christianisiert als hier?«[14]

Bonhoeffer schrieb vor dem Hintergrund der lutherischen Tradition. Die Freikirchen wurzeln in unterschiedlichem Maße in der Täuferbewegung des 16. Jahrhunderts, die eine radikale Bekehrungsverkündigung hatte, die die Menschen in verschiedene Formen des Gemeinschaftslebens hineinführte. Die Erweckungsbewegungen des 19. Jahrhunderts schöpften aus diesem Erbe, und das Markenzeichen der Freikirchen wurde die persönliche Bekehrung – ein deutliches Zeichen gegen eine mechanisch die Gnadenmittel austeilende »Staatskirche«. Statt Anhängsel des Staates zu sein, wollte die Gemeinde wieder Zeichen des Reiches Gottes, »Licht der Welt« und »Stadt auf dem Berge« sein (Matthäus 5,14), und wer in dieser Stadt wohnen wollte, der musste Christus nachfolgen, in scharfem Kontrast zu einer vielfach in Alkoholismus und Elend versunkenen Umwelt.

Heute betrifft Bonhoeffers Warnung auch die Freikirchen; die profillose »Volkskirchlichkeit« mit ihrer billigen Gnade ist zu einem ökumenischen Phänomen geworden. Etliche Generationen nach den Erweckungen haben die Freikirchen große Schwierigkeiten, eine sinnvolle Bekehrungsverkündigung zu betreiben. Bekehrung wovon? Wohin? Wie soll das zugehen? Wir wollen sie doch nicht vor den Kopf stoßen, die Leute, die sich aus Tradition zur Gemeinde halten. Und erst recht nicht die Außenstehenden . . .

Und so schließt sich im Zeitalter der zahnlosen Verkündigung, die nur ja niemandem zu nahe treten will, der Kreis zwischen Landes- und Freikirchen. Niemand kann mehr beanspruchen, »biblischer« zu sein als die anderen. Wir stehen an einem Punkt der Geschichte, wo wir die gleichen Grundprobleme haben und um jeden Preis auch gemeinsam Lösungen finden müssen, um das Reich Gottes in der Gesellschaft des 3. Jahrtausends verkündigen und gestalten zu können.

Die Bekehrung ist kein exotisches Randthema in der Kirche, sie ist ihr Fundament, oder besser gesagt: ihre einzige Möglichkeit, Kontakt mit ihrem Fundament, Jesus Christus, zu haben. Ohne diese Verankerung ist sie im freien Fluss und der Manipulation durch andere Kräfte – politische, ökonomische, philosophische, religiöse – ausgeliefert, wie sie schon unzählige Male bewiesen hat.

Der Zusammenhang wird jedem klar, der Kontakt zu einer normalen christlichen Gemeinde hat. Solange ihre Glieder *in ihrer Lebenspraxis* ganz andere Ziele als Gottes Reich haben, werden diese

Ziele jede für sie unangenehme Veränderung in der Gemeinde torpedieren. Wir können hundert Jahre lang über Krise und Erneuerung der Gemeinde reden – solange unsere persönlichen Lebensstile sich nicht ändern, wird sich nichts Entscheidendes bewegen.

Hier zeigt sich auch, dass Bekehrung keineswegs nur bedeutet, dass ich anfange, »an Jesus zu glauben«. Israels Abkehr von Gott im Alten Testament bedeutete nicht, dass es auf einmal Gottes Existenz leugnete; es reihte ihn vielmehr unter die Baale und anderen Götter ein, um seine eigentlichen Lebensziele – gute Ernten, Kriegsglück, Fruchtbarkeit, also Geld, Macht und Sex – optimal abzusichern. Frömmigkeit war in diesen Perioden einfach ein Hilfsmittel zum Lebensglück, gerade so wie bei den heidnischen Nachbarn Israels. Wir setzen selber unsere Ziele und fragen uns anschließend, welche Götter uns helfen können, sie zu erreichen: Mammon? Gott? Warum nicht beide?

Was bedeutet in solch einer Situation Bekehrung? Ein tiefes spirituelles Erlebnis? Eine Woge der Erneuerung? Verstärkte Wortverkündigung? Neue Ideen für eine tiefere Gemeinschaft? Nein, hier kann es unmöglich darum gehen, mehr von etwas zu bekommen, sondern die Menschen haben *zu viel Gift* und Ballast in ihrem Leben, und Bekehrung kann nur heißen, dass sie es ausmisten. Als der Prophet Samuel sagte: »Wenn ihr euch von ganzem Herzen zu dem Herrn bekehren wollt, so tut von euch die fremden Götter . . . und richtet euer Herz zu dem Herrn und dient ihm allein«, da verstanden die Menschen das nicht als ein erbauliches Goldenes Wort, sondern als eine praktische Anweisung: »Da taten die Israeliten von sich die Baale und Astarten und dienten dem Herrn allein.« (1. Samuel 7,3-4)

## Was kostet es?

Der Herr allein. In der alten Kirche lautete die kürzeste Version des christlichen Bekenntnisses: *Jesus ist der Herr.* Im Multikulti-Römerreich juckte dies zunächst niemanden. Es gab ja so viele Götter, da machte einer mehr den Braten nicht fett. Dem Kaiser war es egal, ob es da eine neue obskure Sekte gab, die einen gewissen Jesus anbetete; er hatte Wichtigeres zu tun, als nachzusehen, an was für Götter die Leute glaubten.

Die Reaktion kam erst, als es der Obrigkeit dämmerte, dass die Christen es mit ihrem »Jesus ist der Herr« vollkommen ernst meinten: Wenn Jesus der Herr war, dann war der Kaiser nicht der Herr! Noch provozierender wurde die Sache dadurch, dass das Wort »Herr« (griech. *kyrios*, lat. *Dominus*) bereits einer der Titel des Kaiser war. Und intolerant waren sie, diese Christen: Zwar musste man auch in anderen Religionen und Mysterienkulten ein Aufnahmezeremoniell durchlaufen, aber niemand hinderte einen daran, zu mehreren Religionen gleichzeitig zu gehören. Nicht so bei den Christen: Wer sich zu Christus bekannte, hatte Schluss zu machen mit seinen alten Göttern.

Kurz und gut: Jünger Jesu sein definierte sich in der frühen Kirche nicht nur durch das, wozu man ja sagte, sondern auch durch das, wozu man nein sagte. Dies war der Grund, warum man die Christen manchmal »die Gottlosen« (Atheisten) nannte – nämlich gegenüber den etablierten Göttern.

Die Berichte über die Prozesse gegen Christen dokumentieren dies mit ungeschminkter Deutlichkeit. Im Jahre 180 wurde in Karthago einer Gruppe von Christen der Prozess gemacht, darunter einem gewissen Speratus. Hier ein Auszug aus dem Protokoll des Verhörs vor dem Prokonsul Saturninus:

»Der Prokonsul Saturninus sagte: ›Auch wir sind gottesfürchtig, und unser Gottesdienst ist einfach. Wir legen vor dem Geist unseres Herrn, des Kaisers, einen Eid ab und beten für sein Wohlergehen. Das müsst auch ihr tun.‹ Speratus antwortete: ›Wenn Ihr mir ruhig zuhören wollt, will ich Euch in die einfache Wahrheit einweihen.‹ Der Prokonsul Saturninus erwiderte: ›Wenn du etwas Ungehöriges über unsere Gottesverehrung sagen willst, so höre ich nicht zu. Schwöre lieber bei dem Geist unseres Herrschers!‹ Speratus antwortete: ›Ich erkenne keine höchste Macht an, die von dieser Welt ist. Ich diene dem Gott, den kein Mensch schauen kann. Ich habe nicht gestohlen und bezahle bei meinen Geschäften die Steuer, die ich schuldig bin, denn ich kenne meinen Herrn, den König über alle Könige und Kaiser über alle Menschen.‹« Speratus und seine Freunde wurden durch Enthaupten hingerichtet.[15]

Die Christen wurden also nicht verfolgt, weil sie an Jesus glaubten, sondern weil sie sich weigerten, dem Kaiser und den übrigen römischen Göttern zu opfern. Sicherlich gab es ständig auch Christen, die dieses furchtbare Dilemma durch ein doppeltes Glaubensbekenntnis von der modernen Art zu lösen versuchten – opfere den Göttern, aber bleibe heimlich Christ. Es gab in der Kirche immer wieder Diskussionen, wie man mit diesen Christen umgehen sollte, aber es wird schmerzlich deutlich, dass es für die alte Kirche als Ganze nicht denkbar war, das Bekenntnis »Jesus ist der Herr« so umzudeuten, wie die Machthaber es wünschten: »Opfert den Göttern, dann könnt ihr privat so viele Gottesdienste halten wie ihr wollt!« Und so erhielt das griechische Wort für »Zeugnis« sein neues, schweres Gewicht: *Martyrium*.

Für die alte Kirche war »Bekehrung« eine Frage auf Leben oder Tod, in mehrfacher Hinsicht. Die heute angebotene »offene« Gemeinde wäre ihr vollkommen unverständlich gewesen. Wo im ganzen Neuen Testament wird denn Kirche als unverbindlicher Verein definiert, in dem man ein- und ausgehen, das eine oder andere übernehmen und ansonsten mit seinem Leben fortfahren kann? Mit so etwas wird das ganze Reden von Bekehrung und Nachfolge reiner Nonsens und Jesu Ermahnung, den Preis wohl zu überschlagen, völlig unverständlich. Den Preis für was? Ist denn nicht alles gratis?

»Wer nicht sein Kreuz trägt und mir nachfolgt, der kann nicht mein Jünger sein. Denn wer ist unter euch, der einen Turm bauen will und setzt sich nicht zuvor hin und überschlägt die Kosten, ob er genug habe, um es auszuführen? . . . So auch jeder unter euch, der sich nicht lossagt von allem, was er hat, der kann nicht mein Jünger sein« (Lukas 14,27-33).

Doch die schlimmste Verblendung ist nicht, dass wir den Preis der Nachfolge nicht sehen, sondern dass wir nicht sehen, was für eine Freiheit in dieser Nachfolge liegt. Darum klammern wir uns ja so an unsere Sicherheiten und so genannten Reichtümer, gerade so, als verlange Gott ein grausames Opfer von uns, um uns anschließend in die asketische Selbstverstümmelung hineinzustoßen. So verdreht ist unsere Sicht, dass wir Jesu Freiheit nicht als Chance, sondern als Bedrohung sehen. Was im Tiefsten natürlich unser Gottesbild enthüllt. Was glauben wir über Gott? Wer ist er, was hat er mit uns und unserer Kirche vor? Mit »unserer« Kirche?

Wir sind das Gegenteil des Kaufmanns, der im Gleichnis alles verkauft, um die eine kostbare Perle zu erwerben: »Das Himmelreich gleicht einem Schatz, verborgen im Acker, den ein Mensch fand und verbarg; und in seiner Freude ging er hin und verkaufte alles, was er hatte, und kaufte den Acker« (Matthäus 13,44). Bei uns wird die Perle schon so lange zum Schleuderpreis angeboten, dass wir sie gering achten. Und erfahren wir den wirklichen Preis, behalten wir lieber unser Geld.

Als Jesus sich als das Brot des Lebens bezeichnete und sagte, dass man sein Fleisch essen und sein Blut trinken muss, um das ewige Leben zu bekommen, war das für viele seiner Anhänger zu starker Tobak, und sie kehrten ihm den Rücken. Darauf fragte er seine Jünger, ob sie ihn auch verlassen wollten, und Petrus antwortete: »Herr, wohin sollen wir gehen? Du hast Worte des ewigen Lebens; und wir haben geglaubt und erkannt: Du bist der Heilige Gottes.« (Johannes 6,67-70)

Ich glaube kaum, dass Petrus diese Antwort so ganz frisch und freudig gab; sicher war ein Stück Angst und zweifelndes Zittern in ihr. Diese Unterweisung Jesu war wohl auch für Petrus mehr gewesen, als ihm lieb war; auch in ihm war etwas, das sich am liebsten von dem Meister zurückgezogen hätte an diesem Tag. Und doch antwortete er so, gleichsam als habe sich in seiner Seele plötzlich ein tieferer Brunnen geöffnet, ein unerschütterliches Wissen, dass es keine Alternative zu Jesus gab.

Da antwortet Jesus: »Habe ich nicht euch Zwölf erwählt?« Vielleicht liegt hier der Schlüssel dazu, dass die Apostel allen Versuchungen widerstehen und die Väter der »heiligen, allgemeinen und apostolischen Kirche« werden konnten. Es hatte eine Schwerpunktverlagerung in ihrem Inneren stattgefunden. Ursprünglich waren sie zu Jesus gekommen, weil sie ahnten, was er ihnen alles geben konnte. Aber irgendwann während der Wanderung mit ihm, zuerst unmerklich, dann immer deutlicher, legte eine unsichtbare Hand das Ruder in ihrem Inneren um: Jetzt folgten sie Jesus nicht mehr, weil *sie ihn* erwählt hatten und er *ihr* Leben so reich machen konnte, sondern weil *er sie* erwählt hatte und um immer mehr Teil an *seinem* Leben zu haben. Deshalb blieben sie bei ihm, als der große Strom in die andere Richtung ging.

Diese innere Umkehr ist damals wie heute der Schlüssel zu einer lebendigen Kirche. Solange unser Glaube darum kreist, was Gott bzw. die Kirche uns geben kann, wird unser Gemeindeleben sich nur am Rande von unserer übrigen Konsumgesellschaft unterscheiden und es wird uns immer schwerer fallen, den Menschen zu sagen und selber zu glauben, dass Bekehrung bedeutet, vom Tod ins Leben zu gehen. Erst wenn wir auf die Stimme des Meisters hören und merken, dass er uns in sein Leben und Reich hineinruft, kann die Kirche frei werden vom Griff der falschen Götter und wieder Gottes Freistatt auf Erden werden.

Einer der Unzähligen, die diese Umkehr geschmeckt haben, war der Kirchenvater Cyprianus, bis zu seinem Märtyrertod 258 Bischof von Karthago. Er war ein hochrangiger Jurist am Gericht von Karthago, als er sich bekehrte. Sein Zeugnis könnte genauso gut von einem ehemaligen Fixer in New York, einem Börsenmakler in Singapur oder einem Bauern irgendwo in Europa kommen. Immer hat Gott seine Gemeinde so gebaut:

»Denn auch ich war durch ziemlich viele Irrtümer in meinem früheren Leben in Banden gehalten und hätte nicht geglaubt, dass ich davon loskommen könnte ... Nachdem aber mit Hilfe des Leben spendenden Wassers der Taufe der Schmutz der früheren Jahre abgewaschen war und sich in die nun entsühnte und reine Brust von oben her das Licht ergossen hatte, nachdem ich den himmlischen Geist eingesogen hatte und durch die zweite Geburt in einen neuen Menschen umgewandelt war, da wurde mir plötzlich auf ganz wunderbare Weise das Zweifelhafte zur Gewissheit, das Verschlossene lag offen, das Dunkel lichtete sich, als leicht stellte sich dar, was früher schwierig erschien, und ausführbar wurde das, was (mir) zuvor als unmöglich galt.«[16]


# Das große Erdbeben


Es musste so kommen. Es wäre auch zu schön gewesen, wenn er wahr geworden wäre, der so verzweifelt schöne Traum: Gottes Reich auf Erden, eine grenzenlose Gemeinschaft ohne innere und äußere Armut, ohne die Herrschaft von Macht und Geld. Statt dessen Freiheit, Vergebung der Sünde, Heilung der Krankheiten, Sprengung der Ketten.

Erstaunlich, wie weit der Traum immerhin gediehen war in den drei Jahren. So viele Menschen, die sich öffneten für den Zimmermann aus Nazareth. Aber jetzt hängt er da. So kommt es, wenn man den Bogen der Ideale überspannt. Am Ende haben doch immer die Mächtigen, das Geld, die Realpolitik das letzte Wort: Bis hierhin und nicht weiter. Und dieser Mann hier ging entschieden zu weit, und jetzt hat es zugeschnappt, das Wolfsmaul der Macht.

Da hinten, fast unter dem Kreuz, steht Maria, seine Mutter. Arme Maria. Wie oft mag sie ihn schon verloren haben? Schon bei seiner Geburt haben ihn gleich Fremde in Beschlag genommen. Hat sie je einmal einfach seine *Mutter* sein können? Und jetzt das.

Neben ihr steht Johannes. Die Ehrenplätze zur Linken und Rechten Jesu wollten er und sein Bruder in Gottes Reich bekommen. Jetzt sind sie vergeben, die Ehrenplätze – an zwei Verbrecher, die zusammen mit Jesus gekreuzigt werden. Sie liegt zerschmettert unter dem Kreuz, Johannes' Karriereleiter, aber komisch, er sieht nicht zusammengebrochen aus. Er redet mit Maria und Jesus, sieht zu dem Gekreuzigten hoch, kann seine Augen nicht von ihm abwenden. Was sieht er?

Ganz hinten in der Jüngerschar steht Petrus. Er schaut nicht direkt zum Kreuz hin, sieht alles gleichsam von der Seite her. Mal schaut er nach unten, mal setzt er sich hin und zieht die Knie vor den Kopf. Er scheint am Boden zerstört zu sein. Als er einmal kurz und scheu zum Kreuz hin blickt, sieht man, dass seine Augen verweint sind – oder besser gesagt, so ausdruckslos wie Augen, die keine Tränen mehr haben.

Ein paar Mitglieder des Hohen Rats kommen. Die Menschen verstummen und machen ihnen Platz. Die Herren reden laut und wichtig miteinander, brechen die spröde Wortlosigkeit der Jünger, als sie zum Kreuz treten und mit ausholenden Gesten ihre Bemerkungen machen. Ein paar Soldaten, die es hören, grinsen und halten Jesus ein Schwert hin: »Da! Zeig deine Macht, du großer König!« Dann gehen sie fort, die hohen Herren, sich laut unterhaltend, was sie an ihrem freien Tag machen werden; morgen ist ja Sabbat.

Und rings herum die gewöhnlichen Zuschauer. Was denken sie? Wo sind ihre innersten Sympathien? Wie viele haben überhaupt eine Meinung? Ist jemand unter ihnen, der auch gerne diesem Jesus nachgefolgt wäre, sich aber nicht traute? Was geht vor in den Hirnen dieser schweigenden Mehrheit?

So endet also das Freiheitsexperiment Jesu. So wollen es die Machthaber zumindest. Als alles andere nichts fruchtete, musste schließlich die Endlösung her. Doch schon während dieser Hinrichtung will das Hohnlachen zumindest einigen im Halse stecken bleiben. Die Erde bebt. Und die Herzen der Mächtigen, die überängstlich auf alles reagieren, was sie bedrohen könnte. Vielleicht erfahren sie in diesen Stunden das Schlimmste, was einem Machtmenschen passieren kann: Hier geschieht etwas, das ich nicht mehr in der Hand habe. *Was geht hier wirklich vor?*

Einige Jahre später schreibt einer der Augenzeugen einen Brief an seine Freunde, in welchem er unter anderem das Geschehen dieses Freitags kommentiert: »Ihr wisst, dass ihr nicht mit vergänglichem Silber oder Gold erlöst seid von eurem nichtigen Wandel nach der Väter Weise, sondern mit dem teuren Blut Christi als eines unschuldigen und unbefleckten Lammes« (1. Petrus 1,18-19). Ein unerhörter Satz! Derselbe Petrus, der Zeuge der blutigen Hinrichtung seines Erlösers war, behauptet, dass dieser Tod mitnichten das Ende der Freiheit bedeutete, sondern ihren Durchbruch! Wie meint er das?

Vom Blut eines Lammes spricht er. Pietisten ist dieses »Lammesblut« wohl vertraut. Es ist ungefähr genauso modern wie das Harmonium in dem alten Bibelstundenraum oder die eingerahmten Bibelsprüche über Omas Sofa – für die einen rührend und nostalgisch, für die anderen nach frommem Moder riechend. Doch nichts hätte den Menschen, an die Petrus schrieb, ferner sein können als solche Reaktionen. Das »unschuldige und unbefleckte Lamm« führte sie geradewegs in die dramatischste Nacht in der Geschichte Israels zurück. Nach Jahrhunderten der Knechtschaft in Ägypten hatte Gott endlich den Befehl zum Aufbruch gegeben:

»Ihr sollt aber ein solches Lamm nehmen, an dem kein Fehler ist, ein männliches Tier, ein Jahr alt . . . und sollt es verwahren bis zum vierzehnten Tag des Monats. Da soll es die ganze Gemeinde Israel schlachten gegen Abend. Und sie sollen von seinem Blut nehmen und beide Pfosten an der Tür und die obere Schwelle damit bestreichen an den Häusern, in denen sie's essen, und sollen das Fleisch essen in derselben Nacht . . . Denn ich will in derselben Nacht . . . Strafgericht halten über alle Götter der Ägypter, ich, der Herr. Dann aber soll das Blut euer Zeichen sein an den Häusern . . . Wo ich das Blut sehe, will ich an euch vorübergehen . . .« (2. Mose 12,5-13)

Das Blut des Lammes war ein Zeichen des Aufbruchs und der Befreiung. Endlich frei werden von der Versklavung, von den aufgezwungenen fremden Göttern, von der grauen Monotonie sinnloser Arbeit – »aus eurer sinnlosen, von den Vätern ererbten Lebensweise«, wie Petrus schreibt. Jahrhundertelang hatten die Israeliten jenen ersten Aufbruch an jedem Passafest gefeiert, und in der Nacht vor der Kreuzigung hatte Jesus sein eigenes Leben in das Passamahl hineingelegt: »Das ist mein Leib, der für euch gegeben wird . . . Dieser Kelch ist der neue Bund in meinem Blut . . .« (Lukas 22,19-20)

Jetzt, am Kreuz, stand die Menschheit vor einer unermesslich größeren Befreiung. In der gleichen Nacht, wo das Netz der Mächtigen sich mit solch teuflischer Präzision zusammenzog, wiederholte sich das Geheimnis der ersten Passa-Nacht. Paulus kommentiert ganz nüchtern: »Diese Weisheit hat keiner von den Machthabern dieser Welt erkannt; sonst hätten sie den Herrn der Herrlichkeit nicht ans Kreuz geschlagen« (1. Korinther 2,8).

## Das Lamm und das Tier

Im letzten Buch der Bibel treffen wir dieses Lamm wieder. Wie ein blutroter Faden durchzieht dieses Zeichen die Geschichte des Gottesvolkes, um im Buch der Offenbarung seinen dramatischen Höhepunkt zu erreichen. Der griechische Name des Buches ist *Apokalypse*, was wörtlich »Entschleiern« bedeutet; ein Vorhang wird weggezogen, so dass wir das, was bisher verborgen war, sehen können. Wie ein Röntgenbild des Lebens und der Geschichte sind diese Szenen, wie aufblitzende Lichter, die uns zeigen, was hinter den Kulissen geschieht. Um nicht unterzugehen in dem Gewimmel von Bildern und Gleichnissen, müssen wir uns an die beiden Hauptakteure des Dramas halten: das Lamm und das Tier. Wofür stehen sie – bei der Abfassung des Buches, heute, in der Zukunft? Und nicht zuletzt: Was bedeutet Nachfolge des Lammes in einer Welt, die mehr und mehr den Stempel des Tieres trägt – oder des Un-Menschen, wie C.S. Lewis es in seiner Science-Fiction-Trilogie nennt?

Das Tier ist groß, effektiv, imponierend: »Und die ganze Erde wunderte sich über das Tier . . . Und es macht, dass sie allesamt . . . sich ein Zeichen machen an ihre rechte Hand oder an ihre Stirn, und dass niemand kaufen oder verkaufen kann, wenn er nicht das Zeichen hat . . .« (Offenbarung 13,3+16-17). In einem anderen Bild wird daraus »die große Stadt, die die Herrschaft hat über die Könige auf Erden« (Offenbarung 17,18), die Stadt, deren Kaufleute »Fürsten auf Erden« sind (Offenbarung 18,23).

Der Name der Stadt ist Babylon – ein ständiges Echo des Turms

zu Babel, der die Sprache der Menschen und damit die Voraussetzung für jede Gemeinschaft zerriss (1. Mose 11,1-9). Die Gesellschaft
des Tieres muss daher von etwas anderem zusammengehalten werden, als dass die Menschen einander verstehen und zusammenarbeiten möchten. Die Offenbarung vergleicht Babylon daher mit einer Hure, dem Sinnbild der bloß zufälligen Verbindung, des käufli-
chen Ersatzes für echte Beziehungen: ».. . die Könige auf Erden haben mit ihr Hurerei getrieben, und die Kaufleute auf Erden sind
reich geworden von ihrer großen Üppigkeit« (18,3). Es ist die uralte
unheilige Dreieinigkeit der Götzen: Geld, Sex und Macht.

Das Lamm baut seine Gemeinschaft umgekehrt auf. In der ersten
Szene, wo es erscheint, bricht ein brausender Lobgesang los: »Du
bist würdig, zu nehmen das Buch und aufzutun seine Siegel; denn
du bist geschlachtet und hast mit deinem Blut Menschen für Gott
erkauft aus allen Stämmen und Sprachen und Völkern und Nationen und hast sie unserm Gott zu Königen und Priestern gemacht .. .« (Offenbarung 5,9-10)

Warum ist das Lamm würdig? Wie kommt es, dass Menschen aus
all den Gefängnissen der Angst und der Götzenverehrung aufbrechen und sich zum Volk des Lammes vereinigen können? Worin besteht seine befreiende, versöhnende, einende Kraft?

*Du bist geschlachtet* . . . Das Tier baut sein Reich auf Zwang und
Unterwerfung. Die Gemeinschaft des Lammes beruht auf einem
König, der sich schlachten ließ, damit wir frei würden. Er übt seine
Macht dadurch aus, dass er dient und so die freie Gegenliebe des
Herzens erweckt.

Nirgendwo in der Geschichte treten diese beiden Gesichter deutlicher zu Tage als am Kreuz. Diese dramatischen Stunden in Jerusalem sind wie eine langsame Entblößung des innersten Kraftfeldes
unseres Daseins. Nirgends sonst haben Gott und der Teufel ihr innerstes Wesen so nackt und deutlich gezeigt.

Bei Pilatus zerbrechen die letzten Fassaden der scheinbaren Logik
und ehrbaren Argumente. Der machtlose Politiker-Appell an die
Volksvernunft verbrennt in dem heißen Drachenatem des Hasses:
*»Kreuzige, kreuzige ihn!«* (Lukas 23,21)

Hans-Magnus Enzensberger übersetzt dies in unsere Zeit, wenn
er schreibt, wie die Wogen der Gewalt die notdürftig geflickten
Dämme der Ideologie und nationalen Interessen zu durchbrechen
drohen. In Somalia, Ruanda, Bosnien, Tschetschenien und in den

Großstädten des Westens stehen wir vor einer blinden Aggression, die alle traditionellen Erklärungsversuche mattsetzt:

»Sie brauchen keinen Führer mehr, es reicht der Hass. Früher das staatliche Monopol des totalitären Regimes, kommt der Terror heute in entstaatlicher Form daher. Gestapo und KGB sind unnötig geworden in einer Welt, wo ihre infantilen Klone die Sache selber in die Hand nehmen. Jede U-Bahn kann zu Klein-Bosnien werden. Man braucht keine Juden mehr für ein Pogrom, keine Konterrevolutionäre für eine Säuberung; es reicht, dass jemand für einen anderen Fußballclub ist, dass sein Gemüseladen besser geht, dass er sich anders kleidet, anders spricht, ein Kopftuch trägt oder einen Rollstuhl braucht. Jedes Anderssein wird zu einem lebensgefährlichen Risiko.

Doch die Aggression richtet sich nicht nur gegen die anderen, sondern auch gegen das eigene Leben ... Die einzige mögliche Schlussfolgerung ist, dass die kollektive Selbstverstümmelung nicht ein in Kauf zu nehmender Nebeneffekt ist, sondern das eigentliche Ziel. Die Kämpfenden wissen sehr wohl, dass sie nur verlieren können ... Sie wollen nicht nur die anderen, sondern auch sich selber plattmachen ... In der kollektiven Berserkerei ist der Begriff ›Zukunft‹ verschwunden, es bleibt nur das Jetzt. Es existieren keine Konsequenzen mehr, die Regulierung durch den Selbsterhaltungstrieb ist außer Kraft gesetzt.«[17]

Warum? Die Frage bleibt ohne Antwort. »Es gibt kein Warum«, sagte ein Kommandant zu einem der sechs Millionen in Hitlers KZs. Des Teufels Wesen und Ziel ist das Böse, der Tod, die Zerstörung *an sich*. Er kennt kein Ziel außerhalb seines eigenen grenzenlosen Egos.

Und hier liegt paradoxerweise die einzige und entscheidende Ähnlichkeit des Teufels mit Gott. Fragen wir nämlich den Gekreuzigten: »Warum liebst du uns so? Warum hast du dich so erniedrigt und bist für uns in den Tod gegangen?«, bekommen wir keine Antwort. Hier zeigen Gott wie der Teufel, wer sie sind, und davor werden alle unsere Warum-Fragen sinnlos. Vor dem grenzenlosen Hass und der grenzenlosen Liebe müssen am Kreuz Jesu alle Debatten und Analysen verstummen. Hier sind alle Nettigkeitsfassaden zerstört, alle wohlgemeinten Phrasen über den »Sieg des Guten« weggefegt. Wir stehen vor der nackten Wahl zwischen Gott und dem Teufel, und vielleicht war dies noch nie so unverhüllt deutlich wie in unseren Tagen.

»Siehe, das ist Gottes Lamm, das der Welt Sünde trägt« (Johannes 1,29) – so stellt Johannes der Täufer seinen Jüngern Jesus vor, und sie fangen an, Jesus zu folgen, und gehen so über die Schwelle von den guten Vorsätzen zur Güte selber. Er geht ihnen voran in die Freiheit hinein – und schon stürzen sich all die Mächte, die uns Menschen binden wollen, auf ihn.

Schon früh fängt es an, mit Verwandten und Nachbarn, die es ja so gut meinen und Jesus drängen, es doch bitte nicht zu übertreiben. Wie wir Heutigen stand auch er vor der Versuchung, doch erst »etwas Anständiges zu werden«, bevor er sich weiter mit Gott beschäftigte. Er kam den Hütern der Frömmigkeit ins Gehege, die mal ihn auf ihre Seite zu ziehen, mal ihn schließlich zu vernichten versuchten. Man bearbeitete ihn mit den beiden Werkzeugen der Politik, Zuckerbrot und Peitsche: Willst du unser König werden? Nein? Dann sollst du mal merken, wer hier wirklich die Macht hat . . .

Geradewegs ins Maul des Tieres hinein geht das Lamm. Freiwillig gibt es sein Leben hin: »Niemand nimmt es von mir, sondern ich selber lasse es« (Johannes 10,18). Und dies nicht in bitterem Gram über den Hass und den Verrat, den er zum Dank für all seine Liebe bekam, denn wie hätte er dann die Welt mit Gott versöhnen können? Nur mit einem reinen, versöhnten Herzen kann er seine Freiheit bis zum letzten Atemzug bewahren, denn nichts ist ein schlimmeres Gefängnis als die Bitterkeit. Darum betet er am Kreuz: »Vater, vergib ihnen; denn sie wissen nicht, was sie tun!« (Lukas 23,34). Sein Tod ist das freie Opfer der Liebe – und darum ist er nicht das Ende der Freiheit, sondern ihr Durchbruch. Das Kreuz ist nicht der Triumph der Mächte über Jesus, sondern der einzige Ort im Universum, wo die Mächte, die uns versklaven wollen, ihre Macht verlieren. Zum Gekreuzigten kommen heißt in die Freiheit eingehen, und so wächst um das Kreuz die christliche Kirche, das befreite Territorium im Reich des Tieres.

Aber das Tier hat sieben Häupter, und eines von ihnen sieht aus, »als wäre es tödlich verwundet, und seine tödliche Wunde wurde heil« (Offenbarung 13,1-3). Zu den vielen Gesichtern des Tieres gehört auch, dass es dem Lamm ähnlich zu sehen versucht: ». . . das hatte zwei Hörner wie ein Lamm und redete wie ein Drache« (13,11). Seine Stimme verrät es! Heute finden wir reichlich Beispiele für dieses falsche »Opferlamm«, nicht zuletzt in der Welt, die die Medien uns servieren. Der amerikanische Franziskanermönch

Richard Rohr schreibt über den Unterschied zwischen dem modernen Opferlammsyndrom und Gottes Lamm:

»Das psychologische Zeitalter hat eine ... geniale Methode des Machterwerbs gefunden: das Opferspiel ... Man spricht das, was der Philosoph William Sullivan die Sprache des romantischen Expressionismus nennt – eine Privatsprache über persönliche Angelegenheiten, Gefühle und Rechte, ... die warm und empfindsam ist und grenzenlos verständnisvoll ... Keiner kann einen kritisieren, ohne als politisch unkorrekter Rohling zu erscheinen. Die Festung ist uneinnehmbar. Jede Talkshow ... handelt von Menschen, die von irgendwelchen anderen ›getroffen‹ oder ›gekränkt‹ worden sind ... Der Moderator wird zum öffentlichen Schiedsrichter der Opfer ...

Verletzt sein, leiden, Mitleid verdienen – das bedeutet den moralischen Sieg. Wer beweisen kann, dass er ein Opfer ist, hat keine Pflichten mehr – nur noch das ewige Recht, seine Geschichte zu erzählen. Der Rest der Welt hat ein schlechtes Gewissen zu haben und den Weihrauch der Versöhnung zu opfern.

Wir alle wissen, dass es auch echte Opfer gibt, und der Prophet hat die Aufgabe, öffentlich ihre Geschichte bekannt zu machen. Aber eine raffinierte, psychologisierte Gesellschaft missbraucht den christlichen Archetypus des Lammes, um Menschen, die oft nur verbittert auf Rache aus sind, negative Macht zu geben. Das Opfer Jesu ist anders: Er nimmt an, er vergibt, er dient nicht seinen eigenen Zwecken. Gottes Lamm nimmt die Sünden der Welt auf sich; das moderne Opferlamm klagt laut, wie böse die Welt zu ihm ist. Das erste Lamm erlöst; die anderen töten und lähmen.«[18]

In der heutigen Kirche gibt es deutliche Beispiele für die Opfermentalität, so in dem Kampf der Frauen um mehr Macht, der sich wohl nur so erklären lässt, dass die Männer, die so lange die kirchliche Macht innehatten, selber nicht begriffen hatten, was es heißt, dem geschlachteten Lamm nachzufolgen. Denn solange Leitung in der Lammesnachfolge geschieht, als sich selber hingebende Liebe, können Bitterkeit und Aufruhr keine Wurzel in der Gemeinde fassen. Doch wo eher Schroffheit und Platzhirschdenken herrschen, müssen wir damit rechnen, dass sich auch andere der Häupter des Tieres regen.

Ob Mann oder Frau, Erneuerer oder alte Garde – niemand kann vor dem Gekreuzigten stehen und allen Ernstes glauben, dass die

Kirche christusähnlicher wird, »wenn wir endlich das Sagen haben«. Ein solches Denken ist dem Christentum zutiefst wesensfremd. Wie soll die Kirche in einer Welt, die Macht fast religiös verehrt, ein Reichs-Gottes-Zeichen sein, solange wir mit Zähnen und Klauen die Macht in ihr zu behalten oder an uns zu reißen versuchen? Merken wir nicht, wie wir die Kirche damit in die Arme der falschen Götter treiben und sie vor den Augen der Mächte dieser Welt jämmerlich ihrer Herrlichkeit entblößen? Hier hat der Kirchenvater Chrysostomos uns Heutigen ein ernstes Wort zu sagen:

»Solange wir Schafe bleiben, siegen wir, und wären wir von tausend Wölfen umzingelt. Doch werden wir Wölfe, werden wir alsbald besiegt, denn dann verlieren wir den Schutz des Hirten, der keine Wölfe erquickt, sondern allein Schafe.«[19]

## In der Menschen Hände

Schon einige Zeit vor seinem Tod sagte Jesus seinen Jüngern, was mit ihm geschehen würde: »Lasst diese Worte in eure Ohren dringen: Der Menschensohn wird überantwortet werden« in die Hände der Menschen. Aber dieses Wort verstanden sie nicht« (Lukas 9,44-45). Es scheint, dass wir es heute immer noch nicht verstehen. Wohlgemerkt: Jesus sagt, dass das Kreuz kein Unglück ist, keine Niederlage, auch kein Ausrutscher – sondern der Weg, für ihn selber wie für alle, die ihm nachfolgen werden.

Uns Kindern der »leidensscheuen Gesellschaft«, wie jemand unsere heutige Gesellschaft treffend genannt hat, wäre Jesu Leidensankündigung noch mehr zuwider gewesen, als sie es den damaligen Jüngern war. Unser höchstes Lebensziel ist doch, nur ja allem Unangenehmen aus dem Weg zu gehen. Einem solchen Denken muss natürlich das Kreuz als Symbol des Elends und nicht des Lebens erscheinen, und solange die Kirche diesen Schlaftrunk der Säkularisierung weiter in tiefen Zügen trinkt und uns erklärt, dass Jesus dazu da ist, uns eitel Glück und Wohlbefinden zu schenken, wird das Kreuz ein nostalgisches Schattendasein in alten Kirchengemäuern fristen und wir werden mit aller Kraft gegen alles ankämpfen, was unsere geliebte Freiheit und Macht zu bedrohen scheint.

Genau wie einst Petrus, als er Jesus auf dessen Leidensankündigung entsetzt antwortete: »Das widerfahre dir nur nicht!« (Matthäus 16,22). Erst nach der Auferstehung begannen er und die anderen Jünger zu begreifen, dass die Wirklichkeit nicht so eindimensional ist, wie die Mächtigen es uns einreden wollen. Es gibt eine äußere Ebene des Macht- und Intrigenspiels, auf der der Mensch scheinbar sein Spiel mit Gottes Willen treiben kann, und es gibt eine Tiefendimension, wo Gottes Wille sich gerade durch den menschlichen Widerstand hindurch verwirklicht. Als die Urgemeinde ihre erste Verfolgung erlebt, versammelt sie sich in dieser neuen Erkenntnis zum Gebet: »Ja, es haben sich in Wahrheit gegen deinen heiligen Knecht Jesus, den du gesalbt hast, in dieser Stadt Herodes und Pontius Pilatus mit den Heiden und den Stämmen Israels zusammengetan, um alles auszuführen, was deine Hand und dein Ratschluss vorherbestimmt hatte.« (Apostelgeschichte 4,27-28)

Also: Sie haben sich gegen Jesus zusammengetan. Aber gerade dadurch haben sie Gottes Willen ausgeführt. Es ist eine Logik, die den Horizont der Mächtigen dieser Welt weit sprengt. In das Labyrinth des Machtkampfes hinein beschreibt Paulus den einzigen Weg hinaus in die Freiheit, für den Einzelnen wie für die ganze Kirche: »Ein jeder sei gesinnt, wie Jesus Christus auch war: Er, der in göttlicher Gestalt war, hielt es nicht für einen Raub, Gott gleich zu sein, sondern entäußerte sich selbst und nahm Knechtsgestalt an ... Er erniedrigte sich selbst und ward gehorsam bis zum Tode, ja zum Tode am Kreuz.« (Philipper 2,5-8)

»Er entäußerte sich selbst.« Was für ein Anschlag auf unsere ach so berechtigten Kämpfe um mehr Anerkennung, Einfluss, Lohn usw.! Und mehr noch: Im Urtext heißt es wörtlich, dass Christus »sich selbst entleerte«. Das gleiche griechische Wort, *kenosis*, finden wir in der griechischen Übersetzung von 1. Mose 24,20, wo es von Rebekka heißt, dass sie »eilte und goss den Krug aus in die Tränke«. Jesus hielt das, was sein war, nicht nur nicht fest, er goss es über die Welt aus, bis zum letzten Blutstropfen.

Das Kreuz ist nicht eine theoretische Botschaft, die wir losgelöst von unserem übrigen Leben verkünden können. Wie die Menschwerdung ist es ein Ereignis, ein Faktum, und nur als solches kann es Menschen vereinen, die sonst nie eins sein könnten. Wie die Krippe ist das Kreuz ein Ort der Begegnung. Es ist wie die Nabe in einem Rad, es ist der Punkt, der die Kirche zusammenhält, und sobald wir es in unserer Theologie oder unserem Leben verlassen, werden wir unweigerlich auseinandergerissen. Wir treffen uns beim Kreuz – oder nirgends.

Die Spaltung wird möglich, sobald das Kreuz nicht mehr als Ereignis und Ort betrachtet wird, sondern als bloßer Begriff. Am Kreuz hat Jesus ja unsere im Sündenfall zerbrochenen Beziehungen geheilt: zu Gott, zu uns selber, zum Nächsten und zur Schöpfung, und nur indem man diese lebendigen Beziehungen in tote Begriffe verwandelt, kann man Jesu Tod zu etwas machen, das uns spaltet. Da nimmt sich dann jeder sein eigenes Stückchen von dem Mysterium und klebt sein Etikett darauf, um sich von jedem anderen Christen, der dieses Stückchen nicht sieht, abzugrenzen.

## Durch viele Türen

Das Kreuz ist ein solch gigantisches Mysterium, dass keiner von uns beanspruchen kann, seine ganze Bedeutung ausgelotet zu haben. Es ist eher ein Ort, an den wir durch viele Türen gelangen können. Wir treffen uns nie in unserer eigenen Deutung des Kreuzgeschehens, wir treffen uns am Fuß des Kreuzes selber, wo wir unsere Deutung mit all ihrer reichen Wahrheit niederlegen vor dem, was so viel größer ist. Es ist nicht möglich, vor dem Gekreuzigten zu stehen und unsere theologische Tradition eifersüchtig festzuhalten. Vor ihn müssen wir mit leeren Händen treten, ob es nun unsere Sünden sind, die wir loslassen müssen, oder unsere Schätze. Er ist die Fülle und die Versöhnung, die jedem Menschen entgegengeht, egal von welcher Seite er zum Kreuz kommt.

Er hat sich mit uns identifiziert:

◇ Die Freiheit, die wir ohne Gott suchten, hat sich als fensterloses Verlies entpuppt. Gott hat die Welt so sehr geliebt, dass er sich mit uns in diesem schwarzen Loch der Angst identifizierte. »Mein Gott, mein Gott, warum hast du mich verlassen?« rief Jesus am Kreuz (Markus 15,34).

◇ Unser Aufstand gegen Gott hat uns unter die Gewalt der Sünde gebracht, mit ihrer ganzen Skala von bewusst geplanter Schlechtigkeit bis hin zu dem hilflosen Unvermögen, das Rechte zu tun. Gott hat die Welt so sehr geliebt, dass er sich mit uns nicht nur als Menschen, sondern als Sündern identifizierte: ». . . der unsre Sünde selbst hinaufgetragen hat an seinem Leibe auf das Holz, damit wir, der Sünde abgestorben, der Gerechtigkeit leben. Durch seine Wunden seid ihr heil geworden.« (1. Petrus 2,24)

◇ Die Sünde hat unendliche viele Spielarten der Unterdrückung und Erniedrigung mit sich gebracht, von den engsten Verwandtschaftsbeziehungen bis hin zu den politischen und ökonomischen Systemen, die die Menschen in Armut und Machtlosigkeit niederhalten. Gott hat die Welt so sehr geliebt, dass er sich mit den Opfern von Macht identifizierte. Der Gekreuzigte ist der Bruder des Unterdrückten: »...der nicht widerschmähte, als er geschmäht wurde, nicht drohte, als er litt, er stellte es aber dem anheim, der gerecht richtet« (1. Petrus 2,23).

## Er hat uns versöhnt:

◇ In dem grauen Smog der Sünde blühen die falschen Gottesbilder. Gott wird der überstrenge Richter, der uns schier zu Tode quält, oder umgekehrt ein verschwommenes supertolerantes Etwas, zu dem eine sinnvolle Beziehung nicht möglich ist. Gott hat die Welt so sehr geliebt, dass er uns am Kreuz sein wahres Angesicht zeigte: »Gott aber erweist seine Liebe zu uns darin, dass Christus für uns gestorben ist, als wir noch Sünder waren« (Römer 5,8).

◇ Dass das Angesicht dieser Liebe nicht konturenlos ist, sondern deutlich zwischen »Recht« und »Unrecht« unterscheidet, stimmt mit dem allgemeinen Gang der Dinge in der Schöpfung überein. Die Abfälle, die wir in unserer Umwelt verstreuen, verschwinden nicht einfach, sondern werden zu Altlasten. So auch bei der Sünde: Sie geht nicht davon weg, dass Gott freundlich nickt und sagt: »Ist schon gut.« Aber so sehr hat Gott die Welt geliebt, dass er die ganzen Folgen der Sünde auf sich nahm: »Er ist um unsrer Missetat willen verwundet und um unsrer Sünde willen zerschlagen. Die Strafe liegt auf ihm, auf dass wir Frieden hätten, und durch seine Wunden sind wir geheilt. Wir gingen alle in die Irre wie Schafe, ein jeder sah auf seinen Weg. Aber der Herr warf unser aller Sünde auf ihn.« (Jesaja 53,5-6)

◇ Wir werden nicht durch grenzenlose Toleranz von unserer Schuld frei. Toleranz kann nur bemänteln, aber nicht befreien. Das Kreuz zeigt, dass Gott die Sünde blutig ernst nimmt und dass die Vergebung der einzige Weg zur Befreiung ist. So sehr liebte Gott die Welt, dass er uns unsere Schuldenlast abnahm: »Er hat den Schuldbrief getilgt, der mit seinen Forderungen gegen uns war, und hat ihn weggetan und an das Kreuz geheftet« (Kolosser 2,14).

◇ Da Gott der Gott der ganzen Schöpfung ist, wäre es wesensfremd für ihn, uns eine Versöhnung zu geben, die nur unser Inneres betrifft. Die Versöhnung umgreift alle unsere Beziehungen, all die Mauern, gegen die wir so vergeblich anrennen, auch unsere Entfremdung von der Schöpfung. So sehr liebte Gott die Welt, dass er »die beiden Teile vereinigt und die trennende Scheidewand hinweggeräumt hat, die Ursache der Feindschaft, . . . um . . . die beiden in *einem* Leibe durch das Kreuz mit Gott zu versöhnen, nachdem er die Feindschaft in seiner Person getötet hatte. So ist er denn gekommen und hat Frieden . . . verkündigt.« (Epheser 2,14-17)

## Er hat uns befreit:

◇ Nie hätten die Mächte sich vorstellen können, dass Jesus freiwillig ans Kreuz gehen würde. Schon vor der Kreuzigung erklärte er, dass es nicht eine Niederlage, sondern einen Sieg bedeuten würde: »Jetzt ergeht das Gericht über diese Welt; nun wird der Fürst dieser Welt ausgestoßen werden. Und ich, wenn ich erhöht werde von der Erde, so will ich alle zu mir ziehen« (Johannes 12,31-32). So sehr liebte Gott die Welt, dass er das Muster des Teufels, durch Entzweiung zu herrschen, zerbrach, indem er durch Leiden zusammenbrachte: »Er hat die Mächte und Gewalten ihrer Macht entkleidet und sie öffentlich zur Schau gestellt und hat einen Triumph aus ihnen gemacht in Christus« (Kolosser 2,15).

◇ Das Geflecht der sichtbaren und unsichtbaren Mächte bindet uns auf tausend Arten: religiös, ökonomisch, politisch, psychologisch, kulturell, und je mehr wir uns aus ihm zu befreien versuchen, umso mehr verheddern wir uns: »Als wir unmündig waren, waren wir in der Knechtschaft der Mächte der Welt.« Doch so sehr liebte Gott die Welt, dass er seinen Sohn sandte, »geboren von einer Frau und unter das Gesetz getan, damit er die, die unter dem Gesetz waren, erlöste« (Galater 4,3-5). Als Freiheitszeichen steht das Kreuz zwischen der Gemeinde und den Götzen der Gesellschaft: das Kreuz unseres Herrn Jesus Christus, »durch den mir die Welt gekreuzigt ist und ich der Welt« (6,14).

◇ Die vom Zeichen des Un-Menschen geprägte Persönlichkeit kämpft ständig darum, ihre hohen Ideale – was die Bibel »Gesetz«

nennt – zu erreichen. Doch die Auswirkungen der Sünde reichen bis tief in unser Innerstes, und bis dort hinein muss auch unsere Befreiung gehen, will sie mehr als bloß kosmetisch sein. So sehr hat Gott die Welt geliebt, dass er dieses Unmenschliche in uns mit in seinen Kreuzestod hineinnahm. Unser alter Mensch ist »mit ihm gekreuzigt«, »damit der Leib der Sünde vernichtet werde, so dass wir hinfort der Sünde nicht dienen. Denn wer gestorben ist, der ist frei geworden von der Sünde. Sind wir aber mit Christus gestorben, so glauben wir, dass wir auch mit ihm leben werden« (Römer 6,6-8).

Dies sind nur einige der Türen, die uns in das Geheimnis des Kreuzes führen. Egal zu welcher es uns zieht, entscheidend ist, dass wir hineingehen, in die persönliche Gemeinschaft mit dem Gekreuzigten, und sein Leiden teilen. Nie besitzen wir diese »Türen«, so dass wir sie gleichsam aushängen und in unsere eigenen Häuser und Kirchen einsetzen könnten. Sie sind nicht zu trennen von dem Platz vor dem Kreuz, und wir können sie nur in der persönlichen Gemeinschaft mit dem Gekreuzigten erfahren.

## Der schmale Weg

Was bedeutet es, in der Welt des Tieres dem Lamm nachzufolgen? Wenn wir in der Offenbarung des Johannes von dem Kampf zwischen dem Drachen und dem Lamm lesen, merken wir einmal mehr, dass die Sache mit dem Kreuz kein interessantes Detail für die Gelehrtenstube ist. Das Zeichen des Lammes steht auf der Stirn derer, die ihm nachfolgen (Offenbarung 14,1), als ewiger Maßstab für ihre Beziehungen zueinander und zur Welt. Sie sind keine superfrommen Helden, sie folgen einfach dem Lamm – nicht nur in seiner Botschaft, sondern in seinem ganzen Wesen. Sie sind »heilig und rein, verachtet und verfolgt, schmerzlich aufeinander angewiesen, ohne eine andere Waffe als die ihres eigenen Lebens, geübt in der stillen Treue der Liebe zu dem Einen.«[20]

Er ist sehr schmal, der Weg. Auf beiden Seiten locken Gräben, die wir nur zu gut kennen. Einfach gesprochen, liegt auf der einen Seite der konservative Graben. Dort proklamiert man auf breiter Front den Kampf gegen das Tier, aber in erschreckendem Maße zu dessen Bedingungen und mit seinen Methoden. Da muss der Feind vernichtet, das Andersdenken verboten, die Probleme per Gesetz beseitigt werden. Man betet gegen die Andersgläubigen und setzt auf eine starke Kriegsmacht zur Verteidigung der christlichen Werte. Bibeltreu wird großgeschrieben in diesem Graben, aber wo ist das Lamm? Es ist eines, Gottes Wort zu zitieren, es ist etwas anderes, mit Gottes Stimme zu reden. Das Tier versucht das Lamm zu imitieren, aber die harte Stimme verrät es. Man ist bereit, die Wahrheit zu verteidigen und sieht oft recht klar, woher der Angriff kommt. Aber die Art, wie die Wahrheit bezeugt wird, ist weit entfernt von der des Lammes. Man ist weit eher bereit, für die Wahrheit zu töten, als für sie zu sterben. Der Kampf um die Wahrheit wird mit immer liebloseren Methoden geführt, bis man die Wahrheit schier nicht mehr erkennen kann und das Zeichen des Lammes durch ein anderes ersetzt ist.

Der andere Graben ist der liberale. Hier predigt man beruhigend Toleranz und Offenheit. Wer immer strebend sich bemüht, den wird die Kirche schon retten. Jeder Weg ist richtig, alles ist erlaubt. Es gibt keine objektive Wahrheit, für die man töten oder sterben könnte. Die pluralistische Gesellschaft kennt nur die friedliche Koexistenz; ein bisschen mehr Toleranz, bitte! Und das Tier ist natürlich nur ein mythologisches Bild für gewisse Probleme, die wir noch nicht gelöst haben.

Thomas Merton spiegelt diese Sicht in seinen an der Schwelle zu den Rassenkrawallen der sechziger Jahre in den USA verfassten »Briefen an einen weißen Liberalen«. Die hier beschriebene Einstellung zur Situation der Farbigen findet man leicht entsprechend bei den großen Herausforderungen unserer Tage wieder – in der Kirche wie in der Gesellschaft:

»Hier, mein liberaler Freund, ist deine Situation: Du bist ein Liberaler, der es gut meint mitten in all diesem Durcheinander, ja du bist ein politischer Katalysator. Einerseits bietest du mit deinem guten Willen und deinen Idealen, deinen hehren Hoffnungen, deiner weitherzig-vagen Liebe zur Menschheit und deinen Vorstellungen von Rechten auf dem Olymp der Gesetze dem Neger einen gewissen Ansporn (und darin tust du recht; mein einziger Kummer ist, dass du noch nicht genügend Recht hast). Deine Unterstützung gibt ihm den Mut, Zugeständnisse zu fordern. Auch wenn er weiß, dass du nicht alle seine Forderungen unterstützen wirst, ist er sich doch sehr wohl bewusst, dass du gezwungen sein wirst, zumindest einige von ihnen zu unterstützen, um dein liberales Selbstbild aufrechtzuerhalten.

Doch gleichzeitig weiß er, dass dir dein materieller Lebensstandard, dein Geborgenheitsgefühl und deine angenehmen Beziehungen zum Establishment viel wichtiger sind als dein reichlich flüchtiger Idealismus. Wenn das Spiel härter wird, entdeckst du bald, wie seine Forderungen deine Eigeninteressen bedrohen – und du wirst ihn zum fünfhundertsten Male für ein Butterbrot verkaufen, um dich selbst zu schützen. Aus diesem Grunde und auch um dein eigenes Selbstgefühl zu stützen, liegt dir viel daran, eine führende Stellung einzunehmen, von der aus du den Kampf des Negers für Gerechtigkeit kontrollieren kannst, so dass du auf die Bremse treten kannst, sobald dir das notwendig erscheint.«[21]

Ein solcher Liberalismus steht hilflos da, wenn dann eines Tages die Massen in den gepflegten Palastgarten der Macht eindringen und ihr *Kreuzige! Kreuzige!* brüllen. In seiner Naivität sieht er nicht, mit was für Kräften er es im Tiefsten zu tun hat – im eigenen Leben wie in der Gesellschaft. So untergraben wir unsere Nachfolge, und wenn wir von dem Krachen unserer positiven Pappkulissen aufwachen, ist es bereits zu spät.

Zwischen diesen beiden Gräben verläuft ein sehr schmaler Weg. Er beginnt im Schnittpunkt dieser beiden Kraftfelder: »Jesus kam heraus und trug die Dornenkrone und das Purpurgewand. Und Pilatus spricht zu ihnen: Seht, welch ein Mensch!« (Johannes 19,5)

Für den liberalen Graben: Es gibt eine objektive Wahrheit, und Jesus ist gekommen, um von ihr zu zeugen. Sie ist unsere einzige Rettung aus den Lügen und Halbwahrheiten hinter den schönen Beteuerungen, die uns in ihren erstickenden Kokon einspinnen, weiter und weiter voneinander weg. So wenig man mit ein paar allgemeinen Resolutionen eine gerechtere Gesellschaft bauen kann, kann man die Kirche mit ein paar guten Programmen retten; ihre Erneuerung erfordert einen hohen Preis und große Opfer.

Für den konservativen Graben: Dieses Opfer können nur wir selber bringen. Wir können nicht die Liebe für die Wahrheit opfern; genau das verweigerte Jesus, als er vor Pilatus stand. Es gibt nur einen Weg, für das Lamm wie für seine Jünger: die Hingabe des eigenen Lebens. Was dieses für die Kirche konkret bedeutet, müssen wir in den vor uns liegenden Jahren gemeinsam herauszufinden versuchen. Alles Reden von der großen Ernte muss mit dem Weizenkorn beginnen, das uns lehrt, dass vor dem Leben der Tod kommt, sonst werden wir die Ernte nie sehen. Vielleicht sind das eigentliche Problem nicht die toten Kirchen, sondern die Kirchen, die sich weigern, in den Tod zu gehen.

Wie Gandhi während des indischen Befreiungskampfes seinen Mitarbeitern vor einem Zusammenstoß mit den Gegnern sagte: »Es wird Blut fließen. Möge es das unsere sein.«[22]


# Der große Morgen

Die Sonne war gerade aufgegangen über der Welt und goss ihre blendenden Lichtfenster durch das Laub der Bäume. Die Vögel leuchteten wie bunte Verdichtungen ihrer Lieder, die den ganzen Garten bis hinauf zum Himmel erfüllten. Der Boden dampfte vom Tau, und die berauschenden Düfte unzähliger Blumen und Sträucher mischten sich mit den herbsüßen Gerüchen aus den Spezereigefäßen und Ölflaschen in den Körben der Frauen.

Sie gingen mit gesenkten Köpfen und unterhielten sich leise. Sie sahen und hörten nichts von der Schönheit des Morgens, waren eingesperrt in ihrer Trauer. Eigentlich war das, was sie da vorhatten, unmöglich. Sie hatten doch selber gesehen, wie groß der Stein war. Mit vereinten Kräften hatten die Brüder ihn vor die Graböffnung rollen müssen. Warum gingen sie überhaupt zum Grab?

Plötzlich schnappte Johanna nach Luft und packte Marias Arm. Sie sahen es fast gleichzeitig: die schwarz klaffende Öffnung der Grabkammer und den Stein, der umgekippt daneben lag. Einen Augenblick lang wollten sie sich umdrehen und fortrennen. Sie mussten sich ducken, um durch die Öffnung zu kommen, und zuerst sahen sie dort drinnen nichts als schwarze Dunkelheit. Vorsichtig tasteten ihre Füße nach den ausgehauenen Stufen. Langsam gewöhnten ihre Augen sich an das Dämmerlicht. Wie kalt es hier war! Endlich konnten sie, ganz hinten, die Nische für den Leichnam ausmachen. Sie war leer.

Der Schmerz traf sie wie eine Keule. Sie wollten doch nur Jesus einbalsamieren, als letzten Liebesbeweis – und als Abschied von ihren Hoffnungen. Wer hatte das hier getan? War das ein letztes Hohngelächter des Hohen Rates, um die Jünger vollends fertigzumachen?

Johanna lehnt sich an die kalte Felswand. Dann fährt sie plötzlich zusammen. Ein jähes Licht erfüllt die Grabkammer, und in dem Licht stehen zwei Männer, die die Frauen ruhig ansehen. Die Frauen beginnen sich zum Ausgang zurückzuziehen. Sie können nicht mehr, nur schnell weg . . .

»Was sucht ihr den Lebenden bei den Toten?«

Die Stimme fühlt sich an wie eine tröstende Hand auf der Stirn. Die Angst der Frauen ist mit einem Mal fort.

»Er ist nicht hier, er ist auferstanden. Gedenkt daran, wie er euch gesagt hat, als er noch in Galiläa war: Der Menschensohn muss überantwortet werden in die Hände der Sünder und gekreuzigt werden und am dritten Tage auferstehen.« (Lukas 24,6-7)

Überantwortet – gekreuzigt – auferstehen. Doch, das hatte Jesus gesagt! Jetzt ist ihnen, als ob die Worte aus der Tiefe ihres eigenen Lebens aufsteigen, wie ein sachtes Echo von etwas, das unendlich größer ist als ihr Schmerz. Maria öffnet den Mund, um die Männer etwas zu fragen, aber da sind sie schon wieder weg. Die Frauen nehmen ihre Körbe mit den Spezereien, steigen zurück in das helle Morgenlicht, wo die anderen warten, die nicht mit in das Grab gegangen sind, und jetzt löst sich die Spannung in einer Flut von Worten und Gesten. Das müssen die Apostel wissen, gleich sofort!

Dies ist das erste Osterbild von der Gemeinde. Eine Gruppe von Menschen, die es wagen, hineinzugehen in die Leere der Trauer, die nicht flüchten und ihre erlöschenden Träume verdrängen, sondern es genau wissen wollen, was eigentlich geschehen ist. Das erste Wort im Evangelium der Auferstehung ist nicht Gegenwart, sondern Abwesenheit; zusammengedrängt in den kalten Mauern der Kirche stehen wir da und sehen, was alles *nicht* da ist.

Natürlich hätte Jesus seinen Jüngern diese Verwirrung ersparen können. Wenn er so leidensscheu gewesen wäre wie wir, hätte er sich ihnen sofort offenbaren, sie blenden können mit seiner Kraft: Schaut her, es ist alles wieder gut! Aber genau das tut er nicht. Die Auferstehung ist kein Happy End, sondern der Durchbruch der Kräfte des Lebens voll *hinein* in all das real geschehene Furchtbare. Es ist doch auffällig, wie lange die Jünger brauchen, um einzusehen, dass Jesus wirklich auferstanden ist. Und mit was für einer Geduld er ihnen begegnet. Er weiß, dass wir nur ganz unten, auf dem Kellerboden unserer zerstörten Hoffnungen, das Grundmuster des Lebens erkennen können: Überantwortet werden . . . gekreuzigt werden . . . auferstehen. Eine Kirche, die sich nie in diese Leere hineingewagt hat, weiß nicht, was es bedeutet, dass Jesus von den Toten auferstanden ist. Eine solche Kirche kann die Auferstehungsbotschaft nur als Mittel zur Verdrängung ihrer Angst, zur Flucht aus einer bedrohlichen Wirklichkeit benutzen.

Vielleicht war es diese Flucht, die zwei der Brüder auf den Weg nach Emmaus trieb. Jerusalem erinnerte sie zu sehr an die große Katastrophe, und wer konnte wissen, ob der Hohe Rat nicht bald fortfahren würde mit seinem Aufräumen unter den Christen? Und so gingen sie durch die heiße Sonne und unterhielten sich über das, was geschehen war.

Die Straße war einsam, und als der Fremde auftauchte, gesellten sie sich zu ihm. Zunächst waren sie vorsichtig, es konnte ja auch ein Polizeispitzel sein. Komisch, dass er offenbar noch nichts von dem Gesprächsthema Nummer eins in Jerusalem gehört hatte. Aber er hörte ihnen aufmerksam zu, und seine schlichte, warme Art ließ sie auftauen und all ihre Enttäuschung, Verwirrung, Zweifel und Angst nur so herausströmen.

Kleinglauben und mangelndes Bibelwissen warf der Fremde ihnen vor. Zuerst wollten sie sich verteidigen, aber als er ihnen zu erklären begann, wie die Propheten vor Hunderten von Jahren die Geschehnisse dieses Passafestes bis ins Einzelne beschrieben hatten, wurden sie still. Woher wusste der das alles? So hatte ihnen noch keiner die Bibel erklärt. Hatte das, was da geschehen war, also doch einen Sinn?

Aber da war das Dorf ja schon. Dort am Wegrand lag das Haus, wo sie aufgewachsen waren und wo jetzt die alte Tante wohnte. Zu dumm, dass der Fremde weiter musste. Aber halt, warum ihn nicht zum Abendessen einladen?

Die Brüder decken den Tisch, man setzt sich, das Gespräch geht weiter. Der Fremde nimmt das Brot in seine Hand, dankt Gott, bricht es und . . .

Sie keuchen auf. Die Wundmale! Das ist ja er! Warum haben sie seine Hände nicht früher gesehen? Hat er sie versteckt? Ihre Blicke wandern von den Händen zu seinem Gesicht, bis sie seine Augen sehen. Im gleichen Augenblick ist er verschwunden. Sie sehen sich an, beide denken das Gleiche. Sie springen auf, hinaus in die einbrechende Dämmerung, und eilen zurück nach Jerusalem. »Brannte nicht unser Herz in uns, als er mit uns redete auf dem Wege und uns die Schrift öffnete?« (Lukas 24,32)

Dies ist das zweite Osterbild der Gemeinde: zwei Jünger, die unterwegs sind und an ihren Hoffnungen und Enttäuschungen kauen. Der Auferstandene geht mit ihnen, aber er würgt ihre Worte und das, was in ihnen vorgeht, nicht ab, sondern führt sie ganz sachte in ein Bewusstsein seiner heiligen Gegenwart hinein. Und so wird ihre Wanderung zu einem Grundmuster für das Leben der Kirche. Auf drei voneinander nicht zu trennende Arten wirkt der Auferstandene in ihr: Er *hört* uns zu (im Gebet), er *unterweist* uns (durch die Schrift) und er *gibt sich* uns im Abendmahl. Wie es mit etwas anderen Worten nach dem Pfingstwunder heißt: »Sie blieben aber beständig in der Lehre der Apostel und in der Gemeinschaft und im Brotbrechen und im Gebet« (Apostelgeschichte 2,42).

Es ist nicht schwierig zu sehen, was in der Kirche passiert, wenn eine dieser drei Grunddimensionen überbetont oder geleugnet wird. Man kann das *Zuhören* überbetonen. Dann wird die Gemeinde zu einem therapeutischen Milieu, wo man über seine innere Befindlichkeit reden kann, ohne unterbrochen zu werden; das Gebet ist eine Art religiöse Verlängerung dieser Therapiefunktion. Eine solche Gemeinde wird rasch orientierungslos. Ohne Durchbruch zu Gott und ohne Verankerung in der historischen Offenbarung treibt sie dahin, ein leichtes Opfer für Wanderer, die zu ganz anderen Zielen unterwegs sind.

Oder man betont einseitig die *Unterweisung*: solide Schriftauslegung, aber ohne Raum für eigene Fragen und Gefühle. Die Verankerung in der Überlieferung funktioniert, die in der persönlichen Erfahrung dafür umso weniger. Das persönliche Gespräch mit Gott im Gebet oder mit den Geschwistern in der Gemeinde verkümmert unter der Übermacht kluger Predigten. Es dauert nicht lange, und der Widerstand regt sich: Hier kann man ja nicht man selber sein, ich muss hier raus!

Oder man lebt nur noch in einer Mystik des *Abendmahls*, für die das offene Gespräch und das solide Bibelwissen niedere Stufen der Spiritualität sind. Es zählt nur das große Mysterium. Form und Liturgie erobern immer mehr das Zentrum, doch im Schatten ihrer erhabenen Schönheit gedeiht die Verachtung für all jene, die die Tiefe des Sakraments noch nicht erfasst haben, gedeiht die Unterdrückung der Kreativität bei den Menschen, die keine Aufgabe

»vorne am Altar« haben, der Mangel an Wegweisung in den konkreten Herausforderungen unserer Alltagswelt usw. Trotz aller großen Worte über die Gemeinschaft mit der weltweiten Kirche kann auch dieses Muster zu einer sektiererischen Nabelschau entarten.

Wir können uns vor diesen drei Extremen nicht dadurch schützen, dass wir aus eigener Kraft die rechte Balance zu finden versuchen. Die Lösung ist vielmehr Jesus selber. Es gilt, sich immer bewusster zu werden, dass er mitten in seiner Gemeinde gegenwärtig ist und dies auf genauso vielfältige Weise gestaltet wie auf dem Emmausweg. In unserer persönlichen Wanderschaft mit Jesus, in einer immer tieferen Teilhabe an seinem Leben und Wesen kann dieses urchristliche Muster in seinem ganzen Reichtum wachsen und neue konkrete Ausdrucksformen in unserer Zeit finden. Es geht darum, ihn in uns Gestalt gewinnen zu *lassen*, und weniger darum, selber zu überlegen, wie wir uns ihm nähern können. Genau wie bei den Osterjüngern: Sachte rollen die Wellen der Auferstehung an ihren leeren Strand, bis sie erkennen, was da geschehen ist, und in das Meer der Gegenwart Jesu waten.

Das dritte Bild finden wir am gleichen Abend in Jerusalem. Hinter verschlossenen Türen und Fenstern haben sich die Jünger versammelt und versuchen, all die verschiedenen, zum Teil widersprüchlichen Meldungen des Tages zu einem verständlichen Puzzle zusammenzufügen. Heftig gestikulierend beschreibt Petrus, was er in dem offenen Grab gesehen – oder besser: nicht gesehen – hat. Die Frauen erzählen zum dritten Mal, wie sie entdeckten, dass der Stein . . .

Es klopft an der Tür. Totenstille, alle sehen sich an. Wer hat sie verraten? Petrus holt Luft und ruft: »Herein!« Erleichterung, als die vertrauten Gesichter erscheinen. Mit roten Wangen kommen sie herein, werfen Ranzen und Mäntel in eine Ecke und beginnen um die Wette zu erzählen. Die anderen hören zu, ihre Augen glühen vor vorsichtig wachsender Freude. Als die beiden fertig sind, rufen sie aus: »Der Herr ist wahrhaftig auferstanden und Simon erschienen« (Lukas 24,34).

Allmählich wird es klar, das Puzzlebild. Und da tritt er selber hinein in das Puzzle, steht in ihrer Mitte wie immer und sagt mit seinem warmen Lächeln: »Friede sei mit euch!« Noch einmal rebellieren die angespannten Nerven, die Jünger weichen erschrocken zurück. Ist das eine Halluzination? Oder ein Geist? Jesus sagt geduldig:

»Seht meine Hände und meine Füße, ich bin's selber. Fasst mich an und seht; denn ein Geist hat nicht Fleisch und Knochen . . .« (Lukas 24,39).

Wieder die Wundmale! Die Emmausbrüder fallen auf die Knie, die anderen schweigen, warten noch. Da blickt Jesus sich um und fragt sie, ob sie etwas zu essen da haben. Jemand reicht ihm vorsichtig ein Stück gebratenen Fisch. Er nimmt ihn und isst, und der Raum füllt sich mit einer Sattheit, wie sie keine Speise dieser Welt geben kann.

Man beachte, was hier die Zweifel der Jünger zerstreut. Jesus vollbringt kein spektakuläres Heilungswunder. Das Wunder besteht darin, dass er den Fisch isst. Und ihnen die Wundmale von der Kreuzigung zeigt.

Was heißt das? Erstens, dass Jesu Auferstehung, um die Computersprache zu nehmen, keine »virtuelle Realität« ist, keine Halluzination in den Hirnen von Menschen, die sich so inbrünstig wünschten, dass Jesus wieder lebendig wäre, dass sie es schließlich glaubten. Für sie war das Evangelium so völlig mit Jesu Person verknüpft, dass der Gedanke, »doch wenigstens seine Botschaft weiterzutragen«, ihnen gar nicht erst kam. Jesus war tot, und damit war alles aus. Nichts außer seiner buchstäblichen Auferstehung kann erklären, wie diese total desillusionierten Jünger zu solch brennenden Zeugen wurden, die bereit waren, für ihre Gewissheit, dass Jesus lebte, in den Tod zu gehen!

Und zweitens vollzieht sich in dieser einfachen Szene eine Grenzüberschreitung, die einen schwindeln machen kann. Mit seiner Durchbrechung der Grenze zwischen Tod und Leben durchbricht Jesus auch unsere übrigen so selbstverständlichen Begrenzungen: Raum und Zeit. Er geht durch geschlossene Türen, auch durch die der Zeit und knüllt unseren linearen Zeitbegriff wie ein Kalenderblatt zusammen, das der Wind fortbläst. Wir denken uns die Zeit ja als Linie: *Zuerst* wurde Jesus Mensch, *dann* wurde er gekreuzigt und *danach* ist er auferstanden. Aber hier sehen wir einmal mehr, wie in den großen Mysterien alle Linien zusammenkommen. Hier sitzt Jesus mit einem menschlichen Leib unter seinen Jüngern und isst Fisch. Hier sitzt er mit seinen Kreuzigungsmalen. Und hier sitzt er mit dem pulsierenden neuen Leben der Auferstehung. Wie er sechzig Jahre später dem auf der Insel Patmos gefangenen Johannes sagt: »Ich bin das A und das O, der Erste und der Letzte, der Anfang und das Ende« (Offenbarung 22,13).

All das gleichzeitig! Den auferstandenen Christus bekennen heißt, die Fülle all seiner Geheimnisse bekennen. Er *ist* der Menschgewordene, er *ist* der Gekreuzigte und er *ist* der Auferstandene. Er hat sein Menschsein und sein Leiden nicht abgelegt, um fortan eine »reine« Spiritualität zu gestalten; dergleichen hat, wie wir schon sahen, mehr mit den Dämonen als mit dem lebendigen Gott zu tun. Wenn es etwas gibt, das Jesus nach seiner Auferstehung immer wieder betont hat, dann seine Körperlichkeit, sein unermüdliches Bekenntnis zum Menschen und zu unserem Leiden.

## Das doppelte Leiden

Darum hat auch das Zeugnis der Apostel von dem Auferstandenen die gleichen Eigenschaften. Dass wir uns als »apostolische Kirche« bekennen, heißt ja unter anderem, dass wir uns auf das Zeugnis der Apostel vom auferstandenen Christus gründen. Aber dieses Zeugnis ist nicht ein steriles Auflisten historischer Fakten, das nichts mit ihrem Leben zu tun hat; dies wäre ein unglaubwürdiges Zeugnis von dem Lamm, das geschlachtet wurde. Aber wie bezeugen wir den Auferstandenen richtig? Jesu wahre Boten erkennt man an dem apostolischen Doppelzeichen: am Leiden und an der Herrlichkeit.
Wir finden dies im Neuen Testament wie in der Kirchengeschichte immer wieder. Paulus drückt es so aus: »Ihn möchte ich erkennen und die Kraft seiner Auferstehung und die Gemeinschaft seiner Leiden . . .« (Philipper 3,10). Und an anderer Stelle: »Nun freue ich mich in den Leiden, die ich für euch leide, und erstatte an meinem Fleisch, was an den Leiden Christi noch fehlt, für seinen Leib, das ist die Gemeinde . . . Dafür mühe ich mich auch ab und ringe in der Kraft dessen, der in mir kräftig wirkt« (Kolosser 1,24+29). Und Johannes schreibt: »Ich, Johannes, euer Bruder und Mitgenosse an der Bedrängnis und am Reich und an der Geduld in Jesus . . .« (Offenbarung 1,9)
Die Kirche, die nicht das Leiden im eigenen Mark hat und die keine Wunden hat, kann nicht glaubwürdig vom auferstandenen Christus zeugen. Wir haben allen Grund, Predigten und Bewegungen, die triumphierend von der Auferstehungskraft reden, aber ihren eigenen Schmerz verdrängen und sich so jeder Möglichkeit der echten Identifikation mit den Leidenden in dieser Welt begeben, zu

misstrauen. Eine immer nur fröhliche Auferstehungsbotschaft kann einer Welt wie der unseren nicht imponieren. Apostolisches Zeugnis heißt Christus nachfolgen – in unserer verwundeten Menschlichkeit die anderen davon zu überzeugen, dass Jesus lebt.

Und natürlich kann auch eine Kirche, die der Auferstehungskraft ausweicht, keine glaubwürdige Zeugin des Auferstandenen sein. Auch dieser »Graben« findet sich reichlich am Wegrand der Kirchengeschichte. Das Mitleid mit dem Elend der Menschen ist tief, das Gespür für all die Ungerechtigkeit groß, die Kirchenbänke werden zum Sammelplatz der Probleme dieser Welt, der Triumphruf vom offenen Grab wird zu einem geflüsterten »Prinzip Hoffnung«. Keine sehr einladende Gesellschaft für Menschen, die schon genug an ihrem eigenen Päckchen zu tragen haben ...

Wieder können wir die Spannung nicht dadurch lösen, dass wir die richtige Balance zwischen Leiden und Auferstehung suchen. Die befreiende Vereinigung von Wunden und Heilung gibt es nur bei Jesus selber. Allein durch unsere persönliche Gemeinschaft mit ihm, im Leiden wie in der Auferstehung, kann die Kirche wieder von jenem apostolischen Doppelzeichen geprägt werden.

Genau dieses Zeugnis hatte eine solche Kraft, dass es das Römerreich wie ein Steppenbrand erfasste. Als für Judas Iskariot ein neuer Apostel gewählt werden musste, war das Kriterium klar: »So muss nun einer von diesen Männern, die bei uns gewesen sind die ganze Zeit über ..., mit uns Zeuge seiner Auferstehung werden« (Apostelgeschichte 1,21-22). Und die erste Gemeinde wird so beschrieben: »Die Menge der Gläubigen aber war ein Herz und eine Seele ... Und mit großer Kraft bezeugten die Apostel die Auferstehung des Herrn Jesus ...« (4,32-33)

Als die Apostel sich wegen ihrer Verkündigung verantworten sollen, wiederholen sie die Kernpunkte ihrer Botschaft: »Der Gott unsrer Väter hat Jesus auferweckt, den ihr an das Holz gehängt und getötet habt« (5,30). Als Petrus zum ersten Mal vor Heiden predigt, ist die Botschaft die gleiche: »Den hat Gott auferweckt am dritten Tag und hat ihn erscheinen lassen ... uns, den von Gott vorher erwählten Zeugen, die wir mit ihm gegessen und getrunken haben, nachdem er auferstanden war von den Toten.« (10,40-41)

Das Zentrum der Verkündigung und damit der ganzen Kirche war von Anfang an ohne Wenn und Aber der gekreuzigte und auferstandene Jesus Christus. Dies war und ist die Mitte der Kirche – wie früher die Feuerstelle oder der *Herd* in der Mitte des Hauses. Brennt dieser Herd richtig, bekommen das Haus und alle Bewohner Wärme und Licht. Erstickt man das Feuer dagegen, wird es bald dunkel, wir sehen schlecht, die Feindbilder und Phantasien über die anderen blühen, die Beziehungen erkalten.

In einer solchen Situation kann Erneuerung nicht bedeuten, der Kirche etwas »Neues«, »Anderes« von außen zuzuführen. Es gilt vielmehr, zur Mitte zurückzukehren und das, was den Herd am freien Brennen hindert, wegzuräumen. Nicht so freilich, dass wir den Auferstandenen mit vereinten Kräften wieder in die Mitte stellen, sondern dass wir entdecken, dass er die Mitte *ist*, und alles wegräumen, was ihn daran hindert, diese Mitte zu gestalten.

Oder mit einem anderen Bild: Es gilt, die Kirche zu *orientieren*. Der Orient ist der Horizont, an dem morgens die Sonne aufgeht. In der alten Kirche war die Sonne ein häufiges Bild für den auferstandenen Christus, nach dem Wort des Propheten Maleachi: »Euch aber, die ihr meinen Namen fürchtet, soll aufgehen die Sonne der Gerechtigkeit und Heil unter ihren Flügeln« (Maleachi 3,20). Nach dem langen dunklen Winter der Menschheit war endlich die Sonne aufgegangen über der zerrissenen Welt der Sünde. So feierten die Christen am 25. Dezember, dem alten römischen Fest der unbesiegten Sonne, die Geburt Jesu. Er ist ja unsere Sonne!

Als die Christen dann anfingen, ihre Kirchenbauten zu errichten, »orientierten« sie diese mit dem Altar in Richtung auf die aufgehende Sonne. Ein sprechendes Bild: Eine Kirche, die auf den auferstandenen Christus ausgerichtet ist, weiß, wohin sie unterwegs ist, und eine Kirche, deren Mitte undeutlich geworden ist, hat die Orientierung verloren.


## Und wenn er nicht auferstanden wäre?

Aber ist denn das leere Grab und all das wirklich die Pointe bei der Auferstehungsbotschaft? Das Wichtigste ist doch wohl nicht, ob die Auferstehung tatsächlich geschehen ist oder nicht, sondern was sie für uns heute *bedeutet*! Mal angenommen, die Sache mit der Auferstehung war lediglich eine Deutungstradition der Jünger – die Kirche besteht ja aus Menschen, die an den schlussendlichen Sieg der Hoffnung glauben –, dann sind die Berichte über Jesu Leben und

Unterweisung immer noch eine Schatzkammer der Integrität, der Liebe, des Einsatzes für Arme und Unterdrückte, des Trostes in dunklen Stunden. Hat die Kirche hier nicht tausend Möglichkeiten, etwas in unserer Welt zu bewirken?

Man hat oft so räsoniert. Unsere Reaktion auf die Anfragen der historisch-kritischen Wissenschaften an den Wahrheitsgehalt des christlichen Bekenntnisses war häufig, dass es intellektuell sauberer sei, das ganze Problem auf eine »tiefere« Ebene zu verlagern, anstatt das Bekenntnis gegen die Kritik zu verteidigen. Gehen dann die Mitgliederzahlen nach unten, haben wir unsere Verankerung im Zentrum schon längst verloren und suchen fieberhaft die Ränder der Kirche nach vergessenen Nischen ab, in denen wir uns festhalten und »nützlich« sein können. Ängstlich spitzen wir die Ohren: Hat da einer gesagt, dass die Kirche doch (noch) nicht ausgespielt hat? Gerne bringen wir uns zu den »großen Zeitfragen« ein, dankbar registrieren wir jeden Tipp, wie die Kirche wieder »relevant« werden könnte ...

Stellen wir uns einen Augenblick vor, die Urgemeinde in Jerusalem wäre so verfahren. Die Apostel sitzen beisammen, um die letzten Statistiken durchzugehen. Mehrere Unternehmungsberatungen haben Meinungsumfragen über die Rolle der Kirche in der Gesellschaft durchgeführt. Diverse Behörden bis hinauf zum römischen Senat sind gefragt worden, wie sie die Kirche sehen und was sie gerne anders hätten an ihr. Und nun überlegen die Apostel, wie sie der Kirche das richtige Profil geben können. Wie wäre es mit einem kräftigen sozialen Engagement? Auf dem Gebiet ist der Staat ja ziemlich blass. Und der Niedergang der staatlichen Religion hat ein Vakuum in der Volksseele geschaffen; vielleicht ist da eine Marktlücke für die christliche Botschaft?

Wäre es so gegangen – die junge Kirche wäre nach ein paar Jahren wieder von der Bildfläche verschwunden. Dieses ganze Nützlichkeits- und Nischendenken ist dem neutestamentlichen Christentum absolut fremd. Der Ausgangspunkt für die Expansion der Kirche war immer, dass da etwas Unerhörtes geschehen ist, das wir um jeden Preis weitersagen müssen. Natürlich hat die Kirche immer auch eine ganze Reihe von Bedürfnissen im Leben der Menschen angesprochen. Aber dass man den historischen Kern links liegen lässt, um das Existenzrecht der Kirche in ihrem gesellschaftlichen Nutzen zu suchen – diesem Gedanken erteilen die Apostel eine kategorische Abfuhr. Paulus sagt es klipp und klar: »Ist aber Christus nicht auferstanden, so ist unsre Predigt vergeblich, so ist auch euer Glaube vergeblich. Wir würden dann auch als falsche Zeugen Gottes befunden, weil wir gegen Gott bezeugt hätten, er habe Christus auferweckt, den er nicht auferweckt hätte, wenn doch die Toten nicht auferstehen ... Ist Christus aber nicht auferstanden, so ist euer Glaube nichtig, so seid ihr noch in euren Sünden; so sind auch die, die in Christus entschlafen sind, verloren ... Habe ich nur im Blick auf dieses Leben in Ephesus mit wilden Tieren gekämpft, was hilft's mir? Wenn die Toten nicht auferstehen, dann ›lasst uns essen und trinken, denn morgen sind wir tot!‹« (1. Korinther 15,14-19+32)

Für Paulus ist es also nicht so, dass dann, wenn Jesus nicht auferstanden wäre, die Christen doch immer noch ihren Glauben hätten. Im Gegenteil: Wenn Jesus nicht auferstanden ist, dann sind die Christen mit all ihrem »Glauben« *schlechter* dran als die übrigen Menschen! Dann haben sie nämlich ihren Glauben auf einem bloßen Mythos aufgebaut und damit ist er sinnlos, die Vergebung der Sünden ist nichtig und jedes Martyrium unnötig. Was bleibt vom Christentum, wenn Jesus nicht auferstanden ist? Im Klartext: nichts.

Aber wie sind wir eigentlich in dem heutigen Denken gelandet? Ich kann hier nicht die ganze lange geistesgeschichtliche Entwicklung nachzeichnen; ein Beispiel muss genügen, um die Richtung zu illustrieren. In der zweiten Hälfte des 18. Jahrhunderts stellte die Aufklärung die empirischen Wissenschaften in das Zentrum des Weltbildes. Es war ein Klima, das, gelinde gesagt, der Kirche nicht wohlgesonnen war. Aber es war nicht rundheraus atheistisch. Die Philosophen der Aufklärung schafften Gott nicht ab; vielmehr formulierten sie den Gottesbegriff rationalistisch um: Gott wurde zu einem höchsten Prinzip, zur ersten Ursache, zu einem Glied in einem logischen System, zum Fundament für die moralischen Prinzipien und die Unsterblichkeit der Seele.

Es dauerte nicht lange, bis dieses sterile Klima das kulturelle Leben in akute Atemnot brachte. Die Antwort war die Romantik mit ihrer Betonung von Gefühl und Phantasie in Literatur, Kunst und Musik, und im Zuge dieser Bewegung trat Anfang des 19. Jahrhunderts der Theologe Friedrich Schleiermacher auf den Plan. Um dem Ansturm der Religionskritik auszuweichen, verlagerte Schleiermacher die ganze Problematik, und zwar in einer Weise, die für die überwältigende Mehrheit der Theologen typisch werden sollte: Er erklärte den Glauben zur Privatsache. Religion war für ihn einfach das »Bewusstsein schlechthinniger Abhängigkeit«. Der Glaube ist hier nicht mehr die Antwort des Menschen auf Gottes Taten in der Geschichte, sondern eine Dimension im Seelenleben, die man verkümmern lassen oder pflegen kann. Das christliche Glaubensbekenntnis beschreibt nicht Gottes faktisches Eingreifen in die Geschichte, sondern den subjektiven Glauben der Menschen, wie er sich in einer bestimmten Epoche gestaltet. Die Bibel ist nichts als die erste Beschreibung dieses Glaubens.

Dass Jesus Christus der Herr der ganzen Welt ist, wie die ersten Christen dies behaupteten, leugnete Schleiermacher. Eine Beziehung zu Christus ist nur im Inneren des Menschen und in der Gemeinschaft der Kirche möglich. Der Glaube ist ein privates Gefühl und nicht etwas, was mit der objektiven Wirklichkeit der Welt zu tun hätte.

In vielerlei Hinsicht knüpft Schleiermacher an die gnostische Tradition an. So nivelliert er den Wesensunterschied zwischen Gott und Mensch und nähert sich so der gnostischen Vorstellung von dem göttlichen Funken, der in jedem Menschen wohne. Auch der Gedanke der gnostischen »Leiter« findet sich wieder: Der Mensch steigt zu einem immer reineren und vergeistigteren Gottesbewusstsein auf, das frei von allen körperlichen und historischen Begrenzungen ist.

Als hundert Jahre später in Deutschland eine machtvolle nationalistische Bewegung aufblühte, machte die wohletablierte Unterscheidung zwischen dem privaten Glauben und dem öffentlichen Leben es ihren Führern leicht, sich Christen zu nennen und die Unterstützung der Kirche einzufordern, während sie gleichzeitig ein politisches System von einer bislang kaum gekannten Diabolik aufbauten. Vor seiner Hinrichtung wegen seines Widerstandes gegen Hitler stellte Dietrich Bonhoeffer fest, dass die Kirche keinen Widerstand gegen die Verachtung der Alten und die Vergötterung der Jungen geleistet hatte, weil sie Angst hatte, die Jugend und damit ihre Zukunft zu verlieren.[23]

Die Angst, zu verlieren . . . Die Angst vor dem Verlust ihres akademischen Ansehens, ihrer Popularität, ihrer Gottesdienstbesucher, ihrer ökonomischen Privilegien, ihres politischen Einflusses, ihres kulturellen Lebens – wie weit wird diese Angst die Kirche noch abdriften lassen? Die Säkularisierung geht von der Kirche aus, nicht von der Welt! Jesu Worte sind erschütternd aktuell: ».. . der Menschensohn wird den Hohen Priestern und Schriftgelehrten überantwortet werden; und sie werden ihn zum Tode verurteilen und wer den ihn den Heiden überantworten, damit sie ihn verspotten und geißeln und kreuzigen . . .« (Matthäus 20,18-19). Die Heiden waren es, die Jesus verhöhnten und hinrichteten. Aber die Frommen haben ihn in ihre Hände gegeben.

## Die Wahrheit ist nicht privat

Eine der wirksamsten verbalen Keulen ist heute das Wort »Fundamentalist«. Moslemische Terroristen, hinduistische Fanatiker, japanische buddhistische Sekten und andere kämpfen mit wachsender Härte gegen Meinungsfreiheit und andere für uns selbstverständliche Rechte. Konservative religiöse Gruppierungen ziehen gegen alles »Westliche« und »Moderne« zu Felde. Wohl kaum ein Christ wird diese Art Fundamentalismus gutheißen wollen.

Doch das Wort wird noch auf eine andere, höchst zwielichtige Art gebraucht. Wenn ein ganz gewöhnlicher Pastor einer Freikirche sich das gleiche Etikett gefallen lassen muss wie ein algerischer Heckenschütze, hat das Wort »Fundamentalist« keine aufklärende Funktion mehr, sondern es verdunkelt. Es gilt mittlerweile als Minimum »politischer Korrektheit«, dass ein Christ, der sich öffentlich äußern will, als Erstes beteuert, dass er bitte sehr kein Fundamentalist ist. Die Ohren etwa der Medien spitzen sich misstrauisch, sobald jemand mit der Bibel argumentiert. Meint der das etwa wörtlich? Der politisch Korrekte macht es natürlich so wie jene Pastorin in einem schwedischen Zeitungsinterview: »Früher hatte ich Angst davor, kritisiert zu werden, weil ich nicht den richtigen Glauben hatte. Aber das ist vorbei. Glaube kann nicht ›richtig‹ oder ›falsch‹ sein, sondern nur echt oder unecht.«[24] Schleiermacher hätte zustimmend genickt: Nicht der Gegenstand des Glaubens ist wichtig, sondern das Gefühl . . .

Die Angst vor dem Fundamentalismus hat heute eine ähnliche Wirkung auf die Kirche wie die Angst vor dem Kommunismus in diversen Rechtsdiktaturen bevor der Eiserne Vorhang fiel. Damals galten etwa in Südamerika und Südafrika jegliche soziale Aktivitäten, die über die Suppenküche hinausgingen, als »kommunistisch«

und die Kirche ließ sich, um ja nicht so abgestempelt zu werden, als bloße Trostspenderin ins Abseits drängen. Bis ihre Glaubwürdigkeit in diesen Ländern wieder hergestellt ist, kann noch Jahrzehnte dauern. Heute hindert die Angst davor, als »fundamentalistisch« zu gelten, die Kirche am freimütigen Bekenntnis von Gottes Retterhandeln in der Geschichte. Bleibt vom Evangelium nur ein bisschen innerer Friede, der halt besser sein soll als der, den die Leute sich woanders holen. Wir mischen mit auf dem großen Markt und versuchen, die Vorzüge unserer Ware anzupreisen, bis wir in der gleichen Sackgasse sind wie der gläubige junge Mann, der einem Fixer bezeugte, welch einen Frieden Jesus einem gibt. Der Fixer: »Na, das ist ja dasselbe, was ich mit meiner Spritze auch kriege!«

Was tun mit dem Fixer? Ihm zu beweisen versuchen, dass Jesu Friede aber noch besser ist? Der junge Mann hatte überhaupt nicht erklärt, was christlicher Glaube eigentlich ist: die Antwort des Menschen auf Gottes Handeln in der Geschichte. Was blieb, war ein rein subjektives Gefühl des Friedens, und mit welchem Recht behaupten wir eigentlich, dass dieser Friede besser ist als der, den andere Menschen haben? Ist dies nicht im Grunde ein größerer Affront gegen Glauben und Erfahrungen der anderen als der schlichte Augenzeugenbericht der Apostel von dem, was in Jerusalem geschehen war?

Die Pfingstpredigt des Petrus ist die reinste Revolution für eine Kirche im Abseits, die nur noch eine privatisierte Wahrheit verkündet: »Jesus von Nazareth, von Gott unter euch ausgewiesen durch Taten und Wunder und Zeichen, die Gott durch ihn in eurer Mitte getan hat, wie ihr selbst wisst – diesen Mann, der durch Gottes Ratschluss und Vorsehung dahingegeben war, habt ihr durch die Hand der Heiden ans Kreuz geschlagen und umgebracht. Den hat Gott auferweckt . . .« (Apostelgeschichte 2,22-24)

Da steht Petrus mitten auf dem Marktplatz in Jerusalem. Nicht um zu beweisen, dass der innere Friede der Christen etwas Besonderes ist, sondern um zu bezeugen, *was öffentlich geschehen ist*: »unter euch . . . in eurer Mitte . . . wie ihr selbst wisst . . .« Eine öffentliche Proklamation einer allgemein gültigen Wahrheit. Was Wunder, dass diese Verkündigung sofort in eine Nachfolge hineinführte, die alles andere als privat war! Und auch das entgegengesetzte Muster hat die Geschichte uns oft gezeigt: Eine »private« Wahrheit führt zu einer privatisierten Jüngerschaft.

Alle Versuche, die Kirche mit diversen Strategien aus ihrem Abseits herauszuholen, werden fehlschlagen, solange wir uns nicht auf unser Bekenntnis zurückbesinnen und erneut das Wesen der Kirche aus ihm heraus definieren. Der Weg zu einer apostolischen Kirche geht durch das Nadelöhr der Wahrheit: »Ich glaube, dass Christus wahrhaftig auferstanden ist, und wenn ich damit der Einzige in der ganzen Kirche bin.«

Dem anglikanischen Bischof Lesslie Newbigin kam diese Not schmerzlich zu Bewusstsein, als er nach vielen Jahren Missionsarbeit in Indien nach England zurückkehrte und feststellte, was für ein elendes Randdasein die Kirche im Abendland fristete, bis zur Selbstaufgabe verflochten mit den herrschenden Denkmustern und Machtbündnissen. Er schreibt:

»Es geht nicht länger an, das Faktum der Pluralität mit der Ideologie des Pluralismus durcheinander zu bringen – mit der Ansicht, dass wir uns mit einer Vielfalt der Ansichten abfinden müssten, da doch niemand richtig wissen könne, was die Wahrheit ist. Es geht nicht mehr an, die Spaltung zwischen einer öffentlichen Welt der so genannten Fakten und einer privaten der so genannten Wertungen zu akzeptieren. Wir müssen unsere öffentliche Welt mit der Realität Jesu Christi konfrontieren, dem Fleisch gewordenen Wort, dem Einzigen, der öffentlich das ewige Ziel des allmächtigen Gottes mitten in unserer Geschichte verkündigt hat.

Daher müssen wir verkündigen, dass außerhalb des Lichtes Christi kein Faktum richtig verstanden werden kann. Wie die alte Kirche, müssen wir der öffentlichen Welt entgegentreten – der Welt der Politik und Ökonomie ebenso wie der Wissenschaft, die ihr Herz ist. Wir dürfen keine friedliche Koexistenz zwischen Wissenschaft und Theologie akzeptieren, als wären sie zwei verschiedene Arten, die gleiche Sache zu betrachten – die eine für das Privatleben, die andere für das öffentliche. Wir müssen darauf beharren, dass die Frage: ›Was ist wirklich wahr?‹, gestellt und beantwortet wird.«[25]

Man hört heute oft das Argument, der historische Heilsanspruch des christlichen Glaubens lasse sich in unserer pluralistischen Gesellschaft nicht mehr durchhalten. Wer dies sagt, der vergisst, dass das rasanteste Wachstum der Kirche (in den ersten 300 Jahren im Römerreich) in just einer solchen pluralistischen Gesellschaft stattfand. Und die Reaktion der Umwelt auf die Christen war ganz ähnlich: Welch intolerante Fanatiker . . . Einer Kultur, die an nichts mehr glaubte als an ihren Zynismus und ein bisschen Privatglück, mussten Menschen, die bereit waren, für ihre Überzeugung in den Tod zu gehen, mehr als seltsam erscheinen.

In vielen Punkten sind wir heute wieder dort, wo die ersten Christen anfingen. Doch in einem Punkt unterscheiden wir uns hoffnungslos von der damaligen Gesellschaft. Newbigin legt den Finger darauf: »Was wir heute haben . . ., ist eine heidnische Gesellschaft, deren öffentliches Leben von Überzeugungen bestimmt wird, die falsch sind. Und da es sich nicht um ein vorchristliches Heidentum handelt, sondern um eines, das aus einer Abkehr vom Christentum erwachsen ist, ist es erheblich härter und widerstandskräftiger gegenüber dem Evangelium als das vorchristliche Heidentum, mit welchem die Auslandsmissionare in den letzten zweihundert Jahren zu tun gehabt haben. Hier liegt ohne Zweifel das herausforderndste Missionsfeld unserer Zeit.« Ein anderes Newbigin-Zitat mag die Dimensionen dieser Herausforderung verdeutlichen: »Das Überleben der Welt hängt an der Bekehrung des Abendlandes.«

Doch aufgepasst: Nicht die Nöte der Welt dürfen die Triebfeder der Kirche sein. Die Leitfrage der Kirche an der Schwelle zum dritten Jahrtausend ist nicht: »Wie können wir auf die Herausforderungen unserer Zeit antworten?«, sondern: »Wie können wir auf die Tatsache antworten, dass Jesus Christus auferstanden ist?« Die Antwort auf die Probleme unserer Zeit ist nicht die Kirche und ihr Bemühen, sondern der auferstandene Christus, und die Kirche muss sich ihm so zuwenden, dass er selber in ihr als Antwort für die Welt Gestalt finden kann. Mit ihren »Relevanzbemühungen« steht sie ihm nur im Wege.

Ende des 1. Jahrhunderts führte Kaiser Domitian die erste systematische Christenverfolgung durch. Die Mächte der Welt gingen auf die junge Gemeinde los, und die Angst, wie sie dies überleben sollte, muss viele Christen gelähmt haben. Was waren sie denn mehr als ein paar Wassertropfen in dem heidnischen Völkermeer mit seinem wohlorganisierten Staatsapparat? Dazu noch die inneren Probleme der Gemeinde, mit diversen Spaltungen und tiefen Einbrüchen gnostischer und anderer Strömungen.

Mitten im Auge des Sturms sitzt der greise Apostel Johannes einsam in seiner Verbannung auf Patmos. Wie soll es weitergehen? Da erscheint ihm der Auferstandene in einer Vision, die die trüben Zukunftsszenarien aufrisst wie Feuer ein Stück Papier. Johannes sieht die wirklichen Machtverhältnisse: Nicht der Kaiser sitzt ja auf dem

Thron, sondern Jesus! Wie tot fällt ihm Johannes zu Füßen, und Jesus legt die rechte Hand auf seinen Lieblingsjünger und sagt: »Fürchte dich nicht! Ich bin der Erste und der Letzte und der Lebendige. Ich war tot, und siehe, ich bin lebendig von Ewigkeit zu Ewigkeit und habe die Schlüssel des Todes und der Hölle.« (Offenbarung 1,17-18)

Genauso legt er heute die Hand auf seine furchtsame und geliebte Kirche und sagt etwa so: »Fürchte dich nicht! Ich, der Gekreuzigte und Auferstandene, habe alle Schlüssel zur Zukunft der Kirche. Ich bin in die tiefste Entäußerung hinabgestiegen, bis hinein in den Tod, und habe die Mauern der Ohnmacht von innen gesprengt. In meiner Auferstehung habe ich über all die Mächte triumphiert, die heute über euch zu triumphieren scheinen. Darum kann ich euch durch den engen Gebirgspass des Todes hindurchführen, hinaus in die Zukunft der Gemeinde, die ihr noch nicht sehen könnt. Vieles, was euch heute lieb und wert ist, werdet ihr ablegen müssen auf dem Weg, und was nicht erneuert werden kann, das muss sterben. Der Weg ist sehr schmal, und nur wenn ihr euch ganz dicht an mich haltet, werdet ihr sehen, dass man ihn gehen kann, Schritt für Schritt. Und auf dieser Wanderung wird die Welt von neuem sehen, was die Kirche ist: eine Gemeinschaft von Menschen um den Auferstandenen.«

## Aus sicherer Quelle

Stellen wir uns vor, wir haben drei Jahre lang einen lieben Freund bei uns gehabt. Wir haben Feste und Alltag geteilt, miteinander gegessen, gearbeitet, gestritten und gelacht, gesegelt, gebetet und tiefe geistliche Erfahrungen gemacht. Es waren drei fantastische Jahre, und wir sind auf hundert Arten andere Menschen geworden durch sie. Wir selber, ja unser ganzes Weltbild ist anders geworden, die Liebe und Freundschaft zwischen uns ist größer und tiefer geworden, als wir je für möglich hielten. Alles haben wir mit unserem Freund geteilt – und unendlich mehr von ihm zurückbekommen.

Dann kommt der Tag, wo wir unseren Freund zum Flughafen fahren, denn er kehrt zurück in seine alte Heimat, in ein fernes Land. Wir haben ihm beim Packen geholfen, alle Reiseformalitäten sind erledigt und jetzt sitzen wir stumm im Auto, auf dem Weg zum

Flugzeug. Wie fühlen wir uns? Beim Abschied im Flughafenterminal? Und dann allein im Auto, auf dem Weg zurück nach Hause? Was für Gedanken gehen uns durch den Kopf? Was für Bilder und Erinnerungen?

Vierzig Tage nach seiner Auferstehung führte Jesus seine Jünger »hinaus bis nach Betanien und hob die Hände auf und segnete sie. Und es geschah, als er sie segnete, schied er von ihnen und fuhr auf gen Himmel. Sie aber beteten ihn an und kehrten zurück nach Jerusalem mit großer Freude und waren allezeit im Tempel und priesen Gott.« (Lukas 24,50-53)

Hier stimmt doch etwas nicht! Wenn man Abschied genommen hat von seinem liebsten Freund, kehrt man doch nicht »mit großer Freude« zurück! Nun, hier steht, dass Jesus von den Jüngern »schied« und zum Himmel auffuhr, aber was immer dies bedeutete – die Reaktion der Jünger zeigt, dass sie dies *nicht* als einen Abschied auffassten. Aber als was dann?

Warum feiern wir Christi Himmelfahrt? Sollten wir sie nicht eher beweinen, diese alljährliche Erinnerung daran, dass die Gemeinde jetzt allein steht in ihrem Kampf in dieser Welt? Müssen wir nicht tapfer versuchen, das Erbe, das Jesus uns hinterließ, zu verwalten und so gut es geht nach seiner Lehre zu leben, in dem viel zu langen Warten auf seine Wiederkunft?

Auch wenn wir es vielleicht nicht so direkt ausdrücken – liegt dieses Bild von der Kirche nicht einem Großteil unseres Gemeindelebens zugrunde? Oder besser gesagt, dem Mangel an Gemeindeleben, denn mit einem solchen Bild von der Kirche geht ihren Gliedern bald die Luft aus, die Mitarbeiter sinken nieder unter der ungeheuren Verantwortung, selber Lösungen finden zu müssen, und die Nichtchristen machen einen großen Bogen um diesen düsteren Haufen. Da ist Gott irgendwo weit weg in seinem Himmel, und die Kirche ist nicht viel anders als andere Kreise, in denen man darüber nachgrübelt, ob es einen Gott gibt und wie er wohl aussehen mag.

Aber wenn Jesu Himmelfahrt kein Abschied war, was war sie dann? Wie konnten die Jünger sie als einen Grund zu jubelnder Freude sehen? Paulus gibt uns einen Hinweis. Zunächst redet er davon, wie der Vater Jesus von den Toten auferweckt hat »und eingesetzt zu seiner Rechten im Himmel über alle Reiche, Gewalt, Macht, Herrschaft ... nicht allein in dieser Welt, sondern auch in der zukünftigen. Und alles hat er unter seine Füße getan und hat ihn gesetzt der Gemeinde zum Haupt über alles, welche sein Leib ist, nämlich die Fülle dessen, der alles in allem erfüllt.« (Epheser 1,20-23)

Die Worte »über« und »unter« bezeichnen hier keine geographische Beziehung oder Abstand, sondern sollen Jesu Macht und Herrschaft verdeutlichen. Dass er »zum Himmel fuhr«, bedeutet also nicht, dass er von uns weggenommen wurde, sondern dass der Vater ihn in seine himmlische Herrschaft zu seiner Rechten eingesetzt hat – über alle Mächte und Umstände, mit denen wir in dieser Welt zu kämpfen haben.

Etwas später, in Epheser 4,10, gibt Paulus uns noch einen zweiten Hinweis in die Hand: »Der hinabgefahren ist, das ist derselbe, der aufgefahren ist über alle Himmel, *damit er alles erfülle.*« Die Himmelfahrt Jesu bedeutet also nicht seine Entfernung von den Jüngern, sondern seinen Eingang in die unsichtbare Welt, um die ganze sichtbare Welt mit seiner Gegenwart zu erfüllen.

Christi Himmelfahrt begehen heißt deshalb nicht, seinen Abschied zu beweinen, sondern die Tatsache zu feiern, dass er jetzt auch seine letzten Grenzen gesprengt hat und von seinem himmlischen Thron bei seinem Vater aus in der ganzen Welt anwesend ist. Die Jünger kehrten nicht von Jesus nach Jerusalem zurück, sondern *mit ihm!* Als sie zurück in die Stadt kamen, war er schon dort. Von diesem Tag an wussten sie, dass sie ihren Fuß nie in einen Ort setzen würden, in dem Jesus nicht schon war. Kein Wunder, dass sie laut ihre Loblieder sangen!

Aber halt! Ist das nicht ein Missverständnis? Wo bleibt denn da der Heilige Geist? Hat Jesus nicht doch seine Jünger verlassen und ihnen als Ersatz für seine Gegenwart den Heiligen Geist geschickt, der bei uns ist, bis Jesus wiederkommt? Hatte er den Jüngern nicht »einen andern Tröster« verheißen (Johannes 14,16)?

Wer dies für eine weltfremde theologische Haarspalterei hält, der lässt sich von den Dämonen blenden, die nicht wollen, dass wir die Wirklichkeit sehen. Dies ist vielmehr die entscheidendste Frage über die christliche Kirche, die wir stellen können: Ist Jesus heute in seiner Gemeinde anwesend oder nicht? Es ist das Beiseiteschieben dieser Frage und das Verwischen der Alternativen, das uns daran hindert, die unerhörte Wirklichkeit, um die es hier geht, radikal zu leben, und uns stattdessen unsere Tage in einem grauen Niemandsland verbringen lässt, wo Jesus weder anwesend noch abwesend ist. Die vielen Worte sind alle noch da, aber wo ist Der, der das Wort ist?

Was geschieht, als Jesus »zum Vater geht«? Jesus sagt zu seinen Jüngern: »Der Tröster, der Heilige Geist, den mein Vater senden wird in meinem Namen, der wird euch alles lehren und euch an alles erinnern, was ich euch gesagt habe« (Johannes 14,26). Kommt hier nicht der Geist als ein »Ersatz« für Jesu Gegenwart unter den Jüngern? Schauen wir es uns an. Zuerst verheißt Jesus ihnen die Gegenwart des Geistes: »Und ich will den Vater bitten, und er wird euch einen andern Tröster geben, dass er bei euch sei in Ewigkeit: den Geist der Wahrheit . . .« Danach verheißt er seine eigene Gegenwart: »Ich will euch nicht als Waisen zurücklassen; ich komme zu euch.« Und schließlich verheißt er ihnen die Gegenwart des Vaters: »Wer mich liebt, der wird mein Wort halten; und mein Vater wird ihn lieben, und wir werden zu ihm kommen und Wohnung bei ihm nehmen.« (Johannes 14,16-23)

Der Heilige Geist ist also mitnichten ein »Ersatz« für die Gegenwart des Sohnes oder des Vaters unter uns, sondern er hilft uns, die volle Gegenwart des Vaters und Sohnes unter uns *zu entdecken* und *zu gestalten*. Das Pfingstgeschehen ist kein blasser Ersatz für die Menschwerdung, sondern deren Vollendung in der christlichen Gemeinde! Wie Petrus in seiner Pfingstpredigt sagt: »Diesen Jesus hat Gott auferweckt; dessen sind wir alle Zeugen. Da er nun durch die rechte Hand Gottes erhöht ist und empfangen hat den verheißenen Heiligen Geist vom Vater, hat er diesen ausgegossen, wie ihr hier seht und hört.« (Apostelgeschichte 2,32-33)

So wie Gott bei der Schöpfung den Menschen »aus Erde vom Acker« machte »und blies ihm den Odem des Lebens in seine Nase«, sodass der Mensch »ein lebendiges Wesen« wurde (1. Mose 2,7), so lässt am Pfingstmorgen derselbe dreieinige Gott seinen Heiligen Geist die neue Schöpfung mit Leben füllen. Daher folgt in der Kirche auf Pfingsten die Trinitatis-Zeit – die hellen Sommermonate, in denen wir uns darüber freuen, dass Gott sich in seiner dreieinigen Fülle unter uns offenbart hat.

Dass der Heilige Geist auf diese Art mit der Gemeinde verbunden und kein Egotrip für Superfromme ist, war für die alte Kirche eine Selbstverständlichkeit. Irenäus schreibt über den uns anvertrauten Glauben: »Ihn hat der Heilige Geist gleichsam in ein ganz kostbares Gefäß jugendfrisch hineingetan, und jugendfrisch erhält er das Gefäß . . . Dieses göttliche Geschenk nämlich ist der Kirche anvertraut, damit . . . alle Glieder, die an ihr Anteil haben, das Leben empfangen. In ihr ist niedergelegt die Gemeinschaft mit Christus, das heißt der Heilige Geist . . .«[26]

Da *Christus* »der Gesalbte« bedeutet, drückt bereits die Bezeichnung »Christ« aus, dass hier ein Mensch teilhat an Christus (dem Gesalbten) und damit an seiner Salbung (dem Heiligen Geist). Noch stärker kann das Band zwischen Jesus, dem Heiligen Geist und uns als Jüngern nicht sein. Diese tiefe Identifikation als »messianische Gemeinschaft« war äußerst wichtig für die ersten Christen. Sie befanden sich nicht auf einer Privat-Safari zu allerlei interessanten Erlebnissen und Mythen; sie wussten, dass die Bekehrung zu Christus ein verpflichtendes Verhältnis zum Gesalbten und zur Gemeinde bedeutete.

Das Gebet der Gemeinde nach der ersten Inhaftierung der Apostel (Apostelgeschichte 4,23-31) sagt uns einiges über ihr Selbstverständnis. Es beginnt mit einem Bekenntnis zu dem Herrn, der Himmel und Erde gemacht hat (also nicht nur der Herr der Kirche ist). Es folgt ein prophetisches Psalmwort, das beschreibt, wie die Mächtigen der Erde sich zusammenrotten »wider den Herrn und seinen Christus«. Konkret: Die Herrschenden der Stadt »haben sich versammelt gegen deinen heiligen Knecht Jesus, den du gesalbt hast . . .« Zum Schluss kommt die Situation der Gemeinde, wie sie sich aus deren Jesus-Nachfolge ergibt: »Und nun, Herr, sieh an ihr Drohen und gib deinen Knechten, mit allem Freimut zu reden dein Wort; strecke deine Hand aus, dass Heilungen und Zeichen und Wunder geschehen durch den Namen deines heiligen Knechtes Jesus.«

Unmerklich wechselt der Text hin und her zwischen Jesus und der Gemeinde, die beide Knechte des Herrn sind. Die Identifikation könnte nicht deutlicher sein: Die Gemeinde versteht sich als Gemeinschaft ganz gewöhnlicher Menschen, in der der leidende Gottesknecht gegenwärtig ist und seinen Geist ausgegossen hat. Dass dies kein bloßer Überschwang des ersten Eifers ist, zeigt das, was auf dieses Gebet folgt: Der Ort, wo sie versammelt waren, bebte, »und sie wurden alle vom Heiligen Geist erfüllt und redeten das Wort Gottes mit Freimut« (Apostelgeschichte 4,31). Der Vater bekräftigt mit seinem Geist, dass Christus in der Gemeinde gegenwärtig ist.

Dieses Evangelium steht in scharfem Kontrast zu einem Denken, das sich in den letzten Jahrzehnten weit über die christlichen Kirchen verbreitet hat. Man kann es in drei einfachen Punkten zusammenfassen:

1. Unsere Kirche ist in der Krise – ob nun die im ganzen Land oder die Gemeinde vor Ort. – 2. In dem und dem Land (zum Beispiel im fernen Amerika) wirkt Gott gerade mächtig. – 3. Folglich müssen wir, wenn wir unsere Krise lösen wollen, das, was dort geschieht, gleichsam importieren. Wir fahren also dorthin, um zu studieren, wie man eine lebendige Gemeinde baut. Oder wir bitten die Christen in dem fernen Land, uns Mitarbeiter zu schicken. Oder wir lesen fleißig Bücher, Reportagen usw.

Nun ist die Kirche immer eine grenzüberscheitende, internationale Gemeinschaft gewesen. Christen sind Bürger in einem weltumspannenden Reich. Ohne diesen globalen Blutkreislauf wäre es nie zu den Missionsbewegungen gekommen, und die Ortsgemeinden wären zu Provinzsekten verkommen. Nein, dieser gegenseitige geistliche Austausch ist nicht neu. Das Neue an unserer heutigen religiösen Importierfreudigkeit ist, dass unsere Importe langsam, aber sicher unsere geistliche Selbstversorgung auffressen und uns geradezu süchtig nach immer noch mehr Neuerungen machen. Dies geschieht in mehreren Schritten. Der erste ist oft eine Begeisterung über all das Wunderbare, das »da draußen« abgeht. Dies kann alles Mögliche sein, von der Befreiungstheologie in Südamerika bis zum Wohlstandsevangelium in Nordamerika. Manches ist gut, manches schlecht, aber hier geht es uns nicht um eine Bewertung, sondern einfach um das Grundphänomen. »Was Gott da alles tut! Das brauchen wir auch . . .«

Doch nicht alle in der Gemeinde teilen unsere Begeisterung, und es beginnt die zweite Phase: Die große Erneuerung kommt nur zäh voran, und wir fragen uns, warum Gottes Geist scheinbar überall so lebendig weht, nur nicht bei uns. Um unseren Appetit wach zu halten, halten wir uns immerhin an Gleichgesinnte, lesen die neuesten Trendbücher usw. Es gilt, die Antenne recht hoch zu schrauben, damit wir hören, was Gott zu sagen hat – jenseits des Atlantiks.

Die dritte Phase merken wir erst, wenn es zu spät ist, und oft nicht einmal dann. Vor lauter Eifer, nur ja den Anschluss an die Entwicklung da draußen nicht zu verpassen, haben wir nach und nach unsere Fähigkeit, *zu Hause* auf Gott zu hören, verloren. Unser eigenes Leben und das unserer Gemeinde ist zu bloßem Rohmaterial für Veränderungen geworden. Darin fließt kein Wasser des Heiligen Geistes mehr, es ist kein Ort mehr, wo der Auferstandene zu uns redet. Je größer der Segen in dem fernen Land, umso stärker unsere Verachtung dessen, was er bei uns tut. Und so ist das Netto-Ergebnis der geistlichen Importsucht mitnichten Bereicherung und Erneuerung, sondern Verarmung und Verwirrung.

Wir können dieses Phänomen mit dem vergleichen, was mit der wirtschaftlichen Entwicklung in vielen Ländern der südlichen Halbkugel geschehen ist. Die Menschen lebten traditionell als landwirtschaftliche Selbstversorger – sicher kein Paradies, aber genug, um zu leben. Eines Tages kommen Leute aus dem reichen Westen, die zeigen, was für tolle Sachen man sich kaufen kann, wenn man das nötige Kleingeld hat. Der Getränkekonzern LX weiß auch, wie die Bauern zu diesem Geld kommen können: Stellt doch einfach euren Anbau auf Zuckerrohr um, wir zahlen gut! Nach ein paar Jahren wird fast nur noch Zuckerrohr angebaut, das Schicksal des Landes liegt in den Händen von LX. Dann entdeckt LX, dass der Zucker in einem Nachbarland noch billiger zu haben ist. Ende der Romanze. Die Bevölkerung darbt, denn die Rückkehr zur Selbstversorgung gestaltet sich äußerst mühsam.

Oder ein anderer Vergleich: Vor hundert Jahren saß die Bauernfamilie Andersson abends in ihrer Stube um den Herd beisammen. Mama nähte, die Kinder spielten in einer Ecke, Vater besserte ein Pferdegeschirr aus, man erzählte sich dies und das. Kein Fürstenschloss, aber man wusste, wer man war, verließ sich auf seine Erfahrungen, half einander, schuf sich sein kleines Glück inmitten der Schufterei.

Die heutige Familie Andersson sitzt vor dem Elektro-Herd und schweigt. Der Fernsehbildschirm zeigt die wichtigen, die schönen, die interessanten, die kompetenten Menschen – all das, was Anderssons nicht sind. Was können Anderssons machen? Sich die neueste Satellitenschüssel und einen Videorecorder anschaffen, um ja nichts von all dem »da draußen« zu verpassen. Das Fernsehen hat sich unmerklich von einer bereichernden Zugabe zum grauen Alltag zu einer Droge entwickelt, die unser Selbstvertrauen und unsere Kreativität untergräbt. Eine neue Zwei-Klassen-Gesellschaft wächst heran: die kleine Elite, die mit den Medien umgehen kann, und die große Masse, die von den Medien beherrscht wird. Die Satellitenschüssel als Monument des Informationszeitalters – eine dumme Metallscheibe, die unaufhörlich in den Äther ruft: Füttere mich! Füttere mich!

Dass das ständige Bedürfnis nach dem Kick von außen auch die Gemeinde beherrscht, ist eigentlich nicht weiter verwunderlich. Die Kirche ist ja immer auch ein Spiegel ihrer Umgebung, und je weniger bewusst ihr dies ist, umso effektiver lässt sie sich beeinflussen. Es geht nicht mehr nur um das Eindringen gewisser säkularer Wertungen; die »Import-Mentalität« zielt auf das Mark der Gemeinde: auf ihren Glauben, dass der auferstandene Jesus Christus *hier und jetzt* wirklich in seiner Gemeinde gegenwärtig ist. Was für Folgen dies für die zwischen schwindendem geistlichem Selbstvertrauen und permanentem Neuerungs-Stress aufgeriebenen Mitarbeiter bedeutet, sieht jeder, der auch nur den kleinsten Kontakt mit dem Gemeindeleben hat.


## Er ist in der Mitte

Wenn die in den vergangenen zwanzig bis dreißig Jahren bei jedem Erneuerungsimport verkündeten Ansprüche wahr gewesen wären, hätten wir eine geradezu explosiv wachsende Kirche. Dass dies nicht der Fall ist, kann man kaum auf das Konto des »Widerstands« der Gemeinden oder eines besonders »harten Bodens« schieben. Wenn wir anstatt blühender Gärten nur Brennesseln sehen, müssen wir unsere ganze Art, unsere Krisen zu deuten und anzugehen, infrage stellen. Wir sollten wahrlich genug aus diesen Fehlern gelernt haben, um die Antworten nicht mehr irgendwo am Horizont zu suchen. Es gibt denn auch Hoffnungszeichen dafür, dass immer mehr Christen beginnen, an der einzigen Stelle zu graben, an der man Wasser finden kann: dort, wo wir stehen.

Selten hat das Wort des Herrn an Mose so ins Schwarze getroffen wie heute: »Denn das Gebot, das ich dir heute gebiete, ist dir nicht zu hoch und nicht zu fern. Es ist nicht im Himmel, dass du sagen müsstest: Wer will für uns in den Himmel fahren und es uns holen, dass wir's hören und tun? Es ist auch nicht jenseits des Meeres, dass du sagen müsstest: Wer will für uns über das Meer fahren und es uns holen, dass wir's hören und tun? Denn es ist das Wort ganz nahe bei dir, in deinem Munde und in deinem Herzen, dass du es tust.« (5. Mose 30,11-14)

Als viele Jahrhunderte später Paulus dieses Wort zitiert, ist klar, dass das »Wort« der gekreuzigte und auferstandene Jesus Christus ist (Römer 10,4-13). Der in seiner Gemeinde selber gegenwärtige Christus ist das Fundament des Christentums. Nun wird keine der »importierten« Strömungen dies leugnen wollen, aber es geht ja hier nicht um diese Strömungen an sich, sondern darum, dass unsere Abhängigkeit von ihnen uns von diesem Zentrum wegführt. Es gibt kaum eine frohere Botschaft für ausgebrannte Christen als die Worte an Mose. Sie weisen uns die Richtung, in die wir gehen müssen: zur Mitte unseres Lebens.

Vielleicht müssen wir durch diese Krise hindurch, um zu entdecken, wer in der Mitte der Gemeinde steht, so wie auch der Apostel Johannes ihn mitten in einer schweren Verfolgung sah. Er musste sich buchstäblich zur Mitte hin umdrehen, als er Jesu Stimme hörte: »Und ich wandte mich um, zu sehen nach der Stimme, die mit mir redete. Und als ich mich umwandte, sah ich sieben goldene Leuchter und mitten unter den Leuchtern einen, der war einem Menschensohn gleich ... und er hatte sieben Sterne in seiner rechten Hand ...« Die sieben Sterne, so erklärt Jesus dem Seher, »sind Engel der sieben Gemeinden, und die sieben Leuchter sind sieben Gemeinden.« (Offenbarung 1,12-20)

Deutlicher kann man es nicht sagen. Jesus steht mitten in seiner Gemeinde, die gleichzeitig in seiner Hand liegt. Es folgen sieben sehr konkrete Botschaften an sieben offenbar ganz unterschiedliche Gemeinden – ein scharfer Kontrast zu unserem heutigen Trend-Denken, gerade so als sei die Kirche ein undifferenzierter Einheitsbrei.

Dass Jesus so spezifisch auf die besondere Situation jeder Gemeinde eingeht, rührt daher, dass er nicht von irgendwo weit weg, sondern *aus ihrer Mitte heraus* spricht; er steht »mitten unter den Leuchtern«, er hat Teil an Leben und Kampf der Gemeinden: »Ich kenne deine Werke ... Ich kenne deine Bedrängnis ...« (Offenbarung 2,2+9). Seine Worte sind keine Gutachten eines gut bezahlten Experten, sie kommen aus dem Herzen der Gemeinde, von Dem, der sie keinen Augenblick verlässt.

Wohlgemerkt: Er steht mitten in der Gemeinde! Nicht mitten unter den Pastoren, damit diese seine Worte und Gegenwart an die anderen weitergeben können, auch nicht in der geistlichen Elite, die weiß, wo es langgeht und dem Rest der Gemeinde den Weg zeigen muss. Wie am ersten Pfingstfest steht er mitten im Kreis seiner Jünger, so dass alle gleich nahe zu ihm sind und seine Stimme hören können. Welch ein Brechen mit allem Experten-, Hierarchie- und charismatischem Elitedenken! Jedes der Sendschreiben endet mit den Worten: »Wer Ohren hat, der höre ...« Also nicht: Wer eine theologische Ausbildung hat oder zur geistlichen Aristokratie gehört. Wie einst in Galiläa spricht Jesus zu ganz gewöhnlichen Männern, Frauen und Kindern.

Die Sendschreiben zeigen einen völligen Gleichklang zwischen Christus und dem Heiligen Geist. Wie selbstverständlich werden Jesus und der Geist als Absender genannt: »Das sagt der Erste und der Letzte, der tot war und ist lebendig geworden ... Wer Ohren hat, der höre, was der Geist den Gemeinden sagt!« (Offenbarung 2,8+11). Dies ist von enormer Bedeutung für alles, was mit christlicher Frömmigkeit zu tun hat. Es bedeutet nämlich, dass der Heilige Geist nie etwas von Christus Getrenntes ist. So wie Jesus von Nazareth in den vier Evangelien erscheint, so ist auch Wesen und Botschaft des Geistes. Nie sagt er etwas, das in Widerstreit mit dem historischen Jesus stehen würde. Wie Jesus seinen Jüngern sagte: »Er wird mich verherrlichen; denn von dem Meinen wird er's nehmen und euch verkündigen« (Johannes 16,14).

Warum ist dies so wichtig? Weil es von der ersten Stunde der Gemeinde an eine Kardinalstrategie des Feindes war, auf tausend krummen Touren den historischen Jesus von dem Christus des Glaubens zu trennen. Dies war einer der Ecksteine des Gnostizismus, und wir sehen das gleiche Muster in vielen heutigen religiösen Strömungen, die viel von »Christus«, dem »Christusprinzip« und vom »Geist« reden, aber bei dem historischen Jesus abrupt verstummen.

Eine so losgelöste Frömmigkeit ist beliebig manipulierbar, von der privaten Glücksuche im Horoskop bis zur konsequenten Gottesleugnung der »reinen Geistigkeit« des Satanismus. Die Warnung des Apostels Johannes ist hier unverändert gültig: »Ein jeder Geist, der bekennt, dass Jesus Christus in das Fleisch gekommen ist, der ist von Gott; und ein jeder Geist, der Jesus nicht bekennt, der ist nicht von Gott. Und das ist der Geist des Antichrists ...« (1. Johannes 4,2-3). Wohlgemerkt: »Der Jesus nicht bekennt«, also den historischen

Jesus von Nazareth. Von »Christus« reden die Irrlehrer womöglich fleißig.

Das Schlimme ist, dass dieses Denken durchaus auch innerhalb der Gemeinde auftritt. Gerade auch heute wimmelt es von Bewegungen, die mit einer neuen Entdeckung des Heiligen Geistes beginnen, um dann unmerklich auf Distanz zur Person Jesu Christi zu gehen, hinein in eine immer gesichtslosere Jagd nach dem Kitzel geistlicher Erlebnisse und Phänomene. Wer die Gnostiker liest, findet dieses Muster wieder: »Hast du den Trunk geschmeckt, vergisst du des Gefäßes.« Für die Gnostiker wurde Gott in Jesus nicht wirklich Mensch, sondern er benutzte ihn nur als »Gefäß«, und der geistlich Reife stellt das Gefäß weg, wenn er es ausgetrunken hat; wer immer noch vom Jesus der vier Evangelien redet, beweist damit nur, dass er religiös noch ein Kind ist . . .

Auf ganz ähnliche Art spinnen sich heute, wie mir scheint, verschiedene Erneuerungsbewegungen in einen immer dickeren Frömmigkeitskokon ein, den sie »Jesus« nennen, während sie sich gleichzeitig immer mehr von dem Jesus der Evangelien abschirmen. Man hört auf, Christi Gegenwart in der Welt zu gestalten, und kreist immer mehr um den immer bizarreren Nabel persönlicher Erlebnisse. Die Salbung durch den Geist ist nicht mehr verpflichtende, nachfolgende Teilhabe an Christus, sondern ein Power-Paket, über das der Gläubige selber verfügt (»Er/sie hat eine Salbung vom Herrn«), womit die Erneuerungsansätze in religiösen Egotrips versickern. Zum Schluss sind es die Nichtchristen, die den Unterschied zwischen Jesus und dieser Superfrömmigkeit am ehesten erkennen: »Aber in der Bibel steht doch, dass Jesus nichts mit dem Mammon am Hut hatte . . .« Wenn die Gemeinde nicht mehr versteht, dass der Heilige Geist der Geist Christi ist, muss Gott auf andere Art reden.

## »Und«

Dieser gnostische Schatten, der der Kirche überall zu folgen scheint, äußert sich nicht nur in der Leugnung der Menschlichkeit Christi, sondern damit auch in der unserer eigenen Menschlichkeit. Der Gnostizismus kann nicht zwischen Sündersein und Menschsein unterscheiden, und so ist es nicht meine Sündhaftigkeit, die Gottes Werk in mir behindert, sondern ich selber. Folglich geschieht meine geistliche Entwicklung durch ein Höhersteigen zu Sprach- und Verhaltensmustern, die möglichst weit weg von meinem Alltags-Ich sind und die ich deshalb als Zeichen dafür deute, dass ich »vom Geist geführt« bin. Mein normales Denken, Fühlen und Sichäußern ist angeblich »ungeistlich«. Dass ich schließlich mir selber und meiner Umgebung wie ein Fremder bin – ja, das ist der Beweis dafür, dass ich endlich nicht mehr »fleischlich«, sondern »geistlich« bin.

Das Ergebnis ist verheeerend. Die Risse zwischen meinem wirklichen Ich und dieser Scheinfrömmigkeit werden immer größer, es geht mir elend. Die anderen in der Gemeinde bekommen natürlich die große Angst vor dem Geistlichwerden und schotten sich noch mehr gegen den Heiligen Geist ab; wer will schon so verschroben und unnatürlich werden? Und so endet die zunächst so verheißungsvolle Bewegung in einem Glauben mit unmenschlichem Antlitz, in zerissenen Seelen und Gemeinden.

Aber wenn der Heilige Geist wirklich Jesu Geist ist, dann wirkt er nicht gegen das Menschliche in uns, sondern mit ihm. Jesu Ruf ergeht an das Zentrum meiner Persönlichkeit, und Nachfolge bedeutet nicht, dass ich von meinem natürlichen Ich zu höheren Regionen aufbreche, sondern dass ich endlich aufhöre, alles Mögliche andere – einschließlich der diversen falschen Frömmigkeiten – mit meinem eigentlichen Ich zu verwechseln, und zurückfinde zu meiner wahren Persönlichkeit und mich in ihr zu Jesus Christus führen lasse. Das Wirken des Heiligen Geistes zielt nicht auf die Verdrängung meiner Menschlichkeit, sondern auf ihre Erlösung. Eine von Jesu Geist erneuerte Gemeinde ist nicht weniger menschlich als andere Gemeinschaften, sondern menschlicher! Wie Irenäus es ausdrückt: »Wo aber der Geist des Vaters [ist], da ist der Mensch lebendig . . .«[27]

Es ist faszinierend, wie Paulus in seinem Brief an die vom gnostischen Virus infizierte Gemeinde in Kolossä das gnostische Territorium betritt, die gnostischen Schlüsselwörter aufnimmt und sie an ihren rechten Platz in Christus zurückführt. Der Brief wimmelt von gnostischen Begriffen wie »Erkenntnis« (griech. *gnosis*), »Geheimnis« (*mysterion*), »Fülle« (das Ziel der gnostischen Frömmigkeitsleiter), »der neue Mensch« (ein oft zur Beschreibung der »Eingeweihten« benutzter Begriff).

Die Gemeinde in Kolossä stand in akuter Gefahr, unter den Lockungen der gnostischen Fata Morgana zu zerbrechen. Schon schwärmten »Propheten« von Engelsvisionen, verlangte man die

»richtigen« geistlichen Erlebnisse, verachtete den Körper, kam es zu Spaltungen usw. In diese Situation hinein schreibt Paulus ein Manifest der Freiheit für alle, die an der Last falscher Frömmigkeit tragen: »Wie ihr nun den Herrn Jesus Christus habt kennen gelernt, so wandelt auch in ihm ... Sehet zu, dass euch niemand gefangen nehme durch die Weisheitslehre und eitle Täuschung, die sich auf menschliche Überlieferung, auf die Engelmächte der Welt gründet, aber mit Christus nichts zu tun hat. Denn in ihm wohnt die ganze Fülle der Gottheit leibhaftig ...« (Kolosser 2,6-9)

Vor allem das Letzte muss die gnostischen »Propheten« geschockt haben – ihre »Fülle« mit dem Körper (»leibhaftig«) zusammenzubringen! Aber dieses Festhalten an der Menschwerdung Gottes war und ist der Triumphruf der Kirche gegen allen Superfrömmigkeits-Stress. Weil Gott Mensch geworden ist, macht der Heilige Geist auch uns zu Menschen!

Zu sagen, dass Jesus die Antwort ist, kann nie bedeuten, dass in ihm alle Fragen zu geistlichen Fragen werden. Die gnostische Parole, dass nur das Geistliche zähle, ist genauso eine ungesunde Reduktion wie der Materialismus des Marxismus oder der Biologismus, der die Wirklichkeit auf Aminosäuren, DNA-Ketten usw. reduziert. Jede Reduktion macht die Menschen krank und beraubt sie der Einsicht und der Werkzeuge zur Veränderung der Welt. Es ist ein ungeheurer Ausbruch aus diesen Gefängnissen, wenn Paulus seinen Brief an die gestressten Kolosser mit seinem großen Christus-Hymnus beginnt: »Er ist das Ebenbild des unsichtbaren Gottes, der Erstgeborene vor aller Schöpfung. Denn in ihm ist alles geschaffen, ... das Sichtbare und das Unsichtbare ...« (Kolosser 1,15-16)

Wahre Geistlichkeit bedeutet, dass *alle* Aspekte der Wirklichkeit sich in Christus treffen. In ihm sind geistliche Fragen geistliche Fragen, ökonomische Fragen ökonomische Fragen, psychologische Probleme psychologische Probleme usw. Die sichtbare Wirklichkeit ist nicht weniger real oder wertvoll als die unsichtbare, die Erde genauso Gottes Werk wie der Himmel. In Christus bekommt alles seinen rechten Platz, ohne alles andere zu ersticken. Die Wirklichkeit wird nicht von einer diffusen »Geistlichkeit« zusammengehalten, sondern von dem Meister aus Nazareth: »Und er ist vor allem, und es besteht alles in ihm« (Kolosser 1,17).

Nur in Jesu Licht können wir den Heiligen Geist verstehen. Wir haben den Heiligen Geist nicht als *Ersatz* für Jesus – oder für unser eigenes Vermögen – bekommen! Manche denken ja, dass dann, wenn jemand vom Geist erfüllt wird, seine Vernunft, Erfahrungen und Kenntnisse weichen müssen. Hier gibt es ein Schlüsselwort, das etliche Male im Neuen Testament vorkommt: »und«. Als Jesus seinen Jüngern den Heiligen Geist verheißt, sagt er: »Wenn aber der Tröster kommen wird, den ich euch senden werde vom Vater, der Geist der Wahrheit, der vom Vater ausgeht, der wird Zeugnis geben von mir. Und auch ihr seid meine Zeugen . . .« (Johannes 15,26-27)

Also nicht: »Er wird an eurer Stelle Zeugnis geben.« Der Heilige Geist ist wohl in der Lage, selber von Jesus zu zeugen, und die Jünger ebenso. Die Pointe ist vielmehr, dass wir mit dem Geist zusammenwirken sollen. Petrus bekräftigt dies in seiner Rede vor dem Hohen Rat: »Und wir sind Zeugen dieses Geschehens, und mit uns der Heilige Geist . . .« (Apostelgeschichte 5,32)

Als später in der jungen Gemeinde ein Konflikt zwischen der jüdischen Tradition und der Forderung nach Freiheit von äußeren Riten ausbricht, treffen sich die Apostel zu einer Beratung. Es ist ein sehr ernstes Treffen, droht doch eine Spaltung in einen »alttestamentlichen« und einen liberaleren »neutestamentlichen« Flügel. Dass man sich auf einen weisen Mittelweg einigen konnte, hängt an dem kleinen Wort: »Es ist nämlich des Heiligen Geistes und unser Beschluss . . .« (Apostelgeschichte 15,28)

Hätten sie einfach gesagt: »Wir wollen jetzt auf den Geist hören«, hätte sich eine große Gruppe in der Gemeinde überfahren gefühlt und schließlich abgespalten. Hätten sie auf der anderen Seite nicht ernsthaft geglaubt, dass der Heilige Geist, wenn sie ihm genügend Raum im horchenden Gebet gaben, seine Weisheit offenbaren konnte, hätte das Hin und Her der Argumente zu anderen Spaltungen geführt. Dass der Geist und die Menschen in voller Freiheit zusammenwirken konnten, war heilsam für die ganze Gemeinde.

»Wo der Geist des Herrn ist, da ist Freiheit«, schreibt Paulus in 2. Korinther 3,17. Diese Freiheit – ein untrügliches Zeichen für die Nähe des Heiligen Geistes – hängt eng damit zusammen, dass er der Geist der Wahrheit ist. Wahrheit und Freiheit bedingen einander; wie Jesus sagt: »Die Wahrheit wird euch frei machen« (Johannes 8,32). In einer Gemeinschaft, wo die Menschen ihre Grenzen nicht mehr akzeptieren, sondern dauernd versuchen, geistlicher zu sein, als sie sind, zieht der Geist der Wahrheit sich zurück. Eine solche Gemeinschaft gründet nicht mehr in der Wahrheit, sondern in einer

Scheinfrömmigkeit, was unweigerlich zu Bedrückung, Atemnot und gezwungenen Gottesdiensten führt, so viel man auch von der »Freiheit des Geistes« reden mag. Und umgekehrt: Wo wir mit unserer Menschlichkeit versöhnt sind und nicht mehr nach einer »höheren« Frömmigkeit streben, ist es erstaunlich, wie leicht man auf einmal atmen und Gott an sich wirken lassen kann. Wo wir den Menschen Mensch sein lassen, kann Gott Gott sein – und umgekehrt.

Zur Freiheit des Geistes gehört auch, dass wir immer wählen können, was wir denken, sagen oder tun. Unter der Leitung des Geistes muss man nichts. Das Zwangsmäßige ist für Paulus ein Merkmal heidnischer Frömmigkeit: »Als ihr noch Heiden wart, zog es euch . . . mit unwiderstehlicher Gewalt zu den stummen Götzen« (1. Korinther 12,2). In scharfem Kontrast hierzu sind »die Geister der Propheten den Propheten untertan« (1. Korinther 14,32), das heißt der Mensch hat die volle Kontrolle über die Impulse und kann frei wählen, ob er ihnen folgen will. Das Geistliche schließt das Menschliche nicht aus, sondern wirkt mit ihm zusammen: »Ich will beten mit dem Geist und will auch beten mit dem Verstand« (1. Korinther 14,15).

Diese Perspektive eröffnet uns ein rechtes Verständnis der Geistesgaben. Sie sind erstens kein Zeichen für besondere geistliche Reife, sind sie doch ein Werk des Geistes und nicht eine Frucht unserer Entwicklung. Zweitens sind sie kein Beweis dafür, dass wir es mit Gott zu tun haben; der Teufel kann Zungenreden, Prophezeiungen, Heilungen usw. nachäffen.[28] Sie sind auch kein Ersatz für unser eigenes Können, sondern seine göttliche Weiterentwicklung. Sie sind ganz einfach ein Werkzeug, das der Heilige Geist der Gemeinde für ihren Dienst gibt, oder besser gesagt, ein Teilhaben an dem leidenden Gottesknecht, der den Armen frohe Botschaft bringt.

»In seinem Namen wirken deshalb seine wahren Schüler, die von ihm die Gnade empfangen haben, Wunder an den übrigen Menschen . . . Die einen treiben . . . Geister aus . . . Die andern schauen in die Zukunft, haben Gesichte und weissagen. Wieder andere legen den Kranken die Hände auf und machen sie gesund . . . Doch wer vermöchte alle die Gnaden aufzuzählen, welche die Kirche auf der ganzen Welt von Gott empfängt und . . . im Namen Jesu Christi . . . Tag für Tag ausspendet. Und keinen verführt sie oder nimmt ihm sein Geld ab. Denn was sie umsonst von Gott empfangen hat, teilt sie umsonst auch aus.« (Irenäus)[29]

Das große Pfingstzeichen war nicht, dass die Menschen auf einmal die Sprache der Kirche beherrschten, sondern der Pfingstgeist lehrt die Kirche, die Sprache der Menschen zu sprechen: »Wir hören sie *in unsern Sprachen* von den großen Taten Gottes reden« (Apostelgeschichte 2,11).

Genau dieses Wiedererkennen ist das entscheidende Zeichen des Pfingstgeistes. Statt Verwirrung und Befremdung vor einer unbegreiflichen Frömmigkeit finden wir ein Zerbrechen der Entfremdungsmauern durch eine Begegnung von Herz zu Herz, gerade so wie bei jenem ersten Mal, als Jesus seine Jünger rief: »Folge mir nach!« Er wirkte nicht wie ein überspannter Frömmler – dann wäre ihm niemand nachgefolgt –, sondern es zog die Menschen zu ihm hin wie zu einem lange verschollenen Freund. Es war wie eine Heimkehr: »Darauf habe ich mein ganzes Leben gewartet.« Seine warme Menschlichkeit öffnete Menschenherzen für seine erlösende Göttlichkeit.

Das ist es, was der Heilige Geist mit der Gemeinde tun will.

## Und das ist nur der Anfang

Enzo Ferrari hatte eine Leidenschaft für schöne, schnelle Autos. Die Triebfeder seines Lebens war: »Man muss immer arbeiten, sonst denkt man nur an den Tod.«

Das Ende als Antrieb. Vom Tod gejagt, arbeiten wir wie verrückt, um ihn auf Abstand zu halten. Äußerlich wird unsere Arbeit zu einer Methode, den Tod zu verdrängen, indem wir uns mit anderen Dingen beschäftigen, auf einer tieferen Ebene wird all unser Schaffen eine Beschwörung des Sensenmannes, ein Protest gegen unsere Sterblichkeit, ein verzweifeltes Fuchteln mit dem Messer, um ein paar Striche in die Felswand zu ritzen, bevor wir in den Abgrund stürzen.

Aber was, wenn das Ende nicht einen Schatten, sondern ein Licht über all unser Tun werfen würde? Dann würde es zu einer positiven Triebkraft, dann würde in unserem Schaffen nicht die Rastlosigkeit der Todesangst pulsieren, sondern ein Leben, das Zeit hat und alle Möglichkeiten, die Früchte seiner Mühen zu schauen. Dann würden selbst die kleinen Dinge eine große Bedeutung bekommen. Dann läge über jedem neuen Tag nicht der unerbittlich wachsende Schatten der kommenden Finsternis, sondern der immer hellere Widerschein der Morgendämmerung, die jeder Stunde unseres Lebens ihr Licht gibt.

Hier prallen zwei Zukunftsbilder aufeinander. Ein Großteil unseres Lebensstils folgt dieser unausgesprochenen Sicht: Die Nacht kommt näher, mach das Beste aus dem bisschen Leben, das du noch hast. Vergiss die Visionen und Utopien. Was gibt's heute im Fernsehen?

Es ist eine Stimmung, die der des zerfallenden Römischen Reiches auffallend ähnelt. Doch einer kleinen Schar von Menschen in Rom, die sich um den Lichtstrahl einer neuen Zukunft gesammelt haben, schreibt Paulus: »Die Stunde ist . . . für euch da, aus dem Schlaf zu erwachen; denn jetzt ist uns die Errettung näher als damals, wo wir zum Glauben kamen. Die Nacht geht dem Ende entgegen, und der Tag ist nahe. So lasst uns denn die Werke der Finsternis abtun und die Waffen des Lichts anlegen. Lasst uns ehrbar wandeln, wie es sich am Tage geziemt . . .« (Römer 13,11-13)

Man beachte, wie sich diese Zukunftsperspektive auf das Leben der Christen im Heute auswirkt. Anstatt die Menschen passiv auf den Himmel warten zu lassen, da die Welt ja untergeht, erlöst das Evangelium vom Reich Gottes sie aus ihrer Todesangst und schenkt einen Lebensstil, der nur wenige Jahrhunderte später, als Rom zusammenstürzte, die Gemeinde als blühende Stadt dastehen ließ.

Die Gewissheit vom Kommen des Reiches war bei den ersten Christen keine religiös überhöhte Science-Fiction-Nische, sondern der gigantische Horizont, vor welchem Nachfolge und Gemeindeleben sich entfalteten. Das Neue Testament, so stellt Lesslie Newbigin fest, »fragt nicht bedrückt, wohin wir unterwegs sind. Es wird ganz beherrscht von der Vision dessen, der kommt«.

Eine solche Perspektive hat eine revolutionierende Wirkung auf jede Gemeinde. Alles erscheint in einem anderen Licht, wenn wir nicht auf den Tod zuschreiten, sondern auf den Sieg des Lebens. Kein Wunder, dass das Christentum sich wie ein Lauffeuer im heidnischen Rom verbreitete. Und dass der Teufel alles versucht, um diese Hoffnung zu einer schwerverständlichen Spezialfrage für ein paar Grübler zu machen.

Nirgendwo im Neuen Testament ist diese Hoffnung ein allgemeiner Fortschrittsoptimismus. Sie geht vielmehr Hand in Hand mit der harschen Erkenntnis, dass »das Wesen dieser Welt vergeht« (1. Korinther 7,31) – eine Einsicht, die Gottes Volk schon seit Urzeiten begleitete: »Du hast vorzeiten die Erde gegründet, und die Himmel sind deiner Hände Werk. Sie werden vergehen, du aber bleibst; sie werden alle veralten wie ein Gewand; wie ein Kleid wirst du sie wechseln, und sie werden verwandelt werden. Du aber bleibst, wie du bist, und deine Jahre nehmen kein Ende« (Psalm 102,26-28). Diese Grenzen geben dem Menschenleben seine Konturen: Wir wissen, was besteht und was nicht.

In seinen Endzeitreden ergänzt Jesus lediglich diese Konturen zum vollen Bild, vor allem aber zeigt er, dass die Zukunftshoffnung ein ganz bestimmtes Antlitz hat: sein eigenes. So wie das christliche Leben sich nicht auf ein paar »christliche Werte« reduzieren lässt, lässt sich die christliche Zukunftssicht nicht auf ein »Prinzip Hoffnung« oder ein bisschen positives Denken reduzieren. Den Zugang zum Leben – in Zeit und Ewigkeit – haben wir bei *Jesus als Person*, der mit seinem Tod und seiner Auferstehung eine Tür in die schwarze Mauer der Untergangsszenarien gebrochen hat: »Und es werden Zeichen geschehen an Sonne und Mond und Sternen, und auf Erden wird den Völkern bange sein, und sie werden verzagen vor dem Brausen und Wogen des Meeres, und die Menschen werden vergehen vor Furcht ... Und alsdann werden sie sehen den Menschensohn kommen in einer Wolke mit großer Kraft und Herrlichkeit.« (Lukas 21,25-27)

Das Meer ist seit der Schöpfung ein Bild für Chaos und Untergang. Heute greift die Angst der Menschen rasant um sich. Man beachte, dass es nicht die Katastrophen an sich sind, die die Menschen so fertig machen, sondern die lähmende Aussichts- und Hoffnungslosigkeit.

Und die Christen? Der Kontrast könnte nicht größer sein: »Wenn aber dieses anfängt zu geschehen, dann seht auf und erhebt eure Häupter, weil sich eure Erlösung naht« (Lukas 21,28).

Nein, dies ist keine Vogel-Strauß-Frömmigkeit, die schnell den Kopf in ein paar Bibelverse steckt, sondern *weil Jesus wiederkommt*, können wir der Realität mit offenen Augen und aktiv entgegentreten.

## Zeichen des Frühlings

Aber was heißt das denn, dass Jesus »wiederkommt«? Hat er also doch bei der Himmelfahrt seine Jünger verlassen, sind wir also doch allein in diesem Jammertal, bis er uns endlich zu sich holt?

Vielleicht kann uns die »Wolke« in Lukas 21 einen Schlüssel in die Hand geben. Für uns sind Wolken ja irgendwo »da oben«, und schon sind wir bei der Vorstellung, dass Jesus nach oben gefahren ist und auf dem gleichen Weg wiederkommen wird. Eine solche Sicht macht es uns unendlich schwer, von seiner Gegenwart in der Gemeinde zu reden. Aber die »Wolke« in der Bibel steht für etwas anderes, nämlich für Gottes Herrlichkeit. Als Mose auf den Berg Sinai stieg, »bedeckte die Wolke den Berg, und die Herrlichkeit des Herrn ließ sich nieder auf dem Berg Sinai . . . und am siebenten Tage erging der Ruf des Herrn an Mose aus der Wolke . . . Und Mose ging mitten in die Wolke hinein . . .« (2. Mose 24,15-18). Als Israel dann die Stiftshütte gebaut hatte, »bedeckte die Wolke die Stiftshütte, und die Herrlichkeit des Herrn erfüllte die Wohnung. Und Mose konnte nicht in die Stiftshütte hineingehen, weil die Wolke darauf ruhte . . .« (2. Mose 40,34-35). Dieselbe Wolke treffen wir Jahrhunderte später bei der Verklärung Jesu: »Und es kam eine Wolke, die überschattete sie. Und eine Stimme geschah aus der Wolke: Das ist mein lieber Sohn; den sollt ihr hören!« (Markus 9,7)

Die »Wolke« ist hier ein Zeichen für Gottes Nähe. Sie offenbart und verhüllt zugleich, ist sichtbar und macht unsichtbar. Sie schirmt uns ab vor der himmlischen Herrlichkeit und lenkt unsere Aufmerksamkeit auf Gottes Offenbarung.

Die Wolke ist eine Tür zur unsichtbaren Welt Gottes, ähnlich wie in den Narnia-Büchern von C.S. Lewis ein Kleiderschrank zur Tür in eine andere Welt wird. Nie geht es dabei um einen geographischen Abstand. Dass Jesus »wiederkommt«, bedeutet also vor allem, dass er wieder für unsere Augen sichtbar wird.

Dieses Sichtbarwerden gilt auch für Gottes Reich. Schon jetzt ist Jesus Herr über die ganze Schöpfung, wir sehen es nur noch nicht: »Wenn er ihm alles unter die Füße getan hat, so hat er nichts ausgenommen, was ihm nicht untertan wäre. Jetzt aber sehen wir noch nicht, dass ihm alles untertan ist« (Hebräer 2,8). Will sagen: Wenn er wiederkommt, werden wir es sehen.

Jesu Person und Gottes Reich sind untrennbar, und es ist nur natürlich, wenn Jesus, als er von seiner Wiederkunft spricht, gleich danach vom Kommen des Reiches redet: »Seht den Feigenbaum und alle Bäume an: wenn sie jetzt ausschlagen und ihr seht es, so wisst ihr selber, dass jetzt der Sommer nahe ist. So auch ihr: wenn ihr seht, dass dies alles geschieht, so wisst, dass das Reich Gottes nahe ist.« (Lukas 21,29-31)

Jesus stellt hier den schwarzen Untergangsszenarien ein wunderbares Frühlingsbild gegenüber. Seine Wiederkunft wird den Griff des Eiswinters, der seit dem Sündenfall in der Schöpfung herrscht, endgültig brechen. Sein Werk auf Erden heute ist der Frühling, seine Wiederkunft wird der Sommer sein. Neue Hoffnung, Vergebung, geheilte Beziehungen zu Gott, zu uns selber, zu den Mitmenschen und der Schöpfung sind Zeichen dafür, dass Gottes Reich nahe ist.

Wieder dieses Schlüsselwort: *Zeichen*. Seit Jesu Geburt im Stall ist jede christliche Gemeinschaft ein Zeichen, dass das Wort Fleisch geworden ist. Die Gemeinde ist Zeichen für das, was *geschehen ist*. Aber auch für das, was *noch kommt*. Sie ist Vorgeschmack auf Gottes Reich, eine Vor-Kultur, die auf die kommende Weltordnung in Christus hinweist, damit aber eine Gegenkultur gegen die ihrem Ende entgegengehende alte Weltordnung. Die Zeichen an sich können einfach und anspruchslos sein, zuweilen dunkel und widersprüchlich. Das Entscheidende ist die unerhörte Wirklichkeit, die sie aufleuchten lassen.

Für die ersten Christen war die Heilung der ganzen Schöpfung eine selbstverständliche Konsequenz der Fleischwerdung des Wortes; Gott hatte sich ja deswegen so radikal zu seiner Schöpfung bekannt, um sie zu erlösen! Und gleichzeitig war sie eine Konsequenz der Auferstehungsverkündigung der Apostel: ». . . so wird er, der Christus von den Toten auferweckt hat, auch eure sterblichen Leiber lebendig machen durch seinen Geist, der in euch wohnt« (Römer 8,11).

Jesu Menschwerdung, Tod und Auferstehung sind die Garantie für die Zurechtbringung der ganzen Schöpfung bei seiner Wiederkunft. Dieser gigantische Zusammenhang gab dem Leben und Zeugnis der frühen Kirche eine unerhörte Kraft. Die Kirche – das war nicht so ein bisschen religiöse Therapie am Rande der Gesellschaft, sondern sie gestaltete in ihrer Gemeinschaft und verkündete in ihrer Botschaft nicht weniger als die einzige Rettung für die ganze Welt. Dies war der Horizont, vor dem die Märtyrer singend ins Kolosseum zogen; für sie war der Tod nicht das Ende.

## Eine folgenschwere Verschiebung

Und ihre Hoffnung umfasste mehr, als dass die Seele in den Himmel kam. Hier geschah irgendwann im 3. Jahrhundert eine Verschiebung der christlichen Hoffnung, die verheerende Folgen für Leben und Zeugnis der Kirche haben sollte. Einmal mehr handelte es sich um den Einbruch des Gnostizismus und jenes griechischen Denkens, das seit Plato eine so gewaltige Anziehungskraft auf Philosophie und Religion im Mittelmeerraum ausübte.

Ausgehend von der Polarität zwischen Geist und Materie, sah Plato die Seele des Menschen als eine Art göttlichen Funken, der leider »ganz und gar an den Leib gebunden und geklebt ist und so gezwungen, nicht frei und selbständig, sondern gleichsam durch ein Gefängnisgitter die Dinge zu sehen, und sie wälzt sich in allerlei Unwissenheit.«[30] Die Seele ist unsterblich, und ihre Zukunftshoffnung ist die Befreiung aus dem Körper und die Rückkehr zum reinen Geist der Gottheit.

Im 3. Jahrhundert n.Chr. begründete der heidnische Philosoph Plotin den »Neuplatonismus«, der die christliche Theologie – auch teilweise Augustinus, den einflussreichsten Theologen des Frühmittelalters – prägte. Plotin beschreibt, wie der Mensch sich aus der Masse der geistig Unerleuchteten lösen und die lange Reise zur Freiheit des Geistes antreten kann: »Sie schwingen sich gleichsam empor über die Wolken und den Nebel hier unten, verbleiben dort und schauen auf diese Welt hinab, sich freuend über diesen wahren Ort, wo sie zu Hause sind. (...) Dies ist das Leben der Götter und der göttlichen und glücklichen Menschen, eine Befreiung von allem Irdischen, ein Leben ohne weltliche Lust, die Flucht der einsamen Seele zur einsamen Gottheit.«[31]

Mit nur ein paar Änderungen im Wortlaut sind wir hier bei unzähligen Liedern und Texten, die die Zukunftshoffnung des Gläubigen beschreiben. Unter diesem neuplatonisch-gnostischen Einfluss, nicht zuletzt durch die alexandrinischen Theologen Clemens und Origenes, erfolgte eine unmerkliche Schwerpunktverlagerung. Man glaubte nach wie vor an Jesu Wiederkunft, aber die christliche Hoffnung wurde gleichsam privatisiert; sie richtete sich nicht mehr auf das Reich Gottes auf Erden und die Auferstehung der Toten, sondern immer mehr auf den Eingang der gläubigen Seele aus dem irdischen Jammertal in die himmlischen Freuden. Damit begann auch eine allmähliche Verschiebung des Fundaments unserer Hoffnung: weg von der Auferweckung der Toten durch Christus zum Glauben an die Unsterblichkeit der Seele. Eine Spur dieser Verschiebung findet sich in unserem apostolischen Glaubensbekenntnis, wo die ursprüngliche Formel »Auferstehung des Leibes« abgeschwächt wurde zu »Auferstehung der Toten«.

Mit dieser Verschiebung wurde die Kirche immer mehr aus einer Gemeinschaft der Hoffnung auf die Erlösung der ganzen Schöpfung zu einer Rettungsarche, die einzelne Seelen in den Himmel beförderte. Praktisch bedeutete dies eine beginnende Säkularisierung, wurde doch aus einer für alle geltenden Hoffnung im Zentrum der Gesellschaft eine Privathoffnung an ihrer Peripherie. Das hier gesäte Samenkorn sollte Jahrhunderte später zur vollen Pflanze aufgehen, als die Aufklärung den ganzen Glauben ins Privatleben verbannte.

Parallel zu dieser Privatisierung der Hoffnung verlief eine Privatisierung der Sünde. Bedeutete sie ursprünglich, dass man aus der Schöpfungsordnung Gottes ausbrach, sich selber zu Gott machte und damit sein Werk verdarb, so wurde sie jetzt immer mehr zu einer Art Charakterfehler des Individuums, und Gottes Gericht bezog sich nicht mehr auf die Zurechtbringung und Reinigung alles Geschaffenen, sondern kreiste immer mehr bloß um Bestrafung und Belohnung des Einzelnen. Auch hier wurde der Same der Säkularisierung gesät, in der private Sündenkataloge die Sündenpredigten der Kirche der Lächerlichkeit preisgaben. Und wenn die Kirche nicht mehr fähig ist, eine Diagnose zu stellen, in der die Menschen sich wiederfinden, mindert dies natürlich ihre Möglichkeiten, zur wirklichen Befreiung von Sünde zu führen.

Zum Schluss erscheint die ganze Vorstellung von einem Endgericht nur noch wie ein Relikt aus vergangenen Zeiten. Zu behaupten, dass Gott uns einmal zur Verantwortung ziehen wird, gilt heute als die größte aller kirchlichen Vermessenheiten. Sind denn die Menschen nicht von Natur aus alle großzügig und tolerant, wäre nicht alles Friede, Freude, Eierkuchen, wenn nur diese mittelalterlichen Gerichtsphantasien nicht wären? Gottes Gericht – das haben die Pfaffen erfunden . . .

Diese Meinung ist im Laufe des 20. Jahrhunderts so massiv geworden, dass die Kirche auf breiter Front zum Rückzug geblasen hat. Es ist nicht mehr fein, von Gottes Gericht zu reden, schon gar nicht als Motiv dafür, Christ zu werden. »Man darf die Leute doch nicht in den Himmel hineinprügeln . . .«

Es ist kurios, wie selbstverständlich diese Denkweise akzeptiert wird. Zeigt uns doch schon ein bisschen Lebenserfahrung, dass in der Welt auf Schritt und Tritt »gerichtet« wird. Ob in der Familie, am Arbeitsplatz, in Medien und Politik – bei allen möglichen Konflikten heißt unsere Lösung Kritisieren, Verurteilen, »Richten«. Wer dies für eine Erfindung der Kirche hält, schreibt der Kirche einen wahrlich phantastischen Einfluss zu. Nein, das Richten liegt uns im Blut! Und da wir begrenzte, sündige Menschen sind, die nicht alles über sich und die anderen wissen können, ja wollen – richten wir oft falsch.

Was für eine befreiende Botschaft ist es hier, dass der, der wiederkommen wird, »zu richten die Lebenden und die Toten«, Jesus ist! Endlich ein Richter, »der die Person nicht ansieht und kein Geschenk nimmt« (5. Mose 10,17), einer, der sich nicht rächen oder auf sein Recht pochen muss, einer, der alle unsere Umstände und Motive kennt, der alles ans Licht bringt und »das Trachten der Herzen offenbar macht« (1. Korinther 4,5). Endlich ein Richter, der in seinem ganzen irdischen Leben gezeigt hat, dass er uns wohl will und barmherzig ist, und der mit seinem Tod alles tat, damit niemand verloren gehen muss. Wer sollte uns denn richten, wenn nicht er?

Endlich keine Papierkriege, keine Verdächtigungen, kein Klatsch mehr! Endlich wird das Opfer sein Recht, der Unterdrücker sein Urteil bekommen. Nur dass man vielleicht nicht so genau weiß, wer wer sein wird an jenem Tag. Die Letzten werden die Ersten und die Ersten die Letzten sein (Matthäus 20,16) – es wird Überraschungen geben. Wer sich in diesem Leben ständig zu hart beurteilt hat, wird überrascht sein, wie milde Jesus urteilt, und wer alle Schuld nur auf die anderen schob, den wird vielleicht die Strenge überraschen. Alle unsere ethischen Messlatten wird Jesus durchleuchten, und unsere dunklen Flecken werden schmerzlich deutlich werden – nicht, weil der Richter unbarmherzig wäre, sondern weil wir es selber waren.

## Kann Gott etwas von uns fordern?

Gottes Gericht ist nicht ein Hohn auf den freien Menschen, sondern die endgültige Bestätigung seiner Freiheit. Wir sind keine Sklaven unserer Instinkte, keine willenlosen Opfer der Umstände. Wenn alle unsere Probleme auf »höherer Gewalt« beruhten, wäre das Gericht die größte aller Grausamkeiten. Aber es gehört zur Würde und Freiheit des Menschen, dass er stets selber die letzte Verantwortung für seine Handlungen trägt, wie sehr seine Umgebung ihm auch zugesetzt haben mag – und das nicht als unmenschliche Bürde, sondern als Ja zu seiner Würde, bis zum letzten Atemzug.

Darum ist auch, so paradox das klingt, die Hölle eine Folge. Ein führender orthodoxer Theologe, Bischof Kallistos Ware, schreibt: »In den letzten Jahren ist bei vielen Christen . . . der Eindruck gewachsen, die Vorstellung von der Hölle sei unvereinbar mit dem Glauben an einen Gott der Liebe . . . Es ist wahr, dass Gott uns mit einer unermesslichen Liebe liebt, aber es ist auch wahr, dass er uns einen freien Willen gegeben hat, und damit haben wir die Möglichkeit, Gott zu verwerfen. Es gibt die Hölle, weil es den freien Willen gibt, denn die Hölle, das ist nichts anderes als Gott verwerfen. Wer die Hölle leugnet, der leugnet auch den freien Willen.

›Niemand ist so gut und voll Erbarmen wie Gott‹, schrieb der Eremit Markus zu Beginn des 5. Jahrhunderts, ›aber selbst er vergibt nicht dem, der nicht Buße tut.‹ Gott zwingt uns nicht, ihn zu lieben, denn Liebe, die nicht freiwillig ist, ist keine Liebe. Wie soll Gott sich mit den Menschen versöhnen können, die alle Versöhnung verweigern?«[32]

Im Grunde geht es hier um das Bild, das wir von Gott, der Welt und uns selber haben. Wenn diese Welt eigentlich uns Menschen gehört und einige von uns sich ihr Leben mit etwas, das wir »Gott« nennen, erträglicher machen, dann kann dieser Gott wohl kaum unser Richter sein, dann sind wir selber die letzte Instanz für Richtig und Falsch, dann kann »Gehorsam« nur bedeuten, dass man sich selber treu ist. Gehört dagegen diese Welt Gott, ist es nur recht und billig, dass er uns für das, was wir in unserem Leben getan haben, zur Verantwortung zieht; dann liegt die letzte Norm nicht in unserem Inneren, auch wenn es Spuren von ihr trägt, sondern bei Gott selber, und es ist vollkommen logisch, von »Gehorsam« und »Ungehorsam« zu reden.

Diese Alternative ergibt zwei ganz unterschiedliche Bilder von dem, was die Kirche ist. Im ersten Fall ist die Kirche primär ein Raum für die persönliche religiöse Höherentwicklung, mit immer fließenderen Grenzen zwischen meinem Ich und Gott. Die letzte

Autorität ist meine eigene innere Stimme, und wo Bibel und Glaubensbekenntnis der eigenen Spiritualität im Wege stehen, da räumt man sie flugs weg.

Im zweiten Fall ist die Kirche primär ein Raum zur Entwicklung einer persönlichen Beziehung zu Gott, wie er sich in Jesus Christus offenbart hat. Es besteht eine klare Grenze zwischen mir und Gott, in einem liebevollen Zusammenspiel, das immer mehr nach Gottes Willen fragt. Nicht religiöse Erlebnisse sind mein Ziel, sondern ein Leben in der Nachfolge Christi.

Unsere Abrechnung mit dem überstrengen Gottesbild unserer Väter hat vielfach zu einem mütterlich-weichen, nur noch »lieben« Gott geführt. Es ist leicht zu sehen, wie destruktiv das alte Gottesbild war, und in gewisser Weise war es »leicht«, dagegen zu rebellieren, denn es hatte wenigstens deutliche Umrisse. Aber wie befreit man sich von einem konturlosen Etwas, das nichts von mir fordert? Kann man mit dem modernen Muttergott überhaupt noch kämpfen? Ist er auf lange Sicht wirklich »besser«? Kann er uns zu einer reifen, selbständigen Christusnachfolge führen?

Die Tendenz, den Richtergott und den liebenden Gott gegeneinander auszuspielen, hat deutlich gnostische Wurzeln. Der nach Meinung der Kirchenväter gefährlichste Irrlehrer der frühen Kirche war Marcion, der Mitte des 2. Jahrhunderts in Rom wirkte. Er ging von einer gnostischen Zwei-Götter-Lehre aus: einem Schöpfergott, der böse war, da er die Materie geschaffen hatte, und einem guten Erlösergott, der uns von der Materie befreit. Marcion kombinierte dies mit der paulinischen Gnadenlehre, mit dem Ergebnis, dass nur noch der vergebende Erlösergott übrig blieb. Aus diesem Gottesbild heraus warf Marcion kurzerhand das gesamte Alte Testament und Teile des Neuen aus der Bibel heraus; es blieben zehn Paulus-Briefe und ein frisiertes Lukasevangelium.

Marcion ist ein Vorläufer all jener Theologen geworden, die Gottes Offenbarung so lange zurechtschneiden, bis sie zu ihrem Gottesbild passt. Eine solche Theologie ist tödlich für die Nachfolge. Anstatt vor den Spiegel des heiligen Angesichtes Gottes zu treten, ist jede neue Generation dem persönlichen Gutdünken der gerade tonangebenden Theologen ausgeliefert. Bei Marcion gehörte dazu eine strikte Askese mit Ehe-Verbot, aber auch die völlige Normenlosigkeit in Gottes Namen ist möglich, wie wir bereits sahen.

All dies hat direkte Konsequenzen für unsere Zukunftshoffnung.

Wenn Gott ein großer Kuschelteddybär ist, der niemanden richtet, kann der Himmel nur bedeuten, dass ich frei werde von dieser Welt und all den bösen Menschen und mich ungestört in Gottes Schoß legen darf. Aber der Gott, den die Apostel verkündigen, sieht anders aus. Jesus ist heilig und gerecht und gleichzeitig der »Urheber des Lebens« (Apostelgeschichte 3,14-15). Nur ein solches Gottesbild ermöglicht die Zukunftshoffnung, die Petrus so formuliert: »Wir warten aber auf einen neuen Himmel und eine neue Erde nach seiner Verheißung, in denen Gerechtigkeit wohnt« (2. Petrus 3,13).

Sicher dürfen wir gewiss sein, dass Gottes Arme auf uns warten, wenn wir sterben. Aber die große Hoffnung ist der Durchbruch des Gottesreichs auf Erden, wenn Jesus wiederkommt, und in diesem Reich können Gerechtigkeit und Ungerechtigkeit, Liebe und Lieblosigkeit nicht nebeneinander bestehen. Mit unserer Hoffnung ist untrennbar das Gericht verbunden.

## Prophetisch leben

Das kommende Gottesreich ist also der Horizont, vor dem das Leben der Kirche in der Welt sich abspielt. Die Erfahrung zeigt, dass dieses Leben diametral verschiedene Formen annehmen kann. Eine mögliche Folgerung aus dem Kommen des Reiches Gottes ist, dass wir die Welt ihrem Zerfall überlassen. Wenn doch bald alles untergeht, kann der Einsatz für Frieden, Umwelt usw. die Menschen nur in ihren Fortschrittsillusionen bestärken und so ihre Bekehrung behindern. Unser ganzer Einsatz hat der persönlichen Evangelisation zu dienen, der Rettung möglichst vieler in die Nachfolge Christi.

Diese Sicht hat Ähnlichkeiten mit der gewisser marxistischer Gruppen, die strikt dagegen sind, sich für Reformen in einer kapitalistischen Gesellschaft einzusetzen, da dies die Revolution ja nur verzögern könne. Das gleiche Grundmuster zeigen auch die Zeugen Jehovas, die jedes politische Engagement in dieser Untergangswelt verweigern.

Doch auch die umgekehrte Folgerung ist möglich: Gerade weil Gottes Reich kommt, ist es sinnvoll, sich für Frieden, Gerechtigkeit, Umwelt zu engagieren – nicht, weil wir glauben würden, diese Weltordnung retten zu können, sondern weil es die einzig glaubwürdige Art ist, von einer anderen Weltordnung zu zeugen. Wie sollen die Menschen glauben, dass Gottes Reich ein Friedensreich ist, wenn die Kirche passiv zuschaut, wie Milliardenbeträge in die Rüstung gehen, während die Armen verhungern? Wie sollen die Menschen glauben, dass Gottes Reich die Erlösung der ganzen Schöpfung bedeutet, wenn der Kirche die sterbenden Wälder und vergifteten Meere egal sind, weil sie »Wichtigeres zu tun hat«?

Paulus schreibt in 1. Thessalonicher 5,5-6: »Denn ihr alle seid Kinder des Lichtes und Kinder des Tages. Wir sind nicht von der Nacht noch von der Finsternis. So lasst uns nun nicht schlafen wie die andern, sondern lasst uns wachen und nüchtern sein.« Wenn wir im Übergang zwischen der Abenddämmerung dieser Welt und dem Morgen der kommenden Welt leben, dann sollte unser Leben in der alten Welt vom Licht der neuen bestimmt sein. Wir sind Kinder des großen »Tages«, an dem der Herr wiederkommt, des Tages, den die alttestamentlichen Propheten immer wieder verhießen und der im Neuen Testament immer wieder die Triebfeder zu einem Leben der Gerechtigkeit in dieser Welt ist. Bei jeder Abendmahlsfeier ist unser Fenster weit zu diesem Tag hin geöffnet: Wir verkündigen den Tod des Herrn, »bis er kommt« (1. Korinther 11,26).

Als Kinder des Tages leben bedeutet, dass wir so weit wie möglich wie an diesem Tag leben – schon jetzt. Dass wir, persönlich und als Gemeinde, unsere Hoffnung so deutlich wie möglich gestalten, damit die Menschen sie sehen und sich zu Christus bekehren können. Prophetisch leben heißt, im Vorgriff auf das, was kommt, leben, und wenn alles um uns herum dagegen spricht. Ein prophetisches Zeichen baut nicht auf menschliche Realisierbarkeitsberechnungen, sondern auf das Wissen, dass der lebendige Gott kommen und handeln wird, wenn seine Zeit da ist.

Der Prophet Jeremia gibt uns ein Beispiel dafür. Nach Jahrhunderten der Untreue gegen Gott war das Gericht über Israel unausweichlich geworden. Jeremia wusste das, und er hatte die höchst undankbare Aufgabe, Jerusalems Fall anzukündigen, gegen den Strom der weit populäreren Beschwichtigungspropheten. Als die Stadt schließlich von einer riesigen Streitmacht eingeschlossen ist, bekommt Jeremia Besuch von einem Verwandten aus seinem Heimatdorf Anatot, der ihm seinen Acker, der auf bereits vom Feind besetzten Gebiet liegt, zum Kauf anbietet. Gott befiehlt Jeremia, den Kaufbrief und das Geld in ein Gefäß zu legen, »dass sie lange erhalten bleiben. Denn so spricht der Herr Zebaoth, der Gott Israels: Man

wird wieder Häuser, Äcker und Weinberge kaufen in diesem Lande«
(Jeremia 32,14-15).

Dies war eine prophetische Handlung, die natürlich vollkommen verrückt war für jeden, der nicht durch die einbrechende Katastrophe hindurch zur Vollendung der Hoffnung hinschaute. Aber zu einem solchen Leben ist die Gemeinde berufen! Die Kraft eines solchen Lebens in unserer Welt der zerbrochenen Visionen und politischen Versprechen, des Ausgebranntseins und des resignierten Rückzugs ins Private kann man kaum überschätzen. Die Triebfeder in Christus zu haben und nicht in den Ergebnissen und der eigenen Leistung – das bewirkt eine Ausdauer und Standfestigkeit, die immer deutlicher werden wird, je mehr die Ideologien der Welt verblassen.

Das Wissen darum, dass jeder kleine Akt der Barmherzigkeit und Gerechtigkeit nicht ein hoffnungsloser Tropfen im Meer des Chaos ist, sondern ein Samenkorn, das in Gottes Hand wächst, gibt unserem Leben und Dienst eine unerhörte Tragkraft, egal was für Ergebnisse wir in dieser Welt sehen.

In Afrika gibt es den Killi-Fisch. Er lebt in Wasserlachen, die sich während der Regenzeit bilden. In der Trockenzeit verdunstet das Wasser und die Fische sterben. Aber in der Erde liegt ihr Laich, und wenn die nächste Regenzeit kommt, schlüpfen die Jungfische und das Wasser wimmelt wieder von Leben. So ist auch alles, was wir auf dieser Erde an Gerechtigkeit und Treue zu Christus säen, nicht vergeblich, sondern wird Frucht auf der neuen Erde tragen, auch wenn wir unser Leben drangeben mussten. Man stelle sich vor, die Fische hätten sich von der Aussicht auf die Trockenheit so lähmen lassen, dass sie ihre Eier nicht befruchteten!

Paulus beendet seine Unterweisung über die Auferstehung mit folgender höchst praktischer Schlussfolgerung: »Darum, meine lieben Brüder, seid fest, unerschütterlich und nehmt immer zu in dem Werk des Herrn, weil ihr wisst, dass eure Arbeit nicht vergeblich ist in dem Herrn« (1. Korinther 15,58). Dies ist die unerschütterliche Zuversicht, die der Herr von seiner Gemeinde in der Endzeit erwartet. Es geht nicht darum, beeindruckende Großprojekte in die Welt zu setzen, sondern wir haben das Evangelium so treu wie möglich zu verwalten, bis der Herr wiederkommt. Er wird uns dann nicht fragen, ob alle unsere Missionsbemühungen, Umweltaktionen, seelsorgerlichen Gespräche oder Gottesdienstreformen erfolgreich waren. Nein, die Frage ist: »Wird jedoch der Menschensohn, wenn er kommt, auf der Erde Glauben vorfinden?« (Lukas 18,8). Er sucht Treue, nicht Ergebnisse.

Und das ist in der Gesellschaft, in der wir leben, mehr als genug an Aufgaben. In seiner Endzeitrede erwähnt Jesus drei große Fallen die zu allen Zeiten entlang des Weges der Gemeinde lauern. Sie entsprechen den Fallen in seinem zentralen Gleichnis vom vierfachen Ackerfeld. Sie sind zu unterschiedlichen Zeiten unterschiedlich deutlich, aber je näher das Ende der Geschichte rückt, umso schwieriger wird es, sie zu sehen und zu vermeiden.

*Verführung*: »Seht zu, lasst euch nicht verführen. Denn viele werden kommen unter meinem Namen und sagen: Ich bin's, und: Die Zeit ist herbeigekommen. – Folgt ihnen nicht nach! Wenn ihr aber hören werdet von Kriegen und Aufruhr, so entsetzt euch nicht.« . . . »Denn es werden sich erheben falsche Christusse und falsche Propheten, die Zeichen und Wunder tun, so dass sie die Auserwählten verführen würden, wenn es möglich wäre.« (Lukas 21,8-9; Markus 13,22)

In den Zeiten, die vor uns liegen, wird es keinen Mangel an Religion geben. Parallel zu einer immer dürftigeren Konsumideologie werden wir eine wachsende Flora religiöser Bewegungen erleben, inner- wie außerhalb der Kirche. Die entscheidende Geistesgabe wird hier nicht Prophetie, Krankenheilung oder Zungenrede sein, sondern die Gabe, die Geister zu unterscheiden. Nur eine Kirche, die durch das horchende Gebet und die Vertrautheit mit der Bibel und der langen Geschichte geistlicher Bewegungen tief in Gott wurzelt, wird in der Lage sein, die Verführungen zu erkennen und von sich zu weisen, und wenn die ganze Welt ihnen hinterherläuft. Nicht Zeichen und Wunder sind das Kennzeichen der wahren Kirche, sondern der Gehorsam zum Lamm.[33]

*Verfolgung*: »Aber vor diesem allen werden sie Hand an euch legen und euch verfolgen . . . Ihr werdet aber verraten werden von Eltern, Brüdern, Verwandten und Freunden; und man wird einige von euch töten. Und ihr werdet gehasst sein von jedermann um meines Namens willen. Und kein Haar von eurem Haupt soll verloren gehen. Seid standhaft und ihr werdet euer Leben gewinnen.« (Lukas 21,12-19)

Diese Verfolgung ist so lange kein großes Risiko, wie unser Glaube eine harmlose Privatsache ist. Aber in dem Maße, wie wir uns aus der Privatisierung der Wahrheit, der Sünde und der Hoffnung freimachen, werden wir sichtbar für die herrschenden Kräfte um uns herum. Die Geschichte lehrt, dass die Reaktion auf eine solche Kirche nicht auf sich warten lässt. Man beachte den paradoxen Gegensatz: »Man wird einige von euch töten . . . Und kein Haar von eurem Haupt soll verloren gehen.« Gottes Lamm weiß, dass es Wichtigeres gibt, als sein Leben zu verlieren. Und dass der Tod niemals ein endgültiger Verlust ist.

*Verblendung:* »Hütet euch aber, dass eure Herzen nicht beschwert werden mit Fressen und Saufen und mit täglichen Sorgen und dieser Tag nicht plötzlich über euch komme wie ein Fallstrick; denn er wird über alle kommen, die auf der ganzen Erde wohnen. So seid allezeit wach und betet, dass ihr stark werdet, zu entfliehen diesem allen, was geschehen soll, und zu stehen vor dem Menschensohn.« (Lukas 21,34-36)

». . . dass eure Herzen nicht beschwert werden . . .« Ein sprechendes Bild, wie einschläfernd die Beschäftigung mit dem eigenen Wohlbefinden auf den Christen und die ganze Gemeinde wirkt! In einer immer hoffnungsloseren Welt wird der Konsum immer mehr zum großen Tröster werden. Je mehr wir diese Welt als unsere einzige und mehr oder weniger permanente Heimat betrachten, umso mehr wird die Droge des Konsums auch in der Kirche Absatz finden. Und je mehr wir unsere ökonomischen Privilegien bewachen, desto fester werden wir an Verpflichtungen außerhalb der Freiheit des Lammes gebunden. Unsere Teilhabe an Jesu Armut ist unser einziger Schutz gegen die Reichtümer dieser Welt, deren vergoldete Klauen ständig nach uns greifen.

Wo liegt hier unsere Rettung? Einfach darin, dass wir so nah bei Jesus leben wie möglich, ihn so tief kennen lernen, ihn so innig lieben wie möglich. Dann werden wir eines Tages zusammen mit ihm an der großen Hochzeitstafel sitzen, wo die Gemeinde die Braut und das Lamm der Bräutigam ist: »Und ich hörte etwas wie eine Stimme einer großen Schar und wie eine Stimme großer Wasser und wie eine Stimme starker Donner, die sprachen: Halleluja! Denn der Herr, unser Gott, der Allmächtige, hat das Reich eingenommen! Lasst uns freuen und fröhlich sein und ihm die Ehre geben; denn die Hochzeit des Lammes ist gekommen, und seine Braut hat sich bereitet. Und es wurde ihr gegeben, sich anzutun mit schönem reinem Leinen. Das Leinen aber ist die Gerechtigkeit der Heiligen.« (Offenbarung 19,6-8)

Vielleicht wird es so sein wie bei der Hochzeit eines guten Freundes von mir. Als das Paar den Mittelgang zum Altar entlangschritt, hatte die Braut einen Schleier vor dem Gesicht, so dass wir nicht sehen konnten, wie schön sie war. Obwohl wir, die wir sie kannten, uns natürlich unsere Gedanken machten, wie sie wohl aussah . . .

Aber als sie dann vor dem Altar standen und einander Treue und Liebe gelobten, da zog der Bräutigam den Schleier fort.

# SANCTUS – Heilig, heilig, heilig

## Wer sieht die Kastanie?

Von frühester Kindheit auf lernen wir, dass man wer sein muss in dieser Welt. Ob im Sandkasten, ob in der Schule, ob als Erwachsener: Man muss stark, tüchtig, diplomatisch, clever sein, die richtigen Noten bekommen, die richtigen Kleider tragen, damit einen die Menschen akzeptieren. Wer die offizielle Karriereleiter nicht schafft, entdeckt rasch die Aufstiegsmöglichkeiten in Straßenbanden und Subkulturen. In der Erwachsenenwelt, die mit jedem Jahr ein Stückchen eher zu beginnen scheint, wartet ein reich verzweigtes System des Erfolgs- und Profitdenkens auf uns. Es ist undenkbar, eine Ware zu produzieren, die sich nicht verkaufen lässt. Ein Forschungsprojekt, das sich nicht in gewinnbringende Produktion umsetzen lässt, steht bald vor leeren Kassen. Der Chef eines Betriebs sein heißt für den Profit verantwortlich sein. Selbst bislang vom Profitdenken verschonte Gebiete wie etwa das Gesundheitswesen kommen heute unter die Produktivitätsknute.

Der Betriebsausflug der Firma, Entspannungskurse für die Mitarbeiter, das Sponsoring eines Sinfonieorchesters, eine Spende für die vom Aussterben bedrohten Pandas – alles steht unter der Frage: Was bringt es? Die einzige Möglichkeit, verschmutzte Flüsse zu reinigen und die Regenwälder vor dem Abholzen zu retten, ist, den Umweltschutz in die Sprache des Marktes zu übersetzen: Was kostet es, wenn wir sie schützen, was kostet es, wenn wir es nicht tun? Verbissen wehren wir uns gegen die Frage, wo hier der Mensch bleibt, auch wenn wir natürlich wissen, dass sie unausweichlich ist. Nervös tasten wir nach festem Boden für eine Menschenwürde, die sich immer mehr zu verflüchtigen scheint.

So schuften wir unter den Göttern des Nutzens. Und der Nutzen bemisst sich nach zwei Eigenschaften, die eine schon fast religiöse Macht über uns und die ganze westliche Kultur entwickelt haben: Sichtbarkeit und Schnelligkeit.

*Sichtbarkeit:* Bereits die Aufklärung des 18. Jahrhunderts beschränkte die Wirklichkeit auf das Sichtbare oder zumindest physisch Messbare. Was damals als kleine philosophische Strömung unter Europas Intellektuellen begann, hat heute längst unser ganzes Leben überschwemmt. Die erste und grundlegende Bedingung dafür, dass etwas wirklich ist, ist, dass man es sehen kann. Was nicht im Fernsehen kommt, das ist nicht passiert. Ein Politiker, der nicht gesehen und zitiert wird, ist bald heraus aus dem Machtspiel. Ein Liebesfilm, der nicht »alles zeigt«, gilt als langweilig oder moralisierend. Mit immer neuen Auftritten versuchen Prominente und Stars, im Rampenlicht der Medien zu bleiben: Zeigst du nix, bist du nix. Oder wie eine Verkäuferin in einem Jeansladen in New York sagte: »Ich mache alles, wenn die Leute mich nur sehen.«

Wenn aber nur das real ist, was man sehen kann, dann gibt es das Unsichtbare eigentlich gar nicht, dann hat es keinen Wert. Und selbst wenn es theoretisch den gleichen Wert hätte wie das Sichtbare – wer will sich schon mit etwas abgeben, was keiner sehen kann?

*Schnelligkeit:* Wenn vor hundert Jahren eine Bauersfrau Kaffee kochen wollte, musste sie zuerst die Bohnen über dem Herd rösten, danach mahlte sie sie, und erst dann konnte sie den Kaffee kochen. Heute gibt man Wasser und zwei Löffel gemahlenen Kaffee in die Kaffeemaschine. Vor fünfzig Jahren musste ein junges Paar, das sein eigenes Nest gründete, sich mit dem Allernötigsten begnügen, vielleicht ein paar Möbel von Verwandten ausleihen. Heute nimmt es ein Bankdarlehen auf und hat einen Monat später die Wohnung fertig eingerichtet.

Man könnte noch hundert andere Beispiele dafür finden, wie in unserer Kultur der Abstand zwischen Wunsch und Erfüllung zusammengeschrumpft ist. Auf tausend Arten versuchen wir es abzuschaffen, das lästige Zwischenglied, das die Menschheit ihre ganze Geschichte hindurch begleitet hat – das Warten. Heute auf etwas warten zu müssen ist gleichbedeutend damit, dass etwas nicht funktioniert. Oder dass die Menschen an gewissen mittelalterlichen Vorstellungen kleben. Mit dem Sex bis zur Ehe warten? *Warten?!*

Warten – das ist das große Ohnmachtserlebnis. Ich stehe vor etwas, das ich nicht selber bewerkstelligen oder beschleunigen kann, das gewissermaßen größer ist als ich. Und das ist das Letzte, was der heutige Mensch erleben will. Am allerschlimmsten ist das ungewisse Warten, dessen Dauer ich nicht vorhersagen kann. Warten müssen – das ist ein Anschlag auf unsere Würde. Ist meine Zeit denn nicht wichtig? Bin ich nicht wichtig?

Und vielleicht ist diese Wichtigkeit heute labiler geworden denn je. Wenn mein Wert nicht mehr etwas Vorgegebenes ist, sondern etwas, das ich ständig durch neue »Auftritte« beweisen muss, dann werde ich immer aggressiver gegenüber allem, das mein Sichtbarwerden hindert und mich zum Warten zwingt. Es geht ja nicht mehr bloß um gewisse *Äußerungen* meines Wesens, es geht um meine nackte Existenz, und mit der lasse ich nicht spaßen.

## Das ist schön, aber...

Wie konnte es so weit kommen? Machen wir eine kleine Blitzreise durch die Geschichte des Denkens. Kriechen wir unter die seidig glänzende Oberfläche einer Kastanie und begeben wir uns ins antike Griechenland in die Hand eines bärtigen Philosophen. Sein Denken dreht sich um die Grundfrage »Warum?«. Was steckt hinter dieser Kastanie? Was für einen Sinn hat sie in dieser Welt? Was ist ihre Idee? »Dieses unvollkommene, rissige Ding hier ist nur eine ferne Spiegelung der vollkommenen Kastanie in der Welt der Ideen«, sagt er.

Wir reisen weiter und landen in einer Domschule des Mittelalters. Auf seinem Weg zum Unterricht hat der Magister uns im Park aufgelesen, und jetzt werden wir zum Gegenstand seines Dogmatikunterrichts. »Die braune Hülle hier, das ist das menschliche Wesen Christi«, erklärt er seinen Schülern. Er schneidet uns durch. »Und das helle Innere ist seine Göttlichkeit.« Erbauliche Gedanken, aber hat diese Symbolik wirklich etwas mit der Kastanie zu tun?

Die Kastanie landet auf dem Labortisch eines Naturforschers im 18. Jahrhundert. Jetzt geht es nicht mehr um die Warum-Frage, sondern um das Wie. Wie ist diese Kastanie entstanden? Wie vermehrt sie sich? Wie ist ihre Verwandtschaft mit anderen Bäumen? Wie wird ihr Wachstum vom Licht beeinflusst? Wie von der Wärme des Bodens?

Unsere nächste Station ist das Direktionszimmer eines Unternehmens in der heranwachsenden Industriegesellschaft. Eine Projektgruppe hat mögliche neue Produkte erforscht, und ein ehrgeiziger Assistent hält die Kastanie hoch. »Dies hier ist ein hochinteressanter Rohstoff, der bis jetzt noch nicht industriell genutzt wird. Wir haben eine Reihe von chemischen Experimenten vorgenommen und festgestellt, dass...« Worauf die Finanzabteilung prüft, was so eine Kastanienfabrik kosten würde, wie viele Kastanienhaine das Unternehmen übernehmen könnte usw. Die Leitfrage lautet jetzt: *Wozu?* Wir sind beim modernen Kosten-Nutzen-Denken angekommen.

Es scheint ein Grundschaden im menschlichen Denken zu sein, dass die Dinge für uns nie einen Wert in sich haben, sondern ihn von außen her bekommen – von ihrem philosophischen, religiösen, wissenschaftlichen, politischen oder ökonomischen *Nutzen* her. Warum ist dies so? Nach was sind wir da auf der Jagd? Gibt es wirklich niemanden, der sich »einfach so« über etwas freuen kann, ohne hundert Nützlichkeits-Hintergedanken?

Doch. Gott. Im Schöpfungsbericht steht ein Satz, der wie ein Erdbeben an unserer ganzen hocheffizienten Nützlichkeitskultur rüttelt: »Und Gott sah an alles, was er gemacht hatte, und siehe, es war sehr gut« (1. Mose 1,31). Gut wozu? Als Rohmaterial? Zur Energiegewinnung? Für Eroberungszüge? Für die christliche Mission? Für kulturelle Großtaten? Gott sah, dass es *in sich* gut war. In vollkommener Schönheit stand die Schöpfung da im Morgenrot der Geschichte, wie eine Widerspiegelung dessen, der *Ich bin, der ich bin* heißt. Noch atmete seine Schöpfung dieselbe Selbstverständlichkeit, noch brauchte sie nicht nach Bestätigungen von außen zu suchen. Alles war an seinem rechten Ort in der großen, heilen Einheit der Schöpfung; auch der Mensch hatte Teil an dieser natürlichen Identität.

Gottes Reaktion auf diese gute Schöpfung war, dass er ausruhte: ». . . und ruhte am siebenten Tage von allen seinen Werken, die er gemacht hatte« (1. Mose 2,2). Unsere Gedanken stehen still vor einer Stille und Sattheit, die Lichtjahre entfernt ist von unserem Kosten-Nutzen-Stress. Der Schöpfer ruht mit seiner Schöpfung: Leben, Gemeinschaft, Liebe, Klarheit . . .

Doch dann bricht ein neuer, fremder Gedanke die Ruhe: »Hast du schon mal darüber nachgedacht, wozu der Baum da gut sein könnte? Wenn du von der Frucht isst, kannst du etwas aus dir machen . . .« Seit diesem Tag kann der Mensch nicht mehr ruhen. Mit seinem Ausbruch aus der gottgegebenen Selbstverständlichkeit der Schöpfung stürzte er hinab in eine immer hektischere Jagd nach Wert, Bedeutung, Nutzen. Die offene Hand, die alles vom Schöpfer entgegengenommen hatte, wurde zur Faust, die die Wirklichkeit bändigen und ausnutzen will.

Dies beginnt bei mir selber: Mein Wert ist nicht mehr etwas, das ich einfach habe, sondern etwas, das ich mir und den anderen ständig neu beweisen muss. Es bestimmt meine Beziehungen zum Mitmenschen, der meinen Selbstwert entweder bestätigt oder bedroht und den ich nicht mehr interessenlos schätze, dafür aber umso besser für meine Zwecke ausnutzen kann. Die Schöpfung ist mir nicht mehr ein von Gott zum Bebauen und Bewahren geschenkter Garten, sondern eine Ressource. Und Gott? Ja, wie kann ich den möglichst effektiv dazu kriegen, mir das zu geben, was ich gerne hätte? Alles ist zum Objekt meiner rastlosen Selbstverwirklichungsjagd geworden.

Paulus schildert diese verhängnisvolle Kettenreaktion so: »Denn Gottes unsichtbares Wesen, das ist seine ewige Kraft und Gottheit, wird seit der Schöpfung der Welt ersehen aus seinen Werken, wenn man sie wahrnimmt, so dass sie keine Entschuldigung haben. Denn obwohl sie von Gott wussten, haben sie ihn nicht als Gott gepriesen noch ihm gedankt, sondern sind dem Nichtigen verfallen in ihren Gedanken, und ihr unverständiges Herz ist verfinstert. Da sie sich für Weise hielten, sind sie zu Narren geworden ... Darum hat Gott sie in den Begierden ihrer Herzen dahingegeben in die Unreinheit ... sie, die Gottes Wahrheit in Lüge verkehrt und das Geschöpf verehrt und ihm gedient haben statt dem Schöpfer ...« (Römer 1,20-25)

Wenn Gott nicht mehr Gott sein darf, kann der Mensch nicht mehr Mensch sein. Indem er seine vom Schöpfer gegebene Identität verlässt, verurteilt er sich zum ewigen Herumtasten im Dunkeln, auf der Suche nach seiner verlorenen Würde. Der Versuch, sich über seinen Platz in der Schöpfung zu erheben, bringt ihm das genaue Gegenteil ein: eine immer tiefere Erniedrigung.

Der große Mythos der Schlange war ja, dass der Mensch Gott verlassen muss, um wirklich Mensch zu werden. Oder, wie Jean-Paul Sartre es ausdrückt: Wenn es Gott gebe, gebe es keinen Platz für den Menschen. Die »Emanzipation« des Menschen im 20. Jahrhundert geschah zum Großteil mit gegen Gott erhobener Faust. Gott – das war nicht der Grund unserer Existenz, sondern unser großer Konkurrent. Ausrotten musste man ihn, Schluss machen mit den letzten Resten religiöser Vorstellungen, die die Leute am Menschsein hinderten. Wenn der Mensch nicht mehr von dem lebendigen Gott definiert wird, dann definieren ihn die Abgötter. Bleibt zum Schluss der Glaube an den Konsum: Du bist, was du kaufst.

Den Zusammenhang zwischen den Göttern, die wir anbeten, und unserer inneren Entwicklung beschreibt eines der Gebete der Bibel bedruckend exakt so: »Ihre Götzen aber sind Silber und Gold, von Menschenhänden gemacht. Sie haben Mäuler und reden nicht, sie haben Augen und sehen nicht, sie haben Ohren und hören nicht, sie haben Nasen und riechen nicht, sie haben Hände und greifen nicht, Füße haben sie und gehen nicht, und kein Laut kommt aus ihrer Kehle. Die solche Götzen machen, sind ihnen gleich, alle, die auf sie hoffen« (Psalm 115,4-8). Die falschen Götter haben den Schein der Menschlichkeit, aber sie verbreiten eine eiskalte Unmenschlichkeit.

## Vorsicht, Falle!

In dieser Situation wenden sich immer mehr Menschen wieder zur Kirche hin: Könnt ihr uns helfen, unsere Menschlichkeit zurückzubekommen? Welche Chance – für Evangelisation, Ethikseminare, Seelsorge, für den Dialog mit Regierungen und Parteien. In der Tat: Das nackte Antlitz des Materialismus ist eine enorme Herausforderung für die Kirche. Durch die klaffenden Risse im Wohlfahrtstraum hindurch ahnen viele, dass wir die Wirklichkeit nicht erweiterten, als wir Gott aussperrten, sondern erstickend eng machten.

Gleichzeitig jedoch lauern mehrere Fallen in dieser Situation. Eine ist, dass wir es mit einem »marktgerechten« Evangelium versuchen, mit einem »christlichen Menschenbild«, aber ohne die Sache mit Gott, die die Leute doch nur vor den Kopf stößt. (Als ob es ein christliches Menschenbild ohne Gott geben könnte . . .) Jeder kann daherkommen und sagen: »Alle Menschen sind gleich wertvoll«; dazu braucht man kein Christ zu sein. Der Pferdefuß kommt, wenn die Kraftprobe mit dem Mammon beginnt; es heißt die Menschen verraten, wenn man sie glauben macht, dass sie diesen Kampf aus eigener Kraft, ausgerüstet mit ein paar »christlichen Werten«, bestehen können.

Aber es gibt noch eine weitere Falle, und sie liegt in der Kirche selber. Es geht hier um unsere eigene Beziehung zu Gott. Bis heute lauert hier das Beziehungsmuster des Sündenfalls: Gott als jemand, den ich für meine Ziele einspanne.

Es ist das Muster, das uns immer wieder im Alten Testament begegnet. Wenn die Israeliten zu den kanaanitischen Götzen abfielen,

taten sie dies nicht, weil sie diese Götter für »besser« und anbetungs-
würdiger hielten, sondern um bessere Ernten, Potenz, Fruchtbarkeit
und Kriegsglück zu bekommen. An Gott glaubten sie sicherheits-
halber auch noch – man konnte ja nie wissen. Eine religiöse Rund-
um-Versicherung sozusagen, und damit war das Volk Lichtjahre
entfernt von dem rechten Motiv für die Anbetung des lebendigen
Gottes: einfach, weil er Gott ist – »Ich bin der Herr.«[34]

Es ist leicht, dieses Muster etwa im amerikanischen Wohlstandsevangelium wiederzuerkennen. Schwieriger wird es, wo wir Gott
als Kraftquelle für unsere Arbeit unter Drogensüchtigen oder den
Kampf für Umwelt oder Menschenrechte benutzen. Was sagt es eigentlich über meine Motive gegenüber Gott aus, wenn ich sage: »Ich
gehe sonntags zur Kirche, um Kraft für meinen Alltag zu bekommen?« Oder wenn wir zum Abendmahl gehen, weil Gott uns dort
»zu unserem Zeugnis und Dienst in der Welt zurüstet«? Zeigt sich
hier nicht eben jenes Nutzendenken, das nie etwas »einfach so« bejahen kann? Wenn wir nicht einmal vor Gott treten können, ohne
daran zu denken, was wir aus ihm herausholen können – wie sollen
wir da unsere Mitmenschen in ihrem Sosein achten können? Was
Wunder, dass so viele sich eher als Objekt der kirchlichen Aktivitäten sehen denn als Subjekt.

»Die Kirche ist für die Welt da.« Wie selbstverständlich akzeptieren wir diesen Satz, und er ist sicher ehrlich gemeint. Aber ist er
wahr? Was, wenn hier ein grundlegender Denkfehler wäre, der die
Kirche nicht interessanter für die Gesellschaft macht, sondern unmerklich zu ihrer weiteren Marginalisierung und Unterwerfung
unter die Tyrannei von Nutzen, Sichtbarkeit und Schnelligkeit bei-
trägt? Der ihr Evangelium von einem aufrüttelnden Zeugnis von
dem lebendigen Gott zu einer billigen Kraftquelle für unsere privaten und politischen Projekte schrumpfen lässt? Wie Thomas Merton
schreibt: »Dass die Christen so beflissen sind, dem Zeitgeist zu folgen, um ›die Welt nicht zu verlieren‹, zeigt nur einmal mehr, dass sie
sie verloren haben.«[35]

Israels Befreiung aus der Knechtschaft in Ägypten gehört zu den
Wurzeln der christlichen Kirche und ist zu allen Zeiten ein Beispiel
dafür gewesen, wie Gottes Volk aus dem Griff der Mächte dieser
Welt ausbricht, um seinem wahren Herrn zu folgen. Und gewiss war
die Knechtschaft unerhört erniedrigend und die Sehnsucht danach,
endlich frei und menschenwürdig leben zu können, groß. Aber die

ständig wiederkehrende Begründung für Moses Aufforderung an den Pharao, das Volk ziehen zu lassen, war diese: »Lass mein Volk ziehen, dass es mir diene!« (2. Mose 7,26; vgl. 5,1, 7,16 u.a.)

Dies ist keine archaische Fixierung auf den Kult, sondern hier liegt eine tiefe Einsicht, was Freiheit ist. Nur in einer Anbetungsbeziehung zu Gott ist der Mensch frei. Hätte Israel Gott als *Mittel* zu seiner Befreiung benutzt, wäre aus seiner Freiheit rasch eine neue Sklaverei geworden. Der sich selber überlassene Mensch fällt immer wieder in die Sklaverei zurück. *Nur* durch die anbetende Hinwendung zu Gott als *seinem Ziel* kann er sich aus dem Nutzendenken erheben und lernen, was wahre Freiheit ist.

Die Kirche ist nicht für die Welt da, sondern für Gott. Genau in diese Richtung geht das Hohepriesterliche Gebet, das Jesus am Abend vor seiner Kreuzigung betet. Wieder und wieder bittet er für die Menschen, die der Vater ihm gegeben hat: ». . . die du mir aus der Welt gegeben hast«, ». . . die du mir gegeben hast . . .« (Johannes 17,2+6+9+24). Es ist, als ob er vorhersah, wie oft wir das Ziel aus dem Blick verlieren und uns selber als das Zentrum sehen würden – und Jesus nur noch als Mittel zur Erreichung unserer Ziele.

Durch sein Gebet pulsiert der ruhige Herzschlag der Liebe, die uns sachte aus unserer Selbstfixierung herausziehen und in eine Gottesbindung führen will. Die Kirche ist eine Gabe an Gott, bevor sie eine Gabe an die Welt werden kann. Und das Paradoxe ist gerade dies: Nur in dem Maße, in dem sie ihren Ruf zur Gottesanbetung verwirklicht, kann sie einer Welt wirklich eine Hilfe sein, die den Nützlichkeitsgötzen dient.

Das Muster kehrt wieder in der Offenbarung, wo ein Bild nach dem anderen uns die Gemeinde zeigt, die das Lamm anbetet: »Du bist würdig . . .; denn du bist geschlachtet und hast mit deinem Blut Menschen *für Gott* erkauft aus allen Stämmen und Sprachen und Völkern und Nationen . . .« (Offenbarung 5,9). Nicht die Freiheit und Bedürfnisbefriedigung des Menschen ist das Ziel der Kirche, sondern Gottes Ehre und Lob. Solange unser Beten und Arbeiten nur um unsere Probleme und Gottes Hilfe in ihnen kreist, ist unsere Befreiung nur halb und wir haben eine ständige Schlagseite hin zu unserer alten Sklaverei. Erst dann, wenn wir Gott Gott und das Ziel all unseres Seins und Tuns sein lassen, wird sich die Gemeinde wieder aus der Erbärmlichkeit des Nutzendenkens erheben und eine helle, weite Kathedrale der Hoffnung in dieser Welt bauen.

Was ist denn die Aufgabe der Kirche? Die Antworten prasseln heute auf uns herab: Die Diakonie! Die persönliche Evangelisation! Die Seelsorge! Der Kampf für die Umwelt! Die Geistesgaben! Und so weiter.

Gibt es eine Aufgabe, die man als die wichtigste bezeichnen kann, als das Herz der Gemeinde? Hier ist die Offenbarung einmal mehr ein Ent-Schleiern des verborgenen Wesens der Gemeinde und der Welt. Die Gemeinde, die die Offenbarung uns vor Augen malt, zeigt wieder und wieder die Anbetung Gottes und des Lammes als das Kennzeichen der lebendigen Kirche. Nirgends sonst ist der Mensch so sehr Mensch wie in der anbetenden Hinwendung zu seinem Schöpfer. Dies erklärt auch, warum die Anbetung nie auf einen bestimmten Musikstil (zum Beispiel Chorusse) oder eine bestimmte geistliche Stimmung reduziert werden kann. Es geht um die Ausrichtung unseres ganzen Lebens, mit allem, was wir sind und tun, auf Gott.

Alles, was die Kirche in der Welt tut, folgt aus der Anbetung. Wenn in der Mitte einer anbetenden Gemeinde Gott Gott sein kann, erhält alles andere wie von selbst seinen rechten Platz und die richtigen Proportionen. Dann wird all unser Arbeiten in Evangelisation, Seelsorge, Heilen, Diakonie, Politik die Identität der Kirche verdeutlichen, anstatt sie zu verschleiern.

So zentral ist die Anbetung in der Bibel, dass sie im Alten Testament geradezu das menschliche Leben definiert. Die Menschen, die in ihrem Leid mit Gott ringen, haben Angst davor, dass der Tod ihnen das Liebste in ihrem Leben nehmen könnte: die Anbetung Gottes. »Wird dir auch der Staub danken und deine Treue verkündigen?« . . . »Wird man im Grabe erzählen deine Güte und deine Treue bei den Toten?« (Psalm 30,10; 88,12). Leben – das ist anbeten, und der Tod – das ist da, wo keine Anbetung mehr ist. Und was für das Leben des Einzelnen gilt, gilt auch für das der Kirche: Eine anbetende Gemeinde ist eine lebendige Gemeinde, denn in ihr werden Menschen lebendig in der Begegnung mit dem lebendigen Gott.

Und dann werden wir frei von dem Opium der Nützlichkeitsgötzen. Eine einfache Methode, ihre Reaktionen zu testen, ist übrigens, dass wir an einem so richtig stressigen Tag in unser stilles Kämmerlein gehen, um auf Gott zu hören. Dann melden sie sich, live in beide Ohren: »Wie kannst du so deine Zeit vergeuden? Schämst du dich nicht, nur an dich selber zu denken, wenn du so viel Arbeit hast? Siehst du nicht, wie weltfremd du allmählich wirst?«

Wir ahnen, was für eine unerhörte Kraft in der Anbetung liegt, für uns selber wie für die Kirche in der Welt. Die anbetende Lammesgemeinde erkennt man nicht nur an dem, wozu sie ja sagt, sondern auch an dem, wozu sie nein sagt: ».. . die nicht angebetet hatten das Tier und sein Bild und die sein Zeichen nicht angenommen hatten an ihre Stirn und auf ihre Hand« (Offenbarung 20,4). In einer Gemeinde, die den lebendigen Gott anbetet, verlieren die Nützlichkeitsgötter ihre Macht, und die Menschen können ihre Häupter erheben.

## Kulisse oder Haus?

Darum bedeutet die Anbetung auch eine Generalabrechnung mit der Tyrannei der Sichtbarkeit und der Eile. Diese beiden Götzen haben der Kirche schweren Schaden zugefügt. Um »interessanter«, »effektiver«, »relevanter« zu werden, haben wir die Kirche ahnungslos der großen Öffentlichkeitsjagd nach Verbesserung der Statistiken, nach Sendezeiten, Medien- und Prominentenglanz ausgesetzt. Wir haben Predigten und Gottesdienste verkürzt und hektisch nach Erneuerungsrezepten gesucht, die über Nacht aus Schlafgemeinden Erweckungsbewegungen machen. Reisende Starprediger sollten in ein paar Tagen die geistliche Atmosphäre in der Stadt, ja im ganzen Land verändern. So haben wir unmerklich die gesammelte Nachfolge-Erfahrung der Kirche ausverkauft und den Menschen das echte geistliche Leben vorenthalten. Die Kirche ist aus einem Haus zu einer Kulisse geworden – Hauptsache, die Fassade stimmt.

Es ist wie bei dem Guckguck-Spiel mit kleinen Kindern. Das Kleinkind kann sich noch nicht vorstellen, dass es Mama und Papa auch dann gibt, wenn es sie nicht sehen kann, und beginnt zu weinen, sobald sie das Zimmer verlassen. Da ist es ein lustiges Spiel, wenn Papa hinter dem Sessel liegt, kurz auftaucht, »Guckguck!« sagt und wieder verschwindet. Er kommt ja gleich wieder! Es ist ein ernstes Symptom für die Infantilisierung der Gemeinde, dass wir ständig sichtbare Zeichen dafür brauchen, dass Gott bei uns ist. Sobald er sich nicht mehr – in Statistiken oder in Zeichen und Wundern – zeigt, fühlen wir uns verlassen. So haben wir unter der frommen Oberfläche die westliche Denkschablone übernommen, dass nur das Schnelle und Sichtbare real ist. In einer solchen Kirche kann

Anbetung kaum etwas anderes sein als noch ein Kniff, sich Gott dienstbar zu machen. Das Gebet wird zu einem Programmpunkt in der Liturgie reduziert. Im Gebet Gott suchen – etwas so Ineffektives können wir uns kaum noch vorstellen, schon gar nicht als die Hauptbeschäftigung der Kirche.

Aber genau dahin müssen wir zurückfinden. Die lange Geschichte der Kirche hat immer wieder dieses Paradox bewiesen: Die Kirche, die sich am stärksten an ihre Sichtbarkeit und Nützlichkeit klammert, wird unweigerlich die marginalisierteste und uninteressanteste Kirche. Und die Kirche, die alle Attraktivitätsansprüche aufgibt und sich stattdessen in Gott verliert, macht am meisten Geschichte. Wie Jesus seinen Jüngern sagte – ich wandele den Text leicht ab: »Will jemand zu meiner Gemeinde gehören, der verleugne sich selbst und nehme sein Kreuz auf sich und folge mir. Denn wer sein Leben erhalten will, der wird's verlieren; wer aber sein Leben verliert um meinetwillen, der wird's finden. Was hülfe es einer Kirche, wenn sie die ganze Welt gewönne und nähme doch Schaden an ihrer Seele?« (Matthäus 16,24-26)

Als im 4. Jahrhundert das Christentum zur römischen Staatsreligion wurde, gingen Tausende Männer und Frauen genau in die umgekehrte Richtung. Die Wüstenmönche verzichteten bewusst auf allen Einfluss und alle sichtbaren Positionen in der Kirche, um von ganzem Herzen Gott zu suchen und ihre Seelen zu retten. Und damit die Seele der Kirche. Es ist eines der großen Wunder der Geschichte, wie diese Beter in Jahrzehnten der Stille und Vergessenheit neue Lebensadern freilegten, die die ganze Kirche erneuerten, und eine Gebetsbewegung schufen, die bis heute fortbesteht. Wenn jemand sich radikal von allem Umgang mit der Sichtbarkeit und Eile losgesagt hat, dann die Wüstenväter. Und darum konnten sie so tiefe Brunnen der Anbetung graben, dass ihr Einfluss größer wurde, als sie es sich in ihren wildesten Träumen hätten vorstellen können.

Gut zweihundert Jahre später versuchte ein italienischer Mönch, die Erfahrungen der betenden Kerntruppen der Kirche zusammenzufassen. Die Benediktinische Regel wurde ein unerhört dauerhaftes Modell der Jüngerschaft und des Gemeindebaus, der Stammbaum für all die Formen des Ordenslebens im Westen. Und, wie jeder Historiker weiß, für das kulturelle Leben und Überleben Europas im Mittelalter. Schulwesen, Literatur, Musik, Gesundheitswesen, Architektur, Geschichtsschreibung – alles lag ja nach dem Zusammenbruch des Römerreichs im großen Barbarensturm in Trümmern. Die Klöster bauten es neu auf, als Rettungsinseln der Kultur in den unruhigen Jahrhunderten, bis die Länder Europas zu ihren eigenen Kulturformen fanden.

Doch nicht dafür schuf Benedikt von Nursia das Kloster mit Bibliothek, Krankenstube, Gärten, Schmiede, Fischteichen, Werkstatt, Kräutergarten, Steinmetzen, Buchmalerei, Chorgesang, Stallungen, Bäckerei, Gästehaus usw. Mönch wurde man nicht, um sich in der Gesellschaft zu engagieren, sondern um ihr den Rücken zu kehren. Die Testfrage lautete: Suchst du wirklich Gott? Wer das nicht tat, der war im Kloster fehl am Platz. Und wo die Klöster nicht mehr Gott suchten, sondern den Erfolg in der Welt, hörte ihre Schaffenskraft bald auf und sie waren den arbeitenden Menschen Hohn statt Stütze.

## Mit Gott beschäftigt

Aber . . . wird die Kirche so nicht zu einem weltfremden Ghetto? Es kann doch nicht jeder Mönch werden! Wir haben doch unsere Arbeit, Familie, Freunde! Werden wir nicht zu überspannten Fanatikern, wenn wir Mittelalter spielen und uns mit Gott auf die Reise machen, ohne zu wissen, wohin?

Unsere Reaktionen entlarven uns. Vor allem enthüllen sie unser eigentliches, unter den wohlformulierten theologischen Fassaden verstecktes Gottesbild. Wenn er das von uns erwartet – dann bleiben wir doch lieber bei unseren alten Theologien und halten ihn auf Abstand . . .

Als der Eremit Antonius nach zwanzig Jahren aus seiner Behausung unter die draußen wartenden Menschen trat – ja, was sahen sie da? Einen Halbwilden mit starrem Blick und wirrem Haar? Athanasius schildert in seiner Biographie, wie es wirklich war: Antonius sah gerade so aus, wie sie ihn in Erinnerung hatten, und sein seelischer Zustand war vollkommen ausgeglichen. »Er war . . . ganz Ebenmaß, gleichsam geleitet von seiner Überlegung, und sicher in seiner eigentümlichen Art.«[36]

Diese schlichte Natürlichkeit prägt auch die Kirche, die es lernt, in ihren Krisen zu fragen: »Wer ist Gott?«, und nicht so sehr: »Was sollen wir tun?« Nur eine solche Kirche kann den Menschen glaubwürdig Wegweisung geben, wie es damals Antonius tat: ». . . zu allen aber sagte er, sie sollten nichts von dem Irdischen der Liebe zu Christus vorziehen.«[36] Dann wird die Welt hören, was die Kirche zu sagen hat. Denn die Hauptfrage der Kommunikation ist nicht, was gesagt wird, sondern was beim Hörer ankommt.

Zu einem weltfremden Ghetto wird nicht die mit Gott beschäftigte Kirche, sondern die, die mit sich selber beschäftigt ist. Als Jesus den Tempel reinigt, schirmt er ihn damit nicht vor dem Volk ab; das Volk erwartete ja gerade, dass der Tempel ein Bethaus war und kein Markt. Die wütenden Reaktionen kamen denn auch von den religiösen Führern, die ihr ganzes Prestige in dieses wohlgeölte System investiert hatten und sich nun von Jesus bedroht fühlten (Lukas 19,45-48).

Genauso erwarten die heutigen Menschen von der Kirche, dass sie sich primär mit Gott beschäftigt und aus ihrer Gotteserfahrung heraus geistliche Wegweisung gibt, und werden schwer enttäuscht, wenn sie merken, dass die Kirche schon wieder ihre Energie in mehr äußere Projekte steckt. Das Problem ist heute wie damals nicht das Volk, sondern die geistliche Leitung. Wem nützt es, wenn die Kirche mit sich selber und nicht mit Gott beschäftigt ist?

Wir müssen in Jesu Namen unsere Angst vor dem Verborgenen und Langsamen überwinden und neu lernen, was Gebet und Anbetung heißen. Nur so können wir ein Fundament für die Zukunft legen. Der Bau einer Kathedrale der Hoffnung erfordert mindestens so viel Arbeit im Verborgenen wie im Sichtbaren. Die folgende historische Notiz trifft voll in unsere Situation hinein: »Das Steinfundament der Kathedralen kann bis zu zehn Meter tief sein; manchmal gibt es genauso viele Steine unter der Erde wie oberhalb.«[37]

Nur das verborgene Leben des Gebets kann ein echtes Sichtbarwerden der Kirche tragen. Sonst wird sie nur eine Kulisse, die niemandem ein Heim ist und leicht vom Zeitwind umgeweht wird. Und es sind die Leiter der Kirche, die den Weg zeigen müssen, indem sie zu »Weihrauchmenschen« werden, die sich zerstoßen, anzünden und verzehren lassen auf Gottes Anbetungsaltar. Menschen, die nicht mehr den Ehrgeiz haben, ein anderes Monument zu hinterlassen als den Duft Christi . . .

Drei Dinge können uns auf diesem Weg helfen:

*Lasst Gott Gott sein.* Anstatt Gott mit rastlosen Gebeten um Erweckung und neue Methoden zu bestürmen, müssen wir wie einst die Benediktiner die Mitte der Kirche für Gottes Gegenwart frei halten. Unter Mitarbeitern heißt es oft, dass man »seine Grenzen schützen« muss, um nicht von all der Arbeit ausgebrannt zu werden, und dies ist wichtig. Aber noch wichtiger ist, dass wir die Grenzen des Heiligen schützen und nicht mit all unseren Projekten und Ideen das stille Kämmerlein zum Jahrmarkt machen.

Wenn Gott Gott sein kann, kann der Mensch Mensch sein, und unsere Arbeit findet erstaunlich rasch ihre rechten Proportionen. Hier schweigen die vielen Worte, und der, der das Wort ist, kann sich selber erklären. Unsere Sache ist es, anbetend zu lauschen und Gott die Menschen so anrühren zu lassen, wie er es will.

*Freut euch im Herrn*, ermahnt Paulus uns in Philipper 4,4, denn er weiß, wie leicht man in den eigenen Sorgen und denen der Welt erstickt. Manchmal hört man den Einwand, es sei nicht recht, sich in einer Welt, in der es so viel Leid gibt, zu freuen. Doch dies, so sagt C.S. Lewis, würde letztlich bedeuten, dass die Hölle ihr Veto gegen den Himmel einlegen und die Kirche ihrer Freude berauben kann.[38] Der Grund unserer Freude ist ja nicht, dass alle Probleme schon gelöst wären, sondern der Grund ist Gott selber! Wer meint, stets etwas Elend in seine Freude mischen zu müssen, hilft damit nur dem Teufel. Wie Ignatius von Loyola über die Engel sagte, die gewiss kein geringes Quantum an menschlichem Leiden miterlebten: »Sie freuen sich allezeit, denn sie sehen allezeit Gottes Angesicht.«

*Mit Christus wachen.* In einem Benediktinerkloster ist die wichtigste Gebetszeit traditionell die Vigilie (2-3 Uhr morgens). Dieses Gebet ist die Antwort auf Jesu Wort an seine Jünger in Gethsemane: »Bleibt hier und wacht mit mir!« (Matthäus 26,38). So ist heute die Kirche dazu berufen, in der Nacht der Welt betend mit Jesus zu wachen. Es ist nicht schwer, sich in unserem geistlich so armen Land mit dem Gebet des Gottesdurstes zu identifizieren: »Es dürstet meine Seele nach dir . . . aus trockenem, dürrem Land, wo kein Wasser ist« (Psalm 63,2). So kann eine betende Kirche die geistliche Dürre ihres Landes vor Gott ausbreiten. Durch das Wachen mit Christus können wir bewusst den Gottesdurst durchleben, der den Menschen bei uns oft so unbewusst ist, und an ihrer Statt die tiefen Wurzelfäden des Gebets in den Wüstensand senken.

Die Wichtigkeit dieser Arbeit lässt sich kaum ermessen. Die Jünger schliefen darüber ein. Möge der Heilige Geist uns wach halten im Gebet, so dass wir bereit sind, mit unserem Herrn zu leiden, zu sterben und aufzuerstehen.

# Wenn du zum Altar gehst ...

Als ich eines Abends in unserer Nachbarschaft mit dem Auto durch den Wald fuhr, schossen plötzlich zwei Dachse in den Lichtkegel meiner Scheinwerfer und begannen, wie wild zu kämpfen, direkt vor meinem Auto. Ich weiß natürlich, dass Dachse kurzsichtige Tiere sind, aber dass sie einander als eine größere Bedrohung empfanden als mein Auto, das sie alle beide glatt zermalmen konnte – dies war eine Kurzsichtigkeit, wie man sie sonst nur bei den Menschen findet.

Zum Beispiel in der Kirche. Wir Christen haben ein Talent dafür, uns in unzählige Konflikte miteinander zu verwickeln. Oft sehen wir, gerade wie jene Dachse, den Bruder als ein größeres Problem als die sichtbaren und unsichtbaren Kräfte, die uns alle mit Zerfall und Tod bedrohen, und die Welt sieht es und sagt: »*Die* wollen die Antwort auf unsere Zerrissenheit sein? Die können sich ja noch nicht mal untereinander vertragen!«

Die Einheit der Christen ist nicht eine Detailfrage für ein paar Ökumene-Spezialisten. Sie hat vielmehr direkte Konsequenzen für die Grundbeziehungen der Kirche: zu Gott, zu den Mitchristen und zur Welt. Ist es ein Zufall, dass es so viel undefinierbare Müdigkeit in unseren Kirchen gibt? Dass der Teufel wörtlich der »Durcheinanderwerfer«, der große Spalter ist? Dass das Neue Testament voll von Beispielen und Ermahnungen ist, die die Frage der Einheit vom Rand, wo der Teufel sie am liebsten hat, ins Zentrum von Jüngerschaft und Gemeindeleben rücken?

Seit den Tagen der Urgemeinde zitieren wir bei der Feier des Abendmahls die Worte des Paulus: »Das Brot, das wir brechen, ist das nicht die Gemeinschaft des Leibes Christi? Denn ein Brot ist's; so sind wir viele ein Leib, weil wir alle an einem Brot teilhaben.« (1. Korinther 10,16-17)

Das Abendmahl ist die tiefste Verdichtung der Gemeinschaft der christlichen Gemeinde, die heilige Teilhabe an Jesu eigenem Leib und Blut. In diesem Geheimnis werden die im Sündenfall zerbrochenen Beziehungen geheilt: Gott ist nicht mehr irgendwo weit weg, sondern kommt uns im Fleisch gewordenen Wort handgreiflich nahe. Brot und Wein sind nicht mehr Ausdruck unserer Entzweiung von der Schöpfung in Raubbau, Völlerei und Hunger, sondern werden von liebevollen Händen zu Nutzen und Freude der

Menschen bereitet. Wir bauen nicht mehr Mauern gegeneinander, sondern beugen Seite an Seite unsere Knie am Tisch der Gnade.

Darum folgt von alters her auf die Worte von der Einheit der Friedensgruß: »Friede sei mit euch.« Die ersten Christen hatten nämlich Jesu Worte aus der Bergpredigt in frischer Erinnerung: »Wenn du deine Gabe auf dem Altar opferst und dort kommt dir in den Sinn, dass dein Bruder etwas gegen dich hat, so lass dort vor dem Altar deine Gabe und geh zuerst hin und versöhne dich mit deinem Bruder, und dann komm und opfere deine Gabe. Vertrage dich mit deinem Gegner sogleich, solange du noch mit ihm auf dem Weg bist . . .« (Matthäus 5,23-25)

Diese Worte nahmen die Christen wörtlich. Die Gemeinschaft am Altar betraf nicht nur die Beziehung des Einzelnen zu Gott, sondern genauso seine Beziehung zum Mitmenschen. Darum tauschte man den Friedensgruß *untereinander* aus und nutzte diese Gelegenheit oft, um sich zu versöhnen und um Verzeihung zu bitten, bevor man sich wieder zum Altar hinwandte, um Brot und Wein zu empfangen. Es sagt einiges über die Privatisierung des Evangeliums aus, dass diese gegenseitige Versöhnung fast ganz dem passiven Anhören des vom Pastor gesprochenen Friedensgrußes gewichen ist. So wurde es möglich, dass unversöhnte Christen das Abendmahl feiern können, ganz zu schweigen von der namenlosen Schande, dass die verschiedenen Kirchen sich immer noch nicht an einem gemeinsamen Tisch des Herrn versöhnt haben.

Das einzige Hindernis zur Feier des Abendmahls, das Paulus erwähnt, betrifft die Beziehung zwischen den Christen: »Was ihr bei euren Zusammenkünften tut, ist keine Feier des Herrenmahls mehr; denn jeder verzehrt sogleich seine eigenen Speisen, und dann hungert der eine, während der andere schon betrunken ist« (1. Korinther 11,20-21). Damals war das Abendmahl in eine gemeinsame, normale Mahlzeit eingebettet, aber man kann die Worte des Paulus nicht als Spezialproblem der frühen Kirche abtun, denn sie wurzeln tief in der Unterweisung Jesu: Nicht wie wir Gott oder das Abendmahl sehen, ist das große Hindernis, sondern wie wir einander sehen. Unversöhnte Beziehungen sind kein Privatproblem, sondern sie vergiften das Herz der Gemeinde. Das Gleiche gilt für die Zersplitterung der Kirche in Konfessionen.

Es ist kaum ein Zufall, dass die einzige zusammenhängende Abendmahlsunterweisung des Paulus just im Brief an die Korinther steht. Von Anfang an scheint diese Gemeinde von Spaltungen geplagt worden zu sein, und dies ging weiter so bis in die 90er Jahre. Diesen Superfrommen schreibt Paulus solch deutliche Worte über den Leib, und diesen Unversöhnten liest er die Leviten in Sachen Einheit: »Denn es ist mir bekannt geworden . . ., dass Streit unter euch ist«, schreibt er gleich nach seinem einleitenden Gruß. »Ich meine aber dies, dass unter euch der eine sagt: Ich gehöre zu Paulus, der andere: ich zu Apollos, der Dritte: Ich zu Kephas, der Vierte: Ich zu Christus. Wie? *Ist Christus etwa zerteilt?*« (1. Korinther 1,11-13)

Fast 2000 Jahre später ist diese Frage nach wie vor die klarste Formulierung des Skandals der Spaltung. Ein für alle Mal stellt Paulus klar, dass unsere Beziehungen zueinander und unsere Christusbeziehung nicht voneinander zu trennen sind. Unsere gegenseitige Versöhnung ist ein selbstverständlicher Bestandteil unserer Jüngerschaft und Erlösung. Brüdern und Schwestern, für die Christus in den Tod gegangen ist, den Rücken zuzukehren und die Gemeinde in Parteien aufzuspalten, ist kein »Problem«, sondern eine Sünde, ein Verrat an Christus. »Die Ökumeniker antworten: ›Wir haben doch gute Fortschritte gemacht, wir müssen Geduld haben!‹ Die Spaltung ist eine schwere Sünde, und bei schweren Sünden ruft die Kirche sonst nicht zu Geduld auf, sondern zur Buße . . .«[39]

Es stimmt, dass es eine übereilte Versöhnung gibt, die die wirklichen Konflikte verdrängt und eine Einheit vorspiegelt, die es gar nicht gibt. Aber Jesus sagt in Matthäus 5,25 *»sogleich«*, womit er auf die weit häufigere Gefahr hinweist: dass wir die Versöhnung mit unzähligen Ausflüchten vor uns herschieben.

Versöhnung ist zu guter Letzt auch eine Frage der Macht. Wenn alles gesagt und erklärt worden ist, müssen wir den entscheidenden Schritt tun: auf die Macht verzichten, die unser Nein uns über den anderen gibt. Da es hier letztlich um unsere Treue zu Christus geht, brennt diese Frage wie glühende Kohlen in unseren Taschen, bis wir endlich diesen Schritt tun.

»Ich bin überzeugt, dass wir auf dem diplomatisch-theologischen Weg so weit gekommen sind, wie es möglich ist. Jetzt gilt es, Ernst mit der Buße zu machen und endlich aufzuhören, die Erfüllung des Hohenpriesterlichen Gebets Jesu zu verhindern: dass wir, seine Jünger, alle eins werden, so wie Jesus und der Vater eins sind, *damit die Welt glauben kann.* Wir haben einander verurteilt und in den Bann getan. Wollen wir Christus gehorchen, müssen wir uns sofort versöhnen. Dies bedeutet, dass wir feierlich alle Verurteilungen zurücknehmen, einander die Hand reichen und gemeinsam zum Altar gehen. Erst nachdem wir so unsere eigenen Urteilssprüche in den Bann getan haben, wird der Heilige Geist uns erfüllen, so dass wir einander wirklich verstehen können.«[39]

## Die Schatzkammer öffnen

Dies ist der erste und völlig ausreichende Grund dafür, sich miteinander zu versöhnen: Jesus hat es uns ausdrücklich geboten, und die Versöhnung verweigern oder als nicht so wichtig betrachten, ist schlicht Ungehorsam. Dazu sind Jesu Gebote niemals willkürlich, sondern wollen unser Heil, selbst wo sie wehtun. Bereits im Alten Testament ist es unmöglich, das Heilwerden des Individuums von dem des ganzen Gottesvolkes zu trennen. In den im ersten Kapitel dieses Buches zitierten Klageliedern wechselt die Perspektive ständig unmerklich zwischen der persönlichen Not des Beters und der Erniedrigung und Zersplitterung des Volkes. Die persönliche Heilung ist undenkbar ohne die Versöhnung des Gottesvolkes.

So führt Jesus auch in den Evangelien Einzelne in seine Nachfolge und dadurch in eine geheilte Beziehung zueinander – eine Beziehung, die sie nie als vorgegeben voraussetzen konnten, sondern an der sie ständig arbeiten mussten. Die Gemeinschaft zwischen den Jüngern war nie eine bloße Hintergrundkulisse für die Rettung ihrer Seelen, sie gehörte zur Erlösung dazu. Noch schärfer kann Jesus den Zusammenhang kaum formulieren: »Denn wenn ihr den Menschen ihre Verfehlungen vergebt, so wird euch euer himmlischer Vater auch vergeben. Wenn ihr aber den Menschen nicht vergebt, so wird euch euer Vater eure Verfehlungen auch nicht vergeben.« (Matthäus 6,14-15)

In seinem Brief an die Korinther hat Paulus die gleiche Perspektive. Die Spaltungen sind nicht nur Ungehorsam gegen Christus, sie bedeuten eine Verarmung des Lebens des Einzelnen: »Darum rühme sich niemand eines Menschen; *denn alles ist euer*: es sei Paulus oder Apollos oder Kephas, es sei Welt oder Leben oder Tod, es sei Gegenwärtiges oder Zukünftiges, alles ist euer, ihr aber seid Christi, Christus aber ist Gottes« (1. Korinther 3,21-23). Mit anderen Worten: Begreift ihr nicht, wie ihr euch selber schadet, wenn ihr euch von der

Fülle ausschließt? Seht ihr nicht, dass ihr viel größere Schätze habt als die, die ihr durch eure Revierkämpfe an euch gerissen habt?

In Epheser 3,18-19 betet Paulus für das innere Wachstum der Gemeinde, damit sie »mit allen Heiligen begreifen [kann], welches die Breite und die Länge und die Höhe und die Tiefe ist, auch die Liebe Christi erkennen, die alle Erkenntnis übertrifft, damit ihr erfüllt werdet mit der ganzen Gottesfülle.« Die Fülle Christi bekommen wir nicht durch ein individualistisches oder sektiererisches Verhältnis zu ihm; wir brauchen die Hilfe aller anderen »Heiligen«, der Kirche in ihrer weltumspannenden Vielfalt.

Dies ist keine Ermunterung zum religiösen Nomadentum! Wir alle haben ja unsere Wurzeln, Erfahrungen und Traditionen. Aber es bedeutet, dass meine geistlichen Quellen nie auf dieses Erbe begrenzt werden können. Mit seinem »alles ist euer« öffnet Paulus weit die Tür zur großen Schatzkammer der Kirche. Für mich bedeutet dies, dass ich nicht meinem freikirchlichen Hintergrund gehöre, sondern dieser Hintergrund gehört mir. Dies nicht, damit ich mir meine eigene Privatreligion zusammensuche, schulde ich doch Christus als dem Herrn der ganzen Kirche Gehorsam; aber ich habe viel größere Freiheit und Zugang zu anderen Traditionen, als ich ahne.

Was hier für den einzelnen Christen gilt, gilt auch für unsere Kirchen und Gemeinden. Solange wir jeder unser eigenes Zukunfts-Süppchen kochen, werden wir den Weg der Kirche nicht erkennen. Die Frage, wie der Weg der evangelischen, der baptistischen usw. Kirche ins 3. Jahrtausend aussehen soll, ist die falsche Frage – viel zu eng und provinziell, um zur Offenbarung der Fülle Christi führen zu können, nach der die Welt ruft. Solange wir unsere Krisen nur innerhalb unserer eigenen Mauern angehen, werden wir uns ständig den Kopf an diesen Mauern stoßen. Noch nicht einmal durch mehr oder weniger zwangsweise Zusammenschlüsse von verwandten Freikirchen oder durch die gegenseitige Ämter-Anerkennung zwischen den Großkirchen kommen wir der großen Lösung näher. Ohne den Kontext der Versöhnung des Ganzen führen solche an sich Hoffnung machenden Schritte nur zu neuen Abgrenzungen.

Es gibt unzählige Beispiele, wie im Verhältnis der Freikirchen und der »alten« Kirchen des einen Elend des anderen Reichtum ist. Einige Kostproben:

– Viele freikirchliche Pastoren schielen neidisch zu ihren landes-

oder staatskirchlichen Kollegen hin, die sich nicht mit solch »engen« Kreisen herumschlagen müssen, sondern den Kontakt zur großen weiten Welt haben.

– Viele großkirchliche Pastoren schauen neidisch auf das breite Laien-Engagement in den Freikirchen, die mit weniger und schlechter bezahlten Angestellten oft eine dynamischere Arbeit betreiben, weil die ganze Gemeinde sich einbringt.

– Die Gottesdienste vieler Freikirchen begannen als Protest gegen eine erstarrte Liturgie. Heute sind sie oft selber in ihren (manchmal weniger durchdachten) Formen festgefahren. Man schielt zur Liturgie der alten Kirchen hin und fragt sich immer häufiger, ob feste Form und spontane Freiheit nicht besser zusammen eingesetzt werden als jede für sich.

– Auch nach zahlreichen Veränderungen scheint der Gottesdienst in den Großkirchen immer noch vielfach an dem Ein-Mann-Syndrom zu leiden. Viele fragen sich, wie manche Freikirchen es geschafft haben, zum Beispiel eine solch dynamische und breit verankerte Musikkultur zu schaffen.

– Dazu kommen all die neuen Herausforderungen, mit denen keine unserer Kirchen irgendwelche Erfahrungen hat und die wir nur gemeinsam anpacken können: ein glaubwürdiges christliches Zeugnis in einer multikulturellen Umgebung; neue Gemeinschaftsformen in immer wurzelloseren Gesellschaften; eine Mitarbeiterausbildung, bei der das Seelsorgerliche im Zentrum steht; die Entwicklung einer kreativen Diakonie in einer Welt, in der die Klassengegensätze größer werden und das soziale Netz dünner.

In der Bergpredigt erklärt Jesus, dass wir nicht als Getrennte vor Gott treten können. In seinem Hohenpriesterlichen Gebet sagt er, dass wir auch nicht als Getrennte vor die Welt treten können. Unsere innere Einheit ist die Grundvoraussetzung für unser geistliches Leben und unser Zeugnis: »Gib, dass sie alle eins seien; wie du, Vater, in mir bist und ich in dir bin, so lass auch sie in uns eins sein, damit die Welt glauben lerne, dass du mich gesandt hast« (Johannes 17,21). Also nicht nur unsere Gottesbeziehung wird die Welt überzeugen, sondern auch unsere Beziehung untereinander. In unseren Beziehungen zeigt sich Christi Herrlichkeit mindestens genauso wie im Leben des Einzelnen: »Und ich habe ihnen die Herrlichkeit gegeben, die du mir gegeben hast, damit sie eins seien . . . und die Welt erkenne, dass du mich gesandt hast . . .« (Johannes 17,22-23)

In einer immer mehr in ethnische Gruppen, Einpersonen-Haushalte und politische Parteien zerfallenden Welt können wir unmöglich das Heil in Christus bezeugen, solange wir uns auf die gleiche Art fragmentieren lassen. Das Evangelium als Gegenbewegung gegen diesen Zerfall muss in einer Gemeinschaft von Fleisch und Blut Realität werden, sonst ertrinken unsere Worte im allgemeinen Mediengeflimmere. Wir können die Einheit nicht zur Seite schieben, weil »die Verkündigung wichtiger ist«, denn letztlich ist die Einheit die einzige mögliche Verkündigung.

»Was in der heutigen, dramatisch säkularisierten Welt die Christen eint, ist etwas so Radikales und Einschneidendes – der Glaube an die Gegenwart des auferstandenen Heilands unter denen, die sich in seinem Namen versammeln –, dass die sicher vorhandenen Unterschiede jede Bedeutung verlieren. Die Verteidigungs- und Angriffsbarrikaden, deren Errichtung unsere Väter für eine solch heilige Pflicht hielten, sind vermodert; sie sind wie der Nadelboden auf einem Waldweg, sie hindern uns nicht mehr daran, einander zu begegnen. Die Aufgabe der Christen heute ist das Zeugnis der Einheit, das demütige Eingeständnis, dass unser Wissen und unser Prophezeien begrenzt ist, dass wir mit unseren Verschiedenheiten leben können und müssen und mit Fragen, die erst dann ganz gelöst werden, wenn wir Gott und einander von Angesicht zu Angesicht sehen . . . Die Welt braucht unsere Einheit . . .«[40]

## Spaltpilze

Wenn dies so entscheidend wichtig ist, muss es uns ein Anliegen werden, uns von den Ursachen dieser Zertrennung freizumachen. Viel von ihr beruht natürlich auf dem allgemein menschlichen Erbe des Sündenfalls: Hochmut, Machtlüsternheit, Sturheit, Neid, Gier, Intoleranz usw. Doch daneben gibt es spezifisch »christliche« Denkmuster, die unweigerlich zu Konflikten und Spaltungen führen. Einige Beispiele:

*Individualistisches Gemeindeverständnis.* Wie wir im 2. Kapitel sahen, beruht die christliche Gemeinde auf Gottes Bund mit seinem Volk, von Abraham über Mose bis hin zu Christi Blut des neuen Bundes. Die zeitlose Formulierung dieses Bundes ist: »Ihr sollt mein Volk sein, und ich will euer Gott sein.« Aus diesem Bund, den Gott mit seinem eigenen Blut besiegelt hat, können wir nicht ausbrechen, auch dann nicht, wenn wir glauben, dass die Kirche sich falsch verhält oder ihre Berufung verrät. Genauso wenig wie für das alte Israel ist es für die Christen eine Alternative, auszusteigen und »von vorne anzufangen«. Die Heilung geschieht durch die Rückkehr zur Gemeinschaft, nicht durch den Auszug aus ihr.

Diese Gemeinschaft konstituiert sich nicht nur aus unserer Gemeinschaft mit Gott, sondern genauso aus unseren horizontalen Beziehungen, und hier tragen wir seit der Reformation an einer Wunde, die mit den Jahren immer noch schlimmer geworden zu sein scheint. Die Reformation war unter anderem eine Frucht der Renaissance, die mit der mittelalterlichen Kirchen-, Zunft- und Feudalgesellschaft brach und den neuen, selbstbewussten, ich-betonten »Renaissancemenschen« hervorbrachte. Die Herauslösung des Evangeliums aus einer verpflichtenden Kirchengemeinschaft hin zu anderen Strukturen war keine Erfindung der Reformatoren, sondern lag sozusagen in der Luft, und dieser Spaltungsprozess (auch wenn sie ihn so vielleicht gar nicht wollten) hat sich seitdem noch beschleunigt.

In den letzten hundert Jahren hat sich dies noch dadurch verstärkt, dass, mit den Worten von Os Guinness, Westeuropa zu einer »nordamerikanischen religiösen Kolonie« wurde. Der amerikanische Unternehmergeist sitzt im Mark eines Großteils der freikirchlichen und Erweckungs-Szene. Die Welt liegt dir zu Füßen, wenn du das richtige Konzept hast. Dass man aus Rücksicht auf eine größere Gemeinschaft auf einen eigenen Verein *verzichtet*, gilt als Zeichen von Feigheit und Kleinglauben; dass es ein Ausdruck eines *tieferen* Glaubens sein könnte, ist ein fremder, beunruhigender Gedanke.

»Eigentlich gibt es nur eine Kirche, und die besteht aus all den Menschen, die eine persönliche Beziehung zu Jesus Christus haben.«[41] Diese Äußerung des Pastors einer neu gegründeten Gemeinde erscheint auf den ersten Blick ganz vernünftig, aber erst seit hundert Jahren können wir eine solche Behauptung schlucken, ohne zu merken, was sie eigentlich beinhaltet. Die überwältigende Mehrheit der Christen, die auf dieser Erde gelebt haben, hätte sofort geantwortet, dass die Kirche hier ja nur als Beziehung des Einzelnen zu Gott definiert wird, und nicht auch als Beziehung zu anderen Menschen.

Die individualistische Gemeindesicht hat eine Magna Charta für die Bildung im Prinzip beliebig vieler Gemeinden und Kirchen geschaffen. Wenn die Kirche sich allein aus dem persönlichen Glauben konstituiert, kann im Grunde jeder seine eigene Kirche bilden. Hast du Probleme mit deiner Gemeinde? Gründe eine eigene! Die Spaltung ist kein Problem mehr, ja sie wird zum Zeichen des Gehorsams gegen Gott.

_Gnostisches Klettern._ Der Mitte des 2. Jahrhunderts in Rom wirkende Valentinus galt vielen Kirchenvätern als die Zentralgestalt des Gnostizismus. Ein Beispiel für sein Denken ist seine Auslegung des Paulus-Wortes, dass Gott »euren Geist samt Seele und Leib unversehrt« bewahren möge (1. Thessalonicher 5,23). Valentinus deutete dies auf drei Arten von Menschen: die »geistlichen« (die in die höheren Geheimnisse Eingeweihten), die »seelischen« (die gewöhnlichen Christen, die noch am Buchstaben des Evangeliums hängen) und die »leiblichen« (die Heiden). Die Basis für diese Drei-Klassen-Gesellschaft ist die gnostische »Treppe« – dass wir aus der Seichtheit des Irdischen hinaufsteigen müssen zu einer immer reineren Geistlichkeit.

Dieser Spaltpilz findet sich erschreckend oft auch heute in unseren Gemeinden. Kennen wir es nicht ganz gut, das gnostische Überlegenheitslächeln? »Du Armer, der nichts von moderner Bibelauslegung / geistlicher Erneuerung / den großen Mysterien versteht ...« Das Problem scheint jede geistliche Vertiefung wie ein dämonischer Schatten zu verfolgen. Wenn die Gemeindeleiter nicht sofort den Ballon platzen lassen und das falsche Denken enthüllen, verbreitet es sich wie die Pest und verdirbt alles, was die neue geistliche Bewegung an Gutem gestaltet hat. Im Grunde handelt es sich hier um die Quelle aller Sünde – den Hochmut. Die Wüstenväter haben dieses Phänomen immer wieder als den Erzfeind alles wahren geistlichen Wachstums entlarvt. Dass ich mir mit meinen geistlichen Erkenntnissen als »besser« vorkomme als meine Geschwister, das wirft mich in der Nachfolge sofort auf die Stufe Null zurück: »Denn wisse: durch diesen stolzen Gedanken wird alles zunichte.«[42]

Er reißt unser Leben nieder, und er reißt die Gemeinschaft der Kirche nieder. In Korinth grassierte dieses Problem wie eine Seuche, und Paulus schreibt sehr scharf: »Die Erkenntnis [Gnosis] bläht auf; aber die Liebe baut auf. Wenn jemand meint, er habe etwas erkannt, der hat noch nicht erkannt, wie man erkennen soll. Wenn aber jemand Gott liebt, der ist von ihm erkannt« (1. Korinther 8,1-3).

176

Je mehr der Schwerpunkt zu unserer eigenen Einsicht und Geistlichkeit hin verschoben wird, umso höher werden die Mauern zwischen denen, die »es begriffen« haben, und den anderen. Und umgekehrt: Je mehr der Schwerpunkt zu dem hin verlagert wird, was Gott in Christus getan hat, umso niedriger werden die Mauern, die uns trennen.

*Wahrheit als Linie.* Nicht selten wird das Verhältnis zwischen Wahrheit und Lüge als eine Linie mit zwei Polen betrachtet:

Lüge ————————————— Wahrheit

Die Wahrheit suchen bedeutet hier, sich so weit wie möglich zu dem einen Endpunkt der Linie hin zu bewegen, um sich so weit wie möglich von der Lüge zu entfernen. Die »Wahrheit« ist dabei oft eine von Jesus Christus losgelöste Teilwahrheit, die als *das* Kriterium für die reine Lehre betrachtet wird. So wird ein Mechanismus in Gang gesetzt, der unser Denken in einer ständigen Polarisierung im Namen der Wahrheit gefangen hält. Und da die Bibel vom »großen Abfall« von der Wahrheit spricht, erscheint es nur natürlich, wenn es immer weniger Rechtgläubige gibt. Die lehrmäßigen Reinheitsforderungen werden immer absurder, der Kontakt mit der Wirklichkeit (in der eigenen Erfahrung und der anderer Menschen) immer schmaler, die Berührungspunkte mit Andersdenkenden immer weniger. Ein Verräter, wer nach Gemeinsamkeiten sucht . . . Man findet dieses Muster in allen extremistischen Bewegungen wieder; die Französische Revolution hat uns in dem Brüderlichkeits- und Guillotine-Diktator Robespierre ein klassisches Beispiel hinterlassen.

Die Bibel zeigt uns ein anderes Verständnis von unserer Beziehung zur Wahrheit:

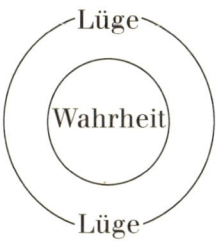

Nennen wir es »Die Wahrheit als Mitte«. In der Bibel ist die Wahrheit nämlich eine Person und kein Begriff. Jesus sagt selber, dass er die Wahrheit ist: »Wenn ihr bleiben werdet an meinem Wort, so seid ihr wahrhaftig meine Jünger und werdet die Wahrheit erkennen, und die Wahrheit wird euch frei machen« (Johannes 8,31-32). Die Wahrheit liegt also in Christus selber und übt eine befreiende Wirkung auf uns aus. Sobald eine Wahrheit von der Person Jesu losgelöst und als Begriff und Kriterium für die wahren Gläubigen benutzt wird, verliert sie ihre befreiende Kraft und wird zu einem Mittel, die Menschen zu beherrschen und zu spalten. Und da die Wahrheit *in der Mitte* liegt, landet jeder Versuch, sie gleichsam auf die Spitze zu treiben, wieder am Rand und damit in einer neuen Lüge.

Die Kirchengeschichte wimmelt von Beispielen für diese Falle. Die Wüstenväter fasteten – und schon waren Menschen da, die das Fasten zur grotesken Leibesverachtung übertrieben. Die Gabe der Heilung wird wiederentdeckt – und sofort treten Gruppen auf, die behaupten, ein wahrer Christ müsse immer Heilung erfahren. Eine liturgische Erneuerung zeigt den Reichtum in den alten Symbolen und Gebeten auf – und schon wollen einige festhämmern, welche Gesten und Worte richtig sind und welche nicht. Oft merken wir zu spät, wie wahr er ist, der Stoßseufzer von Abba Poimen: »Alles Übermaß ist von den Dämonen.«[43]

Jesus Christus steht in der *Mitte* der Kirche, und wenn wir ihm begegnen wollen, müssen wir zur Mitte hin gehen *und dort bleiben*. Allein in ihm werden die Paradoxe auf eine Heilung und Leben gebende Art zusammengehalten. Nur in der demütigen Öffnung hin zu ihm können wir die Wahrheit suchen, ohne rechthaberisch zu werden. Nur in ihm kann die Wahrheit uns in einer versöhnten Vielfalt einigen und befreien, denn die Wahrheit kann nicht von der Liebe getrennt werden.

*Das Paketsyndrom.* Dieses Muster hängt mit dem vorangehenden zusammen. Sobald gewisse Wahrheiten von Jesus losgelöst und zu autonomen »Standpunkten« werden, können sie Kombinationen eingehen, die nicht mehr unbedingt dem entsprechen, was Jesus meint. Auch hier ahnen wir die Hand des Teufels – wie er die Wahrheit aufsplittert, zu neuen Mustern zusammenfügt und die Christen zu pauschalen Parteinahmen zu zwingen versucht. Statt dass der Einzelne seinen eigenen Weg zu Gottes Willen in Christus suchen kann, setzt man ihm ein fertig geschnürtes Paket von Meinungen vor, dem er sich als guter Christ komplett anzuschließen hat.

Ein »konservatives« Paket kann z.B. so aussehen: »Ja zu Israel, der Marktwirtschaft und dem Wehrdienst, nein zu Abtreibung, Rockmusik und weiblichen Pastoren« usw. Ein »liberales« Paket lautet vielleicht so: »Ja zu den Palästinensern, der Homosexualität, freier Abtreibung und der Ökobewegung, nein zum Wehrdienst, zur Atomkraft und zum Fundamentalismus« usw. Und da wir so oft keine feste Verankerung in Christus haben und somit ein Vakuum in uns ist, das nach der Füllung durch eine Gruppenidentität ruft, kauft man oft das ganze Paket – und die Gräben zwischen den »Lagern« werden immer tiefer. Dass eine derart zerspaltene Christenheit leicht zum Opfer anderer Kräfte wird, versteht sich wohl von selber.

Wieder geht die Richtung der Versöhnung zur Mitte der Tradition der Kirche hin, und nicht zu den extremen Rändern. Das Erste, was wir hier mitbringen müssen, ist ein Minimum an Zivilcourage, die den Pfui-Rufen der »Linientreuen« trotzt, wenn wir ihre Pauschalpakete nicht mehr mit unserem Glauben an Christus vereinen können. Nur im bedingungslosen Hören auf Gott und die Stimme seines Geistes in dem Erfahrungsschatz der Kirche können wir anfangen, uns von den falschen Frontlinien loszumachen und eine biblische Alternative zum erstickenden »Rechts-links-Denken« aufzubauen.

Ein erster Schritt kann darin bestehen, unvoreingenommen auf die alttestamentlichen Propheten mit ihrer ganzheitlichen Gerechtigkeitssicht zu hören, die so befreiend in unsere Stacheldraht-Verhaue hineinschneidet – sogar dann, wenn sie vom Gericht des Herrn sprechen: »Ich will zu euch kommen zum Gericht und will ein schneller Zeuge sein gegen die Zauberer, Ehebrecher, Meineidigen und gegen die, die Gewalt und Unrecht tun den Tagelöhnern, Witwen und Waisen und die den Fremdling drücken und mich nicht fürchten, spricht der Herr Zebaoth« (Maleachi 3,5). Hier suchen wir vergeblich nach unserer üblichen Trennungslinie zwischen Privatmoral und politischem Werturteil, zwischen dem Fleisch (traditionell ein konservatives Thema) und der Welt (traditionell eine liberale Domäne).

Auch die alte Kirche kannte diese falschen Aufteilungen nicht. Die Didache, eine wohl aus Syrien stammende Handschrift vom Anfang des 2. Jahrhunderts, listet unter anderem auf, was zu einem christlichen Lebenswandel gehört: »Du sollst nicht töten, du sollst nicht ehebrechen, du sollst nicht Knaben schänden, du sollst nicht Unzucht treiben, du sollst nicht stehlen, du sollst nicht Zauberei treiben, du sollst nicht Gift mischen, du sollst nicht das Kind durch Abtreiben umbringen und das Neugeborene nicht töten...« Auf dem Weg des Todes sind aber auch die, »... die kein Mitleid haben mit den Armen, sich nicht annehmen um den Bedrückten, die ihren Schöpfer nicht kennen, ... vom Bedürftigen sich abkehren, den Elenden unterdrücken, den Reichen beistehen, die Armen gegen das Gesetz richten, in allem sündigen...«[44] Hier werden Grenzlinien, die bei uns so oft spaltend gewirkt haben, glatt überschritten.

Es geht hier nicht um einen neu aufgelegten Moralismus, der ja oft eine Methode ist, durch die Verurteilung des Lebensstils der anderen den eigenen Lebensstil zu rechtfertigen, sondern es geht darum, sich für den zu öffnen, der selber die Gerechtigkeit ist, der uns aus unseren falschen Loyalitäten herauslösen und dazu befreien will, dem Lamm zu folgen.

Diese vier Denkmuster sind natürlich nur Beispiele, man könnte noch viele andere nennen. Ich will dem Leser mit ihnen keine Munition für noch mehr Kritik geben (»Jawohl, so geht das bei denen...«), sondern Hilfen zur Selbstprüfung. Wirke ich in der Gemeinde spaltend oder versöhnend? Was an mir stößt die Andersdenkenden vor den Kopf und erschwert den Dialog? Die Versöhnung der Kirche beginnt in unserem eigenen Leben. Und umgekehrt: Die Versöhnung der Kirche wirkt auch auf unser eigenes Leben heilend.

## Die Wunden heilen lassen

Der erste Ort für die Versöhnung ist nicht das ökumenische Konzil oder die Synode, der erste Ort ist mein eigenes Leben. Ein Mensch, der innerlich unversöhnt ist mit seiner Vergangenheit, seiner Persönlichkeit und anderen Menschen, hat es schwer, versöhnend auf seine Umgebung zu wirken. Der Druck der inneren Konflikte wird unweigerlich in die Beziehungen überfließen und lauter tönen als die schönsten Predigten über »das Ideal der brüderlichen Gemeinschaft«.

Dass so wenige Gemeindemitarbeiter regelmäßig in die Seelsorge gehen, hat direkte Folgen für die Spaltung der Kirche. Dass ich mir von einem guten Seelsorger die Wunden und Gegensätze in meinem eigenen Leben aufzeigen und mir helfen lasse, sie der heilenden Barmherzigkeit des himmlischen Vaters zu übergeben, ist im Grunde der einzige Weg zum Aushalten und Versöhnen auch der Risse und Gegensätze in der Gemeinde: Ich kenne die verschiedenen Richtungen ja aus meinem eigenen Leben und brauche mich nicht von ihnen erschrecken zu lassen. So kann der Pfingstler in mir mit dem Katholiken versöhnt werden, der politische Aktivist mit dem Beter, der Evangelist mit dem Seelsorger usw.

Auf diesem Weg begegnen wir dann auch der konkreten Herausforderung, als Traditionen, Kirchen und Konfessionen miteinander versöhnt zu werden. Gerade so wie bei unserem persönlichen Heilwerden kann dies nicht durch ein Bemänteln der Vergangenheit geschehen; dergleichen ist Verdrängung – die giftige Stiefschwester der Versöhnung. Um einander von Herzen vergeben zu können, müssen wir uns zunächst daran erinnern, wie alles gewesen ist, und (wie die Indianer sagen) »eine Meile in den Mokassins des anderen gehen«, um zu verstehen, wie die Wunden so tief werden konnten. Und da die Spaltung von den Führern beider Seiten betrieben wurde, sind es heute auch die Führer beider Seiten, die die Verantwortung für diesen Prozess übernehmen müssen.

So müssen sich die Köpfe der Landeskirchen in die Lage der Menschen versetzen, die in vergangenen Jahrhunderten diese Kirche als Obrigkeitskirche erlebten. Was brachte sie dazu, aus ihr auszutreten? Wie fühlte man sich, wenn der Pfarrer alles im Dorf bestimmte und es Christen verbot, sich in ihren Häusern zu Gebet und Bibelstudium zu treffen? Und die Leiter der Freikirchen müssen es nachvollziehen, wie das ist, wenn eine ganze Gruppe aus der Gottesdienstgemeinschaft ausschert und ihren eigenen Verein gründet. Wie fühlt man sich, wenn die anderen einen nicht als wirklichen Christen anerkennen? Welche Wunden hat die geistliche Selbstsicherheit der Freikirchen und ihre Verachtung für den Erfahrungsschatz der alten Kirche unter den Brüdern und Schwestern geschlagen?

Wir treffen uns am Kreuz oder wir treffen uns nie. Aber nicht so, dass die eine Gruppe vor der anderen »zu Kreuze kriecht«, sondern indem wir uns gemeinsam vor Christi Kreuz beugen und jeder von uns seine Schuld an der Zertrennung bekennt und die anderen um Vergebung bittet.

Dieser Prozess setzt Nähe voraus – dass wir einander nicht aus höflicher Distanz betrachten. So lange wir uns einbilden, dass Christi Fülle nur in unserer eigenen Kirche und Tradition verkörpert ist, werden wir die anderen Christen schlicht als unnötig für unser geistliches Leben betrachten und uns der Spaltung schuldig machen, die Paulus in seinem berühmten Bild von der Gemeinde als Leib beschreibt: »Das Auge kann nicht sagen zu der Hand: Ich brauche dich nicht« (1. Korinther 12,21). Unabhängigkeit führt immer zu Spaltung, auch wenn die offizielle Version lautet, dass »wir das ganze Volk Gottes segnen«. Unabhängigkeit schafft Distanz, Distanz schafft Feindbilder und die Feindbilder schaffen Gegensätze.

Unser Nachbar, der Bauer ist, hat eine ausgezeichnete Methode, seine beiden streitlustigen Widder zu beruhigen: Er sperrt sie einfach in eine Box ein, die so klein ist, dass sie nicht mehr aufeinander losgehen können. Nach einer Weile ist ihre Streitlust verflogen, und er kann sie wieder einträchtig auf die Weide lassen. So müssen auch wir Christen einander so nahe kommen, dass wir unsere Schwächen und Dummheiten teilen und aus unseren Schätzen schöpfen können. Damit aber wird die Karte der Kirchenlandschaft neu gezeichnet, und das radikaler, als wir heute vielleicht ahnen. Mehr als einmal werden wir schlucken und uns fragen, ob wir nicht zu weit gehen mit den Veränderungen.

Es ist so ähnlich wie bei der Renovierung eines halb verfallenen Hauses. »Vorsicht!«, ruft einer. »Muss die Mauer da wirklich weg? Mit dem Zimmer verbinde ich so viele Erinnerungen! Was, wenn das Haus einstürzt?« Wenn nicht in der Theorie, so doch in der Praxis finden wir manchmal die Auffassung, die Kirche sei ein denkmalgeschütztes Gebäude, an dem man nichts verändern dürfe. Die Leiter haben mit Argusaugen darüber zu wachen, dass alles so bleibt, wie es war. Alles oder nichts . . . Eine solche Einstellung hilft kaum zum Dialog, und das Endergebnis ist gerade das Gegenteil von dem, was man wollte: Das Haus zerbröckelt munter weiter.

Aber nun ist die Kirche kein denkmalgeschütztes Haus, sondern ein lebendiger, sich ständig verändernder Bauplatz. Sie besteht aus lebendigen Menschen, und die äußeren Strukturen haben die eine Funktion, diesen Menschen zur gemeinsamen Jesus-Nachfolge zu helfen. Und wie bei allen Hausrenovierungen ist eine ganz entscheidende Frage, welches denn die tragenden Wände sind. Sobald wir diese gefunden haben, sind wir nämlich ziemlich frei, unnötige Zwischenwände herauszunehmen und das Haus zu verändern.

Ein bewährter Rat ist hier, sich die altkirchliche Formulierung der »tragenden Wände«, das Apostolische bzw. Nicänische Glaubensbekenntnis, genauer anzuschauen, denn in ihnen steht das, was die Kirche zu allen Zeiten als ihre unverzichtbare Substanz betrachtet hat. In Bezug auf das dagegen, was *nicht* in diesen Bekenntnissen steht, dürfen wir getrost großzügiger gegenüber anderen Meinungen werden. Allein die Befolgung dieses Rates hätte schon große Konsequenzen für die heutigen Debatten zwischen den Kirchen. Hier gilt der weise Ausspruch des Augustinus: »Im Wesentlichen Einheit, im Unwesentlichen Freiheit, in allem aber Liebe.«

»Ist Christus zerteilt?« Die Frage der Versöhnung stellt uns vor den, der gleichzeitig der Gekreuzigte und der Auferstandene ist. In der Versöhnung leben heißt, unter dem doppelten apostolischen Zeichen zu leben. Christi Leiden zu teilen und uns nicht vor dem Schmerz und den schweren Fragen, die die Trennung weckt, zu verstecken. Christi Auferstehung zu teilen und zu spüren, wie hier ein Strom der heilenden Liebe frei wird, der unsere begrenzten Verstehensversuche weit übersteigt. Im Ernst in diese Einheit hineinzugehen kann uns nur zu einer tieferen Teilhabe an Christus selber führen. Was ein orthodoxer Bischof aus dem zerrissenen Libanon, der Metropolit Georges Khodr, über das Verhältnis zwischen Katholiken und Orthodoxen geschrieben hat, ist für alle christlichen Traditionen heute wahr:

»Es geht nicht darum, eine Art Flickendecke aus Papsttum und orthodoxer Konziliarität zu schaffen, die irgendwie das Gute an beiden Traditionen bewahrt; nein, was Not tut, ist, dass Christus, der Auferstandene, der uns den Heiligen Geist gesandt hat, in jedem von uns ganz Gestalt gewinnt ... Es geht nicht darum, Ost- und Westkirche in ihrem historisch gewachsenen Sosein zusammenzubringen, sondern darum, dass wir alle uns begegnen und eins werden in einer Demut und Reinheit, die weder zur Ost- noch zur Westkirche gehört, sondern von Dem kommt, der zur Rechten des Vaters sitzt. Wir müssen jedem Ort entsagen, der nicht der ist, wo Gott wohnt – und Gott wohnt allein in der Entäußerung Christi.«[45]

Der Tisch ist gedeckt. Der Wein ist in den Kelch gefüllt, das Brot liegt auf dem Teller. Seite an Seite beugen wir unsere Knie und beten das Gebet der alten Kirche:

»Wie dieses gebrochene Brot auf den Bergen zerstreut war
und zusammengebracht eins wurde,
so möge Deine Gemeinde von den Enden der Erde
zusammengebracht werden
in Dein Reich;
wie Dein ist die Ehre und die Macht
durch Jesus Christus in Ewigkeit.«[46]

# AGNUS DEI – Lamm Gottes

## Der Fuchs und die Henne

»Ist die Welt normal?« Die Antwort auf diese Frage bestimmt in hohem Maße, wie ein Mensch sein Leben führt. Antwortet er mit »Ja«, wird er mit allen Mitteln versuchen, sich in dieser Welt so gut wie möglich einzurichten. Sie birgt sicher große Probleme, aber ebenso große Möglichkeiten zu ihrer Lösung, und die große Linie geht in Richtung Fortschritt. Glaubt ein solcher Mensch an Gott, wird sein Glaube wie von selbst seine inneren Hohlräume ausfüllen und eine das Materielle und Spirituelle umfassende ganzheitliche Weltsicht schaffen, die ihm entscheidend dazu hilft, sich des Lebens auf dieser Erde freuen zu können. Er teilt die in seiner Gesellschaft gängigen Werte und betrachtet sich als natürlichen Teil einer Kultur, in der die Menschen gemeinsam danach streben, es so gut wie möglich zu haben.

Antwortet jemand dagegen mit »Nein«, wird sein ganzes Leben von einem grundlegenden Gegensatz zur Welt geprägt sein. Er erlebt sich als Rebell und Abweichler. Sicher kann er sich über manches freuen und aktiv am Leben der Gesellschaft teilnehmen, aber an entscheidenden Punkten wird er gegen die Werte der Gesellschaft denken und handeln, vielleicht gar ihre Gesetze brechen, wo sie gegen sein Gewissen gehen. Wenn er an Gott glaubt, hilft sein Glaube ihm, Abstand von der Welt zu bewahren, sein Gewissen wach zu halten und Kraft zum Einsatz für Veränderungen zu haben. Er ist ein Hausgenosse Gottes, aber ein Fremdling in der Welt.

Eine dritte Möglichkeit ist, dass die Welt als unnormal empfunden wird, aber dass dies statt zum Widerstand zur Apathie führt: Ich kann ja doch nichts machen, die Welt geht so oder so zum Teufel. Man schwimmt mit dem Strom – aber nicht, weil man der Welt eine Zukunft gibt, sondern weil man keine Kraft zum Widerstand hat. Der Glaube an Gott wird hier zum Schutzschild gegen all das Absurde des Daseins.

Man ersetze in diesen Beispielen das Individuum durch die Kirche, und wir sehen, warum das Verhältnis zwischen Welt und Kirche die ganze Geschichte hindurch eine so brennende Frage gewesen ist. Es ist ja offensichtlich, dass die Rolle der Kirche in der Welt ganz anders aussieht, wenn sie die Welt als normal betrachtet, als wenn sie sie für unnormal hält. Die oben genannten Varianten sind in der Kirchengeschichte wie heute reichlich vertreten. Die Kirche ist hin- und hergependelt zwischen harmonischer Anpassung, prophetischem Widerstand und passiver Resignation.

Das Problem begegnet uns bereits im Neuen Testament, wo es zumindest auf den ersten Blick ganz unterschiedliche Arten gibt, die Welt zu sehen. Im Johannesevangelium erklärt Jesus: »Also hat Gott die Welt geliebt, dass er seinen eingeborenen Sohn gab, damit alle, die an ihn glauben, nicht verloren werden, sondern das ewige Leben haben. Denn Gott hat seinen Sohn nicht in die Welt gesandt, dass er die Welt richte, sondern dass die Welt durch ihn gerettet werde« (Johannes 3,16-17). Dies ist eine unerhört positive Sicht von der Welt, und sie stammt von Gott selber.

Doch derselbe Johannes, der uns diese Worte überliefert, schreibt später der Gemeinde: »Habt nicht lieb die Welt noch was in der Welt ist. Wenn jemand die Welt lieb hat, in dem ist nicht die Liebe des Vaters. Denn alles, was in der Welt ist, des Fleisches Lust und der Augen Lust und hoffärtiges Leben, ist nicht vom Vater, sondern von der Welt. Und die Welt vergeht mit ihrer Lust; wer aber den Willen Gottes tut, der bleibt in Ewigkeit« (1. Johannes 2,15-17). Liebt Gott nun die Welt, oder liebt er sie nicht? Sollen wir uns mit der Gesellschaft identifizieren oder nicht?

Vielleicht kann Jesu Wort vom Fuchs und der Henne uns auf die richtige Spur bringen. Als einige Pharisäer ihn warnten, dass Herodes ihn töten wollte, antwortete er: »Geht hin und sagt diesem Fuchs: Siehe, ich treibe böse Geister aus und mache gesund heute und morgen, und am dritten Tage werde ich vollendet sein. Doch muss ich heute und morgen und am folgenden Tage noch wandern; denn es geht nicht an, dass ein Prophet umkomme außerhalb von Jerusalem. Jerusalem, Jerusalem, die du tötest die Propheten und steinigst, die zu dir gesandt werden, wie oft habe ich deine Kinder versammeln wollen wie eine Henne ihre Küken unter ihre Flügel und ihr habt nicht gewollt!« (Lukas 13,32-34)

Wir finden hier eine vibrierende Spannung zwischen Liebe und Widerstand. Einerseits identifiziert Jesus sich ebenso selbstverständlich mit den leidenden und zerrissenen Menschen wie eine Henne mit ihren Küken – sie sind ja ihr Fleisch und Blut! Andererseits bezieht er ebenso klar Stellung gegen den Fuchs, der ja die Küken fressen will. Und gleichzeitig macht er klar, wie verwundbar er selber in diesem Spannungsfeld ist. Er kommt ja nicht als Jäger in die Welt, der die Füchse ausrotten will, sondern vielmehr wie die Henne . . .

Offensichtlich hat das Wort »Welt« im Neuen Testament zwei verschiedene Bedeutungen. Zum Teil bezeichnet es Gottes Schöpfung, und in dieser Bedeutung ist die Welt Gegenstand seiner beharrlichen Liebe, wie weit sie sich auch von ihm entfernt hat. Wie könnte eine Henne je ihre Küken verlassen? Oder Gott seine Schöpfung?

Doch das Wort »Welt« kann auch das gottfeindliche Machtsystem bezeichnen, das Gottes Schöpfung besetzt hält, und in dieser Bedeutung ist die »Welt« Gottes Feind und Gegenstand seines Hasses. Dass Gott gleichzeitig liebt und hasst, bedeutet nicht, dass er in sich widersprüchlich wäre, sondern ist ein Ausdruck seiner konsequenten Fürsorge für seine Schöpfung. Psalm 45,8 beschreibt den Messias mit folgenden Worten: »Du liebst Gerechtigkeit und hassest gottloses Treiben; darum hat dich der Herr, dein Gott, gesalbt mit Freudenöl . . .«

Mitten hinein in dieses Spannungsfeld geht damit aber auch die Messias-Gemeinde, die Kirche. Bis auf die Knochen haben wir es im Laufe der Jahrhunderte kennen gelernt, dieses Dilemma: die Welt zu lieben und gleichzeitig zu hassen, uns einerseits mit Gottes ganzer Schöpfung zu identifizieren und andererseits den Mächten, die ihre Zerstörungsmacht über die Schöpfung ausüben, die Identifizierung zu verweigern. Kein Wunder, dass die Kirche hin- und hergestrauchelt ist zwischen Anpassung und Sektierertum. Beide Extreme sind ein Verrat an Gott und der Welt, der die Kirche in die Bedeutungslosigkeit hineindrängt. Wie können wir aber auf dem Weg bleiben, den der Messias selber geht?

## Die beiden Zügel der Macht

Das Schwierigste ist wohl nicht, die »Welt« im guten Sinne zu entdecken. Hier geht es mehr darum, die Kirche von leib- und schöpfungsfeindlichen gnostischen Strömungen freizuhalten. Nein, das Schwierigste ist, die »böse Welt« zu erkennen. Jesus nannte Herodes einen »Fuchs«. Bedeutet dies, dass alle Machthaber in dieser Welt

Gottes Feinde sind? Wenn es so leicht wäre! Der Böse hält sich nicht an unsere politischen und ideologischen Grenzen. Und in einer Bedeutung ist jeder Machthaber natürlich auch ein Teil der Schöpfung und damit Gegenstand der Liebe Gottes. Jesus zeigt das ganz ungeniert, als er bei römischen Offizieren und reichen Staatsbeamten zu Gast ist.

Doch nur zu oft gibt es einen Zusammenhang zwischen der »Welt« im bösen Sinne und den Menschen, die am meisten an ihrem Zustand verdienen. Oft sind ja die politischen und ökonomischen Machtstrukturen Verdichtungen einer Lebensweise, die mehr um den Mammon als um Gott kreist. Sobald jemand versucht, sich der Schöpfung auf die ursprüngliche Art zuzuwenden und Widerstand zu leisten gegen Unterdrückung und Erniedrigung, zeigen diese Mächte ihr wahres Gesicht, wie damals bei der Begegnung zwischen Pilatus und Jesus. Hier steht der mächtige Repräsentant des römischen Staatsapparats einem Mann gegenüber, der nicht die Spur äußere Macht hat. Kühl und sachlich mustert Pilatus Jesus, durch seinen Kopf gehen die beiden Fragen, die die Mächtigen sich immer stellen, wenn sie es mit Gottes Volk zu tun haben: Bist du mir gefährlich? Kannst du mir nützlich sein? Die Antwort ist beide Male »nein«, und Pilatus fragt Jesus:

»Was hast du getan? Jesus antwortete: Mein Reich ist nicht von dieser Welt. Wäre mein Reich von dieser Welt, meine Diener würden darum kämpfen, dass ich den Juden nicht überantwortet würde; nun aber ist mein Reich nicht von dieser Welt. Da fragte ihn Pilatus: So bist du dennoch ein König? Jesus antwortete: Du sagst es, ich bin ein König. Ich bin dazu geboren und in die Welt gekommen, dass ich die Wahrheit bezeugen soll. Wer aus der Wahrheit ist, der hört meine Stimme. Spricht Pilatus zu ihm: Was ist Wahrheit?« (Johannes 18,35-38)

Pilatus versucht, Jesus in eine der vertrauten Schubladen zu stecken. Aber Jesu Antwort kommt gleichsam aus einer anderen Wirklichkeit, einer Wirklichkeit, die zu allen Zeiten die Machthaber verunsichert hat – und Unsicherheit ist nun einmal unvereinbar mit Macht.

Deshalb hat auch die Obrigkeit zu allen Zeiten versucht, die Kirche zu neutralisieren, sie den allgemeinen so genannten Sicherheiten einzuverleiben. Die Mittel dazu sind die beiden Zügel »Strafe« und »Belohnung«. Scheint die Kirche eine Gefahr für die Macht zu sein, zieht diese den Zügel der Verfolgung an; ahnt sie, dass die Kirche ihr nützlich sein kann, versucht sie ihre Loyalität zu kaufen. Was als »nützlich« gilt, richtet sich natürlich nach den jeweiligen Interessen der Macht, und als Jesus vor Pilatus auf eine für alle Zeiten gültige »Wahrheit« hinweist, reagiert dieser denn auch sofort verunsichert: »Was ist Wahrheit?« Ist sie etwa nicht das, was mir im Augenblick nützt?

Die Macht will ständig bestätigt werden, nicht zuletzt von der Religion. Sie ist uralt, die Allianz zwischen König und Priester. Für die Römer gründete sich diese Allianz seit Menschengedenken auf einer Art Vertrag zwischen dem Staat und den Göttern: Die Götter hatten Rom Sicherheit und Sieg zu schenken, und Rom sorgte dafür, dass die Götter die richtigen Opfer und Gottesdienste erhielten.[47] Dies erklärt, warum es den Römern so wichtig war, die offizielle Staatsreligion selbst nach ihrer Säkularisierung weiter zu betreiben; dies war, wie alles andere, ein Stück Realpolitik, eine Methode, die bestehende Ordnung mit allen nur denkbaren Stützen zu versehen.

Pilatus wird den Mann aus Nazareth kaum als Bedrohung dieser Ordnung empfunden haben. Doch je mehr die Christen sich im Römischen Reich verbreiteten, umso mehr empfanden der Kaiser und seine Statthalter sie als Bedrohung. Und man zog die Verfolgungszügel an – nicht ständig, aber manchmal unerhört stark. Und wieder legte die Henne den Fuchs herein: Just in diesen Jahrhunderten war das Wachstum der Kirche am stärksten.

Schließlich merkte die römische Führung, dass sie die Kirche nicht erdrosseln konnte, und ging von der Peitsche zum Zuckerbrot über. Wer meint, dass hinter dem konstantinischen Toleranzedikt von 313 eine tiefere Einsicht in das Evangelium steckte, der schaue sich an, was der Kaiser über seine Motive schreibt. Er berichtet, wie er sich in Mailand mit seinem Mitregenten Licinius traf, um unter anderem die allgemeine Religionsfreiheit für Christen und andere zu proklamieren, »auf dass alle Gottheit und jedes himmlische Wesen, welches es auch sein mag, uns und allen, die unter unserer Herrschaft leben, milde und gnädig sei.«[48] Noch deutlicher wird er in einem Brief an den Statthalter Anulinus in Afrika: Die Vernachlässigung der Religion hat dem Staat nur Schaden gebracht, ihre Befolgung dagegen großes Glück. Es ist daher nur recht und billig, dass die Führer der christlichen Kirche »Belohnungen für ihre Mühe erhalten«. Folglich werden die Priester von staatlichen Diensten befreit, denn »wenn sie dem Dienst für die Gottheit große Sorgfalt widmen, ist dies dem Staat in hohem Maße nützlich«.

Das also war das (typisch römische) Motiv für all das Geld, die Titel und Privilegien, die sich nun über die Kirche ergossen, ja hier liegt das Hauptmotiv aller Machthaber der Weltgeschichte, die plötzlich die »Frömmigkeit« entdecken. Ohne Zweifel war das Ende der Verfolgungen eine enorme Erleichterung für die Kirche. Aber der Preis für diese Freiheit sollte sich als horrend erweisen. Die Mächtigen schenken einem nichts.

Im Jahre 410 geschieht das Unerhörte: Das »ewige Rom« wird von den Barbaren geplündert. Einer der Augenzeugen, der Kirchenvater Augustinus, schreibt unter dem Eindruck dieses Zusammenbruchs sein Großwerk *Der Gottesstaat*, in welchem er die beiden Machtsphären der Geschichte beschreibt: das Gottesreich (das in der Liebe zu Gott gründet) und das irdische Reich (das in der Liebe zum eigenen Ich gründet). Augustinus selber sagt nicht ausdrücklich, dass das Gottesreich von der Kirche und das irdische vom Staat verkörpert wird, aber das Mittelalter fasste es so auf; die Spannungen zwischen Papsttum und diversen Königen und Kaisern sollten an die tausend Jahre lang das Grundthema des Machtkampfes in Westeuropa bilden.

Im Osten bildete sich in Byzanz, der »Fortsetzung« des Römerreiches, das konstantinische Modell des Vertrags zwischen Kaiser und Kirche zu einer sehr spezifischen Kultur heraus, die ebenfalls tausend Jahre bestand. Nach der Eroberung Konstantinopels durch die Türken 1453 setzte sich dieses Staatskirchenmodell im »heiligen Russland« fort, das in unseren Tagen in verschiedenen Verbindungen zwischen Orthodoxer Kirche und großrussischem Nationalismus eine Wiedergeburt erfährt.

Die Klöster begannen als Protestbewegung gegen den Kult der Welt um Macht und Reichtum. Das Problem war nur, dass ihre Bibliotheken und Schreibschulen, ihre Kenntnisse in Ackerbau und Armenpflege, ihre internationale Vernetzung, ihre Architektur usw. sich als so nützlich für die weltliche Macht erwiesen. Die groß angelegte Durchorganisierung der benediktinischen Klöster unter Karl dem Großen hatte vielleicht nicht nur religiöse Motive; von diesem Zeitpunkt an kann man die Klöster als eine wirklich große und einheitliche Bewegung in Europa betrachten – und als verlässliche Stütze der Machtstrukturen in der Gesellschaft.

So »verlässlich«, dass sie schließlich trotz der Reformversuche der Zisterzienser im 12. Jahrhundert vielerorts die größten Grundbesitzer und ein enormer politischer Machtfaktor waren. Auf diesem Hintergrund kam es zur Reformation. Als der schwedische Reformator Olaus Petri, der die Kirche von den Ketten der Weltlichkeit befreien wollte, die Zusammenarbeit mit dem jungen König Gustav Vasa suchte, kam er alsbald vom Regen in die Traufe. Der König, der eher an die Mittel zur Entlohnung seiner teuren deutschen Landsknechte als an das reine Evangelium dachte, machte sich kurzerhand zum obersten Herrn der schwedischen Kirche, die fortan der verlängerte Arm der Obrigkeit war. Steuern, Abendmahlsbesuch, Kriegsdienst und Katechismus – alles geschah in Gottes Namen. Einfach und praktisch, sowohl für die Machthaber, die sich mit keiner aufmüpfigen Kirche herumschlagen mussten, als auch für die Kirche selber, die frei von religiöser Konkurrenz und mit Geld und obrigkeitlichem Wohlwollen bestens versehen war. Doch wie immer sollte der Preis sich als hoch erweisen. Was passiert mit dem Gottvertrauen eines Volkes, dem das Evangelium jahrhundertelang mit der eisernen Faust der Obrigkeit eingehämmert wird? Was geschieht mit der Kirche?

Kein Wunder, dass mit der Aufklärung die große Abrechnung mit kirchlicher Machtfülle und intellektueller Zensur kam. Eigentlich wandte man sich nicht gegen Gott, aber die Kirche war so massiv mit dem Dickicht der Macht verfilzt, dass etwa die Französische Revolution prinzipiell atheistisch wurde. Es ist immer wieder die gleiche Lektion: Die Kirche, die ihre Seele an die Macht und den Reichtum verkauft hat, muss früher oder später den Preis dafür zahlen. Im Zuge der Aufklärung wuchs auch die Einsicht unter den Politikern, dass man Kirche und Staat getrennt zu halten habe. Wie einer der Väter der Verfassung der USA, James Madison, schrieb: »Ohne die Unterstützung durch die Obrigkeit gedeiht die Religion in reinerer Form als mit ihr.«[49]


## Ford oder General Motors?

Ein Kardinalproblem bei dieser ganzen Entwicklung ist das Unvermögen der Kirche gewesen, den Zusammenhang zwischen Macht und Weltlichkeit zu sehen. Das Neue Testament warnt uns davor, die Welt zu lieben. Schön, sagt die Kirche, dann müssen wir unser Revier gut abstecken, damit die Welt uns nicht zu sehr dreinredet. Auf diese Weise hat die Kirche oft zwischen Weltlichkeit und Macht unterschieden, so dass sie die weltlichen Machthaber verachten, aber gleichzeitig dort, wo es um Macht, Geld und anderes ging, selber so weltlich sein konnte, wie sie wollte – ein Muster, das im Mittelalter im »Investiturstreit« des 11. Jahrhunderts schmerzlich deutlich wurde, als Kirche und Kaiser um das Recht kämpften, die Bischöfe und Äbte zu bestimmen. Die Kirche siegte – aber es war eine Kirche, die ihren Kampf gegen die Welt immer mehr mit den Mitteln der Welt führte. Thomas Merton schreibt über diese Veränderung in der ursprünglichen Weltverachtung der Kirche:

»Ursprünglich sollte dies zweifellos dem Glaubenden eine gewisse . . . Freiheit von (weltlichen) Sorgen geben, ohne die jede Form der Liebe zu den Menschen in der Welt völlig undenkbar ist. Doch leider wurde diese *contemptus mundi* zur bloßen Formalität für religiöse Organisationen, die auf ihre eigene Art ziemlich weltlich waren . . . So kam es, dass das, was man [die Kirche] da verachtete, eigentlich nicht die ›Welt‹ als solche war, sondern eine rivalisierende Machtstruktur oder ganz einfach ›unser Konkurrent‹ . . . So wurde mit der Zeit der ›Gegensatz‹ zwischen der ›geistlichen‹ und der ›weltlichen‹ Macht nichts weiter als jener Geist brüderlicher Konkurrenz, wie er (wie ich einmal annehme) zwischen Ford und General Motors existiert.«[50]

Die Entwicklung in Lateinamerika ist hier sehr erhellend. Seit der weißen Eroberung war dieser Kontinent ein Musterbeispiel für die Verflechtung der Kirche mit dem Staat und der Welt. Die Priester standen Seite an Seite mit den Conquistadores, und mit einigen wichtigen Ausnahmen hielt sich dieses Muster bis 1968. In diesem Jahr fand in Medellin (Kolumbien) eine Bischofskonferenz statt, die ein historischer Durchbruch für eine andere Kirche in Lateinamerika war. Immer mehr Bischöfe, Priester und andere Mitarbeiter wechselten die Fronten. »Gott steht auf der Seite der Armen, und die Kirche muss dies auch tun«, hieß die neue Losung. In einem Land nach dem anderen entstanden »Basisgemeinden«, in denen die einfachen Menschen gemeinsam mit den Pfarrern und Bischöfen die Bibel lasen, beteten und das Evangelium konkret anwendeten. Man begann mit Alphabetisierungskampagnen und anderen Formen der Bewusstseinsbildung, und bald fing die Kirche an, sich aus dem jahrhundertelangen selbstverständlichen Verbündeten der Obrigkeit in ihren ernstesten Gegner zu verwandeln.

Damit aber entstand um die Macht herum ein Vakuum – jenes religiöse Vakuum, das die weltliche Machtausübung immer um sich herum schafft und das danach ruft, von einer Kirche ausgefüllt zu werden, die bereit ist, ihre Seele als Parteigängerin der Mächtigen und Reichen zu verkaufen. Die Augen der Regierungen fielen in dieser Situation auf die Freikirchen, die sich gegen den heftigen Widerstand der Machtallianz zwischen katholischer Kirche und Staat in Südamerika etabliert hatten. Der Baptistenpastor René Padilla aus Buenos Aires berichtet:

»Heute stehen die protestantischen Kirchen vor einem ganz neuen Problem. In Ländern wie Chile, Brasilien und Guatemala sind sie rein statistisch nach wie vor eine Minderheit. Aber sie wachsen unerhört schnell . . ., und sobald sie zahlenmäßig stark sind, . . . werden sie wichtig für die Politik. Das Risiko ist groß, dass sie von ihren Regierungen manipuliert werden. In Chile z.B. stand die katholische Kirche dem Pinochet-Regime kritisch gegenüber. Also besuchte der Präsident einmal im Jahr die Pfingstkirche in Santiago. Und die Pastoren scheinen es nicht zu merken, wie sie für die Ziele der Regierung eingespannt werden. Das ist ein Riesenproblem.

Rein formell sind die evangelischen Kirchen natürlich keine Staatskirchen, aber sie fungieren immer mehr wie Staatskirchen. Ihre Leiter erhalten besondere Privilegien von den Regierungen, die die Leiter anderer Kirchen nicht bekommen. Sie haben freie Hand bei ihren Radioprogrammen, sie bekommen Zugang zur Armee, zu den Schulen usw. Und in ihrem Eifer, das Evangelium zu verkündigen, lassen sie sich auf die Spielregeln des Regimes ein. Viele Pastoren sind so naiv, dass sie nicht merken, was da läuft, sondern es rein als positive Entwicklung betrachten.«[51]

In den USA durchsäuert die christliche Rechte zur Zeit große Teile der Republikanischen Partei. Es ist eine historische Ironie, dass diese christlichen Rechten ihre Wurzeln just in jenen europäischen Freikirchen (nicht zuletzt den Baptisten) haben, die sich in der Opposition zu den in einer massiven Machtallianz mit dem Staat stehenden etablierten Kirchen befanden, ja oft von ihnen verfolgt wurden. Je mehr diese christliche Rechte in den USA an Macht gewinnt, umso stärker wird sie eben die religiös motivierte Verbotsgesellschaft schaffen, vor der ihre Vorväter einst nach Amerika flohen . . .

Wie immer führt die Allianz der Kirche mit der Macht zu einer Unterstützung der herrschenden Politik – entweder, indem sie dem Staat ihren ausdrücklichen Segen erteilt oder über die stillschweigende Verpflichtung, keine offene Kritik am Regime zu äußern. Sobald eine Kirche aus diesem Arrangement (vgl. den Kontrakt zwischen Staat und Göttern im alten Rom!) auszubrechen beginnt, reagieren die Machthaber.

Als 1993 die Bischöfe der schwedischen Staatskirche eine Broschüre mit einer kritischen Analyse der Marktwirtschaft aus der Perspektive der Bibel herausgaben, reagierte der schwedische Arbeitgeberverband sofort mit Annoncen, Gegenseminaren usw. Auf die Frage des Schwedischen Kirchenblatts beschrieb der Führer der Konservativen, Carl Bildt, seine Reaktion auf die Erklärung der Bischöfe wie folgt: »Die so zahlreichen politisch radikalen und linkspopulistischen Äußerungen des Bischofskollegiums bzw. einzelner Bischöfe hat bei vielen Menschen die gefühlsmäßige Identifizierung und das Vertrauen in die Schwedische Kirche erschüttert. Viele hätten lieber bischöfliche Ratschläge zu den großen existenziellen Fragen.«[52]

Diese Struktur liegt natürlich auf einer viel tieferen Ebene als der rechter oder linker Parteipolitik. Es geht um das Recht der politischen Macht, das zu tun, was sie will, ohne von oppositionellen Gruppen dabei gestört zu werden. Als im Frühjahr 1995 in Schweden Gemeindemitarbeiter die Menschen öffentlich dazu aufriefen, von der Ausweisung bedrohte Flüchtlinge zu verstecken, protestierte der sozialdemokratische Einwanderungsminister, dass dergleichen nicht Aufgabe der Kirche sei. Die Mächtigen wollen nämlich selber bestimmen, was die Aufgabe der Kirche ist – z.B. Wegweisung in den »großen existentiellen Fragen« zu geben, also solchen Fragen, die garantiert nichts mit Politik oder Wirtschaft zu tun haben. Als ob genug zu essen und ein Arbeitsplatz keine existentiellen Fragen wären! Man glaubt nicht, wie fromm Politiker werden können, wenn sie über die großen religiösen Aufgaben der Kirchen sprechen und wie schlimm es sei, wenn die Kirchen sich stattdessen politisieren lassen.

Der kenianische Diktator Arap Moi hat über viele Jahre hinweg ein leider zeitloses Beispiel für die verschiedenen Methoden gegeben, die einem Regime zur Neutralisierung einer oppositionellen Christenheit zur Verfügung stehen:

- Unterstütze die konservativen Kirchen, die stillhalten, durch ökonomische Geschenke und öffentliche Erklärungen über den hohen Wert der Religion.
- Gib die oppositionellen Kirchen und ihre Führer der Lächerlichkeit und Verfolgung preis; das spaltet auch die Christenheit.
- Versuche, die kritischen Christen in die politische Arena hineinzuschieben. »Eigentlich sind das doch Politiker, und keine Kirchenleute . . .«
- Deute an, dass die oppositionellen Kirchen heimlich Gelder vom Ausland und von fremden ideologischen Gruppen bekommen, womit sie »unserem Land und unserer Regierung schaden«.
- Konzentriere die Angriffe auf die großen, international bekannten Kirchen. Die kleinen »Sekten« sind schon zersplittert genug und damit ungefährlich.
- Verlange von nichtstaatlichen Organisationen, die sozial arbeiten, dass sie sich registrieren und staatlich beaufsichtigen lassen.
- Mache die oppositionellen Kirchenführer persönlich fertig, durch anonyme Einbrüche und Überfälle, durch Schikanen gegen die Familien, durch »Freunde«, die sie warnen usw.[53]

## Die neue Obrigkeit

In unseren Tagen steht die Welt vor Umbrüchen, die die ganze Frage des Verhältnisses der Kirche zur Welt radikal verändern. Jahrzehntelang kreiste diese Frage um das Verhältnis der Kirche zu der Regierung ihres Landes. Es ging um den Nationalstaat, der heute den meisten als das Natürlichste von der Welt gilt. Doch das ist er keineswegs. Rein historisch ist der Nationalstaat erst etwa 350 Jahre alt. Im Mittelalter lebten die Menschen Europas in bedeutend komplexeren sozialen und politischen Strukturen. Das Feudalsystem, kirchliche Strukturen, Könige und Grafen zogen andere Grenzen als die, die wir möglicherweise als unser »ewiges Vaterland« betrachten. Es spricht einiges dafür, dass der Nationalstaat, wie wir ihn kennen, eher eine relativ kurze Episode zwischen der grenzüberschreitenden Gesellschaft des Mittelalters und der heute aufkommenden Informationsgesellschaft mit ihrem globalen Markt war. Die neue Obrigkeit – das sind die Unternehmen und Konzerne, und sie sind mehr international als national orientiert.

Es waren die Unternehmen, die die Europäische Union vorange-trieben haben, es sind die Unternehmen, die durch Sponsoring von Ausstellungen, Orchestern unter anderem immer mehr das kulturelle Leben tragen, die Unternehmen auch, die einen Großteil der Forschung finanzieren und damit das höhere Bildungswesen steuern. Die Unternehmen besitzen und lenken große Teile der Medien; Fernsehen, Zeitungen, Literatur usw. beeinflussen die Menschen in die Richtung, in der der Rubel rollt. Die Unternehmen besitzen und lenken große Teile der Medien und sind wichtige Sponsoren im Sport. In der Dritten Welt treten sie in hohem Maße selbständig auf, kaufen Rohstoffe, bauen Fabriken, beeinflussen Regierungen usw. Die Unternehmen sind das moderne Gegenstück zu den großen Eroberern und Schatzjägern der Sagen und der Geschichte. Immer häufiger finden vom Volk gewählte Obrigkeiten sich im Schlepptau der Marktkräfte wieder; ob sie dabei mehr »links« oder »rechts« sitzen, spielt keine große Rolle.

Als ich mit meiner Familie vor einigen Jahren die Kathedrale von Coventry in England besuchte, kam mir eine Broschüre mit Gebeten und Informationen in die Hand, die versicherte, dass die in Coventry ansässigen Autohersteller »Jaguar, Peugeot Talbot und Rover mit ihren lokalen und internationalen Kontakten die Vision der Kathedrale von einer Welt des Aufeinander-Angewiesenseins mittragen«.

Natürlich sind Unternehmen in sich nichts Böses, genauso wenig wie ein König oder eine Regierung. Kein Land kann ohne Wirtschaft und Obrigkeit existieren, und in beiden sind Christen vonnöten. Das Problem ist, dass die Kirche einen anderen Herrn hat und dass sie, um ihm folgen zu können, frei von den Herren dieser Welt bleiben muss. Sonst wird sie am Ende ihren Herrn aufs Neue ans Kreuz bringen, wie einst die religiösen Führer der Juden, die zum Schutz ihrer Interessen ein taktisches Bündnis mit Pilatus eingingen: »Lässt du diesen frei, so bist du des Kaisers Freund nicht; denn wer sich zum König macht, der ist gegen den Kaiser!« Und als Pilatus sie fragte, ob er wirklich ihren König kreuzigen lassen soll, kommt die Antwort, die die Kirche nur zu oft gegeben hat: »Wir haben keinen König als den Kaiser.« (Johannes 19,12-15)

»Da überantwortete er ihnen Jesus, dass er gekreuzigt würde.« Wie können wir verhindern, dass dies abermals geschieht? Wie schaffen wir es, den Fallgruben der Macht und der Privilegien auszuweichen, wie behalten wir den wachen Durchblick durch die ideologischen Nebelschleier? Wie können wir im 3. Jahrtausend eine Kirche gestalten, die die Fehler der Geschichte nicht wiederholt, sondern den Menschen eine Freistatt jenseits der Luftspiegelungen der Macht und des Reichtums bietet?

Es ist kein Zufall, dass Jesus das Verhältnis seiner Gemeinde zur Welt in der Form eines Gebetes formuliert. Allein durch das Gebet können wir so in Gott verankert werden, dass wir den Versuchungen der Welt standhalten können. Noch so durchdachte Analysen und Theologien haben den Kräften, um die es hier geht, nicht genug entgegenzusetzen. Nur eine betende Kirche hat einen genügend großen Teil ihres Wurzelsystems im Verborgenen, außer Reichweite der Mächte der Welt.

Wie die Frucht aus den verborgenen Kraftquellen des Glaubens wächst, so wächst die äußere Gestalt aus dem inneren Leben. Eine Kirche mit einem bloß oberflächlichen Gebets- und Anbetungsleben wird bald zu einem frommen Spiegel der Welt statt zu einem Spiegel Gottes, zu einem leeren Echo der weltlichen Stimmen anstatt einem Raum der heiligen Stille, wo Menschen Gottes Stimme vernehmen können.

Im Gebet lauschen wir auf Gottes Wesen, Willen und Werte, auf dass wir sie in dieser Welt umsetzen können. Aus unserer Beziehung zu Gott erhalten alle anderen Beziehungen ihre Qualität und Richtung. Eine Kirche mit einer verkümmerten Gottesbeziehung wird in ihrem Verhältnis zur Welt bald von anderen Kräften angetrieben werden:

*Von unserer Angst vor der Welt.* Ungefähr wie bei einem überbehüteten Kind, das sich nie ins Leben hinauswagt. Entweder führt dies dazu, dass wir in unserer Selbstisolierung verbleiben, oder dass wir ins andere Extrem umkippen: Wir merken, dass die Welt ja doch nicht so gefährlich ist, und stürzen uns ahnungslos in all das bisher Verbotene hinein. In beiden Fällen fallen wir der Welt zum Opfer.

*Von der Verteidigung unseres Lebensstils.* Sehr wahrscheinlich des Lebensstils der weißen, reichen europäischen Mittelklasse, die doch für einen Christen das »Normale« ist und daher in Gottes Namen um jeden Preis verteidigt werden muss. Was ist dies, wenn nicht eine Liebe zu der falschen Welt, die uns daran hindert, die wirkliche Welt zu lieben?

*Von unseren ideologischen und kirchlichen Traditionen.* In dem klassischen Dreieck »Geld – Sex – Macht« haben die konservativen

Gruppierungen sich traditionell mehr auf den Sex eingeschossen und vor der »Politisierung« des Evangeliums durch eine zu starke Beschäftigung mit Geld und Macht gewarnt, während umgekehrt die Liberalen sich ökonomischen und machtpolitischen Fragen gewidmet und vor einer »Privatisierung« des Evangeliums gewarnt haben. Mit diesem klassischen »Paketsyndrom« sind die diversen Gruppierungen leichte Beute für politische Rechts- bzw. Linksideologien geworden. Die in verschiedene Richtungen zersplitterte Wahrheit hat nicht mehr die innere Kraft, eine von äußeren Einflüssen freie, einigende Bewegung zu schaffen. Darum betet Jesus in der Nacht vor seiner Kreuzigung: »Ich bitte nicht, dass du sie aus der Welt nimmst, sondern dass du sie bewahrst vor dem Bösen. Sie sind nicht von der Welt, wie auch ich nicht von der Welt bin.« (Johannes 17,15-16)

Zwischen Pilatus und Jesus gähnt ein Abgrund. Jesus nachfolgen heißt, in diesem Gespräch auf seiner Seite zu stehen, wie er ein Fremder in der Welt zu sein. Wir können unmöglich einer Welt zugehören, die den Mammon anbetet, die Sexualität auf die Begierde des Augenblicks reduziert und auf der Jagd nach mehr Macht über Leichen geht. Hier müssen wir mit Petrus einsehen, dass wir »Fremdlinge« sind (1. Petrus 1,1) und dass unsere wahre Heimat woanders ist. Jesus gehören, das bedeutet, nicht der Welt gehören, ja letztlich von ihr gehasst werden, hat sie doch Abweichler noch nie längere Zeit dulden können.

Hier gilt es, *die richtigen Grenzen* zur Welt wiederzuentdecken. In vielen christlichen Gruppen war es lange politisch nicht korrekt, überhaupt von Grenzen zwischen der Kirche und der Welt zu reden. Als ich Anfang der 70er Jahre in der christlichen Studentenbewegung aktiv war, war der Marxismus die selbstverständliche Meinungsnorm. Viele, die aus einem muffigen freikirchlichen Milieu kamen, wehrten sich verbissen gegen alle Grenzen: »Es gibt nicht eine geistliche und eine profane Welt, es gibt nur *eine* Welt!« Was man nicht erklärte, war, ob diese eine Welt mehr geistlich oder mehr profan war. Es hat sich schmerzlich klar gezeigt, wie profan sie war.

Dass die Kirche in dieser Welt ohne Grenzen existieren kann, ist ein naiver Wunschtraum, der immer wieder dazu führt, dass man die Kirche zum Schluss nicht mehr von der Welt unterscheiden kann. Der Spruch »Alles ist Gott« führt unweigerlich zum nächsten Säkularisierungsschritt: »Nichts ist Gott.« Wer alle Grenzen niederreißt, der unterschreibt seine Kapitulation vor den jeweils herrschenden Ideologien, Lebensstilen und Interessen. Die Welt verändern kann nur, wer Abstand von ihr hat.

Jesus fährt in seinem Hohepriesterlichen Gebet fort: »Heilige sie in der Wahrheit; dein Wort ist die Wahrheit. Wie du mich gesandt hast in die Welt, so sende ich sie auch in die Welt. Ich heilige mich selbst für sie, damit auch sie geheiligt seien in der Wahrheit« (Johannes 17,17-19). So wie wir Jesu Fremdlingschaft in der Welt teilen, teilen wir auch seine Sendung in die Welt. Der Vater hat den Sohn nicht in der himmlischen Herrlichkeit behalten, sondern ihn als Lamm unter die Wölfe geschickt und Mensch werden lassen.

Jesus selbst ist das Wort der Wahrheit. Durch ihn geheiligt werden kann nie bedeuten, dass wir ängstlich einem Paragraphenkatalog folgen, um nur ja nicht von der Welt beschmutzt zu werden, und in einem Wahrheits-Ghetto leben, das sich mit hohen Mauern von der »Lüge« abschirmt. Da das Wort Fleisch wurde und unter uns wohnte, muss die Heiligung der Kirche bedeuten, dass wir uns um den Fleischgewordenen sammeln, damit er durch uns seine Gegenwart in der Welt sichtbar werden lassen kann.

Hier gilt es nicht, die »wahren« Grenzen aufzurichten, sondern die falschen, die uns daran hindern, Kirche zu sein, niederzureißen. Wir müssen z.B. die alte Furcht vor der Wissenschaft überwinden und freimütig in einen kritischen Dialog mit ihr eintreten, aus der Erkenntnis heraus, dass alle Wahrheit Gott gehört. Wir müssen eine Gegenbewegung gegen das ethnische Reinheitsdenken schaffen, das so gefährliche Mauern zwischen den verschiedenen Volksgruppen hochzieht. Ganz zu schweigen von der Stadtteilbildung nach Einkommen und sozialem Status. Wir müssen die Angst vor Menschen mit anderem Glauben, anderer Kleidung und anderer Musik überwinden. Wir haben Fremde für die Sünde zu sein, aber niemals für das Menschliche.

Zu den falschen Grenzen gehört auch die Angst vor der Zusammenarbeit mit nichtchristlichen Gruppen. Die Katholiken haben hier einen sehr praktischen Ausdruck, der aus der alten Vulgata-Übersetzung des Lobgesangs der Engel in Lukas 2,14 stammt: ». . . den Menschen, die guten Willens sind.« Die konkrete, offenherzige Zusammenarbeit mit allen Menschen guten Willens, um bedrängte Menschen und andere Teile der Schöpfung zu schützen, muss der Kirche stets möglich sein.

Aus der Mitte des 2. Jahrhunderts ist uns ein Brief an einen Heiden namens Diognetes überliefert. Wir kennen den Verfasser nicht, seine Beschreibung der Rolle der Gemeinde in der Welt können wir uns als Beispiel nehmen:

»Denn die Christen sind weder durch Heimat noch durch Sprache und Sitten von den übrigen Menschen verschieden. Sie bewohnen nirgendwo eigene Städte, bedienen sich keiner abweichenden Sprache und führen auch kein absonderliches Leben ... Sie bewohnen jeder sein Vaterland, aber nur wie Beisassen; sie beteiligen sich an allem wie Bürger und lassen sich alles gefallen wie Fremde; jede Fremde ist ihnen Vaterland und jedes Vaterland eine Fremde. Sie heiraten wie alle andern und zeugen Kinder, setzen aber die geborenen nicht aus. Sie haben gemeinsamen Tisch, aber kein gemeinsames Lager. Sie sind im Fleische, leben aber nicht nach dem Fleische. Sie weilen auf Erden, aber ihr Wandel ist im Himmel. Sie gehorchen den bestehenden Gesetzen und überbieten in ihrem Lebenswandel die Gesetze. Sie lieben alle und werden von allen verfolgt. Man kennt sie nicht und verurteilt sie doch, man tötet sie und bringt sie dadurch zum Leben. Sie sind arm und machen viele reich; sie leiden Mangel an allem und haben doch auch wieder an allem Überfluss ... Sie tun Gutes und werden wie Übeltäter gestraft; mit dem Tode bestraft, freuen sie sich, als würden sie zum Leben erweckt ... Um es kurz zu sagen, was im Leibe die Seele ist, das sind in der Welt die Christen.«[54]

# Im Kreis der Jünger

1970 schrieb der amerikanische Autor Alwin Toffler sein Buch *Future Shock*, das zum Prototyp einer ganzen Gattung mehr oder weniger durchdachter Zukunftsszenarien wurde. Der Grundgedanke ist, dass die Zukunft auf allen Gebieten derartig durchgreifende Veränderungen bringen wird, dass uns die Lähmung durch einen kollektiven Schockzustand droht. Wir müssen schleunigst lernen, die Signale unserer Umwelt zu »filtern«, damit wir überhaupt noch mit der Wirklichkeit umgehen können.

Die Schlüsselworte in diesem Zukunftsszenario waren »Flüchtigkeit«, »Trendjagd« und »Pluralismus«. Heute nicken wir weise und sagen: Jawohl, es ist so weit. Die Flüchtigkeit herrscht fast überall.

Unser Wissen verdoppelt sich alle zehn Jahre, Denken und Werte verändern sich rasant, was gestern richtig war, ist heute falsch. Auf dem Beziehungs- wie auf dem Arbeitsmarkt herrscht ein ständiges Verschiebespiel. Garderobe, Möbel, Auto usw. müssen so oft wie möglich durch etwas Neues ersetzt werden.

Die Trends geben der wilden Jagd die Fahrtrichtung. Nervös suchen wir den Horizont nach den neuesten Modesignalen ab. Das schwirrende Mosaik, das in beängstigend kurzer Zeit an die Stelle des gewohnten Geleises getreten ist, bezeichnen wir mit dem recht unscharfen Wort »Pluralismus«. Hier gibt es alles Seite an Seite, ob es um Teesorten geht oder um die Religionen.

Was Wunder, wenn auch die Kirche durch eine kollektive Identitätskrise geht. Die Strukturen unserer Kirchen entstanden ja in Gesellschaftsformen wie dem Mittelalter bzw. für viele Freikirchen dem Übergang zur Industriegesellschaft, die es heute nicht mehr gibt. Aus der dominierenden »Kirche im Dorf« ist eine Stimme von vielen im Gebrause des elektronischen Zeitalters geworden. Die Predigtkanzel unseres Lebens ist von den Medien erobert worden, und die geltenden Normen für Loyalität, Lebensstil und Geborgenheit werden von den großen Konzernen definiert.

Die allgemeine Konjunkturlage und die weiter fallenden Mitgliederzahlen zwingen auch in der Christenheit zu harten Sparmaßnahmen. Verwaltungen werden verschlankt, Gemeinden zusammengelegt. Im Orkan der Veränderungen ducken wir uns eher hinter der Frage: »Wie können wir die Stellung halten?«, als dass wir uns voll aufrichten und fragen: »Was für neue Türen will Gott uns öffnen?«

Johannes der Täufer sagte, dass derselbe Jesus, der uns mit dem Heiligen Geist taufen wird, auch die »Worfschaufel« in der Hand hat, um die Spreu vom Weizen zu trennen (Matthäus 3,11-12). Dies ist das uralte Bild des Bauern, der das geerntete Getreide mit einer Schaufel in die Luft wirft, wo der Wind die leichten Spelzen davonweht, während die schwereren reifen Körner zu Boden fallen. So trennt heute der Wind der Veränderung das Bleibende vom Vergänglichen. Es ist ein schmerzliches Gericht über uns und unsere Werke – aber der Schmerz wird gleich leichter, wenn wir ahnen, dass es ja Jesus selber ist, der die Worfschaufel in der Hand hält, er, der seine Gemeinde liebt und nie verlassen wird.

Wir erleben heute die Demontage der beiden Haupt-Gemeindemodelle, die lange so selbstverständlich waren. Das erste und älteste ist die Volkskirche. Ihr verändertes Verhältnis zu Staat und Obrigkeit haben wir bereits im letzten Kapitel berührt, aber es tauchen noch andere Klippen vor dem Schiff der Volkskirche auf.

Ein Hauptproblem ist die *Pfarrerkirche*. Nach der klassischen Formulierung im Augsburger Bekenntnis ist die Kirche die »Versammlung der Gläubigen . . ., bei denen das Evangelium rein gepredigt und die heiligen Sakramente laut dem Evangelium gereicht werden.« In der Praxis hat man in dieser Tradition das Gewicht hier erdrückend auf den zweiten Teil des Satzes gelegt. In der Volkskirche steht der Pfarrer total im Mittelpunkt: Allein er darf predigen, taufen und Gottesdienste halten. Das Ergebnis ist ein entsprechender Rückgang der freiwilligen Mitarbeit der »Laien«.

Diese weitgehende Professionalisierung hat zu einer ebenso weitgehenden *Passivität* geführt. Wer überhaupt noch in die Kirche geht, tut es, um zu konsumieren: Predigten, Konzerte, Taufen usw. In einer Gesellschaft, die einen ansonsten von Kind auf zu Mitarbeit und kritischem Denken erzieht, ist diese Volkskirchlichkeit ein Relikt aus längst vergangenen Obrigkeitszeiten. Manchmal begründet man sie theologisch mit dem lutherischen Hinweis auf die Rechtfertigung allein durch den Glauben: »Wie schön, wenn man einfach nur auftanken darf.« Und nach einer harten Arbeitswoche mag das sogar stimmen, aber wenn dies die einzige Rolle ist, die die Gemeinde mir bietet, stellt sich auf die Dauer eher Frust als Erholung ein.

Dies hat Konsequenzen auch für die Geschlechterverteilung in den Kirchen. Die traditionell mehr zu Passivität erzogenen Frauen scheinen es länger auf den Kirchenbänken auszuhalten; die Männer stehen auf und gehen: Was soll ich hier?

»In der lutherischen Theologie kann ja nur Christ werden, wer nichts vorzuweisen hat. Dass ich nichts tauge, ist die entscheidende lutherische Qualifikation. Das Ergebnis dieser Theologie sehen wir in unseren Gemeinden. Führungstalente sind Mangelware, und ich glaube, das hat theologische Ursachen. Die Führungstalente bekommen ja keine Chance, zum Glauben zu kommen, die traditionelle Verkündigung erreicht sie nicht. Die Volkskirche hilft ihnen [den Gläubigen] nicht, Flagge zu zeigen, weil ein Christ das ja nie braucht. Damit aber wird sie uninteressant für Menschen mit Profil.«[55]

Womit wir beim dritten Schlüsselwort im volkskirchlichen Modell sind: *Profillosigkeit*. Die manchmal schon panische Angst davor, die Menschen vor den Kopf zu stoßen, führt zu einer solchen Reduzierung von Botschaft und Formen, dass die Kirche sich schließlich kaum noch vom Rest der Gesellschaft abhebt. Aus der Gemeinschaft der Heiligen ist eine unverbindliche Service-Institution geworden, wo jemand, der tiefere Gemeinschaft und Wegweisung sucht, bald von der anödenden Angst vor zu viel Frömmigkeit wieder fortgescheucht wird. Sich engagieren? In *dieser* Kirche ...?

## Die Geschichte wiederholt sich

Das freikirchliche Modell hat in Europa kaum zweihundert Jahre auf dem Buckel, doch seine Wurzeln gehen viel weiter zurück. Es ist vielleicht kein Zufall, dass das erste große Kräftemessen zwischen den beiden Kirchenmodellen am Übergang von der alten Kirche zur staatlich anerkannten Kirche stattfand, unter Kaiser Konstantin zu Beginn des 4. Jahrhunderts. Damals betonte eine starke Bewegung in Nordafrika (Donatisten), wie alle späteren freikirchlichen Bewegungen stark den ersten Teil in der Augsburger Gemeindedefinition: die »Versammlung der Gläubigen« bzw. Gemeinschaft der Heiligen. Persönliche Bekehrung und verbindlicher Lebensstil waren ein Muss. Die Bewegung wurde schonungslos verfolgt, nicht zuletzt unter der Führung von Augustinus.[56]

Immer wieder taucht das freikirchliche Modell in der Geschichte auf, als Kontrast zu einer profillosen Volkskirchlichkeit, und in den ersten Generationen kam es oft zu dynamischen und glaubwürdigen Beispielen christlichen Gemeindelebens. Die Probleme kommen später. Gerade die Strukturen, die in der ersten Generation am stärksten betont werden, tragen den Keim für die kommenden Schwierigkeiten in sich.

Ein erstes Schlüsselwort: *Betriebsmüdigkeit.* In der ersten Generation, wo die Aktivitäten eine direkte Reaktion auf aktuelle Bedürfnisse sind, arbeiten die Gemeindeglieder mit Leib und Seele mit. Menschen kommen zum Glauben, die Gemeinde blüht. Doch die folgenden Generationen erben zwar die Aufgaben, nicht aber die ursprüngliche Motivation. Dazu kommen Veränderungen in Gesellschaft, Bedürfnissen, Sprache, Zielgruppen usw. Und so wird die Arbeitslust zur Arbeitslast. Nicht zuletzt die Familien sinken schier nieder unter all den Aufgaben. Die Gemeinde ist immer weniger Kraftquelle und immer mehr Bürde.

Damit teilt sich die Gemeinde in zwei Kategorien: die »Zugpfer-de« und die, die – mit mehr oder weniger großen Schuldgefühlen – nicht mehr zum Mitziehen bereit sind. Aus einer Jüngerschule für Sünder ist ein schwerfälliges Pflichtenschiff für religiöse Musterkna-ben geworden.

Was uns zum zweiten Krisenwort im freikirchlichen Modell bringt: Schwellen. Die Freikirchen entstanden ja dadurch, dass man das Evangelium mit einer Schwelle versah – der bewussten Bekeh-rung. Diese Schwelle war eine Entscheidungshilfe – für oder gegen Jesus. Aber je mehr die Betriebsamkeit sich auf Kosten der geistli-chen Wegweisung ausbreitete, um so mehr Schwellen entstanden, die es dem Sünder immer schwieriger machten, Eingang in diesen tüchtigen Kreis von (mittlerweile) Mittelklassebürgern zu finden. Zum Schluss ist es egal, mit was für Aktionen und Methoden man die Leute zu »erreichen« versucht; die Gemeinde ist zu einem ge-schlossenen Verein geworden. Aus der Gemeinschaft der Heiligen ist die Vereinsmeierei geworden, und wenn zu einer Evangelisation eingeladen wird, ist die Entschuldigung »Danke, aber ich bin schon im Fußballverein« durchaus plausibel.

Drittens schließlich das *Generationenproblem*. Die Bekehrung seiner Eltern kann man bekanntlich nicht erben, und ob die der Kin-der durch den religiösen Eifer der Eltern befördert wird, ist zumin-dest fraglich. Trotz aller klugen Ermahnungen, die Kinder selber entscheiden zu lassen, ist es unausweichlich, dass sie zum Teil ande-re Motive für ihr Gemeinde-Engagement haben als die erste Gene-ration: Man will die Eltern oder Großeltern nicht enttäuschen, die Kumpels in der Jugendgruppe sind prima, man schwimmt halt mit. Zusammen wirken diese Faktoren säkularisierend auf die Gemein-de: Der Motor ist nicht mehr das Evangelium, sondern etwas ande-res. Selbst wer die Gemeinde verlässt, tut dies kaum als Ausdruck seiner Stellung zu Christus, sondern als Abnabelung vom ererbten Milieu.

In diesem Spätstadium beginnen die Unterschiede zwischen Volks- und Freikirche zu verschwimmen. Der ursprüngliche beken-nende Charakter der Freikirche wird ausgehöhlt, da immer mehr Mitglieder aus anderen Gründen als der persönlichen christlichen Überzeugung in der Kirche sind. Die Gemeindezucht der ersten Zeit lebt nur noch in der Erinnerung mancher älteren Glieder fort, die mit einem gewissen Schauder von den »in Sünde gefallenen Mädchen« berichten, die vor versammelter Gemeinde ihre Verfehlungen bekennen mussten. Auf diesen Missbrauch folgte mitnichten eine barmherzigere Form von Seelsorge, sondern . . . nichts mehr. Man spricht nicht mehr darüber, wie die Gemeindeglieder leben.

So hängt die ursprüngliche Bekehrungspredigt immer mehr in der Luft und verwandelt sich nach und nach in seichte Affirmation. Da die »Zugpferde« nicht mehr so stark sind wie früher, fällt eine immer größere Last auf die Schultern des Pastors, der bald einen ähnlichen Ein-Mann-Betrieb zu verwalten hat wie den, gegen den man einst revoltierte.

Und so beginnt das freikirchliche Modell mit der Zeit dem volkskirchlichen mehr und mehr zu ähneln. Das ist natürlich nicht überall so; es gibt, in Volks- und Freikirche, auch dynamische Gemeinden. Aber die Anzeichen dafür, dass die beiden Modelle in ihrer Niedergangsphase immer mehr konvergieren, sind unübersehbar. Man findet in beiden Traditionen zu viele frustrierte, hungernde Menschen, als dass wir das Problem als vorübergehendes Formtief deuten könnten.

Ein katholischer Priester aus Neuseeland, Gerard Arbuckle, spricht von unserem Auftrag, »die Kirche neu zu gründen (refound the church)«. Es geht also nicht mehr bloß um »Erneuerung«, sondern um einen regelrechten »Wiederaufbau« auf dem Grund der Apostel. Arbuckle benutzt das Bild eines Autos. Ein Auto »erneuern« bedeutet, dass man z.B. die Felgen auswechselt, einen Austauschmotor einbaut, die Karosserie umlackiert. Ein »Neugründen« dagegen bedeutet, dass wir uns hinsetzen und überlegen, zu was wir das Auto überhaupt gebrauchen wollen, und es anschließend entsprechend umkonstruieren. Wie wäre es, wenn wir die Räder durch einen Luftkissenantrieb ersetzen? Müssen die Sitze wirklich in zwei Reihen angeordnet sein? Usw.[57]

## Meine innerste Sehnsucht

In unserer historischen Umbruchphase können wir nicht genug die richtige Richtung betonen: zur Mitte hin. Die Lösung kann nie darin bestehen, dass wir am Rand der Kirche umherspringen und nach den Tipps, Ideen und Meinungen der anderen suchen. Manchmal tun wir ja schon so, als seien die Sucher die Retter der Kirche. Gewiss müssen wir auf die suchenden Menschen hören, aber die Gemeinde definieren können sie nicht; das muss sie selber tun, aus einem vertieften Wissen um ihre Mitte heraus. Die Kirche kann nur aus der Mitte definiert werden, nicht von der Peripherie her. Thomas Merton schreibt aus seiner Klostererfahrung heraus (und man vergesse nicht, dass er auch die Welt außerhalb der Klostermauern bestens kennt):

»Reformen, die sich zu ausschließlich auf die ›Rückkehr zum Buchstaben‹ konzentrieren, verheddern sich in einem Netz von Deutungen und vermögen den Bann nicht zu brechen. Wir lassen aus der einen Richtung frische Luft herein, nur um in der anderen sämtliche Fenster zur Welt – oder zum Himmel – fest zu schließen. Aber die Luft der Welt ist natürlich keine saubere Luft. Einfach ausbrechen und die Straßen entlang schlendern ist keine Lösung. Die Luft, die wir brauchen, ist der reine Atem des Heiligen Geistes, und der weht, wo er will. Darum müssen unsere Fenster in jeder Richtung offen oder zu öffnen sein.«[58]

In dieser frischen Luft können wir uns frei zur Mitte hinbewegen. Aber wie macht man das? Nun, der einzige Weg zur Mitte der Kirche geht durch die Mitte unseres eigenen Lebens. Solange wir das Zentrum der Kirche außerhalb unseres Lebens und unseres Inneren suchen, gleichsam als Rechenaufgabe, um das Problem der »Kirche« zu lösen, wird es uns ständig entgleiten. Es ist ja gerade die Spaltung zwischen unserem Inneren und der Kirche, die unsere Desorientierung geschaffen hat. Was uns so verblendet hat, ist doch der Mythos, dass die Gemeinde etwas anderes und »Wichtigeres« sein könnte *als das, wonach wir uns im Tiefsten sehnen.* Auf diesem Mythos haben wir das ganze Betriebsamkeitsgebäude errichtet, das so imponierend und arbeitsintensiv ist – und uns im Tiefsten nicht berührt. Wie ein Freund von mir nach einem Besuch in einer Gemeinde sagte: »Das ist ja alles ganz schön, aber warum soll ich da hingehen?«

In meinen Seminaren mit Mitarbeitern frage ich manchmal: »Wonach sehnen Sie sich ganz persönlich in der Gemeinde?« Manchmal kommen Antworten wie diese: »Ich denke schon lange darüber nach, wie wir die Teenager-Eltern in unserer Gegend erreichen können. Sie haben's ja nicht leicht, und ich glaube, wir könnten ihnen helfen . . .«

Die Antwort enthüllt, wie tief der innere Schaden in uns Mitarbeitern geht. Die Kirche hat mit meinem eigenen Inneren nichts mehr zu tun. So tief sitzt dieses Denken, dass wir uns gar nicht mehr vorstellen können, unser Inneres könnte uns einen Wink geben, was die Identität der Kirche ist. Ist es denn nicht ein egoistischer Luxus, in sich selber hineinzuhorchen? – Kein Wunder, dass wir so müde und desorientiert sind!

Der Weg der Kirche zu ihrer Mitte ist auf das Engste mit der persönlichen Seelsorge verknüpft. Es geht bei der Seelsorge ja nicht nur um die Treue des Einzelnen zu Jesu Ruf in die Nachfolge, sondern eben darin auch um die Treue der ganzen Kirche zu ihrem Herrn. Die Kirche – das sind wir, und in dem Augenblick, wo wir sie von unserem eigenen Leben abtrennen, verwandeln wir sie zu einer Abstraktion, die nie lebendig werden kann, egal wie viel Kraft und Geld wir hineinstecken.

Die Kirchengeschichte lehrt uns, dass die Erneuerung der Kirche nie durch neue Strukturen begann, sondern sie wurde immer wieder durch einzelne Menschen gerettet, die ihre persönliche Sehnsucht ernst nahmen und damit neue Formen gestalten konnten. Die Mitte der Kirche suchen – das bedeutet sehr konkret, mein eigenes Herz suchen. Wie viel Gebet, Seelsorge, Einkehrfreizeiten usw. ich mir gönne, hat mit der Gemeinde als ganzer – alles zu tun.

Allein in unserer eigenen Mitte können wir vom Zentrum des Evangeliums berührt werden. Gott spricht zu Menschen, nicht zu Strukturen. Es kann für unsere von Arbeit und klugen Analysen überfrachteten Seelen lange dauern, aber früher oder später werden wir im anhaltenden Gebet erneut die Mitte der Kirche ausmachen können. Im Dunkel dieser Mitte warten sieben Bilder auf uns, erst nur in vagen Umrissen, dann immer klarer. In den Niedergangszeiten der Kirche sind sie stets als Vorboten einer göttlichen Gnadenwende aufgetaucht:

- Jesus liegt als Kind in der Krippe, umgeben von still anbetenden Menschen aus verschiedenen Schichten und Ländern.
- Jesus wandert mit seinen Jüngern durch die Dörfer Galiläas, in einem befreienden Strom heilender Barmherzigkeit und hell machender Unterweisung.
- Jesus liegt mit seinen Jüngern zu Tisch, bricht das Brot, segnet den Kelch und reicht ihn ihnen.
- Jesus hängt am Kreuz, umgeben von seinen verzweifelten Freunden, die erleben müssen, wie die nackte Gewalt ihre Träume zerbricht.

- Der auferstandene Jesus steht mitten unter seinen Jüngern, und sein Friede strömt wie mächtige Lebenswogen durch sie.
- Am Pfingstmorgen steht Jesus unsichtbar unter seinen geduldig wartenden Jüngern und lässt das Feuerlicht seines Geistes auf sie fallen.
- Das siebte Bild kann ich hier nicht beschreiben; es muss im persönlichen Leben von jedem von uns hervorwachsen. Wie es ist, wenn der Gekreuzigte und Auferstandene in der Gemeinde vor Ort Gestalt annimmt, das können nur die Menschen selber sehen, die dort seinen Namen bekennen.

Der rote Faden durch all diese Bilder ist, dass Jesus mitten in der Gemeinde lebt und uns auffordert, dort an seinem Leben teilzuhaben. Wie er Petrus sagte: ». . . auf diesen Felsen will ich meine Gemeinde bauen« (Matthäus 16,18). Streng genommen ist es gar nicht unser Auftrag, eine mögliche Kirche für das dritte Jahrtausend zu konstruieren, ja es ist völlig unmöglich; nur der Herr selber kann das tun. In den obigen sechs Bildern ist es Jesus, der die Initiative hat; die Jünger folgen ihm im Glaubensgehorsam. So hat heute noch der lebendige Christus die Initiative in seiner Gemeinde, und der Weg in die Zukunft folgt dem gleichen Muster: Er spricht, wir hören; er geht voran, wir folgen.

## In der Jüngerschule

Volvo-Chef Sören Gyll berichtete einmal über die drastischen Veränderungen in der Organisation seiner Firma. Wenn man mit der Frage beginnt: »Was muss weg?«, löst man nur eine abwehrende Kettenreaktion aus, die den Status quo bewahren will, und erreicht nichts. Fragt man dagegen: »Wie würden wir heute diesen Betrieb aufbauen, wenn wir von vorne anfangen könnten?«, kann man das Ziel deutlich anvisieren. Danach kann man dann die technischen Fragen stellen, wie man es am besten erreicht.

Auch in der Krise der Kirche kann es nicht primär um die Frage gehen, was man alles an ihr *verändern* muss. Das würde nur Schutzmechanismen auslösen und den Status quo zementieren. Nein, die Hauptfrage muss lauten: Was ist die Gemeinde ihrem Wesen nach? Hier müssen die erwähnten sieben Bilder deutlich werden. Erst danach können wir anfangen zu fragen: »Wie können wir dies in unserer Situation so klar wie möglich gestalten?« Und erst als Drittes kommt die Frage, was wir verändern müssen, um dies zu erreichen.

Zwei die sieben Bilder durchziehende Worte sind *Jesus* und *die Jünger*. In diesen beiden Worten liegt der apostolische Auftrag: »Mir ist gegeben alle Gewalt im Himmel und auf Erden. Darum gehet hin und machet zu Jüngern alle Völker: Taufet sie auf den Namen des Vaters und des Sohnes und des Heiligen Geistes und lehret sie halten alles, was ich euch befohlen habe. Und siehe, ich bin bei euch alle Tage bis an der Welt Ende.« (Matthäus 28,18-20)

Die Apostel haben diesen Auftrag nie als eine von ihrem eigenen Leben getrennte religiöse Betriebsamkeit verstanden. Ihre Jüngerschule hatte ja in der persönlichen Beziehung zu Jesus stattgefunden! Der bloße Gedanke, dass man es auch anders machen konnte, war ihnen fremd. Und ebenso fremd war ihnen die Auffassung der Taufe als Ziel an sich. Sie war vielmehr ganz Gnaden*mittel*: zum Jüngermachen.

Weiter: Das Jüngerwerden war auch untrennbar verbunden mit der persönlichen Gemeinschaft zwischen den Jüngern. *Wie* dieser gewaltige Auftrag verwirklicht werden konnte, war ihnen natürlich ein Rätsel, aber was er *bedeutete*, das wussten sie aus persönlicher Erfahrung.

Das Thema »Jüngerschaft« führt uns zurück zu den Wurzeln, zu der urkirchlichen Dynamik, bevor die Kirche sich in den volkskirchlichen Megastrukturen bzw. freikirchlichen Gegenentwürfen festfuhr. Mit dem lebendigen Christus in der Mitte der Gemeinde haben wir historische Möglichkeiten, den Weg zurück zu dieser ursprünglichen Gemeindestruktur zu finden, als versöhnende und erlösende Vereinfachung des Auftrags der Gemeinde in der Welt. Der Auftrag lautet nicht, treue Gottesdienstbesucher heranzubilden, sondern reife Jünger, die im Lichte des allgemeinkirchlichen Erbes Wegweisung bekommen, um Gott kennen zu lernen und ihn sodann der Welt bekannt zu machen.

Haben wir angefangen, uns frei zu machen von den so tief eingefahrenen Kategorien »kirchlich« und »freikirchlich«, beginnen wir zu ahnen, wie quer durch alle Konfessionen hindurch diese urkirchliche Struktur geht. Es geht hier nicht darum, die verschiedenen Traditionen zu einem funktionierenden Ganzen zusammenzuführen; die Antwort ist tiefer und einfacher: dass wir uns aus allen Richtungen und Traditionen heraus auf die Mitte in Christus zubewegen und ihn selber definieren lassen, was das Wesen der Gemeinde ist.

Hier kann niemand von uns behaupten, die fertige Antwort zu haben. Volkskirche wie Freikirche haben schwer versagt beim Jüngermachen, und jede Patentlösung kann nur ein Irrweg sein. Wir müssen uns Zeit nehmen für einen Prozess des Aufeinander-Hörens. Diesen Prozess beschleunigen zu wollen, würde die Antwort nur verzögern. Wir müssen Schritt für Schritt vorgehen, einzeln und gemeinsam. In dem Bild, das dann langsam hervorwächst, werden wir sicher Teile des reichen Erbes unserer eigenen Tradition wiedererkennen. Aber jetzt sind es nicht mehr »unsere« Schätze, sondern sie gehören allen Heiligen gemeinsam.

Es war ja gerade dieses zerstreute Erbe, das die Wahrheit zersplittert hat, die nur als Ganze eine lebendige Kirche schaffen kann. Auf der einen Seite: Offenheit. Die Kirche ist eine Schule für Sünder, mit niedrigen Zugangsschwellen für alle. Jesus starb ja für die ganze Welt! Und auf der anderen Seite: das Verpflichtende. Die Kirche ist die Gemeinschaft der Menschen, die auf Jesu Ruf geantwortet haben und ihm jetzt in ihrem eigenen Tempo als Jünger nachfolgen.

Die Geschichte lehrt uns, dass eine einseitige Kultivierung einer dieser beiden Seiten letztlich einen Verrat an Gott wie an den Menschen bedeutet. Die nur »offene« Kirche wird profillos, und die Menschen bekommen keine Hilfe zur Jesusnachfolge. Die nur noch »verpflichtende« Kirche wird zur Sekte. Irgendwo in der Mitte des Paradoxes, in Christus selber, liegt die neues Leben schaffende Vereinigung von Gnade und Forderung. Schauen wir uns die beiden Pole etwas näher an, um in der kreativen Spannung zwischen ihnen dem Meister näher zu kommen.

## Die Gemeinde ist verpflichtend

Dass die Taufe etwas Verpflichtendes ist, sehen wir bereits in Jesu Missionsbefehl: »Taufet sie . . . lehret sie halten alles, was ich euch befohlen habe.« Die Taufe markiert einen Bund zwischen Jünger und Meister und eine Distanzierung von der Welt. Paulus drückt dies so radikal aus, wie es nur möglich ist – als Übergang vom Tod zum Leben: »Wisst ihr nicht, dass alle, die wir auf Christus Jesus getauft sind, die sind in seinen Tod getauft? So sind wir ja mit ihm begraben durch die Taufe in den Tod, damit, wie Christus auferweckt ist von den Toten durch die Herrlichkeit des Vaters, auch wir in einem neuen Leben wandeln ... So auch ihr, haltet dafür, dass ihr der Sünde gestorben seid und lebt Gott in Christus Jesus.« (Römer 6,3-4+11)

Dass auch die frühe Kirche die Taufe als etwas äußerst Verpflichtendes betrachtete, ersieht man unter anderem aus der langen, zeitweise erbitterten Debatte darüber, ob nach der Taufe begangene Sünden überhaupt vergeben werden konnten. Dass Kaiser Konstantin, obwohl er sich schon lange zu den Christen zählte, seine Taufe bis zu seinem Sterbebett aufschob, hängt damit zusammen. Nicht zuletzt hohe Amtsträger, die mit Hinrichtungen und dergleichen zu tun hatten, schoben ihre Taufe oft bis an ihr Lebensende auf, ein Muster, das bis zu Beginn des 5. Jahrhunderts fortdauerte.[59] Hier war sicher eine klare Tendenz zu einer gesetzlich-unmenschlichen Überbetonung des eigenen Lebensstils. Aber das eigentlich Wichtige ist, dass die Taufe in der ganzen frühkirchlichen Zeit nie als jene gänzlich anspruchslose Sprinkleranlage betrachtet wurde, zu der die Kirche sie seitdem immer wieder verkommen ließ. Die Schilderung, die der Kirchenvater Tertullian um das Jahr 200 von der Taufpraxis in Nordafrika gibt, ist erhellend:

Nach einem vorbereitenden Fasten begann der eigentliche Taufakt damit, dass der Täufling sich vom Teufel und allen seinen Werken lossagte. Darauf stellte man das Apostolische Glaubensbekenntnis als Frage an den Täufling: »Glaubst du an Gott, den allmächtigen Vater ...?« usw. Nach jedem der drei Teile des Bekenntnisses hatte der Täufling »Ja« zu antworten und wurde in Wasser untergetaucht. Nach dem Untertauchen salbte man ihn mit Öl und betete unter Handauflegung darum, dass er die Gabe des Heiligen Geistes bekam. Zum Schluss bekam der Täufling Milch und Honig, als Zeichen für seinen Eintritt in das Gelobte Land.[60]

Es dürfte klar sein, dass das weitere Leben des Getauften nicht seine »Privatsache« war. Die Taufe bedeutete eine Verpflichtung sowohl auf das apostolische Bekenntnis als auch auf einen mit diesem Bekenntnis übereinstimmenden Lebensstil. Hier unterschied sich das Christentum radikal von den übrigen Religionen im Römerreich. Michael Green schreibt:

»Es gehörte zu den Eigentümlichkeiten des jüdisch-christlichen Monotheismus, dass wahre Ethik und wahre Religion nicht voneinander zu trennen waren; dass man sich nicht zu einem guten Gott bekennen und gleichzeitig ein loses Leben führen konnte. Alle anderen Religionen des Altertums kannten kein solch notwendiges Verhältnis zwischen Glauben und Sittlichkeit, wenn auch aus kultischen Gründen bei einigen Religionen vorübergehende Enthaltsamkeit [etwa] vom Geschlechtsverkehr und vom Diebstahl gefordert werden konnte. Aufs Ganze gesehen gehörten Götzendienst und Unsittlichkeit zusammen.«[61]

Hier ist noch ein Beispiel dafür, wie wir die Wahrheit in unterschiedliche Traditionen zerspalten und damit ihr befreiendes Potential beschnitten haben. In der Volkskirche haben wir die objektive Seite der Taufe kultiviert – dass im Wasser der Taufe Gott den Menschen mit seiner rettenden Gnade umschließt. Die freikirchliche Tradition hat die subjektive Seite betont – dass der Mensch in der Taufe die Gehorsamsantwort des Glaubens auf Gottes Werk in Christus gibt: »Ich will als Christ leben.« Wir müssen aber beide Seiten zusammenhalten, wollen wir nicht entweder in der billigen Gnade landen, vor der Bonhoeffer so warnte, oder in der Selbsterlösung. Wir sind, wie Paulus sagt, »auf Christus Jesus getauft«, wobei Gnade und Forderung eine Leben gebende Synthese eingehen. Außerhalb der persönlichen Christusbeziehung verliert auch die Taufe ihre Wirkung und wird zu einem Werkzeug für unsere eigenen Wünsche.

Hier müssen wir auch klarstellen, was die Verpflichtung nicht bedeutet. Die wachsende Kluft zwischen Gemeinde- und Privatleben hat z.B. in den Freikirchen dazu geführt, dass die Verpflichtung sich immer mehr auf die Gemeindeaktivitäten bezieht und immer weniger auf das eigene Leben. Als Jungscharleiter zu versagen kann man sich nicht leisten; dubiose Praktiken im Beruf sind Privatsache . . .

Ein sprechendes Beispiel ist unser Eheverständnis. Es gibt gute biblische Gründe gegen das »Zusammenleben« vor oder ohne Ehe. Altes wie Neues Testament sehen die Ehe als Bild für den Bund zwischen Gott und seinem Volk, der nicht gebrochen werden kann (vgl. Jeremia 3, Hesekiel 16, Hosea 1-3,). Des Weiteren hat die Liebe nach der Bibel ihren Sitz eher im Willen als im Gefühl, tendiert aber zu dem schwankenden Boden der Gefühle hin, wobei die Tür zwischen beiden stets offen bleibt. Doch das vielleicht wichtigste Motiv für eine öffentliche Trauung ist die Gemeinde. Mit dem »Zusammenziehen« signalisiert man ja, dass es sich hier um eine Privatsache handelt, die vielleicht mit Gott, nicht aber mit der Verwandtschaft oder der Gemeinde etwas zu tun hat, und dies liegt voll in der Linie der allgemeinen Marginalisierung der Kirche. Wenn wir im Ernst glauben, dass die Gemeinde aus Beziehungen besteht, kann etwas so Einschneidendes wie das Paarwerden keine Privatsache sein. Im Gegenteil: Ehe und Familie sind die Kernzellen im Volk Gottes, im Alten wie im Neuen Testament.

Aber was, wenn der Getaufte den Verpflichtungen der Taufe nicht entsprechen kann? Muss die Gemeinde nicht unweigerlich zu einem frommen Eliteklub werden, der den Sünder vor die Tür setzt? Kann man den verpflichtenden Gehorsam auf eine Art bejahen, die der Gnade und Barmherzigkeit nicht im Weg steht?

Grundsätzlich sind hier zwei Strategien möglich: Entweder wir senken die Messlatte, hören auf, von Sünde zu reden, und lassen alles durchgehen – oder wir lassen die Messlatte dort, wo sie ist, und lernen, was Vergebung ist. Das Zweite ist viel schwerer als das Erste – aber es ist genau das, was Jesus in den Evangelien ständig tut. Er akzeptiert eheliche Untreue nicht als »Treue zur eigenen Entwicklung«, aber er vergibt der Ehebrecherin ohne harte Worte. Verpflichtende Jüngerschaft muss Hand in Hand gehen mit einer deutlichen Rehabilitierung von Beichte und Seelsorge, und dies nicht irgendwo am Rande der Gemeinde, sondern in ihrem Zentrum! Da wir alle Menschen und Sünder sind, lautet die Forderung nicht, es immer zu schaffen, sondern die richtige Richtung beizubehalten.

## Die Gemeinde ist offen

Jesus hat keine Mitgliederlisten geführt. Wir finden unter seinen Jüngern eine auffallende »Strukturlosigkeit«. Das Zentrum ist wohl deutlich, aber die Grenzen sind nur schwer auszumachen. Jenseits der mit Namen genannten zwölf Apostel breitet Jesu Gemeinde sich in immer diffuseren konzentrischen Kreisen aus. Mehr als einmal begegnen uns anonyme Menschen, die Jesus an Leib und Seele anrührt. Was aus ihnen wurde – wir wissen es nicht.

Der gedeckte Tisch um den Messias scheint sich ständig über unsere Grenzen und Vorbehalte hinaus zu erweitern, in einer weit offenen Einladung an die unwahrscheinlichsten Gruppen und Individuen. Als die Jünger sich über jemanden beschweren, der Jesu Namen auf andere Art benutzt als sie selber, antwortet Jesus: »Wehrt ihm nicht! Denn wer nicht gegen euch ist, der ist für euch.« (Lukas 9,49-50)

Die Gemeinde als Mitgliederverzeichnis erweist sich früher oder später als Unmöglichkeit, schon allein wegen der oben geschilderten Generationsproblematik. In seiner Auseinandersetzung mit den Donatisten äußerte Augustinus eine Wahrheit, die jede Freikirche irgendwann bestätigen muss: »Wie viele Schafe sind draußen, wie viele Wölfe drinnen!«[62] Mitglied sein bedeutet nicht mehr persönliche Bekehrung, sondern aktive oder passive Loyalität zur Gemeinde, womit diese nicht mehr unbedingt eine Hilfe ist für die Vielen, die null Interesse an religiösen Aktivitäten haben, aber offen für geistliche Wegweisung sind.

Was bedeutet nun Offenheit? Zu der Abrechnung mit einer zum Schluss nur noch muffig-erstickenden Erweckungsfrömmigkeit gehörte in den letzten fünfzig Jahren auch der Abschied von den »Sündenkatalogen«. Die Verpflichtung auf einen bestimmten Lebensstil, die der ersten Generation eine solche Hilfe war, ist hundert Jahre später zu einer drückenden Last geworden, die die freie Nachfolge nur behindert. Ein zentrales Losungswort in diesem Prozess war *Freiheit*, und sein sanftes Credo das wunderbare Lied von Anders Frostenson: »Herr, deine Liebe ist wie Gras und Ufer, wie Wind und Weite und wie ein Zuhaus. Frei sind wir, da zu wohnen und zu gehen. Frei sind wir, ja zu sagen oder nein . . .

So sind wir der offenen, dynamischen Ursprungsbewegung um den Meister aus Nazareth einen Riesenschritt näher gekommen. Es ist okay, zu zweifeln, nein zu sagen, selbständig zu denken, sich nach seinem eigenen Geschmack zu kleiden, nicht die Sprache Kanaans zu übernehmen, am säkularen Kulturleben teilzunehmen usw.

All dies gehört selbstverständlich zur christlichen Freiheit dazu. Aber es ist nur ein *Teil* dieser Freiheit, gleichsam das Fenster, das auf die Schwachheit und den Zweifel hinausgeht. Das große Risiko ist, dass wir dort bleiben und unsere Freiheit rein negativ definieren: als Freiheit, *nicht* sofort alles zu glauben, *nicht* radikal im Lebensstil zu sein usw., was uns nur in eine neue, sozusagen spiegelverkehrte Sackgasse führt: Wo früher die Starken herrschten, herrschen jetzt die Schwachen; fort mit den Elitechristen . . .

Wo die Gemeinde ein deutliches Bekenntnis, ein tiefes spirituelles Leben und radikale Nachfolge als störend für ihr Softie-Profil empfindet, da herrscht nicht Freiheit, sondern eine neue Variante geistlicher Unterdrückung, die die volle Christusnachfolge aus der Kirche austreibt. Eine Kirche, die Freiheit nur als Freiheit *von* versteht und nicht als Freiheit *zu*, gräbt ihr eigenes Grab.

Es sind ja die deutlichen Zeichen, die der Offenheit Richtung und Form geben. Ein konkretes Beispiel ist das Kloster, das jahrhundertelang als eine »höhere« Form der Frömmigkeit galt. Das Zweite Vatikanische Konzil hat diese Sicht geändert: »Der Weg ins Kloster macht einen nicht heiliger als die anderen. Aber man legt ein Gelöbnis ab, zu dem hinzustreben, was das Ziel aller Christen ist, und gibt so dem Wesen der Kirche Ausdruck . . . Es geht um das Klosterleben als Zeichen, als eine Art Symbol für die Kirche. (Auch die Ehe ist solch ein Zeichen, aber mit anderen Vorzeichen.)«[63] Darum sollten wir die verschiedenen Formen von Kommunität, Kloster, Aktionsgruppen usw. im Zentrum der Kirche willkommen heißen. Sie sind nicht eine Bedrohung für die Offenheit der Kirche, sondern tragen dazu bei, dass sie deutlicher wird.

In der Benediktiner-Regel finden wir die folgende Anweisung, die kurz und kraftvoll ausdrückt, was wirkliche Offenheit und Freiheit ist: Der Abt eines Klosters hat stets darauf zu achten, »dass die Starken angezogen und die Schwachen nicht abgeschreckt werden«.[64] Hier ahnen wir etwas von der echten Freiheit bei Jesus – eine Freiheit, hilflos zu sein und stark, zögernd in seinem Glauben und freimütig verkündigend.

Diese Art Freiheit kann kein Mensch schaffen; wir kippen immer zur einen oder zur anderen Seite hin. »Wo der Geist des Herrn ist, da ist Freiheit« (2. Korinther 3,17). Wenn wir uns um den Messias scharen und uns vom Geist der Freiheit, mit dem er gesalbt ist, berühren lassen, nimmt die wirkliche Offenheit Gestalt an, die nicht ein verkappter Schutzschild für unsere Furcht vor Herausforderungen ist, sondern Gott und Menschen offene Arme entgegenstreckt, in denen sie sie selber sein können.

Bei der Verpflichtung wie bei der Offenheit ist das Hindernis im Grunde dasselbe: die Angst. Im ersten Fall die Angst vor einem Elitechristentum und letztlich vor den radikalen Forderungen des Evangeliums, im zweiten Fall die Angst davor, das Evangelium frei und ohne unsere Schutzmauern wirken zu lassen.

Das Gegengift gegen die Angst ist die Liebe: »Furcht ist nicht in der Liebe, sondern die vollkommene Liebe treibt die Furcht aus«

1. Johannes 4,17-18). Eine Gemeinde, die »Liebe« nicht als unverbindliche Phrase benutzt, sondern die genügend nahe zu Gott und dem Bruder gerückt ist, um die heilenden Kräfte der Liebeshände mit den Kreuzigungsmalen zu schmecken, hat die besten Voraussetzungen dafür, den schmalen Weg durch die notwendigen Veränderungen zu finden.

Vielleicht rückt in unseren Tagen die urkirchliche Bezeichnung für das Leben der Gemeinde wieder in den Vordergrund: der Weg. In Apostelgeschichte 9,2 lesen wir, wie Saulus nach Damaskus geht, um »Anhänger des neuen Weges« zu verhaften. Als er sich Jahre später selber für seinen Glauben verantworten muss, erklärt er: »Das bekenne ich dir aber, dass ich nach dem Weg, den sie eine Sekte nennen, dem Gott meiner Väter ... diene« (Apostelgeschichte 24,14). Von der Kirche als »Weg« zu reden, ist eigentlich nur ein anderer Ausdruck für Jesu Ruf: »Folge mir nach.« Die Gemeinde besteht ja aus Menschen, die genau dies tun. *Wie* dies im Einzelnen geschehen kann, weiß nur Gott, und wir sollten äußerst skeptisch sein, wenn jemand behauptet, allein er habe das richtige Rezept. Vielleicht können die folgenden beiden Leitworte uns eine Orientierung geben:

*Richtung.* Sie kann nur Christus geben. Die genaue Ausgestaltung wird, wie schon in der alten Kirche, lokal und regional stark variieren. Die Einheitsgesellschaft ist vorbei, und mit ihr die Einheitskirche. Unser persönlicher Wandel mit dem Herrn muss eben dies sein – persönlich, ganz individuell in Tempo und Ausdruck. Das Entscheidende bei der Nachfolge ist nicht, wie weit wir schon sind, sondern dass wir auf Christus ausgerichtet sind. Diese Richtung freilich muss an allen Orten dieselbe sein. Daran erkennen wir einander als Brüder und Schwestern: dass wir in der gleichen Richtung unterwegs sind. Daran erkennt uns auch die Welt – und nicht an unserer Kleidung, Sprache, der Mitgliederliste usw.

Diese Richtung hatte in der Urkirche einen eindeutigen Brennpunkt, der die ganze Gemeinde in einer gemeinsamen Bewegung hin zur Mitte zusammenhielt. Die so weit verzweigte Jüngerschar in einer Riesenstadt wie Rom wurde zusammengehalten im Brot und Wein des Abendmahls, das jeden Sonntag die Geschwister zu einer ganz greifbaren Teilhabe am Fleisch gewordenen Wort zusammenbrachte. »Die Teilnahme am heiligen Mahl wurde in so hohem Maße als der wesentliche Ausdruck der Mitgliedschaft in der Gemeinschaft empfunden, dass allen, die durch Krankheit oder Kerkerhaft abwesend waren, Stücke des gebrochenen Brotes gebracht wurden.«[65] Wohlgemerkt: Das physische Zentrum der Kirche in den ersten dreihundert Jahren war nicht ein Gebäude, sondern Brot und Wein des Abendmahls. Dies gibt auch für uns die Richtung an.

*Beziehungen*. In einer Gesellschaft der immer flüchtigeren Beziehungen verkörpert Gottes Gemeinde die Gegenbewegung. Die Kirche, die bekennt, dass Gott Fleisch und Blut geworden ist, kann dieses Bekenntnis nur in Beziehungen aus Fleisch und Blut vermitteln. Sonst wird der allgemeine Privatisierungsstrom uns mitreißen und unser Evangelium immer gnostischer werden. Ein »vermarktbares« Evangelium ohne echte Gemeinschaft anzubieten kann nur dazu führen, dass wir zum Schluss gar kein Evangelium mehr anzubieten haben.

All das, was ich hier über Verpflichtung und Offenheit gesagt habe, setzt, um überhaupt sinnvoll zu sein, die Form der Kleingruppe voraus. Das Neue Testament sagt zwar nicht ausdrücklich, dass die Gemeinde auf Kleingruppen aufzubauen hat, aber seine Anweisungen für das Gemeindeleben machen praktisch nur so einen Sinn: »Freut euch mit den Fröhlichen und weint mit den Weinenden« (Römer 12,15). »Einer trage des andern Last . . .« (Galater 6,2). »Lehrt und ermahnt einander in aller Weisheit . . .« (Kolosser 3,16). ». . . einer erbaue den andern, wie ihr auch tut« (1. Thessalonicher 5,11). »Bekennt also einander eure Sünden und betet füreinander, dass ihr gesund werdet« (Jakobus 5,16).

Die ganze warme, familiäre Atmosphäre etwa in den Paulusbriefen setzt eine ganz andere Nähe zwischen den Geschwistern voraus als beim anonymen volkskirchlichen Gottesdienst oder dem freikirchlichen Stress. Genau wie damals, als Jesus im Kreise seiner Freunde saß, um mit ihnen zu beten und zu reden, ist auch heute die Kleingruppe die beste Jüngerschule. Wer schon mit solchen Gruppen gearbeitet hat, weiß natürlich, dass man hier nie fertig wird und ständig Fehler macht. Aber auch hier ist die *Richtung* die Rettung. Die Kirche lebt, mit den Worten von Frère Roger von Taizé, in der »Dynamik des Vorläufigen«. In dieser Jüngerwerkstatt begegnen wir ständig Paradoxen: Verpflichtung und Offenheit, die Vielfalt kleiner Gruppen und die große gemeinsame Richtung hin zur Mitte.

Klingt das chaotisch? So war es am Morgen der Schöpfung auch. Aber Gottes Geist schwebte über dem Chaos.

# In der Schule der Erfahrung

Ich bin am 26. Dezember 1951 geboren. Mein Lieblingsbuch als Kind war Astrid Bergman-Sucksdorffs wunderbare Bildererzählung von Chendru, dem indischen Dschungeljungen, der sein eigenes Tigerjunges bekam. Anders als ich wusste Chendru nicht genau, wie alt er war. Er wusste nur, dass er in der Nacht geboren war, in der der große Tiger zwei Büffel des Dorfvorstehers riss.

Chendru und ich wurden in zwei ganz verschiedene Welten hineingeboren. Meine Welt war seit langem säuberlich in Jahre, Stunden, Längen- und Breitengrade, soziale Gruppen, Bevölkerungspyramiden, neunjährige Grundschule, Kalender, Lexika, Zollstöcke, Führerscheine, telefonische Zeitansage usw. eingeteilt. Chendrus Welt war ein offenes, gefährliches, unsicheres und unerhört schönes Abenteuer, mit Papa, Mama, den Schwestern und den anderen Dorfbewohnern als Hauptpersonen. Da gab es Ziegenschlachttage, Fischfang im Fluss, Reismahlzeiten, Dschungeljagden mit Papa, schweißtreibende Unterweisungen im Ochsenpflügen, Großvaters Geschichten vor dem abendlichen Feuer, das plötzliche Knurren des Leoparden oben im Baum, die blauen Berge, die sich sachte aus dem Morgennebel lösen, den Tanz der Dorfjugend zum heißen Puls der Trommeln . . .

Gewiss, das Bild ist romantisiert, und jedes Dschungeldorf hat seine unerbittlichen ungeschriebenen Gesetze für das tägliche Leben. Und so oder so könnte Chendrus Welt nie die meine werden. Aber irgendwo geht es hier um zwei unterschiedliche Arten, die Welt zu *sehen*, und da liegt Chendrus Welt dem, was für mich die Realität ist, doch vielfach ein Stückchen näher.

In Chendrus Welt wird das Dasein von Geschehnissen und Erfahrungen bestimmt. Seine Geburt ist nicht ein Datum im Kalender, sondern die dramatische Geschichte mit dem Tiger, die man so leicht nicht vergessen wird. Als er sich in der Geschichte und dem Sagenschatz des Dorfes umsieht, tut er dies nicht über ein Buch aus der Bibliothek oder per Mausklick und CD-Rom, sondern er lauscht der rauen Stimme des Großvaters und studiert sein zerfurchtes Gesicht. Als es ans Erlernen der Landwirtschaft geht, besucht er nicht drei Jahre die Fachschule, sondern beobachtet seinen Vater bei der Hirschjagd und beim Anspannen der Ochsen vor den Pflug. Die Mutter lehrt ihn, was man über das Kochen wissen muss. Auf den langen Streifzügen im Dschungel lernt er, wie die verschiedenen Tiere klingen, wo man gutes Brennholz findet, wo die Fische am besten anbeißen usw.

Er macht viele Fehler auf dem Weg ins Erwachsenenleben und es gehört zu den Spielregeln, dass die Älteren ihn manchmal tüchtig auslachen. Aber er beißt die Zähne zusammen, versucht es noch einmal, und langsam aber sicher wird er einer von der nächsten Erwachsenengeneration.

In der Welt, in der wir leben, ist das übliche Bild für »Wissen« ein Buch. Die abendländische Wirklichkeit bemisst sich nach Regalmetern (inzwischen auch nach Megabyte). Die Frage »Was willst du werden, wenn du groß bist?« bedeutet in der Sprache der Mittelklasse: »Was für Schulen wirst du besuchen?« Wer etwas lernen will, der muss Bücher lesen und Kurse besuchen, schließlich steht (fast) alles irgendwo geschrieben. Im Informationszeitalter wird der Zugang zum Wissen unermesslich, der Computerbildschirm eröffnet unbegrenzte Möglichkeiten ...

Aber halt – könnte es nicht gerade umgekehrt sein? Könnte es sein, dass wir uns in all unserem Wissen immer mehr einmauern und der Bildschirm uns buchstäblich von der Realität abschirmt? Das Grundproblem ist dabei nicht die Computertechnologie an sich. »Virtuelle Realität« an Stelle von Wirklichkeit ist lediglich die logische Konsequenz eines Denkens, das lange vor der Erfindung des PCs, ja der Elektrizität begann. Irgendwo im Labyrinth der abendländischen Kulturgeschichte wurde sie geboren, die Vorstellung, dass unsere Alltagserfahrung nicht viel taugt, aber dass es Gott sei Dank Experten gibt, die uns all das beibringen, was wir nicht wissen. Und dass all dieses Wissen in Büchern zugänglich ist. Wer viel Bücher liest, der weiß viel. Es sind die Belesenen, die uns ständig die Wirklichkeit kommentieren und erklären. Das Fernsehen bringt eine wichtige Nachricht – und sofort sind sie da, die Experten, mit ihren Erklärungen und Diagrammen.

Aber es gibt Lebensbereiche, die sich beharrlich weigern, sich diesem Muster einzufügen. Wenn ich Saxophon spielen lernen will, kann ich nicht ein Buch lesen und anschließend mein erstes Konzert geben, sondern ich muss erst lernen, wie man das Instrument hält, wie man einen reinen Ton herausbringt usw., und dann heißt es üben, üben, üben. Wenn ich meinen Führerschein machen will, muss ich zwar einen theoretischen Unterricht absolvieren, aber der nützt mir wenig, wenn ich mich nicht in ein Auto setze und ganz praktisch fahren lerne.

Ein anderer, noch viel wichtigerer Bereich sind unsere Beziehungen. Zwei Kinder, die im Sandkasten spielen, wenden nicht irgendwelche Regeln an, die sie gerade in einem Buch über Kinderpsychologie gelesen haben, sondern verhalten sich ganz automatisch so, wie sie von ihren Beziehungen von zu Hause her geprägt sind: geborgen, aggressiv, unsicher, kreativ usw. Dass Katrin immer so still im Unterricht ist, kommt nicht daher, dass sie irgendwo gelesen hat, dass man die anderen auch zu Wort kommen lassen muss. Dass Georg ein so guter Abteilungsleiter ist, liegt nicht an den Kursen über Personalführung, die er besucht hat.

Ganz zu schweigen von dem hochkomplizierten Zusammenspiel zwischen Mann und Frau. Wenn ein Mann sich in eine Frau verliebt, liegt das nicht daran, dass diese alle zehn Kriterien aus dem Eheratgeber XY erfüllt. Entwickelt sich dann das Verhältnis, schlagen unweigerlich die Erfahrungen und Beziehungsmuster im bisherigen Leben der beiden durch. Sie merken z.B., dass die Schwiegereltern stets zugegen sind – nämlich in der Art, wie der andere ist. Sie entdecken, dass Handbücher und Expertenmeinungen sich ständig an der Wirklichkeit reiben und dass der einzige Weg darin besteht, dass man es lernt, sinnvoll miteinander zu reden und aufeinander zu hören. Im negativen Falle werden die beiden sich wieder trennen, weil die Wirklichkeit nicht mit den Idealbildern übereinstimmt. Haben sie mehr Glück, können sie die Idealbilder als Luftspiegelungen entlarven, anfangen, mit der Realität umzugehen, und so lernen, zu lieben.

## Beschlagene Brillen

Ein weiteres Beispiel für Verhältnisse, die vielleicht zu 90 Prozent von unseren früheren Erfahrungen geprägt sind, ist unser Gottesbild. *Das Problem ist nur, dass unsere theologische Tradition dies leugnet.* In unserer Ecke der christlichen Kirche sind wir nämlich mit der selbstverständlichen Vorstellung aufgewachsen, dass rechter Glaube von rechter Verkündigung kommt – dass die Menschen schon den rechten Glauben finden werden, wenn sie nur die richtigen Predigten hören und die richtigen Bücher lesen.

Steigen wir höher auf der Wissensleiter, gilt dies in noch höherem Grad. Ein Pastor ist jemand, der das richtige Studium absolviert und daher die Qualifikation für seinen Job hat. Noch eine Sprosse höher reicht ein Blick auf die Literaturlisten theologischer Doktorandenseminare, um zu verstehen, was wirkliches Wissen ist und wie man daran herankommt.

Was passiert nun, wenn dieses Wissen in einer Predigt weitergegeben werden soll? Nehmen wir ruhig ein positives Beispiel und keine »Philosophenpredigt«. Der Pastor predigt über die Berufung des Petrus. Sein Ziel ist zu zeigen, was Nachfolge bedeutet, und die Gemeinde zur Nachfolge aufzurufen. Nach dem Gottesdienst unterhalten sich zwei Freunde über die Predigt. Der eine sagt begeistert: »Die Predigt war toll! So konkret hört man selten, was es heißt, ein Christ zu sein. Das war so richtig was zum Beißen.«

»Was redest du da für ein Zeug?«, erwidert der andere. »Wenn der Recht hat, bin ich ja gar kein Christ! Der hat mir meine ganze Freude genommen.«

Haben sie nicht dieselbe Predigt gehört? Nun, die Hauptfrage bei der Kommunikation ist nicht, was *gesagt*, sondern was *gehört* wird, und in diesem Sinne haben die beiden Freunde zwei ganz unterschiedliche Predigten gehört. Warum? Hier stoßen wir auf den tiefsten Schlüssel zu unseren Beziehungen, den Filter, durch den wir die Signale der Umwelt und unseres Inneren aufnehmen: unser Gottesbild.

Dieses Gottesbild entsteht durch *Erfahrungen* und nicht durch Theorien. Schon lange bevor die Worte und Lehren in unser Leben hineintreten, haben unsere Eltern ihren Abdruck in unserer Seele hinterlassen. Was sie uns an Nähe, Zärtlichkeit, Hohn, Verurteilung, Aufmunterung, Wegweisung, Vorbild, Offenheit, Strenge usw. gegeben haben, bildet das erste und grundlegende Muster des Menschen für seine Beziehungen: zu sich selber, zu anderen Menschen und natürlich auch zu Gott. Zusammen mit all den anderen Beziehungserfahrungen im Laufe des Lebens entsteht so ein innerer, zum Großteil unbewusster Deutungsrahmen für alle neuen Signale, und dies ist der Grund dafür, dass die Theorien sich so an der Wirklichkeit reiben. Es ist, als wenn man jemandem mit einer beschlagenen Brille die schöne Aussicht zeigen will – die Brille wird ihm nichts nützen, solange er sie nicht abgewischt hat. Wir lesen jemandem, der sich nicht vorstellen kann, dass ihn einer lieben könnte, das

Bibelwort »Also hat Gott die Welt geliebt . . .« vor – und die Worte dringen einfach nicht durch.

Der erste unserer beiden Predigthörer hatte wahrscheinlich ein positives Gottesbild, das es ihm erlaubte, den ernsten Ruf in die Nachfolge ohne Angst zu hören, während der andere gleichsam einen Sprung in seiner Gottesvorstellung hatte, den diese Predigt erneut bekräftigte: »Ich wusste es ja, ich tauge nicht für Gott.« Die Predigten, Vorträge und Bücher, die wir aufnehmen, verstärken eher unser bereits vorhandenes Gottesbild, als dass sie es verändern.

Aber jahraus jahrein betreiben wir unsere Gemeindearbeit und theologische Ausbildung so, als sei der Mensch ein völlig rationales Wesen, dem man nur ein paar Begriffe erklären muss, um ihn zu einem lebendigen Christen zu machen. Die Erfahrung müsste uns doch zeigen, dass dies nicht funktionieren kann! Deshalb ist auch die Wirkung des bloßen gepredigten Wortes auf die Gemeinde so begrenzt. Deshalb hat auch die Ausbildung unserer Pastoren und sonstigen Mitarbeiter eine so geringe Wirkung auf ihr eigentliches Gottesbild und damit auf ihre geistliche Führerschaft in der Gemeinde. Wie die Leiter, so die Gemeinde. Dieses Problem ist für die gegenwärtige Krise der Christenheit so entscheidend, dass alle anderen Maßnahmen in der Luft hängen, solange wir nicht hier das Übel an der Wurzel packen und die Mitarbeiterausbildung ändern.

Die Therapeutin Margarete Kieffer schrieb: »Ich glaube nicht an eine Theologie, . . . die losgelöst ist von der Gebetsbeziehung. Es dürfte selten vorkommen, dass jemand allein durch theologische Studien ein klareres und tieferes Gottesbild bekommt . . . Das Wissen wird nur zu leicht zur Analyse eines Gegenstandes oder auch des Glaubens selber, bei der die eigene Einstellung des Studierenden egal ist oder gar als hinderlich für eine wissenschaftliche Betrachtungsweise gesehen wird. Die Theologie, die nötig ist, damit unsere subjektiv gefärbten Gottesbilder mehr das ausdrücken, was der Herr ist, als das, was wir selber sind, ist nicht zu trennen von der gesammelten Glaubenserfahrung der Kirche und . . . einem Leben in der Nachfolge Jesu.«[66]

Neben dem Gebet erwähnt Margarete Kieffer die Seelsorge als zweite Möglichkeit zur Veränderung des Gottesbildes eines Menschen. Gebet und Seelsorge – das sind just die beiden Formen des christlichen Lebens, die in der theologischen Ausbildung entweder gar nicht oder nur am Rande existieren. Kein Wunder, dass so viele Predigten den Menschen in der Gemeinde und mehr noch den Außenstehenden so flach und unwirklich vorkommen. Das Wunder ist eher, dass so viele Pastoren trotz ihrer Ausbildung noch so viel zu sagen haben. (Dies gilt natürlich auch für andere Mitarbeiter.)

Nehmen wir einmal drei Fragelisten. Die erste besteht aus ganz normalen persönlichen Problemen, die während der Pastorenausbildung auftreten können:

– In der letzten Zeit habe ich immer diese Todesangst, ich kann kaum noch schlafen. Was soll ich tun?
– Ich kann nicht beten, meine Worte gehen nur bis zur Zimmerdecke. Wie kriege ich einen wirklichen Draht zu Gott?
– Ich kämpfe mit starken sexuellen Spannungen und habe während meiner Studentenjahre mehrere Beziehungen gehabt, die nicht gut waren. Ich werde von Schuldgefühlen geplagt und weiß nicht, wie ich damit umgehen soll.
– Neben meinem Mitstudenten Michael komme ich mir wie eine Null vor. Wie soll ich je eine Gemeinde führen können?
– Als meine Freundin mich verließ, ist etwas in mir gerissen. Was mache ich, damit das nicht mein ganzes Studium vergiftet?
– Für mich ist es unmöglich, zu sagen, dass ich Gott »liebe«. Wie liebt man eine Interpretation?
– Meine Beziehung zu meinem Vater ist furchtbar. Muss das so bleiben, bis einer von uns stirbt?
– Die Bibel ist ein totes Buch für mich, das ich halt für das Examen lese. Wie kann das anders werden?
– Ich hasse meine Heimatgemeinde. Was ich da bekommen habe, ist das genaue Gegenteil von dem, was ich tun will, wenn ich Pastor bin.

Alle diese Fragen sucht man im normalen Seminarplan unserer theologischen Fakultäten vergeblich. Sie sind »persönlich« und haben somit nichts mit dem Studium zu tun. Gleichzeitig zeigt jedoch die Erfahrung eindeutig, dass just diese Probleme einen großen, ja oft entscheidenden Einfluss auf die Amtsausübung des Betreffenden haben und damit auf die Menschen, mit denen er in seiner Gemeinde in Berührung kommt.

Aber was sind denn die Fragen, die in den Seminaren und Prüfungen des Theologiestudiums wirklich auftauchen? Hier eine typische Liste:

- Wie ist das Verhältnis zwischen dem Johannesevangelium und den Synoptikern? Stellen Sie den Forschungsstand dar.
- Beschreiben Sie die Hauptmerkmale der kanaanitischen Religion zur Zeit des Exodus.
- Fassen Sie die paulinische Ekklesiologie im Epheserbrief zusammen.
- Wie unterscheiden sich Luthers und Calvins Sicht von der Prädestination?
- Was ist die Quellenscheidungs-Hypothese?
- Inwiefern war die Theologie Karl Barths eine Abrechnung mit der liberalen Theologie des 19. Jahrhunderts?
- Geben Sie einige Beispiele für die alttestamentliche Bildersprache in der Offenbarung und zeigen Sie Parallelen in der prophetischen Literatur auf.

Man beachte, dass keine dieser Fragen den persönlichen Fragen der ersten Liste aktiv widerspricht. Dass ein werdender Pastor seine Glaubenserfahrung von seinen Lehrern regelrecht zerfetzt bekommt, dürfte die Ausnahme sein. Die Säkularisierung funktioniert vielmehr über das stillschweigende Auslassen, das Verbannen von Gebet und Seelsorge ins »Privatleben«. Das Schleiermacher'sche Erbe ist deutlich. Der werdende Gemeindeleiter lernt praktisch, dass Bücher und Theoriewissen wichtig sind, Gebet und geistliche Wegweisung dagegen nicht – und diese Gewichtung wird sehr wahrscheinlich auch seine spätere Gemeindearbeit prägen.

Hier könnte die freikirchliche Ausbildung eine bessere Alternative bieten, und zum Teil tut sie das auch. Aber allmählich schlägt das volkskirchliche Muster auch hier durch. Immer mehr richten sich auch die freikirchlichen Studiengänge am akademischen Modell aus, und die Wissenschaftlichkeit hat nun einmal ihren Preis. Die Frage: »Wie kriegen wir Hochschulniveau?« führt logischerweise zu einer ganz anderen Ausbildung als die Frage: »Wie bilden wir die Gemeindeleiter des dritten Jahrtausends aus?«

Aber müssen unsere Leiter denn nicht theologisch ausgebildet sein, damit sie überhaupt wissen, wovon sie reden? Ja und nein. Das vorliegende Buch ist natürlich ein Beispiel dafür, wie man Kirchengeschichte, Dogmatik usw. anwenden kann, um unsere heutige Situation besser zu verstehen. Das Problem ist nur, dass die Studenten so selten Hilfen zum Praxisbezug bekommen, der aus der akademischen Perspektive »in den Bereich der Kirche« gehört und damit wie Gebet und Seelsorge unter »ferner liefen« landet.

So schafft unsere theologische Ausbildung ein Niemandsland, das weder zur geistlichen Gotteserfahrung noch zur praktischen Lebenserfahrung einen Bezug hat. Unerhört viel Zeit und Kraft geht in die Beantwortung von Fragen, die andere Theologen stellen, anstatt dass man die Fragen des normalen Bürgers beantwortet. Hier die dritte Frageliste: lauter Alltagsfragen der Menschen in dem Viertel, wo der zukünftige Pastor einmal arbeiten soll:

– Wie komme ich mit meinem Haushaltsgeld aus?
– Nach langer Arbeitslosigkeit habe ich endlich eine Stelle bekommen. Aber dafür hat die Stadt mir die Kinderbetreuung für meine Tochter gestrichen. Was soll ich machen?
– Eine Straße weiter sind Asylbewerber eingezogen. Sie halten sich nur zu ihresgleichen, ein paar sollen schon Autos geknackt haben, und die Leute sind misstrauisch. Wie können wir den Teufelskreis brechen?
– Meine Eltern wollen, dass ich abtreibe. Ich will das eigentlich nicht, aber wie soll ich das alles schaffen?
– In der Fabrik da drüben müssen sie nächsten Monat fünfzig Leute entlassen. Bei mehreren Familien wird's kritisch. Wie helfen wir ihnen?
– Ein Junge in der dritten Klasse wird von den anderen dauernd drangsaliert. Die Lehrer sind machtlos, die Eltern tun so, als sei nichts. Wie helfen wir dem Jungen?
– Meine Frau geht mit einem anderen Mann. Mir ist hundeelend, ich hab angefangen zu trinken und hab Probleme im Büro. Wie kann ich weiterleben?

Mehrere internationale Studien, darunter der anglikanische Report »Faith in the City« aus den 80er Jahren, haben erschreckend deutlich gezeigt, wie die Pastorenausbildung jeden Ansatz zur inneren Gemeinde-Erneuerung und zum Durchbruch der Gemeinde in ihrer Umgebung blockiert und die Gemeinde in ihrem Mittelklasse-Ghetto belässt. Ein simpler Vergleich zwischen den drei obigen Fragelisten zeigt uns den Grund. Wir bilden keine Gemeindeleiter, sondern Fachtheologen aus, und sicher braucht die Kirche auch Fachtheologen; aber was sie heute am dringendsten braucht, sind Menschen, die anderen Christen Wegweisung geben und den Nichtchristen in Wort und Tat erklären können, warum das Evangelium die Antwort für sie ist. Hier ist unsere theologische Ausbildung aus vielen Gründen so sehr dem abendländischen Wissensmodell zum Opfer gefallen, dass sie der Kirche oft mehr Probleme schafft, als sie löst.

## »Im lautesten Getümmel«

Fragen wir die Bibel, was sie denn unter »Wissen« versteht, bekommen wir ein Bild, das in vieler Hinsicht mehr mit dem indischen Bauernsohn Chendru zu tun hat als mit der abendländischen Theologenausbildung: »Die Furcht des Herrn ist der Anfang der Erkenntnis. Die Toren verachten Weisheit und Zucht« (Sprüche 1,7). Der Ausgangspunkt ist also, dass die persönliche Beziehung zu Gott die Quelle der Weisheit ist. Diese Beziehung ist mitnichten eine Nische irgendwo am Rande der theologischen Wissensfülle, sondern das Zentrum des Wissensprozesses. Die Gemeinschaft mit Gott ist nicht eine Methode, das Theologiestudium besser zu bewältigen, sie ist die Mitte dieses Studiums!

Weiter finden wir hier eine höchst unakademische Koppelung zwischen »Weisheit« und »Zucht«. Für die Bibel ist Wissen bzw. Weisheit nicht etwas, das man sich anlesen kann, sondern es ist untrennbar mit der ganz persönlichen Lebensschule verbunden. Der Alltag »züchtigt« uns auf tausend Arten, und das Auge des Glaubens lässt uns Gottes treue Vaterhand auch in den harten Prüfungen erkennen. Dass man sich Weisheit ohne diese konkreten Erfahrungen erwerben könnte – dieser Gedanke ist der Bibel fremd. Daher auch ihr Respekt vor dem Wissen der Älteren; sie haben sich durch ihr langes Leben eine große Erfahrung erworben.

»Die Weisheit ruft laut auf der Straße und lässt ihre Stimme hören auf den Plätzen. Sie ruft im lautesten Getümmel, am Eingang der Tore, sie redet ihre Worte in der Stadt . . .« (Sprüche 1,20-21). Das Studium der Weisheit erfolgt nicht in erster Linie in ruhigen Gelehrtenstuben, sondern mitten im Alltagsleben. Straßen, Plätze, Tore – das sind die Orte, wo die Menschen sich treffen, arbeiten, sich unterhalten, sich streiten, Handel treiben, reisen, sich entspannen usw.

»Mein Sohn, wenn du meine Rede annimmst und meine Gebote behältst, so dass dein Ohr auf Weisheit Acht hat, und du dein Herz der Einsicht zuneigst . . .« (Sprüche 2,1-2) – so lautet die Grundbedingung für diesen Prozess. Es gilt nicht, so viel Information wie möglich zu tanken, um das nächste Examen abzuhaken, und dann weiterzurasen auf der Wissensautobahn, sondern immer nur so viel aufzunehmen, wie ich verarbeiten und zu einem Teil von mir selber machen kann. Das Ziel ist nicht, meine linke Gehirnhälfte mit möglichst vielen Fakten vollzustopfen, sondern einen möglichst großen Teil meiner Persönlichkeit von der Weisheit prägen zu lassen.

Das Grundmuster ist der Jünger, der die Rede seines Meisters »annimmt« und ihr sein »Herz zuneigt« – das ist das Grundmuster. Einer der großen Pädagogen der Kirche, Ignatius von Loyola, formulierte zu Beginn seiner *Geistlichen Übungen* eine an und für sich selbstverständliche Erfahrung: ». . . denn nicht das Vielwissen sättigt und befriedigt die Seele, sondern das Verspüren und Verkosten der Dinge von innen her.«[67]

»Dann wirst du verstehen Gerechtigkeit und Recht und Frömmigkeit und jeden guten Weg . . . Besonnenheit wird dich bewahren und Einsicht dich behüten, – dass du nicht gerätst auf den Weg der Bösen noch unter Leute, die Falsches reden, die da verlassen die rechte Bahn und gehen finstere Wege . . .« (Sprüche 2,9-13). Es wäre falsch zu sagen, dass das biblische Wissensmodell auf die praktische »Anwendung« ausgeht. Dem hebräischen Denken ist die Unterscheidung zwischen theoretischer Einsicht und praktischer Anwendung fremd; es ist ja die Praxis, die überhaupt erst zur Einsicht führt! Eine Wahrheit, die keinen direkten Bezug zu den praktischen Weichenstellungen des Lebens hat, ist keine Wahrheit. »Wahr« und »falsch« sind nicht zu trennen von »gut« und »böse«, »gerecht« und »ungerecht«.

»Hört, meine Söhne, die Mahnung eures Vaters; merkt auf, dass ihr lernt und klug werdet! Denn ich gebe euch eine gute Lehre; verlasst meine Weisung nicht. Denn als ich noch ein Kind in meines Vaters Hause war . . .« (Sprüche 4,1-3). Die Worte richten sich, wohlgemerkt, an erwachsene Menschen. Nur über die persönliche Beziehung kann die Quelle aller Weisheit, die persönliche Erfahrung, glaubwürdig vermittelt werden. Die Erfahrung der Generationen ist eine wesentlich festere Stütze für das Leben als die neuesten wissenschaftlichen Ergebnisse. Sie ist eine Kette, die bis in die graue Vergangenheit reicht, ohne dass jemand behaupten könnte, der Erste gewesen zu sein. Nur wer selber einmal ein Lernender war, hat das Recht, andere zu unterweisen.

Jesus ist zutiefst verankert in dieser Sicht von Wissen und Weisheit. Das Wort ward Fleisch und nicht eine Bibliothek! Das Evangelium hat sich in Form konkreter historischer Ereignisse geoffenbart, und nicht als ein System religiöser Prinzipien. Aus der Guten Nachricht die Gute Theorie zu machen, ist ein Verrat am Stall, am Kreuz und am offenen Grab. Die Bibel will auf biblische Art studiert werden; es reicht nicht, dass sie der Untersuchungsgegenstand ist.

Alles, was Jesus gesagt hat, baut auf dieser ganz praktischen Sicht von der Weisheit auf. In der Bergpredigt gibt er keine Theorie des Lebens in Gottes Reich, sondern sehr konkrete Handlungsanweisungen. In dem abschließenden Gleichnis stellt er unser Verhältnis zur Wahrheit schier auf den Kopf:

»Darum, wer diese meine Rede hört und tut sie, der gleicht einem klugen Mann, der sein Haus auf Fels baute. Als nun ein Platzregen fiel und die Wasser kamen und die Winde wehten und stießen an das Haus, fiel es doch nicht ein; denn es war auf Fels gegründet. Und wer diese meine Rede hört und tut sie nicht, der gleicht einem törichten Mann, der sein Haus auf Sand baute. Als nun ein Platzregen fiel und die Wasser kamen und die Winde wehten und stießen an das Haus, da fiel es ein und sein Fall war groß.« (Matthäus 7,24-27)

... *und tut sie*: Der »Fels« ist nicht das Wissen über Jesu Worte (das haben beide Menschen in dem Gleichnis), sondern das Tun. Es ist die ganz praktische Erfahrung seines Wortes, die uns sowohl die rechte Einsicht als auch die Kraft zum Leben gibt. In seinem nächtlichen Gespräch mit Nikodemus entwickelt Jesus diese Weisheitssicht weiter: »Das ist aber das Gericht, dass das Licht in die Welt gekommen ist, und die Menschen liebten die Finsternis mehr als das Licht, denn ihre Werke waren böse ... Wer aber die Wahrheit tut, der kommt zu dem Licht, damit offenbar wird, dass seine Werke in Gott getan sind« (Johannes 3,19-21). Es ist das praktische Tun der Menschen, das darüber entscheidet, ob sie Jesus nachfolgen oder nicht, und nicht, welche Bücher sie gelesen haben.

Genau in diesem Sinne ermahnt Paulus den jungen Gemeindeleiter Timotheus: »Das Ziel der Unterweisung ist Liebe aus reinem Herzen, gutem Gewissen und ungeheucheltem Glauben. Davon sind aber manche abgekommen und haben sich leerem Geschwätz zugewandt. Sie wollen Gesetzeslehrer sein, verstehen aber nichts von dem, was sie sagen und worüber sie so sicher urteilen« (1. Timotheus 1,5-7). Die Unterweisung zielt auf die paktische Jüngerschaft, nicht auf die Vermehrung von Theorie-Wissen. Offenbar gab es schon damals verlockende Alternativen in der anderen Richtung!

Als Paulus einige Sätze später erklärt, was für ein Recht er hat, sich Apostel zu nennen, beruft er sich nicht auf seine vorzügliche Ausbildung, sondern bezeichnet sich als den größten aller Sünder: »Aber darum ist mir Barmherzigkeit widerfahren, dass Christus Jesus an mir als Erstem alle Geduld erweise, zum Vorbild denen, die an ihn glauben sollten zum ewigen Leben« (1. Timotheus 1,16). Was machte Paulus zu einem geistlichen Vorbild? Dass er in seinem eigenen Leben Gottes Gnade praktisch erfahren hatte, zum persönlichen Vorbild für die, die er zu Christus führte.

Ich fasse zusammen: Das westliche Wissens-Modell beruht auf zwei Punkten: 1. Theorie, die dann 2. zur Praxis führt. Die hebräische Sicht dagegen, die man auch heute in einem Großteil der südlichen Erdhalbkugel findet, sieht so aus: 1. praktische Erfahrung des Wortes, die dann 2. zum Nachdenken darüber im Lichte des Wortes Gottes und des Erfahrungsschatzes der Kirche führt.

## Notwendig und inwendig

Dies stellt unsere Mitarbeiterausbildung vor eine ebenso radikale Herausforderung wie die, die Gerard Arbuckle an die ganze Kirche richtet: »Neugründung« statt »Erneuerung«. Erst wenn wir die Erfahrung wieder zum Zentrum und Ausgangspunkt der theologischen Reflexion und Vertiefung machen, werden wir die reifen Führungspersönlichkeiten bekommen, nach der die Kirche und die Welt rufen. Wohlgemerkt: »Erfahrung«, nicht »Erlebnis«. »Ich bin dagegen, das Wort ›Erlebnis‹ überhaupt zu verwenden . . . Es darf nie so sein, dass man ein geistliches Erlebnis sucht. Das ist der falsche Weg. Dagegen kann man sehr wohl von geistlichen Erfahrungen reden – ein nüchterneres, greifbareres, weniger gefühlsbetontes Wort. Erlebnisse sind Champagnerschaum, auf dem man rein nichts aufbauen kann!«[68]

Zwei Schlüsselworte sind hier »notwendig« und »inwendig«. Erstens muss das Wissen, das ein Mitarbeiter hat, notwendig sein. Einmal ist dies der Kern des Evangeliums, im Unterschied zu dem akademischen Überbau, den nur ein Bruchteil von uns für den Dienst braucht, zum anderen ergibt es sich aus dem Arbeitsfeld des Mitarbeiters. Es kann hier also nicht um einen Studiengang gehen, der für alle gleich ist, egal ob sie mit Drogensüchtigen oder mit Senioren arbeiten werden, sondern gerade so wie bei Jesus muss der Ausgangspunkt der einzelne Mensch mit seiner ganz spezifischen Erfahrung, seinen Gaben und seinem Sosein sein. Die Ausbildung ist wie ein Werkzeugschrank; unsere Leitfrage muss sein: »Wozu brauche ich das?«

Zweitens muss unser Wissen *inwendig* sein. Nur das an der Predigt, was den Prediger selber berührt hat, wird auch die Gemeinde berühren. Eine Gemeinde zu leiten, führt unser Lebensschiff in so harte Stürme, dass sich unbarmherzig zeigen wird, wie es gebaut ist. Ist der Sturm erst einmal da, ist es zu spät, anzufangen, von dem »verborgenen Leben in Gott« zu reden.

Je früher wir den Menschen helfen, ihr Leben von innen heraus aus echten Gotteserfahrungen aufzubauen, umso mehr werden vom Sturm getriebene Menschen die Gemeinde als Zufluchtsort erleben. »Schmecket und sehet, wie freundlich der Herr ist« (Psalm 34,9) – in dieser Reihenfolge: erst »schmecken« (Erfahrungen machen), dann »sehen« (verstehen). Wer die Reihenfolge umdreht, wird meistens auf der Zuschauertribüne bleiben.

Wenn die Gemeinde eine Gemeinschaft von Menschen um den Gekreuzigten und Auferstandenen ist, muss sie natürlich selber die Verantwortung für die Ausbildung ihrer Leiter übernehmen.

Wir befinden uns heute in vieler Hinsicht in einer Pioniersituation. Keine unserer theologischen Traditionen kann sich rühmen, ein funktionierendes Modell zu haben. Hier öffnen sich neue Möglichkeiten für das ernsthafte Hören – auf Gottes Stimme im Herzen, auf die Erfahrungen der anderen, auf unsere Geschwister in der Dritten Welt. Wir bewegen uns hier auf unbekanntem Boden und suchen neue Wege. Zwei Gebiete sind von entscheidender Bedeutung:

*Die geistliche Erfahrung.* Die beiden Grundsäulen der geistlichen Erziehung in der Kirche sind seit jeher das Gebet und die persönliche geistliche Wegweisung. Beide fristen in der heutigen theologischen Ausbildung ein Randdasein. Das Gebet hat überhaupt keinen festen Ort in ihr, das seelsorgerliche Gespräch wird als eine Art Kriseninterventionen für Studenten mit ernsten Problemen verstanden. Womit wir den künftigen Gemeindearbeitern die beiden wichtigsten Werkzeuge für das innere Leben weggenommen haben.

Hier muss das Gebet seinen natürlichen Ort *in der Mitte* der Ausbildung wiederbekommen. Als die Urgemeinde Helfer für die tägliche Armenpflege einsetzte, tat sie dies, damit die Apostel sich weiter ganz dem »Gebet« und dem »Dienst des Wortes« widmen konnten (Apostelgeschichte 6,4). Man beachte die Reihenfolge: Das Zentrum des Christenlebens ist das Gebet; alles andere fließt aus ihm. Vor dem Reden über Gott kommt das Hören auf Gott. Hier verfügt die Kirche über eine Vielzahl bewährter geistlicher Übungen, die schon Unzähligen geholfen haben, Gottes Stimme in ihrem Leben zu erkennen.

Man kann dies nicht dadurch »lernen«, dass man fleißig Bücher über die Spiritualität liest. Der Weg geht nach wie vor über die nackte Gotteserfahrung; wir müssen über die Schwelle des Kontrollierbaren steigen und uns der unmittelbaren Gegenwart des Herrn aussetzen. Die Retraite oder Einkehrzeit scheint hier in unserem Informationszeitalter besonders geeignet zu sein. So durchläuft ein werdender Jesuitenpriester zum Beispiel zu Beginn und Ende seiner Ausbildung je eine 30-tägige Retraite. Meine Erfahrungen haben gezeigt, dass man mit einfachen Mitteln Mitarbeitern die Möglichkeit geben kann, zu beten und ihr inneres Ohr mehr für Gott zu öffnen. Während dieser Retraiten haben wir unser Bücherregal nur spärlich bestückt; wir wissen, wie groß die Versuchung ist, sich in die Theorien zu flüchten.

Das Gebet öffnet Brunnen der Erfahrung, die wir nicht auf andere Art anzapfen können. Wie der orthodoxe Mönch Nikeforos schreibt: »Wenn du dann so, wie ich es dir gezeigt habe, in dein Herz hineingehst, dann danke Gott und preise seine Barmherzigkeit. Höre nicht auf damit. *Dann wirst du Dinge lernen, die du auf keine andere Weise lernen kannst.*«[69]

Das Gebet schenkt uns viele Erfahrungen: Licht, Dunkel, Freude, Dürre, Frieden, Rastlosigkeit usw. Daher brauchen wir einen erfahrenen Menschen, mit dem wir darüber sprechen können, jemanden, der uns hilft, das Körperliche, das Seelische und das Geistliche zu unterscheiden, und uns bei der Nachfolge Christi stützt. Hier ist seit der Geburt der Kirche die persönliche Wegweisung die selbstverständliche Form. Jesus benutzt sie viel öfter als das Predigen vor großer Zuhörerschaft, was uns vielleicht einen Fingerzeig geben kann. Auch die Apostel gaben ihre Erfahrungen durch persönliche Beziehungen an andere weiter (vgl. etwa 2. Timotheus 2,2).

Die gleiche Methode benutzten die Wüstenväter. Athanasius berichtet über den großen Eremiten Antonius, wie dieser, wenn er von einem geistlichen Lehrer hörte, diesen »wie eine kluge Biene« aufsuchte und »von jedem einen Vorteil im Tugendeifer und in der Askese zu lernen« versuchte. »Erfüllt von all diesem kehrte er an seinen eigenen Asketensitz zurück.«[70] Man beachte hier vor allem das Letzte. Antonius sprang nicht wie ein rastloser Konsument von einem Lehrer zum anderen, sondern benutzte die Erfahrungen der anderen als Schlüssel für seinen eigenen Reifungsprozess.

Wir müssen und können diese grundlegende Form der Jünger- und Leiterschule wiedererobern. Die Seelsorge hat lange mehr oder weniger unter dem Monopol einer therapeutischen Perspektive gestanden, die sich häufig prinzipiell vom Geistlichen abgrenzte. Inzwischen gibt es jedoch spannende Ansätze einer Synthese zwischen unseren psychologischen Einsichten und der klassischen geistlichen Wegweisung der Kirche. Hier sind die Starzen der orthodoxen Kirche und andere jahrhundertealte Traditionen der westlichen Kirchen ein reicher Schatz, aus dem wir schöpfen können.

Nur wer selber die persönliche Wegweisung erfahren hat, kann anderen den Weg weisen. Wenn uns dieses Zentrum wieder klar geworden ist, können wir an die theologische Reflexion gehen, ohne Schaden dabei zu nehmen. Wie Franziskus einem seiner Brüder schrieb: »Es gefällt mir, dass du den Brüdern die heilige Theologie vorträgst, wenn sie nur nicht bei diesem Studium den Geist des heiligen Gebetes und der Hingabe auslöschen . . .«[71]

*Die Erfahrung in der Welt.* Ich interviewte einmal Ray Bakke, damals Baptistenpastor in Chicago. Er hatte sehr konkrete Ratschläge für den Ausbruch aus dem Ghetto der Ortsgemeinde: Setz dich mit der Polizei in Verbindung und bitte darum, im Streifenwagen mitfahren zu dürfen; unterhalte dich mit Sozialarbeitern; geh ins Krankenhaus und frage nach, was für Krankheiten und Unfälle in deinem Viertel am häufigsten sind, usw. Als ich das Interview einem Pastor auslieh, der ebenfalls in einer Großstadtgemeinde arbeitete, war er sehr interessiert: »Hat der auch Bücher darüber geschrieben?«

Der Satz hätte von mir selber stammen können. So eingefleischt ist unsere Fixierung auf das Buch als die einzige Möglichkeit, sein Wissen zu vermehren. Genau aus dieser Struktur wollte Bakke ja heraus! In dem Interview sagte er unter anderem:

»Keiner käme auf den Gedanken, einen Missionar ohne gründliche Ausbildung in Kulturanthropologie, Sprachwissenschaft, Stammesgeschichte usw. in den afrikanischen Busch zu schicken. Aber wir schicken unsere Pastoren in unsere Städte hinein, ohne ihnen das Geringste über deren soziale Strukturen beigebracht zu haben ... Fast die gesamte heutige theologische Ausbildung basiert auf Archäologie und Textstudien ... Aber wie überlebt man in einer Großstadt? Wie sorgt man in einem harten Milieu für seine Familie? Wie überwindet man seine Angst vor Gewalt und Straßenbanden?«[72]

So wie wir »innere« Erfahrungen mit uns herumtragen, haben wir auch alle Erfahrungen mit dem äußeren Leben, die unsere Theologie beeinflussen. Es müsste doch möglich sein, diese praktischen Erfahrungen nicht als bloße Hintergrundkulisse zu benutzen, sondern als Ausgangspunkt! Sie ist entlarvend, die Frage: »Was hast du für einen Hintergrund?« Richtig sollten wir fragen: »Wo ist dein Zentrum?« Wie können deine ganz persönlichen Erfahrungen in Leben und Gesellschaft dir helfen, das Evangelium zu verstehen und uns andere zu bereichern?

Die Theologie muss ebenso in der Schöpfung wurzeln wie in Gott selber. Wie können wir glauben, dass jemand lernen kann, was Schöpfungstheologie ist, wenn er nur ein paar Bücher zu dem Thema gelesen hat – aber nie frische Erde unter den Fingernägeln hat, nie an einem eiskalten Morgen draußen auf dem Meer ein Fischnetz einholt, nie dem Junior die Windeln wechselt, nie Holz hackt, bis ihm der Rücken wehtut?

Hier können wir viel von unseren erdverbundeneren Geschwistern in der »Dritten Welt« lernen. 1976 hielt dieser nunmehr größte Teil der Kirche in Tanzania eine internationale Konferenz ab. In der Schlusserklärung hieß es: »Wir sind bereit zu einem radikalen Bruch mit dem alten Wissenssystem, indem wir stattdessen das persönliche Engagement zur ersten Handlung der Theologie machen und von der realen Praxis in der Dritten Welt aus in die kritische Reflexion eintreten.«

Die Zentralfigur der Befreiungstheologie, der Peruaner Gustavo Gutierrez, kommentierte: »Dass das Engagement die erste Handlung im Christenleben ist, bedeutet, dass das Nachdenken des Glaubens darüber tief in der christlichen Gemeinschaft verwurzelt sein muss. Es ist die Gemeinde der Jünger des Herrn als solche, die für die Verkündigung des Evangeliums in Wort und Tat verantwortlich ist.

Man ist Theologe in dem Maße, in dem man mit dem Leben und dem Engagement in einer christlichen Gemeinschaft verbunden ist. Allein in einer solchen Gemeinschaft hat man eine theologische Aufgabe, und dies ist eine Angelegenheit der Kirche.

Und weiter: Es ist unsere tiefe, unwiderrufliche Überzeugung, dass wir eine rein akademische, von der Basisarbeit ... getrennte Theologie vermeiden müssen ..., weil wir den Glauben so behandeln wollen, dass wir auf die wirklichen Fragen antworten, die von der heutigen Gesellschaft und der in ihr lebenden christlichen Gemeinschaft gestellt werden.«[73]

Wenn wir anfangen, unsere Mitarbeiter so auszubilden, wird dies einen revolutionierenden Einfluss auf das Gemeindeleben haben. Die Aufgabe der leitenden Mitarbeiter besteht dann nicht mehr darin, Andachten und Predigten zu halten, sondern die Gemeinde in einem bewussten Prozess der Jüngerschulung zu führen. Daraus wird ein völlig anderes pädagogisches Denken wachsen als das in dem überkommenen eindimensionalen Modell, wo die ganze Gemeinde einmal pro Woche eine Unterweisung bekommt, die jedem etwas geben soll. Eine Schule, die sämtliche Schüler in die Aula steckt, um ihnen dort »etwas für jeden« zu bieten, würden wir uns verbitten – doch genau dieses Modell ist das bei der Unterweisung in der Kirche herrschende.

Der Traum von dem »großen Gottesdienst, zu dem jeder kommt« ist ein überholtes Erbe aus der Zeit der Einheitskirche. Wir befinden uns heute in einer sehr viel kreativeren Situation, in der wir verschiedene Gruppen und Formen schaffen müssen, um die unterschiedlichen Bedürfnisse der Menschen zu treffen. Wenn die Kirche von neuem die *schola caritatis* (»Schule der Nächstenliebe«) werden will, von der die Zisterzienser des 12. Jahrhunderts sprachen, müssen wir sehr viel treffsicherer in der Koppelung von Ziel und Mitteln werden. Wohin wollen wir kommen? Wie schaffen wir das? Den Lehrplan hat Jesus bereits für uns zusammengefasst:

»›Du sollst den Herrn, deinen Gott, lieben von ganzem Herzen, von ganzer Seele und von ganzem Gemüt.‹ Dies ist das höchste und größte Gebot. Das andere aber ist dem gleich: ›Du sollst deinen Nächsten lieben wie dich selbst.‹ In diesen beiden Geboten hängt das ganze Gesetz und die Propheten.« (Matthäus 22,37-40)

# Jeder an seinem Ruder

Wie die Leiter, so die Gemeinde. Deshalb ist eine zentrale Frage: Was für Leiter brauchen wir? Wir haben tief verwurzelte Vorstellungen, wie z.B. ein Pastor zu sein hat. Zwei einfache Bilder mögen uns die Macht unserer Erwartungen zeigen:

*Der Reiseleiter:* Die Reisegesellschaft ist in Rom angekommen und wird sogleich von dem ebenso netten wie kundigen Führer unter die Fittiche genommen. Er kennt die Stadt und ihre Geschichte in- und auswendig, dazu die besten Restaurants, Geschäfte, Konzerte usw. Sicher, einige in der Gruppe haben ihre eigenen schlauen Bücher dabei, aber dieser Führer ist so toll und es ist alles so spannend, dass man kaum zum Lesen kommt. Der Reiseleiter ist überall: Er verarztet verdorbene Mägen, findet verlorene Taschen, erzählt Witze und Anekdoten, zeigt die Sehenswürdigkeiten der Stadt, als der Bus durch die Straßen fährt, berichtet mitreißend über die Märtyrer im Kolosseum usw. Die Hauptanforderung an einen solchen Führer ist, dass er ein rundum netter Typ ist, bei dem man abschalten und sich wohl fühlen kann.

*Der Bergführer:* Die Archäologen haben sich in dem kleinen Dorf am Berghang versammelt. Sie haben alle Fakten zusammengetragen, die sie finden konnten über die alte Inka-Stadt, die irgendwo dort oben in den Wolken sein soll. Als Bergführer haben sie eine kleine Gruppe Indios, die ihr ganzes Leben schon hier wohnen und ihnen versprochen haben, sie so weit wie möglich zu begleiten. Die Indios mustern die Archäologen etwas kritisch. Sie gehen das Gepäck durch und sortieren diverse Sachen aus, die auf dem Weg nur hinderlich wären.

Die Gruppe startet, und die anfängliche Skepsis der Archäologen verwandelt sich in Vertrauen. Sie merken, dass ihre Führer die Wege in- und auswendig kennen. Als es schwierig wird und ein paar der Wanderer fragen, ob man wirklich durch dieses Gestrüpp muss, kommt die trocken sachliche Antwort: »Wenn ihr nicht durch einen Sumpf mit giftigen Insekten wollt, schon.« Man beißt die Zähne zusammen und geht weiter. Dann und wann hat jemand Angst, dass die Indios eines Morgens spurlos verschwunden sein könnten, aber die Führer sind verlässlich, sie bringen die Gruppe bis zum Ziel.

Natürlich geht es in den beiden Bildern mindestens genauso viel um die Gemeinde wie um den Pastor, und genau das ist ja die Pointe.

Was für eine Art Reiseleiter ich brauche, hängt von der Art der Reise ab. Wo geht sie hin, was für Anforderungen werden an die Reisegesellschaft gestellt? Der Reiseleiter in Rom verlangt nicht mehr, als dass niemand betrunken oder unleidlich ist, den Rest besorgt er selber. Der Bergführer dagegen stellt von vornherein klar, dass die Wanderung nur zu schaffen ist, wenn alle ihr Äußerstes geben. Er kann den Weg nur zeigen – gehen müssen ihn die anderen selber, zusammen mit ihm.

Die gähnende Kluft zwischen Pastoren und Laien hat also mehrere Ursachen. Die traditionelle Kirchenkritik behauptet gerne, dass die Pastoren diese Kluft wollen, damit sie die Macht in der Kirche haben. Aber wie die obigen Bilder zeigen, ist die Gemeinde auch nicht unschuldig. Es ist ja so bequem, die ganze Verantwortung auf ein, zwei Personen zu schieben.

Aber was immer auch die Ursachen sind, die Kluft ist da und führt zu einer gegenseitigen Lähmung. Da stehen die Pastoren und buchstabieren das bekannte Bibelwort – wie heißt es noch? –: »Siehe, ich mache alles selbst . . .« Ein Pastor hat ein guter Kanzelredner, Seelsorger, Öffentlichkeitsarbeiter, Verwaltungsexperte, Teamleiter, Unterhalter, Tröster, Theologe, Gottesdienstleiter, Lehrer usw. zu sein. Und da wundern wir uns, wenn Managerkrankheit und Ehescheidung wie ein gefährlicher Rost an den tragenden Pfeilern der Kirche fressen.

Die Beziehung zu den anderen ist entweder kollegial (»wir Mitarbeiter«) oder professionell (»die Gemeinde«). Persönliche Freundschaften sind ein seltener Luxus, tiefe Einsamkeit das tägliche Brot. Inzwischen gibt es zwar vielfach Handbücher und Mitarbeiterseelsorge, doch sie bewegen sich meist im ausgefahrenen Geleise des Ein-Mann-Betriebs; der tiefe Graben zu den Laien wird selten in Frage gestellt.

Und es gibt natürlich auch Frustrationen auf der anderen Seite des Grabens. Da darf man Kollekten zählen und Gesangbücher austeilen, aber an der verantwortungsvollen schöpferischen Gestaltung des Mensch gewordenen Wortes wird man nur selten beteiligt.

Nicht besser wird dies alles dadurch, dass die ganze Diskussion über die kirchlichen Mitarbeiter so total um die Amtsfrage kreist – nicht darum, wohlgemerkt, wozu das Amt da ist, was wunderbarerweise als völlig klar betrachtet wird, sondern darum, wer das Amt haben darf. Und die ganze Zeit werden die Kirchenbänke immer leerer . . .

James Dunn, Neutestamentler an der Universität Durham in England, schrieb 1982: »Dass der Dienst [ministry] in der Praxis auf das Amt [the ministry] begrenzt wurde, ist ein Problem für die alten Kirchen geworden. Ich bin mir völlig bewusst, dass in offiziellen kirchlichen Verlautbarungen seit 20 Jahren beteuert wird, dass der Dienst selbstverständlich auch den Laien, dem ganzen Volk Gottes zukommt. Aber in der Praxis hat dies nur bedeutet, dass man den Dienst in zwei Grade oder Klassen oder Kasten eingeteilt hat: das ordinierte Amt und das Laienamt. Die beiden stehen in einer unsicheren Beziehung zueinander, die man äußerst vage und verworren zu erklären sucht. Dabei geht man vom ordinierten Amt als dem Fixpunkt aus, und die Aufgabe besteht darin zu entdecken, was den Dienst der Laien im Unterschied zum ordinierten Amt ausmacht, oder besser, was für die Laien übrig bleibt, wenn das ordinierte Amt definiert worden ist. Der grundlegende Unterschied zwischen Pastoren und Laien ist selbstverständlich geblieben und eigentlich nie in Frage gestellt worden – trotz der peinlichen Tatsache, dass der Ausdruck ›Laien‹ eigentlich das ganze Gottesvolk (laos) bedeutet, einschließlich der Pastoren.«[74]

## Eine wachsende Kluft

Wie konnte es so weit kommen? Es ist ja unbestritten, dass die ersten 300 Jahre der Kirchengeschichte eine enorme Expansion brachten, die auf der aktiven Evangelisationsarbeit der gesamten Gemeinde beruhte. »Die stärkste Wirksamkeit beim Ausbreiten des christlichen Glaubens scheinen bald nicht die geübt zu haben, die daraus einen Beruf machten, sondern Männer und Frauen, die über ihren Glauben zu solchen sprachen, denen sie über der täglichen Arbeit begegneten.«[75] Das Neue Testament berichtet, wie das Zeugnis von Jesus sich wie ein Lauffeuer in alle Richtungen verbreitete. Die Aufgabe der Apostel scheint eher darin bestanden zu haben, diesen Prozess zu stützen, als ein Monopol darauf zu haben.

Den Ausdruck »Laien« findet man weder im Alten noch im Neuen Testament. Zum ersten Mal erscheint er in einem Brief des römischen Bischofs Clemens an die Gemeinde in Korinth im Jahre 96. In einem etwas unklaren Vergleich zwischen alttestamentlichem Tempeldienst und den Leitungsämtern in der Kirche schreibt er: »Dem obersten Priester sind nämlich eigene Verrichtungen zugeteilt. Auch den Priestern ist ihr eigener Platz angewiesen, und den Leviten obliegen eigene Dienstleistungen; der Laie ist an die Laienvorschriften gebunden.«[76] Was dies in der Praxis bedeutete, wissen wir nicht, aber es bedeutete wohl kaum eine so große Passivität der Laien wie heute, sonst gäbe es die Kirche heute längst nicht mehr.

Im Mittelalter wurde die Kluft zwischen Priestern und Laien größer, vor allem im Westen, wo nach dem Fall Roms fast das ganze Bildungswesen in den Händen der Kirche lag, was in der Praxis bedeutete, dass Gelehrsamkeit und kirchliches Amt oft Hand in Hand gingen. Der »Laie« – das war der Ungebildete, der folglich keinen Einfluss in der Kirche hatte.

Das war im Osten anders. Unter den byzantinischen Kaisern bestanden die alten Schulen weiter und boten zumindest den Reichen eine gute Ausbildung, mit der sie sich in der Kirche leichter Gehör verschaffen konnten. In der orthodoxen Kirche hat sich denn auch eine ganz andere Achtung vor den Laien erhalten. So haben in einem orthodoxen Konzil die Laien ein volles Anwesenheits- und Rederecht, auch wenn das Stimmrecht allein bei den Bischöfen liegt.

Die Aufteilung in Priester und Laien bedeutete nicht nur Passivität und Entmündigung der großen kirchlichen Masse, sondern machte es auch möglich, die radikale Christusnachfolge auf eine kleine Elite zu begrenzen, womit die anderen ihre Jüngerschaft auf ein bequemes Minimum reduzieren konnten. Aus dem Kloster als Zeichen wurde das Kloster als Alibi. Als Herzog Wilhelm III. von Aquitanien 909 die Benediktinerabtei gründete, aus der das große Kloster Cluny hervorging, schrieb er ungewöhnlich ehrlich:

»Um für meine eigene Seligkeit zu sorgen, solange ich noch kann, habe ich es für ratsam und höchst notwendig gehalten, von dem zeitlichen Gut, so mir zugefallen ist, einen kleinen Teil für die Wohlfahrt meiner Seele hinzuschenken ... Und dies ist meine Zuversicht und Hoffnung, dass, wenn ich es auch selber nicht vermag, diese Güter zu verachten, ich doch dadurch, dass ich die aufnehme, die die Welt verschmähen – Menschen, die ich für gerecht erachte –, selber den Lohn der Gerechten bekommen werde.«[77]

Typisch Mittelalter? Nun, das System der stellvertretenden Nachfolge hat sich als äußerst zählebig erwiesen und gedeiht ungestört auch in mancher lutherischen, baptistischen oder sonstigen

Gemeinde. Offen sagt es natürlich keiner, aber die Rollenverteilung und die offenen oder unausgesprochenen Erwartungen zeigen, dass der Pastor ja für seinen Job bezahlt wird, so dass wir Übrigen die Sache ruhiger angehen können. Er hat ja eine »Berufung« (und wir Gott sei Dank nicht . . .).

Was diese Berufungs-Sicht angeht, möchte ich auf mein Buch *Gott braucht keine Helden* verweisen, wo ich zu zeigen versucht habe, was sie im Leben der Mitarbeiter und der Gemeinde anrichtet. Viele hundert Stunden Einzelgespräche mit Mitarbeitern in Schweden und Norwegen haben mir dies bestätigt – aber auch, wie befreiend es ist, wenn die Menschen das wahre Wesen der Berufung wieder entdecken. Wir sind nämlich zu *Gott* berufen, und nicht zu einer Aufgabe, und diese Berufung haben *alle* Christen. Es ist das Ja zu dieser Berufung, das den ganzen *laos*, das Volk Gottes, konstituiert.

Ein typischer Effekt der Pastoren-Laien-Kluft zeigt sich, wenn jemand in der Gemeinde einen geistlichen Neuaufbruch in seinem Leben erlebt – eine neue Liebe zu Gott und seinem Wort, eine neue Freude am Beten, eine neue Lust, anderen von Jesus zu sagen. Nicht selten sagt er sich dann: »Gott will wohl, dass ich Pastor werde.« Pastor sein ist ja die einzige legitime Art, seinen Glauben voll auszuleben, ohne als Superfrommer oder als Konkurrent der Hauptamtlichen zu gelten.

Und manchmal will Gott ja tatsächlich, dass so jemand Pastor wird. Aber als Standardreaktion ist dieser Satz verheerend, und das aus mehreren Gründen. Einerseits wird so das lebendige Wort ganz auf das Pastorenamt beschränkt, und die Gemeinde kommt nicht mehr aus ihrer passiven Konsumentenrolle heraus. Sobald das Wort in der Gemeinde zu leben beginnt, muss man ihm einen Talar anziehen.

Andererseits ist die Gefahr groß, dass der also »Berufene« schwer frustriert wird, wenn er entdecken muss, dass der Pastorenberuf einem nicht unbedingt zu einer tieferen Gottesbeziehung verhilft. Wer sich mehr von seiner Gottessehnsucht in den vollamtlichen Dienst hineinführen lässt als von dem Bewusstsein, dass es Gottes Wille ist, dass er so und nicht anders dient, schafft sich damit nur eine Frustration, die auf die übrigen Mitarbeiter und die ganze Gemeinde übergehen wird. Hier gilt es, wie ich in *Gott braucht keine Helden* ausgeführt habe, konsequent zwischen Berufung und Sendung zu unterscheiden. Gott *ruft* mich in die persönliche Christusnachfolge, die dann ihre eigenen Formen der geistlichen Wegweisung und Vertiefung hat. Die *Sendung* ist Gottes konkreter Wille, welchen Dienst ich in der Welt tun soll, um die geistlichen Bedürfnisse der anderen zu stillen – und nicht meine eigenen.

Es kann also durchaus Gottes Wille sein, dass ich der Versuchung, Pastor zu werden, widerstehe, damit das Wort dort, wo ich stehe, laut werden und seine Kreise durch die Gemeinde ziehen kann. Hier ist eine Nagelprobe für die Freiheit in der Kirche: Kann der, der will, seiner Hingabe und inneren Erneuerung kreativ Ausdruck geben, oder »muss« man dazu Pastor werden? Hier neigen wir dazu, unsere Leiter *auf Kosten* der geistlichen Entfaltung der Gemeinde zu produzieren, anstatt als Stütze für ein mündiges Engagement des Einzelnen.

Ein Beispiel dafür, wie die Pastorenrolle dazu beitragen kann, ganze Volksgruppen in Passivität und Abhängigkeit zu halten, ist Lateinamerika mit seiner oft so harten Eroberung und Zwangschristianisierung durch die Europäer, die den Priester zum Repräsentanten der Obrigkeit machte, der man sich zu unterwerfen hatte. Doch dieser Kontinent zeigt uns heute auch, wie man aus dieser Struktur ausbrechen kann. Ein bekanntes Beispiel ist der brasilianische Erzbischof Dom Helder Camara. Er berichtet, wie es zugeht, wenn er ein ganz gewöhnliches Dorf besucht:

»Ich komme in ein Dorf und sage den Leuten: ›Morgen komme ich wieder, und bis dahin habe ich eine Aufgabe für euch. Ich ermahne euch als Brüder, wir sind ja alle Brüder und Schwestern. Wir sind Blutsverwandte, denn das Blut, das Christus für mich vergossen hat, vergoss er auch für euch. Ich will, dass ihr euch bis morgen überlegt habt, was die größten Probleme hier in eurer Gegend sind.‹ Darauf kommt dann etwa folgende Antwort: ›Ach, Dom Helder, das wissen Sie doch viel besser, Sie sind ja viel klüger als wir. Wir würden den Karren ja nur festfahren, wenn wir selbst etwas versuchten.‹

Worauf ich antworte: ›Wenn ich es euch einfach selber sagen würde, wäre ich nicht euer Freund. Ich will beweisen, dass ihr auch ein Hirn habt, und ich will, dass ihr es benutzt, um selber eure Situation zu durchdenken. Also seid so gut und berichtet mir, was euer Problem Nr. 1 ist, und dann Nr. 2 und 3. Und wenn ihr mit der Liste fertig seid, möchte ich, dass ihr noch etwas anderes tut: Überlegt euch, was ihr – ihr selber – machen könnt, um eure Situation zu verbessern. Wenn ihr Werkzeuge braucht – Schubkarren, Spaten usw. –, da kann ich euch natürlich helfen‹

Als ich am nächsten Tag wiederkam, hatten sie es herausgefunden, das größte Problem, und das zweite und das dritte. Sie sagten: ›Wir sind leider nur so weit gekommen. Wenn wir mehr Leute zusammenkriegen könnten ..., könnten wir wirklich etwas auf die Beine stellen.‹«[78]

Diese einfache Szene zeigt uns auf engstem Raum das Problem und seine Lösung. »Nur der Pastor kann etwas, wir nicht« – mit ganz einfachen Mitteln erschließt Dom Helder den Schatz an Wissen und Schaffenskraft, der unter der Oberfläche schlummert, und die Menschen kommen in Bewegung. Ein schlechter Gemeindeleiter macht alles selber und hält so die Gemeinde nieder. Wie »stark« und »begabt« und »tüchtig« er auch ist, er versäumt es, seine Gemeindeglieder zu Jüngern zu machen. Auf Dauer ist ein solcher Alleskönner eher Hindernis als Hilfe für die Gemeinde.

Bischof Björn Bue von Stavanger arbeitete früher als Missionar in Kamerun. In einer Evangelisationskampagne benutzte man dort in den Dorfbibelstunden unter anderem zwei ganz einfache Bilder. Das erste zeigt die typische »Pastorengemeinde«:

Der Pastor rudert, die anderen schauen zu, wie die Touristen in Rom. Anfangs mag das ganz nett sein, aber bald werden die Kreativeren und Tatkräftigeren in der Gemeinde der bloßen Zuschauerrolle überdrüssig und springen ab. Die evangelistische Stoßkraft in einer solchen Gemeinde ist verschwindend gering, denn die Zugpferde haben bereits mit der internen Arbeit mehr als genug zu tun, und die, die draußen in der Welt sind, sind nicht dazu ausgerüstet, deutliche Zeugen Christi zu sein; sie sind ja nur Laien ...

Das zweite Bild zeigt eine lebendige Gemeinde. Hier hat jeder ein Ruder, die Distanz zwischen Pastor und Laien ist fort. Die Leiter sind nicht mehr die Leiter der Gemeinde, sondern Leiter in ihr. Sie zeigen den anderen, wie sie ihre Gnadengaben freisetzen können, und alle im Boot werden zu Mitarbeitern. Genau wie bei der Urgemeinde wird eine solche Gemeinde wachsen, ist doch jeder in seinem Alltag ein Zeuge des Herrn. Die Gemeindeglieder *gehen* nicht *zur* Kirche, um den Pastor anzuhören, sie *sind* die Kirche, da, wo sie gerade sind.

Es geht hier nicht um ein kleines Detail in unserer Gemeindestrategie, es geht um den Grund unseres Bekenntnisses. Der Prophet Jeremia spricht davon, dass der alte Bund mit seinem Tempel und den Priestern als Mittlern von einem neuen Bund abgelöst werden wird. Gott verheißt: »Ich will mein Gesetz in ihr Herz geben und in ihren Sinn schreiben, und sie sollen mein Volk sein, und ich will ihr Gott sein. Und es wird keiner den andern noch ein Bruder den andern lehren und sagen: ›Erkenne den Herrn‹, sondern sie sollen mich alle erkennen . . .; denn ich will ihnen ihre Missetat vergeben und ihrer Sünde nimmermehr gedenken.« (Jeremia 31,33-34)

Einfach ausgedrückt, bedeutet der neue Bund unter anderem eine radikale Demokratisierung des Gottesverhältnisses, die dem ganzen Volk (*demos*) die Möglichkeit einer gleich nahen und persönlichen Beziehung zu Gott eröffnet. Der Heilige Geist, der diese Beziehung vermittelt, war im alten Bund nur auf Könige, Priester und Propheten ausgegossen worden; was diese gaben, hatte das Volk entgegenzunehmen. Am Pfingsttag wird diese Begrenzung in der versammelten Schar der Männer und Frauen, die Jesus nachfolgten, durchbrochen: »Und sie wurden alle erfüllt von dem Heiligen Geist und fingen an zu predigen in andern Sprachen, wie der Geist ihnen gab auszusprechen« (Apostelgeschichte 2,4).

Als Petrus der Menge erklärt, was da geschieht, zitiert er aus dem Propheten Joel: »Und es soll geschehen in den letzten Tagen, spricht Gott, da will ich ausgießen von meinem Geist auf alles Fleisch ... und auf meine Knechte und auf meine Mägde will ich in jenen Tagen von meinem Geist ausgießen ...« (Apostelgeschichte 2,17-18). Und damit jeder fasst, worum es geht, schließt Petrus seine Predigt mit einem Bekehrungsaufruf ab: »Tut Buße und jeder von euch lasse sich taufen auf den Namen Jesu Christi zur Vergebung eurer Sünden, so werdet ihr empfangen die Gabe des Heiligen Geistes. Denn euch und euren Kindern gilt diese Verheißung und allen, die fern sind, so viele der Herr, unser Gott, herzurufen wird.« (Apostelgeschichte 2,38-39)

Klar, dass die Christen sich wie ein Lauffeuer über das Römerreich verbreiteten. Hier konnte ja *jeder* volle Gemeinschaft mit Gott haben, hier war jeder vollwertig! Dass dies nicht zu einer bloß »geistlichen« Teilhabe abgewürgt, sondern wirklich als konkretes Teilnehmen an Zeugnis und Dienst der Gemeinde in der Welt aufgefasst wurde, zeigt sich nicht zuletzt in den Paulusbriefen. »In einem jeden offenbart sich der Geist zum Nutzen aller«, schreibt Paulus der Gemeinde (nicht nur der Leitung!) in Korinth (1. Korinther 12,7). Den Ephesern schreibt er: »Einem jeden aber von uns ist die Gnade gegeben nach dem Maß der Gabe Christi ... von dem aus der ganze Leib zusammengefügt ist und ein Glied am andern hängt durch alle Gelenke, wodurch jedes Glied das andere unterstützt nach dem Maß seiner Kraft und macht, dass der Leib wächst und sich selbst aufbaut in der Liebe.« (Epheser 4,7+16)

*Jeder von uns ... jedes Glied ...* Kein Wort von passiven Laien und aktiven Pastoren!


## Das Fischen beibringen

Aber das Neue Testament spricht auch davon, dass gewisse Gemeindeglieder besondere Leitungsaufgaben haben. Was ist das Verhältnis zwischen ihnen und den anderen, die ja auch an der Dienstverantwortung teilhaben? In Epheser 4,11-12 schreibt Paulus: »Und er hat einige als Apostel eingesetzt, einige als Propheten, einige als Evangelisten, einige als Hirten und Lehrer, damit die Heiligen zugerüstet werden zum Werk des Dienstes. Dadurch soll der Leib Christi erbaut werden . . .« Wer soll hier dienen? Die ganze Gemeinde! Die leitenden Mitarbeiter haben die Aufgabe, sie dazu zuzurüsten.

Es gibt ein nur schwer übersetzbares englisches Wort, das viel über den Auftrag der Gemeindeleiter aussagt: *to enable*. Ein Pastor, Evangelist, Bibellehrer usw. ist jemand, der andere »able« (kundig, fähig) macht, trainiert, bestimmte Dinge zu tun. Ein altes japanisches Sprichwort drückt es so aus: »Gib einem Mann einen Fisch, und er wird für einen Tag satt. Lehre ihn fischen, und er wird nie mehr hungern.« Zuweilen kann es durchaus die Aufgabe eines Christen mit Leitungsfunktion sein, den Hungernden Fische zu geben. Aber seine langfristige Aufgabe ist, der Gemeinde beizubringen, selber zu fischen.

Dies bedeutet z.B., dass der, der in der Gemeinde den Dienst am Wort hat, nicht immer auch der ist, der die Unterweisung gibt. Er hat vielmehr die Aufgabe, anderen zu helfen, selber Verkündiger und Unterweiser zu werden. Der Musiker hat nicht die Aufgabe, zum musikalischen Alleinunterhalter zu werden, sondern die in der Gemeinde vorhandenen musikalischen Gaben zum Zug kommen zu lassen. Der Diakon muss nicht selber alle Hausbesuche machen, sondern er bringt anderen bei, Verantwortung füreinander zu übernehmen. Und so weiter.

Ein wiederkehrendes Motiv in der Gemeindelehre des Paulus ist die Reife. Den Kolossern schreibt er über seine Arbeit: »Mit aller geistlichen Weisheit, die Gott mir gegeben hat, ermahne ich die Menschen und unterrichte sie im Glauben, damit jeder Einzelne zu einem reifen, mündigen Christen wird« (Kolosser 1,28; *Hoffnung für alle*).

Wer reif ist, der ist kein Kind mehr. Er hat das Vorrecht und die Pflicht, selber Verantwortung zu übernehmen, Entscheidungen zu treffen, anderen zu helfen und einen Beitrag für die Gesellschaft zu leisten. So ist es auch, wenn man in der Gemeinde »erwachsen« wird. Es bedeutet Verantwortung übernehmen, sich aktiv einbringen und seine Gaben so weit entwickeln, wie man kann – und nicht so weit, wie die kleine Nische, die der Pastor einem übrig gelassen hat, es erlaubt. Diese Reife in die reine Innerlichkeit zu verlegen, heißt die Nachfolge auf eine Art zu vergeistigen, die letztlich die Menschwerdung leugnet, und die Menschen künstlich unreif zu halten.

Ein geistlicher Leiter ist wie ein Vater oder eine Mutter. Er hat geistliche Kinder zur Welt zu bringen und so zu erziehen, dass sie selber Verantwortung für andere übernehmen können. Und wie es Eltern recht bang werden kann, wenn aus ihren Kindern Leute werden, wird auch den Leitern der Gemeinde manchmal mulmig, wenn die Gemeinde in Bewegung kommt.

Es ist vielleicht kein Zufall, dass wir gerade heute so gebannt auf die Frage des »Amtes« starren. Unser ganzes kulturelles Klima ruft nach einer Gemeindestruktur, in der alle Glieder Mitarbeiter sind. In der charismatischen Erneuerung zeigte sich zumindest in den 70er Jahren ein konkreter Gehorsam gegenüber der Tatsache, dass wir ja alle Christi Leib sind, und die Befreiungstheologie redet davon, die Hierarchie auf den Kopf zu stellen und die Basis die Bibel lesen und die praktischen Schlüsse daraus ziehen zu lassen. Wenn in dieser Situation die ganze Energie in die Ämterdiskussion gesteckt wird, riecht dies sehr nach Verdrängung, jenem uns allen so eingefleischten Verteidigungsmechanismus gegenüber bedrohlichen Veränderungen. Hier besteht z.B. die Gefahr, dass die als Mündigkeitserklärung der Frau verstandene Frauenordination die noch wichtigere Frage der Mündigkeitserklärung der ganzen Gemeinde überdeckt. Eine Frau statt eines Mannes auf der Kanzel zu haben, bedeutet hier nicht automatisch einen Fortschritt.

Das Gespräch wird auch dadurch nicht leichter, dass wir mit dem Wort »Amt« um uns werfen, als sei seine Bedeutung selbstverständlich und man müsste nur noch fragen, wer es bekommen soll. Zu glauben, es handele sich hier doch nur um eine Frage der Bibeltreue, steigert noch die Verwirrung. Wo es um konkrete Ausformungen des Leitungsamtes in der Gemeinde geht, ist das Neue Testament so vielschichtig, dass man das Problem unmöglich auf die einfache Formel des »Gehorsams gegenüber dem Wort« reduzieren kann.

In Römer 12,6-8 schreibt Paulus: »Wir haben unterschiedliche Gaben, je nach der uns verliehenen Gnade. Hat einer die Gabe prophetischer Rede, dann rede er in Übereinstimmung mit dem Glauben; hat einer die Gabe des Dienens, dann diene er. Wer zum Lehren berufen ist, der lehre; wer zum Trösten und Ermahnen berufen ist, der tröste und ermahne. Wer gibt, gebe ohne Hintergedanken; wer Vorsteher ist, setze sich eifrig ein; wer Barmherzigkeit übt, der tue es freudig.« In 1. Korinther 12,28 erklärt er: »Und Gott hat in der Gemeinde eingesetzt erstens Apostel, zweitens Propheten, drittens

Lehrer, dann Wundertäter, dann Gaben, gesund zu machen, zu helfen, zu leiten und mancherlei Zungenrede.«

»Apostel«, »Propheten«, »Evangelisten«, »Hirten« und »Lehrer« erwähnt Paulus in Epheser 4,11.

Die Beispiele dürften reichen, um zu zeigen, dass wir nicht einfach ein Gleichheitszeichen zwischen den Aposteln Jesu und den heutigen Pastoren setzen und die Frage der Gemeindeleitung zu einer einfachen Frage der Bibeltreue machen können. Vom Buchstaben der Bibel her hat z.B. die Pfingstbewegung das Recht mindestens genauso auf ihrer Seite, wenn sie in jeder Gemeinde »Älteste« einsetzt (griech. *Presbyter*). Das Neue Testament gibt uns hier ein buntes Mosaik, das vielleicht eine bewusste Abwehr gegen ein Festfahren in allzu starren Positionen ist. Eine Grundregel der Bibelauslegung lautet ja, dass wir die Schrift nicht zur Bekräftigung unserer persönlichen Überzeugung benutzen, sondern so weit wie möglich versuchen sollten, darauf zu hören, was der Text faktisch aussagt.

Dies hat Konsequenzen sowohl für unser Ämterverständnis als solches als auch für die Frage der Frauenordination. 1975 forderte der Vatikan die päpstliche Theologenkommission auf, die Rolle der Frau in der Arbeit der Kirche zu untersuchen. Die Kommission kam zu folgendem Schluss: »Es hat nicht den Anschein, dass das Neue Testament an sich es uns erlaubt, klar und deutlich und ein für alle Mal das Problem des Zugangs der Frau zum Priesteramt zu lösen.«[79] Wenn wir uns darauf einigen könnten, würde dies das Gesprächsklima bereits bedeutend verbessern. Es wäre dann nicht mehr möglich, die Falltüren »liberal« und »fundamentalistisch« unter den Füßen des Gegners zu öffnen. So wie die Frage nach der Rolle der Frau in der Kirche gestellt ist, findet sie nämlich im Neuen Testament keine Antwort.

Damit werden wir frei, die *wirklichen* Ursachen der gegenwärtigen Ausformung des Amtes und seiner traditionellen Begrenzung auf Männer zu sehen. Wir haben es hier in der Tat mit einer sehr alten Tradition zu tun, die gleich nach der neutestamentlichen Epoche bei mehreren der apostolischen Väter zum Ausdruck kommt. Schon gegen Ende des 1. Jahrhunderts erwähnen Ignatius von Antiochien, Clemens von Rom und andere die Dreiteilung Bischof – Priester – Diakon. Doch eine eindeutige Struktur der Gemeindeleitung sucht man in der alten Kirche vergeblich. Die syrische Didache aus der Mitte des 2. Jahrhunderts erwähnt mehrere Leitungsfunktionen, die offenbar einander ergänzten:

»Jeder Apostel, der zu euch kommt, soll aufgenommen werden wie der Herr . . . Jeder wahre Prophet, der sich bei euch niederlassen will, ›ist seines Brotes wert‹. Ebenso ist ein wahrer Lehrer genau wie ›der Arbeiter seines Brotes wert‹ . . . Wählet euch Bischöfe und Diakonen, würdig des Herrn, Männer voll Milde und frei von Geldgier, voll Wahrheitsliebe, erprobte; denn sie sind es, die für euch versehen den Dienst der Propheten und Lehrer. Achtet sie deshalb nicht gering; denn sie sind eure Geehrten mit den Propheten und Lehrern.«[80]

Apostel, Propheten, Lehrer, Bischöfe, Diakone . . . Die Bilder gehen ineinander über und lassen uns eine weit dynamischere Vielfalt erahnen als unsere Versuche, die Leitungsfunktionen in zwei, drei Ämter hineinzupressen, um die wir uns dann schlagen. Was an den neutestamentlichen Schilderungen des Gemeindelebens so auffällt, ist gerade die Vielfalt der Ausdrucksformen der Gnade Gottes. Diesen bunten Garten auf eine einfache Frage nach dem »Amt« zu reduzieren, kann nur zu einer Verarmung der Kirche führen.

## Die beiden Brüder

Sollen wir sie also abschaffen, die ganze Pastoren- und Bischofswirtschaft? Aber das wäre auch keine Lösung. Die Antwort der Freikirchen auf die enge Pastorenkirche war ja immer: Bei uns sind alle Pastoren, wir brauchen keine besonderen Leiter. Die allererste freikirchliche Bewegung dürften die Montanisten in Kleinasien (Ende des 2. Jahrhunderts) gewesen sein. Der freikirchlich orientierte Professor Gunnar Westin schreibt über den Montanismus: »Er wollte urchristlich-prophetisch sein und stand deshalb in klarer Gegnerschaft zur werdenden Amts- und Anstaltskirche.« Doch »sonderbarerweise erhielt die [die montanistische Bewegung] durch Ämter verschiedener Art allmählich eine festere Organisation«.[81]

Aber die Geschichte zeigt: In der Praxis kommen die Ämter in der einen oder anderen Form immer zurück. Wir können sie offenbar nicht loswerden – die die ganze Kirchengeschichte durchziehende Spannung zwischen einer ordinierten und einer charismatischen Führerschaft, ob wir nun die Priester abzuschaffen versuchen oder die Propheten.

Die Erfahrung lehrt uns, dass wir beides brauchen: die fest strukturierte, kirchlich abgesegnete Leitung in Form eines Amtes und die fließende, herausfordernde, freie Führung in weniger deutlich definierten Führungsrollen. Wo die Kirche versucht hat, eine dieser beiden Seiten abzuschneiden, hat sie sich nur ärmer gemacht. Sie scheinen wie zwei Hände zu sein, die der Körper beide braucht.

Biblisch geht diese Spannung auf zwei Brüder zurück: Mose und Aaron. Mose ist das Ur- und Vorbild des Propheten: von Gott gesandt und zugerüstet, frei zum Dienst am Volke Gottes, ohne bestimmte Strukturen einhalten zu müssen. Aaron ist mit seiner Kleidung und den klaren Strukturen seines Dienstes das Urbild des Priesters. Diese beiden Brüder scheinen der Kirche durch ihre ganze Geschichte hindurch zu folgen. Oft haben sie sich gestritten und einander in Frage gestellt. Der eine hat dem anderen den Rücken zugekehrt und das alleinige Führungsrecht beansprucht. Aber wenn dann die Verarmung weit genug vorangeschritten war, führte der Heilige Geist sie wieder zusammen, und ihre Versöhnung wirkte heilend auf die ganze Kirche.

Die Wüstenmönche des 4. und 5. Jahrhunderts lebten in einer deutlichen Spannung zur ordinierten Priesterschaft. Sie hatten erlebt, was für tragische Folgen für das geistliche Leben die offizielle Führungsrolle mit sich bringen konnte, was für Versuchungen zur Macht, welche Schwächung des guten Vorbilds. Und doch weigerten sie sich, mit der etablierten Kirche zu brechen, und so konnten sie Kanäle einer tiefen Erneuerung auch unter den Bischöfen, Priestern und Diakonen werden.

Die gleiche Nüchternheit gegenüber den Grenzen des Amtes finden wir in der Regel von Benedikt. Kein Wort davon, dass der Abt die Priesterweihe haben muss. Er wird aufgrund seines »verdienstvollen Lebens« und seiner »Lehrweisheit« gewählt.[82] Anschließend hatte er dafür zu sorgen, dass einige der Brüder zu Priestern ordiniert wurden, um die Sakramente verwalten zu können. Diesen Priestern macht Benedikt aus gegebenem Anlass strenge Auflagen: Sie haben sich vor jeder Art von Stolz zu hüten und sich noch mehr als die anderen Mönche nach der Klosterregel zu richten. Der zum Priester Geweihte »nimmt immer den Platz ein, der seinem Eintritt ins Kloster entspricht, außer wenn er den Dienst am Altar versieht oder wenn die Wahl der Klostergemeinde und der Wille des Abtes ihn an einen höheren Platz stellen, weil seine Lebensweise es verdient. Er muss jedoch wissen, dass er sich an die Ordnung zu halten hat, die für die Dekane und den Prior bestimmt ist. Falls er es wagt, anders zu handeln, sehe man in ihm nicht mehr den Priester, sondern den Aufrührer.«[83]

So deutet dieses uralte Dokument ein kreatives Verhältnis zwischen der ordinierten und der charismatischen Führung an, das ökumenische Durchbrüche ermöglichen kann, die allzu lange als »unmöglich« galten ... Die gleiche, Hoffnung machende Öffnung zeigt die orthodoxe Tradition mit ihren Starzen, die jahrhundertelang mit den ordinierten Leitern der Kirche zusammengearbeitet haben. Für Bischof Kallistos Ware ist die Kirche beides – hierarchisch und charismatisch:

»In der letzten Zeit sind die charismatischen Dienste weniger deutlich gewesen, aber sie sind nie ganz erloschen. Man denke etwa an den im Russland des 19. Jahrhunderts so markanten Dienst des ›Ältesten‹ (russ. *Starez*). Dieser Dienst entsteht nicht durch einen Ordinationsakt, sondern kann genauso gut von einem Laien wie von einem Priester oder Bischof ausgeübt werden. Serafim von Sarov und die Starzen am Optino-Kloster übten einen weit größeren Einfluss aus als irgendein Leiter in der kirchlichen Hierachie ... Mehr als einmal in der Geschichte der Orthodoxen Kirche sind die ›Charismatiker‹ mit der Hierarchie aneinandergeraten, aber im Grunde gibt es keinen Widerspruch zwischen diesen beiden Elementen im Leben der Kirche; in beiden wirkt derselbe Geist.«[84]

Die heute vielfach schrumpfenden finanziellen Ressourcen sind noch ein zusätzlicher handfester Grund, die künftige Leitungsstruktur der Gemeinde radikal zu überdenken. Hier pflegen die Freikirchen ein über hundertjähriges Erbe praktischer Erfahrungen, wie man Menschen zur Übernahme von Verantwortung frei machen kann. Die Zeit der teuren theoretischen Ausbildungen läuft ab, immer weniger Gemeinden können sie sich leisten. Die amerikanische katholische Theologin Catherine Mowry Lacugna hat Perspektiven aufgezeigt, die noch vor wenigen Jahren schier undenkbar waren:

»Andere fragen sich, ob die Priesterweihe zu einem Amt auf Dauer führen muss. Man denke etwa an die vielen jungen Männer und Frauen (z.B. frisch examinierte Studenten), die gerne zwei, drei oder fünf Jahre lang einen kirchlichen Dienst übernehmen würden, aber nicht Nonne oder Priester werden wollen ... Auf der anderen Seite der Altersskala haben wir Menschen zwischen 50 und 70 mit erwachsenen Kindern, die gerne mehr als die üblichen ehrenamtlichen Dienste tun würden und deren persönliche Frömmigkeit, Weisheit und Erfahrung sie ideal für diese Aufgaben sein lassen. Wenn wir eine andere Priesterweih-Theologie hätten, wenn die Weihe z.B. die offizielle und rituelle Bestätigung der Kirche wäre, dass jemand die Eigenschaften besitzt, die man für eine bestimmte Funktion braucht, könnte man ihn oder sie für eine gewisse Zeit für diese Funktion weihen.«[85]

»Oder sie?« In dem zuweilen emotional aufgeheizten Diskussionsklima zum Thema »Frauenordination« bleibt uns zum Schluss vielleicht nur die Sprache der betenden Stille und des offenen Fragens. Die Rechthaberei auf beiden Seiten hat tiefe Wunden sowohl in der inneren Gemeinschaft der Kirche als auch im Vertrauen der Gesellschaft zu solch einer Kirche geschlagen. Dass dies zu einer Zeit geschieht, wo in der ganzen westlichen Welt die Beziehungen zwischen Mann und Frau eine historische Krise durchlaufen, vergrößert den Schmerz noch. Jetzt oder nie muss die Kirche eine versöhnende Vielfalt auf diesem so entscheidenden Gebiet des menschlichen Lebens gestalten, wenn wir noch glaubwürdig vom »Amt der Versöhnung« reden wollen. Mir persönlich haben hier vier Fragen geholfen:

– Wenn Gott Mann und Frau nach seinem Bilde schuf, wie kann man dann sagen, dass nur der Mann Christus abbilden kann – wie es zum Beispiel von einigen katholischen Theologen vertreten wird?

– Ist es nicht erstaunlich, dass der Engel am leeren Grab ausgerechnet Frauen den Auftrag gab, die Auferstehung zu verkünden?

– Wenn der Heilige Geist auch Frauen als Leiterinnen und Verkündigerinnen gesegnet hat, behindern wir ihn dann nicht mit unseren Vorstellungen?[86]

– Wie können wir uns von Brüdern und Schwestern, die die Glaubensbekenntnisse der alten Kirche bejahen, wegen einer Frage distanzieren, die in diesen Bekenntnissen nicht erwähnt werden und somit offensichtlich nicht zum Zentrum des Glaubens gehören?

Und hinter dieser Frage erahnen wir bereits ein anderes Problem, das nichts mit dem Amtsverständnis, aber sehr wohl mit der Geschlechterproblematik zu tun hat. Wenn die gegenwärtigen Trends etwa in der schwedischen Staatskirche und manchen Freikirchen anhalten, wird der Frauenüberschuss in den Gemeinden auch auf die Ebene der Ämter übergreifen, so dass wir eine »Frauenkirche« bekommen. Dies ist ein sehr ernstes Szenario, für Männer wie Frauen, das das Gebet, den Dialog und das Umdenken nur noch dringender macht.

Auch hier brauchen wir den Mut, den Fertigantworten und Schnelllösungen zu misstrauen. Der Weg nach vorne kann nicht so aussehen, dass wir uns festbeißen und zu retten versuchen, was zu retten ist. Der Weg nach vorne geht nach unten. Ohne Tod keine Auferstehung.

Hier liegt der entscheidende Test für christliche Leiter. Um Macht, Einfluss, Positionen und Ämter zu kämpfen, ist eine Sache. Der Eifer wird bedeutend weniger, wenn es darum geht, still mit dem Herrn zu leiden. Jesu Leiden und Tod zeigen uns, dass der Platz hinter dem Kelch und dem Brot der niedrigste Platz der Kirche ist, nicht der höchste. Es ist das geschlachtete Lamm, das die Gemeinde führt, und wer ihm folgt, der führt die anderen recht.


# Der keine Geschenke nimmt

»Als ich vom Flughafen zur Stadtmitte von Conakry, der Hauptstadt Guineas, fuhr, zog vor dem Autofenster die Zukunft an mir vorbei . . . Von Dreck bedeckte Wellblechhütten, Läden aus vor sich hin rostenden Containern, Schrottautos und Stacheldraht, Straßen, die eine einzige Abfallgosse waren. Überall Mücken und Fliegen, und die Kinder, viele mit aufgedunsenem Bauch, so zahlreich wie Ameisen. Die einsetzende Ebbe legte einen von toten Ratten und Autowracks übersäten Strand frei«, schreibt Robert Kaplan, Redakteur bei der amerikanischen Zeitschrift *The Atlantic*, in seinem Buch *The Coming Anarchy*. Die alte Ordnung teilte die Welt in einen kapitalistischen West- und einen kommunistischen Ostteil ein, jeweils mit Anhängseln in der Dritten Welt. Heute zerbröckelt die Weltkarte in immer kleinere Stückchen, nach Einkommen, Rasse, ethnischen Strukturen und Religion. »In den kommenden Jahrzehnten werden wir alle mehr unsere Unterschiede merken als unsere Gemeinsamkeiten«, meint Kaplan.

Die Kluft zwischen Arm und Reich wächst dramatisch. »Westafrika«, so Kaplan, »wird wieder zu dem Afrika der viktorianischen

Atlanten. Es besteht wieder aus einer Reihe Handelsposten an der Küste, wie Freetown und Conakry, plus einem Landesinneren, das durch Gewalt, Instabilität und Krankheiten aufs Neue ... ›leer‹ und ›unerforscht‹ sein wird.«

Der Journalist Stefan Jonsson kommentiert: »Auf Kaplans Karte zählen nur Orte, die so stabil sind, dass der Handel noch funktioniert.« Er fährt fort: »Die Zeichner der alten Weltkarten bevölkerten die Grenzen der zivilisierten, bekannten Welt mit Ungeheuern, Untieren, Amazonen, Riesen, Höhlenmenschen und anderen bizarren Wesen.« Entsprechendes vollzieht sich heute bei vielen westlichen Beobachtern. Ganze Teile der Welt fallen wieder hinter ihren Horizont. »Dort liegen die Flugplätze, die keine Verbindungen zum Westen haben, da die Maschinen ja Rauschgift, Prostituierte, Viren, Bakterien, Dreck, Bomben oder Flüchtlinge an Bord haben könnten. Man merkt es an der Rhetorik, wenn die Autoren sich diesen Zonen nähern. Menschen werden mit Ratten, Krankheitsüberträgern, Heuschrecken oder Mündern verglichen. Menschliches Leben wird auf eine rohe Naturkraft reduziert, die sich vermehrt und die Ressourcen auffrisst.«[87]

»Zu unserem Weltbild gehört seit dem Zweiten Weltkrieg, dass die USA das führende Land der Welt sind. Auch wo sie von dieser Rolle abrücken, geben die USA zumindest für uns im reichen Teil der Welt offensichtlich den Ton an: Die heutigen USA ziehen sich zurück vor dem Chaos der Welt. Eine chaotische Welt kann man nicht regieren, und es hat keinen Sinn, auf die UNO und eine den Frieden bewahrende Außenpolitik zu setzen. Lieber die Grenzen schließen und sich einigeln, wie vor einem Taifun«, schreibt Jonsson.

Die 358 reichsten Menschen der Welt verdienen genauso viel wie die 2,5 Milliarden ärmsten.[88] Es lässt sich nicht mehr leugnen, dass die Kluft zwischen Arm und Reich immer größer wird. In seiner Abschiedsrede auf dem Weltgipfel für soziale Entwicklung der UNO im Frühjahr 1995 sagte der scheidende französische Präsident François Mitterand: »Wir haben den Punkt erreicht, wo die Gesellschaft zu einem Anhängsel der Wirtschaft geworden ist und gesellschaftliche Entwicklung als Ergebnis ökonomischer und finanzieller Mechanismen dargestellt wird. Sollen wir die Welt zu einem globalen Markt werden lassen, wo die Gesetze vom Stärksten bestimmt werden und das einzige Ziel darin besteht, in möglichst kurzer Zeit möglichst viel Profit zu machen?«[89]

Dass dieser Markt das Los der Armen verbessert, glaubt inzwischen noch nicht einmal mehr die Weltbank. Dahin ist die Hoffnung, dass Wirtschaftswachstum und industrielle Entwicklung letztlich auch den Ärmsten zugute kommen werden. Denen, die außerhalb des Marktes stehen – und das ist die Mehrheit der Bevölkerung in den armen Ländern – geht es dadurch nicht besser.

Aber wer soll ihnen helfen? Der Kommunismus ist nach dem Zerfall der Sowjetunion bankrott und hat nur noch mehr Arme geschaffen, die vom Markt als lästige Minusposten in den globalen Strategien betrachtet werden. Und wir können auch nicht einfach unsere Grenzen schließen und so tun, als ginge uns das Problem nichts an. In den reicheren Ländern sind es vor allem die Ausländer, allein erziehende Eltern und die Jugend, die auf der Verliererseite sind.

Wer fragt nach ihnen? Mitten durch diesen Zerfall watschelt das glitzernde Tier mit seinem riesigen Schatten: die Konsumideologie und in ihrem Schlepptau seelische und materielle Verarmung. Auf der einen Seite die scheinbar unwiderstehliche Weltreligion, die da sagt: »Du bist, was du kaufst« und mit ihrem verlockenden Angebot von Identität und Erfolg die ganze Welt in Trance versetzt. Die häufigsten Aufdrucke auf unseren Kleidern sind heute »authentisch«, »original« und »echt« – genau die Eigenschaften, die wir nicht mehr haben, in einem teuflischen Blendwerk, das uns die Augen dafür verschließt, dass wir alle nur noch Kopien sind.

Auf der anderen Seite das Gefühl des Ausgestoßenseins bei all denen, die sich nicht in diese Glückswelt einkaufen können und hilflos in die Armut hineingleiten. Teils in die innere Armut, den »Kater« des Materialismus, teils in die physische Armut, die einen schwarzen Teenager in Washington jemanden erschießen lässt, weil der die richtigen Nike-Schuhe trug.

Wer tut etwas für diese Menschen? »So . . . seid hinfort nicht halsstarrig. Denn der Herr, euer Gott, ist der Gott aller Götter und der Herr über alle Herren, . . . der die Person nicht ansieht und kein Geschenk nimmt und schafft Recht den Waisen und Witwen und hat die Fremdlinge lieb, dass er ihnen Speise und Kleider gibt. Darum sollt ihr auch die Fremdlinge lieben; denn ihr seid auch Fremdlinge gewesen in Ägyptenland.« (5. Mose 10,16-19)

Gott tut etwas für sie! Man beachte die Übereinstimmung zwischen den Armen in Ländern wie Schweden und den drei Gruppen, die im Alten Testament für die Armen stehen: die Jugend (die »Waisen«), die allein erziehenden Eltern und Alten (die »Witwen«) und die Ausländer (die »Fremdlinge«). Man beachte auch das Paradox: Gerade deswegen, weil Gott kein Ansehen der Person kennt, steht er auf der Seite der Armen. Er allein lässt sich von den Geschenken der Reichen nicht bestechen und steht für die ein, die sich keine Geschenke leisten können. Sie liebt er, sie verteidigt er, ihnen gibt er Essen und Kleidung. Die keinen Draht zu den Mächtigen haben, keine Sprache, um sich verständlich zu machen, keine Reserven, wenn der letzte Pfennig fort ist – an wen sollen sie sich wenden, wenn nicht an Gott?

»Verlasset euch nicht auf Fürsten; sie sind Menschen, die können ja nicht helfen . . . Wohl dem, dessen Hilfe der Gott Jakobs ist, der seine Hoffnung setzt auf den Herrn, seinen Gott, . . . der Recht schafft denen, die Gewalt leiden, der die Hungrigen speiset. Der Herr macht die Gefangenen frei. Der Herr macht die Blinden sehend. Der Herr richtet auf, die niedergeschlagen sind. Der Herr liebt die Gerechten. Der Herr behütet die Fremdlinge und erhält Waisen und Witwen; aber die Gottlosen führt er in die Irre.« (Psalm 146,3-9)

Warum muss die Kirche auf der Seite der Armen stehen? Weil es derzeit in gewissen Kreisen politisch korrekt ist, so zu reden? Weil die Not so riesengroß ist? Die Antwort liegt tiefer: Weil Gott es auch tut.

Nachfolge – das bedeutet ja, hinterhergehen und dasselbe tun. Und der Gott, den die Kirche bekennt, bekennt sich die ganze Geschichte hindurch zu der Froschperspektive in der Gesellschaft, und nicht zu der Perspektive von oben. »Denn er steht dem Armen zur Rechten, dass er ihm helfe von denen, die ihn verurteilen« (Psalm 109,31). Und was Gott tut, was er liebt, was er hasst, das muss auch sein Volk tun und lieben und hassen. Quer durch alle Links- und Rechtsideologien erhebt sich der Heilige und Barmherzige. Es ist die Aufgabe der Gemeinde, ihn dort zu suchen, wo er ist, und ihm dort zu dienen.

Aber . . . »Herr, wann haben wir dich hungrig gesehen und haben dir zu essen gegeben, oder durstig und haben dir zu trinken gegeben? Wann haben wir dich als Fremden gesehen und haben dich aufgenommen, oder nackt und haben dich gekleidet? Wann haben wir dich krank oder im Gefängnis gesehen und sind zu dir gekommen? Und der König wird antworten und zu ihnen sagen: . . . Was ihr getan habt einem von diesen meinen geringsten Brüdern, das habt ihr mir getan.« (Matthäus 25,37-40)

Noch weiter kann Gott nicht gehen in seiner Identifizierung mit den Schwächsten in der Gesellschaft. Wenn Jesus in eine arme Zimmermannsfamilie hineingeboren wird, als Kleinkind politischer Flüchtling wird, in einem besetzten Land aufwächst, dann haben wir es nicht mehr mit religiösen Werten und politischen Ideologien zu tun, sondern mit Fleisch und Blut. Was tun wir mit dem Fremdling, der vor unserer Tür steht?

Die Tür schließen? Dies scheint die immer häufigere Reaktion zu sein vor dem immer näher kommenden Elend. Zollschranken, Zurückweisung von Flüchtlingen, weniger Entwicklungshilfe, Sicherheitsketten an der Tür, in ein ruhigeres Viertel ziehen. Und mit den passenden Worten kann man die Entwicklung sogar richtig positiv darstellen; da wird aus der Schere zwischen Reich und Arm die »Einkommensstreuung«. Die Frage an die Kirche ist: Sehen wir die Entwicklung »von oben« oder »von unten«?

Lesen wir aufmerksam die Bibel, muss es uns immer schwerer fallen, uns an unsere Pfründe zu klammern, wird es immer zwingender, auf den zu hören, der sich selbst entäußerte und Knechtsgestalt annahm (Philipper 2,7). Die Winde der Welt werden kälter, und es ist verständlich, wenn die, die keine bessere Wärmequelle als ihren Luxus haben, die Ritzen abzudichten versuchen. »Und weil die Ungerechtigkeit überhand nehmen wird, wird die Liebe in vielen erkalten« (Matthäus 24,12). Aber was tun die, die die Wärme in den Händen des Gekreuzigten gespürt haben?

## »Ihr tötet eure Brüder«

El Salvador – der Name bedeutet »der Erlöser«. Das Land ist das kleinste in Lateinamerika und hat ein fast feudales Gesellschaftssystem mit einer kleinen Großgrundbesitzer-Kaste und einer großen Mehrheit landloser Bauern. Es ist lange von Militärregimes regiert worden, die die Interessen der Grundbesitzer und der ausländischen Konzerne schützten. Um die Bildung von Gewerkschaften und politischen Oppositionsgruppen zu unterbinden, hat man jahrelang die Führer und vermutete Mitglieder verschiedener Organisationen verfolgt und getötet. Dies hat nicht zuletzt die Kirche getroffen.

1977 wurde Oscar Romero zum Erzbischof gewählt. Seine Wahl erfolgte, weil er eine mehr konservative Linie vertrat. Nach der Ermordung zweier Priester begann er sich aktiv für die Menschenrechte einzusetzen und nahm sich immer mehr Zeit, auf das Volk zu hören. Über einen kirchlichen Radiosender erreichten seine Predigten das ganze Land. Am 23. März 1980 zog er in einer Predigt über die Ehebrecherin, der Jesus vergab, eine deutliche Parallele zwischen unserer persönlichen Sünde und der sozialen und strukturellen Sünde in der Gesellschaft:

»Aus unserem persönlichen Gottesverhältnis folgt alles andere. Die, deren Seelen Sklaven der Sünde sind, sind falsche Befreier und deshalb noch hundertmal grausamer, denn sie wissen nicht, wie man einen Menschen liebt und achtet . . .

Oh, wie gerne möchte ich euch überzeugen können, ihr Brüder und Schwestern alle, die ihr diese innige Beziehung zu Gott als nicht so wichtig anseht, dass sie unerhört wichtig ist! Es reicht nicht zu sagen: ›Ich bin ein Atheist, ich glaube nicht an Gott, ich lasse ihn in Ruhe.‹ Es geht nämlich nicht darum, was du glaubst, sondern ob du objektiv die Verbindung zur Quelle allen Lebens gekappt hast. Solange du dies nicht begriffen hast und nicht Ihm folgst und Ihn liebst, bist du ein losgelöster, isolierter Teil des Ganzen und deshalb ein Mensch der Unordnung, der Zertrennung, der Undankbarkeit, des Kleinglaubens und Nicht-Zusammengehörens. Ohne Gott kann es kein wahres Verständnis der Freiheit geben. Vorübergehende Befreiungen, ja, aber beständige, stabile Befreiungen kann nur das Volk des Glaubens erreichen . . .

Wer kann sich wertlos fühlen vor diesem Schatz, den wir in Christus finden, der Krankheit, Schmerz, Unterdrückung, Folter und sozialem Abstieg einen Sinn gibt? Niemand kann besiegt werden, niemand. Und wenn sie euch unter den Stiefel treten, so weiß doch jeder, der an Christus glaubt, dass er ein Sieger ist und dass der letzte Sieg der Wahrheit und Gerechtigkeit gehört! . . .

Ich möchte mich besonders an die Männer in der Armee wenden, vor allem die in der Nationalgarde, der Polizei und den Garnisonen. Brüder, ihr gehört zu unserem Volk. Ihr tötet eure Brüder, die Bauern. Mehr als der Befehl, den Menschen zum Töten geben, muss Gottes Wort gelten, das sagt: Du sollst nicht töten! Kein Soldat ist verpflichtet, einem Befehl zu folgen, der gegen Gottes Gesetz geht. Niemand muss sich einem unmoralischen Gesetz fügen. Jetzt ist die Zeit, euer Gewissen zu retten und auf seine Stimme zu hören, und nicht auf das Kommando der Sünde! Die Kirche, die zur Verteidigung der Gesetze und Rechte und zum Schutz der Würde des Einzelnen eingesetzt ist, kann nicht stumm bleiben vor so viel Widerwärtigkeit.

Wir wollen, dass die Regierung ernsthaft bedenkt: Reformen bedeuten nichts, wenn sie mit so viel Blut getränkt sind. Deshalb flehe ich euch im Namen Gottes und dieses so lange geplagten Volkes, dessen Schreien mit jedem Tag lauter zum Himmel steigt, an, ja, bitte ich euch, befehle ich euch im Namen Gottes: Hört auf mit der Unterdrückung! Die Kirche verkündet eure Befreiung, so wie wir es heute in der heiligen Bibel gesehen haben. Eine Befreiung, zu der vor allem die Achtung vor der Würde des Menschen gehört, eine Erlösung zum gemeinsamen Besten des Volkes, die die Grenzen sprengt, indem sie vor allem anderen auf Gott schaut und allein aus ihm ihre Hoffnung und Kraft schöpft.«[90]

Am Tag nach dieser Predigt feierte Romero in einer Krankenhauskapelle einen Gottesdienst. Als er den Kelch erhob und die Einsetzungsworte des Abendmahls sprach, trat ein Mann mit einem Gewehr vor den Altar und schoss. Auf dem Weg zum Krankenhaus, wo er verstarb, flüsterte Romero: »Möge Gott sich des Mörders erbarmen.« Es waren seine letzten Worte.

Der Mord war von Roberto D'Aubuisson angeordnet worden, dem Gründer der Arenas-Partei, die das Land heute regiert. Romeros Einfluss ging auch nach seinem Tod weiter. So arbeitete eine Gruppe Jesuiten in San Salvador unter anderem für die Gründung einer Universität, die nicht ein neues Reservat der Reichen und Mächtigen werden, sondern im Dienst des Volkes stehen sollte. Einer der Jesuiten, Ignacio Ellacuréa, formulierte die Vision so: »Die Universität muss Gestalt gewinnen unter den Armen, sie muss Wissenschaft werden für die, die keine Wissenschaft haben, die klare Stimme für die, die keine Stimme haben, die intellektuelle Stütze für die, . . . die keine akademischen Argumente zur Rechtfertigung ihrer Existenz anführen können.«

Am Morgen des 16. November 1989 wurden die sechs Jesuiten, die Köchin des Hauses und deren Tochter ermordet. Die USA beschuldigten sofort die Guerillas der Tat. Eine von den Vereinten Nationen unterstützte Untersuchungskommission wurde eingesetzt, und ein Jahr nach dem Mord versicherte Verteidigungsminister René Ponce, dass die Schuldigen zur Rechenschaft gezogen würden: »Es ist eine echte Schande für unsere Armee, dass ihre Mitglieder in einen solch furchtbaren Mord wie dem an den Jesuiten verwickelt sind.« Im Frühjahr 1993, wenige Tage vor Bekanntwerden des Untersuchungsergebnisses, trat Ponce zurück; er hatte die Morde selber angeordnet.[91]

Was sagen uns diese Stimmen aus El Salvador? Wir können sagen: »Ja, dort sind die Fronten ja klar, da kann man gut prophetisch sein.« Aber wir können dieses klare Bild auch als Spiegel benutzen, der unserer Situation in einem Wohlstandsland schärfere Konturen gibt: der Verarmung der Menschen, der Kraft des Evangeliums, dem Kurs der Kirche, dem Konflikt mit der Macht. Ein englischer Kollege der ermordeten Jesuiten, Michael Campbell-Johnston, hat drei Kriterien für unser Handeln zusammengefasst:

1. Die Bedürfnisse der Armen kommen vor den Wünschen der Reichen.
2. Die Freiheit der Schwachen kommt vor den Freiheiten der Mächtigen.
3. Die Teilhabe an Randgruppen in der Gesellschaft kommt vor der Bewahrung der Ordnung, die sie ausschließt.[92]

## Dem Lamm folgen

Hier kommen wir nicht vorbei an der Frage nach der Gewalt und der Kirche. Auch dieser Konflikt wird in einem Land wie El Salvador brutal deutlich, wo ein scheinbar total machtloses Volk einer scheinbar allmächtigen Allianz aus Militär, Regierung und Großkonzernen gegenübersteht. Dass sich die Gewalt schließlich wie ein Krebs über die ganze Welt verbreitet, darf einen nicht wundern; wie die Führer, so das Volk. Und die gleichen Regierungen, die so oft kein Geld für Gesundheitswesen, Schulen, Sozialhilfe, Renten usw. haben, haben für eines immer Geld: Waffen. Und solange es Menschen gibt, die am Krieg verdienen, wird das so weitergehen.

In dieser Situation den Armen und bedrängten Menschen zu sagen, dass sie nicht töten dürfen, dass Waffen und Gewalt weg müssen aus den Schulen usw., ist letztlich nichts als Heuchelei. Wollen wir glaubwürdig über die sinnlose Spirale der Gewalt sprechen, müssen wir auch Abstand nehmen vom »legitimen« Gebrauch von Gewalt. Wir sollten doch inzwischen gelernt haben, dass Gewalt keine Probleme löst, sondern nur welche schafft. Mit Benzin kann man kein Feuer löschen.

Die Kirche folgt dem geschlachteten Lamm nach. Wohl niemand wird leugnen wollen, dass Jesus konsequent nicht tötete. Er verschärfte das alttestamentliche Gebot »Du sollst nicht töten« noch, indem er zeigte, dass schon der bloße Hass unter dieses Gebot fällt (Matthäus 5,21-26). Damit stellt er klar, dass die Gewalt ihre Wurzeln im Inneren des Menschen hat, wie auch die Gewaltlosigkeit in einem versöhnten Menschen verwurzelt sein muss:

»Ihr habt gehört, dass gesagt ist: ›Auge um Auge, Zahn um Zahn.‹ Ich aber sage euch, dass ihr nicht widerstreben sollt dem Übel, sondern: wenn dich jemand auf deine rechte Backe schlägt, dem biete die andere auch dar. Und wenn jemand mit dir rechten will und dir deinen Rock nehmen, dem lass auch den Mantel . . . Ihr habt gehört, dass gesagt ist: ›Du sollst deinen Nächsten lieben‹ und deinen Feind hassen. Ich aber sage euch: Liebt eure Feinde und bittet für die, die euch verfolgen, damit ihr Kinder seid eures Vaters im Himmel. Denn er lässt seine Sonne aufgehen über Böse und Gute und lässt regnen über Gerechte und Ungerechte.« (Matthäus 5,38-45)

Dass dies keine bloße Theorie war, bewies Jesus, als er sich ohne Gegenwehr demütigen, schlagen und kreuzigen ließ. Petrus, der ihn mit Waffengewalt beschützen wollte, weist er scharf zurecht: »Stecke dein Schwert an seinen Ort! Denn wer das Schwert nimmt, der soll durchs Schwert umkommen« (Matthäus 26,52). In einem seiner Briefe zeigt Petrus, dass er diese Lektion nicht vergessen hat: »Aber wenn ihr um guter Taten willen leidet und es ertragt, das ist Gnade bei Gott. Denn dazu seid ihr berufen, da auch Christus gelitten hat für euch und euch ein Vorbild hinterlassen, dass ihr sollt nachfolgen seinen Fußtapfen.« (1. Petrus 2,20-21)

300 Jahre lang ging die Kirche in diesen Fußtapfen. Die alte Kirche verurteilte das Töten in allen Formen streng. So wurden in Rom zu Beginn des 3. Jahrhunderts Gladiatoren nicht zur Taufe zugelassen. Von dem Soldaten, dem das Töten befohlen wurde, wurde Befehlsverweigerung erwartet. Taufkandidaten und bereits Getaufte, die sich als Soldaten anwerben ließen, wurden aus der Kirche ausgeschlossen. Auch Obrigkeitspersonen, die die Todesstrafe aussprachen, wurden abgewiesen. Kirchenväter wie Tertullian, Hippolyt, Cyprian und Origines sprachen sich gegen jede Form von Gewaltanwendung und Töten aus. »Es kann kein Zweifel bestehen, dass dies

bis zum 4. Jahrhundert praktisch in der ganzen Kirche als die christliche Haltung galt. ›Kriege führen ist etwas, das wir nicht mehr kennen‹, heißt es z.B. bei Irenäus von Lyon.«[93]

Nicht zuletzt das Wissen um das Reich Gottes war entscheidend für die frühkirchliche Sicht von der Gewalt. Immer wieder finden wir bei den frühkirchlichen Autoren den Text aus Jesaja 2,4: »Da werden sie ihre Schwerter zu Pflugscharen und ihre Spieße zu Sicheln machen. Denn es wird kein Volk wider das andere das Schwert erheben, und sie werden hinfort nicht mehr lernen, Krieg zu führen.« Der Theologe Anders Ekenberg kommentiert die Konsequenzen, die die frühe Kirche daraus zog:

»Das Friedensreich hat seinen Ursprung in Gott selber. Es ist nicht bloß eine geistliche oder transzendente Wirklichkeit, sondern ist in und durch Jesus Christus und die christliche Kirche eine konkrete, fassbare, irdische Wirklichkeit geworden. Es breitet sich nicht mit Gewalt aus, vielmehr nehmen die Christen von aller Gewaltanwendung Abstand. Der Friede und die Gerechtigkeit, die die Christen konkret gestalten, sind der Anfang des umfassenden Friedensreiches, das einst die ganze Welt umfassen wird.«[93]

Wie so vieles andere, änderte sich dies, als die Kirche im 4. Jahrhundert die staatliche Anerkennung erhielt. Plötzlich wurde es interessant, Wege heraus aus Jesu konsequentem Pazifismus zu finden, und mehrere Theologen schufen eine imperiumsfreundlichere Theologie, die die Waffengewalt akzeptieren konnte. Die Tür war aufgestoßen zu der ganzen blutigen Geschichte der mit kirchlichem Segen geführten Kriege und Eroberungen, ganz zu schweigen von den unzähligen Malen, wo die Kirche selber mit dem Schwert gegen ihre Widersacher vorging. Die äußerste Konsequenz dieser Verblendung waren natürlich die Kreuzzüge, in denen man versuchte, mit Gewalt Menschen zum Lamm zu bekehren . . .

Heute gehört es zur Umkehr der Kirche, aufs Neue auf Jesu Wort zu hören, sein Vorbild zu sehen und in einem kategorischen Nein zur Gewalt in seinen Fußtapfen zu folgen. In einer Kultur, wo das Töten technisch immer raffinierter erfolgt, blind unschuldige Menschen trifft und immer mehr abgekoppelt ist von deutlichen ideologischen Zielen, ist die Theorie vom »gerechten Krieg« längst eingerostet. Die Welt ruft nach zumindest einer Freistatt, die frei ist von Gewalt und Waffen. Wer soll sie glaubwürdig gestalten können, wenn nicht die Gemeinschaft des Lammes?

## »Hast du schon?«

All dies hängt mit der wirtschaftlichen Entwicklung in der Geschichte der Kirche zusammen. Waffen und Geld hängen immer zusammen; man braucht Waffen, um sein Geld zu schützen, man braucht Geld, um sich Waffen zu kaufen, man gibt demjenigen Geld, der den Einsatz von Waffen legitimiert, usw. Als die Kirche reich wurde, wurde es denn auch »realistisch«, die ursprüngliche Gewaltlosigkeit aufzugeben. Wie gehen wir heute mit unseren Finanzen um? Wie viel bedeutet Geld für unsere Sicherheit? Was für Fesseln legen unsere wirtschaftlichen Bindungen unserer Verkündigung an? Können wir überhaupt als Kirche glaubwürdig sein, solange wir nicht Schluss machen mit dem Mammon und zeigen, dass wir einem anderen Herrn folgen?

Als ich in der Heilsarmee war, war es ein stehender Witz bei uns im Posaunenchor, wenn die Sammelbüchse herumging, einander zuzuflüstern: »Hast du schon?« Und wir legten kichernd unser Scherflein hinein und reichten die Büchse weiter. Sich etwas herauszunehmen, wäre ja glatter Diebstahl gewesen! Die Kollekte war ja nicht für uns, sondern für den Korpsleiterlohn, neue Instrumente usw.

In der alten Kirche hätte keiner gelacht bei der Frage. Damals waren die persönlichen Bedürfnisse noch nicht als »Privatsache« an den Rand der Gemeinde verbannt, sondern das Leben und die Bedürfnisse der Gläubigen waren das Zentrum der Gemeinde. Die Kollekte funktionierte exakt so wie in unserem Heilsarmee-Witz. Tertullian berichtet, wie es in der Gemeinde in Karthago um das Jahr 200 war:

»Und wenn auch eine Art Kasse vorhanden ist, so wird sie nicht etwa durch eine Aufnahmegebühr, was eine Art von Verkauf der Religion wäre, gebildet, sondern jeder Einzelne steuert eine mäßige Gabe bei an einem bestimmten Tage des Monats, oder wann er will, wofern er nur will und kann. Denn niemand wird dazu genötigt, sondern jeder gibt freiwillig seinen Beitrag . . . Es wird nichts davon für Schmausereien und Trinkgelage oder nutzlose Fresswirtschaften ausgegeben, sondern zum Unterhalt und Begräbnis von Armen, von elternlosen Kindern ohne Vermögen, auch für bejahrte, bereits arbeitsunfähige Hausgenossen, ebenso für Schiffbrüchige, und wenn welche in den Bergwerken, auf Inseln oder in den Gefängnissen . . . Versorgungsberechtigte ihres Bekenntnisses werden. Aber sogar die Ausübung dieser hohen Art von Liebe drückt uns bei gewissen Leuten einen Makel auf. ›Siehe‹, sagen sie, ›wie sie sich untereinander lieben‹ – sie selber nämlich hassen sich untereinander – und ›wie einer für den andern zu sterben bereit ist‹; sie selber nämlich wären eher bereit, sich gegenseitig umzubringen.«[94]

Eine Ahnung vom Umfang dieser Hilfe geben uns einige Zahlen aus dem Rom des Jahres 250.[95] Wir wissen nicht, wie viele Glieder die dortige Gemeinde dort damals hatte; die Schätzungen gehen von 15.000 bis 50.000. Bedenken wir, dass die meisten Sklaven und andere Wenigverdiener waren, muss es uns nachdenklich stimmen, dass diese Gemeinde nicht weniger als 100 Priester und (man beachte die Proportion!) 1.500 Arme versorgte. Als der Diakon und Märtyrer Laurentius verhört wurde, wo der Schatz der Kirche sei, antwortete er: »Die Armen sind unser einziger Schatz.«

Die Kirche sorgte auch für Arbeit, oder, wie es in einer Predigt hieß: »Wer arbeiten kann, dem gib Arbeit, wer nicht arbeiten kann, dem sei barmherzig.« Mussten Gemeindeglieder eine nicht für Christen erlaubte Arbeitsstelle aufgeben (z.B. als Soldat oder als Schauspieler; das römische Theater war sexuell sehr freizügig), verschaffte die Kirche ihm andere Arbeit.

Zuweilen leistete die Kirche auch Katastrophenhilfe an Nichtchristen. Der Kirchenhistoriker Eusebius von Cäsarea berichtet über eine in Rom wütende Pest, dass die Christen die Einzigen waren, »die in den so großen Drangsalen ihr Mitgefühl und ihre Nächstenliebe durch die Tat kundgaben. Die einen widmeten sich Tag für Tag der Pflege der Sterbenden und ihrer Bestattung . . ., andere versammelten die von Hunger Gequälten aus der ganzen Stadt an einem Orte und teilten Brot unter sie aus. Ihr Tun sprach sich bei allen Menschen herum, und man pries den Gott der Christen . . .«[96]

Eine solche Resonanz erhält nur die Kirche, die das, was sie predigt, lebt. Wieder geht es nicht primär darum, was gesagt wird, sondern was gehört wird. Erst wenn die Kirche selber arm wird, werden ihre Worte gehört. Der Lobgesang auf unsere Freiheit in Christus gelangt nur sehr gedämpft nach draußen, solange er von all unseren wirtschaftlichen Sicherheiten aufgesogen wird.

Aber genau hier liegt die Falle! Ahnungslos schieben wir die Schuld auf die Institution Kirche. Genau wie das Reden vom ach so bösen »Markt« ein unverbindliches Gefasele über Kräfte werden kann, die sich in sicherer Entfernung von unserem Lebensstil befinden, können wir auch »die Kirche« zu einer bequemen Abstraktion machen, zu der nur »die anderen« gehören. Die Wahl zwischen Gott und Mammon zeigt sich in unserem eigenen Leben, denn die Kirche – das sind wir! In den Berichten aus der alten Kirche geht es auch um die eigenen Häuser und Bankkonten, nicht nur um die kirchlichen Mittel »da oben«. Wie groß ist die Rolle der Brüder und Schwestern für unsere Existenz im Vergleich etwa mit der Firma, dem Staat, der Schule, dem Arbeitsamt? Wie können wir in unserer Gemeinschaft eine Freiheit vom Mammon gestalten? Wir könnten z.B., nach dem Muster der Gemeinde in Karthago, einen Flüchtling unterstützen, der ein eigenes Geschäft aufbauen will, oder einen Bauern, der auf Bio-Anbau umstellen will, oder eine Gruppe junger Arbeitsloser usw.

Meine fünfzehn Jahre bei der Zeitschrift *Nytt Liv* haben mir gezeigt, dass ökonomische Alternativmodelle möglich sind. Anstatt unsere Angestellten nach Geschlecht, Leistung oder Ausbildung zu bezahlen, beschlossen wir von Anfang an eine Entlohnung nach Bedürftigkeit. In den ersten Jahren hatte jeder seine normalen Ausgaben nachzuweisen, und das Gehalt wurde entsprechend berechnet. Es waren harte Jahre, und ein Sandkorn im Getriebe war, dass wir schlicht nicht alle gleich offen sind mit dem Angeben unserer Bedürfnisse. Mit der Zeit gingen wir zu einer festen bedarfsorientierten Gehaltskala über, nach Familienstand, mitverdienendem Ehepartner, Kinderzahl und Studentendarlehensschulden. Auf diese Art konnte eine frisch eingestellte Packerin in der Poststelle ein höheres Gehalt bekommen als ein langjährig tätiger verheirateter Journalist. Es gelang uns so, einen Betrieb mit zum Schluss mehrmals eine halbe Million D-Mark Jahresumsatz und bis zu 15 Angestellten (knapp 10 Ganzzeitstellen) zu betreiben. Ganz ohne Reibungen ging es nicht ab, aber wir fanden es immer noch leichter als die Spannungen, die eine Bezahlung nach Leistung oder, schlimmer noch, Geschlecht mit sich bringt. Wir werteten das System fortlaufend aus, und jeder konnte sich äußern.

## Weder rechts noch links

Jede Generation muss neu die sichtbaren und unsichtbaren Ketten entdecken, die die Kirche binden und daran hindern, Christus in ganzer Freiheit nachzufolgen. Das Vertrauen auf Geld und Macht sind zwei Ketten, die die Kirche immer wieder niedergehalten und zu einer Vergeistigung der Armut geführt haben, so dass die Botschaft der Befreiung nicht mehr voll zu den bedrückten Menschen durchdrang. Aber im anderen Weggraben lauert gleich das Gegenstück zu dieser Sklaverei: die Befreiung allein von materieller Armut, die zu einer Art Schmalspur-Variante des Materialismus führt, der in fetterer Gestalt in unseren Einkaufszentren blüht. Nur auf die ökonomische und militärische Unterdrückung zu zeigen bedeutet, wie Erzbischof Romero in seiner Predigt sagte, den Menschen die wirkliche Befreiung vorzuenthalten. Die Grundfrage der Gottesbeziehung des Menschen bleibt unbeantwortet, und unter den scheinbar revolutionären Strukturen gedeihen die Wurzeln der Sünde ungestört weiter.

Wer kennt sie nicht, jene bleischweren Predigten und Artikel über die grenzenlose Not der Welt, die grenzenlose Schuld der Kirche und meine eigene grenzenlose Verantwortung, etwas an diesem Elend zu ändern. Oft wurzelt dieser Schuldgefühl-Nebel in persönlichen Enttäuschungen über das Versagen der Kirche in der Gesellschaft. Spiritualität wird zu Duckmäuserei erklärt, mit der man nichts zu tun haben will.

Wo aber das Evangelium fort ist, bleibt das Gesetz, eine endlose Wüstenlandschaft mit hohen Bergen aus lauter »Du sollst« und »Du musst«. Nur zu leicht erliegt man dann der Versuchung, seinen inneren Hunger an dem neuheidnischen Büffet zu stillen, das nicht so muffig riecht wie die Sprache Kanaans. Wer dem urchristlichen Evangelium die Tür gewiesen hat, der öffnet sie leicht dem modernen Ersatz des Ökotrips, der fernöstlichen Meditation oder des feministischen Gaia-Kultes.

Dergleichen lässt eine gesellschaftskritische Bewegung im Handumdrehen zu ihrem eigenen größten Feind werden. Viele ihrer Anhänger erfasst das große Elend, denn alles politische Engagement der Welt kann die innere Bitterkeit und Schuld nicht heilen. Das Gesetz wirkt exakt wie zur Zeit Jesu: Es schafft eine kleine, verhärtete Elite Selbstgerechter, und die große Masse schuldbeladener Sünder hat keine Chance. Aber vielleicht noch schlimmer ist, dass es die Mehrheit der Christen gegen politische Verantwortung gleichgültig werden lässt: »Da sieht man mal wieder, wie die Menschen innerlich arm werden, wenn sie sich zu sehr mit der Gesellschaft beschäftigen.« Und die Gemeinde, der Riese, der mehr als alles andere die Welt bewegen könnte, schläft ruhig weiter.

Ähnlich ist es mit dem traditionellen Engagement einzelner

Christen in politischen Parteien. Natürlich muss es möglich sein, dass Christen innerhalb des etablierten politischen Systems aktiv werden und es so stark wie möglich beeinflussen. Doch die Kirche hat sich immer wieder schwer getan, eine durchdachte Strategie dafür zu schaffen, so dass sie oft das Gegenteil von dem erreichte, was sie wollte. Teils waren das theologische Bewusstsein und die geistliche Wegweisung viel zu seicht, so dass der christliche Beitrag rasch vom allgemeinen Parteiprofil aufgesogen wurde. »Christliche Werte« – welche Partei will sie nicht? Und teils standen diese christlichen Politiker auch auf einsamstem Posten, denn die Kirche kann sich ja nicht an eine bestimmte Partei binden.

Mehr noch: Dieses ganze System verstellt nur zu leicht den Blick dafür, dass die weltverändernde Kraft des Evangeliums primär dann zum Tragen kommt, wenn die Kirche als Kirche fungiert, und nicht in dem individuellen Engagement Einzelner.

Auch hier scheinen wir einer spannenden Zukunft entgegenzugehen. Inner- wie außerhalb der Kirche entdecken immer mehr, in was für einer Sackgasse die ideologische Debatte gelandet ist. Wir sind in einem geschlossenen politischen System, in welchem wir rechts wie links an die gleichen Betonmauern des Materialismus stoßen. Allein in Christus kann ein ganz anderes Weltbild durchbrechen, das alles menschliche Leben ins Licht des Schöpfers stellt.

Die grundlegende politische Frage ist eine geistliche: Welche Götter beten wir an? Die Kirche hat den prophetischen Auftrag, die falschen Götter – Geld, Waffen, Ideologie, Macht, Sex, Nationalismus usw. – zu entlarven und zur Umkehr zum lebendigen Gott aufzurufen. Nur die Kirche, die frei ist vom Hoffen auf diese Götzen, kann ihren Auftrag ausführen.

Das Pendel zwischen »konservativ-gesetzlich« und »liberal« scheint die Kirche seit ihren Anfängen zu begleiten. Michael Green schreibt über das Tauziehen der alten Kirche mit dem jüdischen und dem heidnischen Kraftfeld: »Man sollte wohl bedenken, dass der größte Feind des Judenchristentums der falsche Konservatismus war (bei dem Jesus nur eine Ergänzung zum Gesetz war), während die größte Gefahr für das Heidenchristentum in der verkehrten Anpassung an die Denkformen seiner Zeit lag (an den damaligen Zeitgeist mit der beginnenden Gnosis). Gesetzlicher Konservatismus erstickt echtes Christentum, Liberalismus löst es auf.«[97]

Dies gilt für das ganze Spektrum, von der Seelsorge bis zur Politik. In einer Zeit der Identitätskrise für Links und Rechts, Konservativ und Liberal ist es eine Schicksalsfrage, dass die Kirche sich freimacht von diesen kulturellen Zwangsjacken, um dem Lamm nachzufolgen, »wohin es geht« (Offenbarung 14,4). Wir gehören nicht einer Ideologie, sondern dem lebendigen Gott. Gottes Reich in Parteiklischees hineinpressen zu wollen, ist so ähnlich wie einen Zaun um den Sonnenschein bauen zu wollen oder einen Tiger in einen Papiersack zu stecken.

Ein Beispiel für solches Klischeedenken ist die Familie, politisch traditionell ein Thema der »Rechten«: Die »Linken« sind Schuld am Zusammenbruch von Ehe und Familie; hätte man nur nicht die Frau in die Berufstätigkeit gedrängt . . . In Wirklichkeit kommt die Auflösung der Familie gerade den Kräften zupass, die das Rückgrat der Rechtsparteien sind: den Unternehmen und dem Markt. In der alten Industriegesellschaft, wo der Arbeiter nur produzierte, war die Familie gut für den Markt; die Hausfrau kümmerte sich um die Einkäufe, damit der Mann sich ganz seiner Arbeit widmen konnte. Heute, wo der Arbeiter nicht nur Produzent, sondern mindestens genauso Konsument ist, ist die Familie nur im Weg, denn sie braucht ja nur *einen* Staubsauger, *einen* Fernseher, *ein* Auto. Lauter Ein-Personen-Haushalten kann man viel mehr verkaufen.

Der amerikanische Soziologe Christopher Lasch hat gezeigt, wie die Werbung auflösend auf die Familie wirkt, indem sie die Menschen dazu ermuntert, »das Schaffen des eigenen Ich als die höchste Form der Kreativität zu sehen«. Die überarbeitete Frau tröstet sich mit neuen Einkäufen, und »die Freiheit zum Konsum verkleidet sich als echte Unabhängigkeit«. Ähnlich wird den jugendlichen Konsumenten der Erwachsenenstatus vorgegaukelt. Das Endergebnis ist, dass »die Werbung Frauen und Kinder von der patriarchalischen Autorität befreit, nur um sie unter die Fuchtel der Werbeindustrie, des Paternalismus der Firmen und des Staates zu zwingen«.[98]

Auch für die Mobilität auf dem Arbeitsmarkt ist der Zerfall der Familie gut. Man weiß doch, wie schwer es ist, mit einer ganzen Familie umzuziehen . . . Hier zeigt sich auch, dass die Arbeitslosigkeit – ein typisches »linkes« Thema – einer der am meisten familienspaltenden Faktoren ist, sowohl für die Ehe als auch für die Kinder. Wenn es eng wird, lassen viele Eltern ihre Minderwertigkeitsgefühle an ihren Kindern aus – sofern sie die Erziehung nicht ganz an den Fernseher abgeben.

Nein, das alte Rechts-links-Schema (auch in der Gemeinde) hindert uns nur daran, die Fragen im Lichte der Bibel zu sehen, indem es uns in fertige politisch korrekte Meinungspakete hineinzwingt. Wir sind gefordert, in Jesu Namen diese Klischees aufzudecken und ihren spaltenden Einfluss auf die Gemeinde zu brechen. Einige Beispiele:

– Es ist möglich, energisch für die Gleichberechtigung der Frau einzutreten und sie vor der Schändung des Ebenbildes Gottes durch Vergewaltigung, Prostitution und (in manchen Ländern) selektive Abtreibung von Mädchen in Schutz zu nehmen, ohne den Männerhass der militanten Feministinnen zu übernehmen.

– Es ist möglich, die Gottesebenbildlichkeit des ungeborenen Kindes zu bejahen und in der Gemeinschaft der Kirche nein zur Abtreibung zu sagen, ohne die Frauen, die abgetrieben haben, zu verurteilen und ihnen Vergebung und Seelsorge vorzuenthalten.

– Es ist möglich, für drangsalierte Homosexuelle einzutreten und ihnen seelsorgerlich und barmherzig zu begegnen, ohne das Problem auf den Nenner »unterdrückte Minderheiten« zu reduzieren und gegen die Schrift und die Tradition der Kirche die Verdrehung der Schöpfungsordnung durch die homosexuelle Handlung zu akzeptieren.

– Es ist möglich, unsere Verwandtschaft mit der ganzen Schöpfung zu bekennen und wie einst Franziskus unser bedrohtes Ökosystem als unseren Bruder und unsere Schwester zu heilen, ohne in den Pantheismus zu fallen oder die einzigartige Stellung des Menschen zu leugnen.

Was sollen wir also tun, um nicht zu ertrinken in der Problemflut der Welt? Viel zu viele Menschen sind ja ausgebrannt in ihrem Engagement und haben nicht mehr die Kraft, der Außenwelt mehr als einen resignierten Gedanken zu schenken. Vielleicht können diese beiden Wahrheiten uns helfen:

*Gott ist groß.* Er konnte den Busch vor Mose brennen lassen, ohne dass dieser verzehrt wurde. Solange wir Gott Gott sein lassen und nicht eine bloße Kraftquelle für unser Handeln, ist das Risiko des Ausbrennens radikal reduziert. Gott ist ihn immer wert – den stillen Weihrauch des Gebets in unserem Inneren und in der Mitte der Gemeinde. Sich einer *Aufgabe* hingeben, kann letztlich nur zu Frustration und Resignation über dem so mageren Ergebnis führen. Sich dem *lebendigen Gott* hingeben macht uns lebendig, hält uns lebendig und lässt uns unser begrenztes Engagement im Lichte seiner Gnade sehen. Wie man im Mittelalter sagte: Gott ist immer größer.

Das Grundmuster hat Jesus uns im Abendmahl gegeben. Er nahm ... dankte ... brach ... gab. So sind wir wie ein Brot in seinen Händen. Ihm geben wir uns, nicht der Welt, und es ist seine Sache, uns zu segnen, zu brechen und der Welt zu geben. Auf seine Art, zu seiner Zeit, zu seiner Ehre.

*Die Kirche ist groß.* Eine Folge der Spaltung der Kirche sind erschöpfte Christen, die glauben, alles selber machen zu müssen. Wie oft sind wir niedergesunken unter dem Fluch einer falsch verstandenen »Ganzheitlichkeit«: Du musst ein reiches inneres Leben haben *und* allen Menschen Jesus bezeugen *und* für die Armen kämpfen *und* für den brasilianischen Regenwald *und* dem betrunkenen Pennbruder helfen usw. usw. Welch eine Befreiung, zu entdecken, dass das »Ganze« ja nicht in mir liegt, sondern in der Gemeinde. Ich muss, ja ich soll gar nicht alles machen; aber die Kirche tut alles.

Hier können wir viel lernen von unseren katholischen Geschwistern, die sich die Kirche etwa nach dem Bild der kommunizierenden Röhren vorstellen. Das verborgene Gebet an einer Stelle gibt den Brüdern und Schwestern an einer ganz anderen Stelle Kraft, wie ein Leben spendender Blutkreislauf, der viel größer ist als mein persönliches Andachtsleben. Thomas Mertons Gedanken über die Versuchung zum Aktivismus in seinem kontemplativen Orden mag uns ein weiteres Bild geben: »Die Gefahr war ständig, dass die intensive geistliche Kraft, die der Heilige Geist uns in der Buße und Kontemplation schenkte, die Dämme brechen und in ein eigenes Missionsfeld ausströmen ließ, anstatt eine verborgene Kraftquelle für all die anderen aktiven Arbeiter in der Kirche zu sein.«[99]

## Zwischen Anpassung und Ausbrechen

Einer der mächtigsten Päpste der Geschichte war Innozenz III. (1198-1216), der über ein großes Reich mit Territorien in ganz Europa herrschte. Er regierte wie ein weltlicher Fürst, hatte Generäle und Armeen und betrieb eine genauso rücksichtslose Außenpolitik wie alle anderen Herrscher seiner Zeit. Unter Bischöfen und Priestern grassierte die Korruption, das theologische Wissen in der Provinz war oft bescheiden, sexuelle Affären unter den Dienern der Kirche nicht ungewöhnlich.

Zur gleichen Zeit kämpft in den Bergen der Toskana ein junger Mann mit Gott. Er hat mit seinem Vater, einem reichen Tuchhändler, gebrochen. Anstatt ein Fest nach dem anderen zu geben, trägt er die billigsten Kleider und haust in Grotten und halb verfallenen Kapellen, um zu beten. Er weiß, dass Gott ihn gerufen hat, aber noch sieht er nicht, was das konkret bedeuten soll. Der Schmerz und die Angst müssen tief gewesen sein: erst der radikale Aufbruch aus dem alten Leben, und jetzt – Leere, Dunkelheit, Verwirrung.

Eines Tages ist er wie meistens in einer kleinen Kapelle, die Damianus geweiht ist. Er liegt vor dem großen gemalten Kruzifix auf den Knien. Plötzlich merkt er, wie Jesus vom Kreuz zu ihm spricht: »Franziskus, geh hin und baue mein Haus wieder auf. Du siehst ja, wie es verfällt.«[100] Verwirrt deutet Franziskus den Befehl buchstäblich. Er kratzt etwas Geld zusammen und beginnt, ein paar der Kapellen um Assisi zu restaurieren; aber als einige seiner alten Freunde zu ihm kommen und um geistliche Wegweisung bitten, ahnt er, dass der Auftrag viel tiefer geht.

Weitere Männer schließen sich der kleinen Schar an. Sie verschenken ihre Habe an die Armen und beten, predigen draußen unter den Menschen, besuchen Kranke. Der Kontrast zwischen diesen armen Friedensstiftern und den goldbehängten Bischöfen und päpstlichen Armeen muss, gelinde gesagt, groß gewesen sein.

Nichts spricht in unseren Augen dafür, dass diese beiden Männer, Innozenz und Franziskus, sich je treffen werden. Sie sind ja wie Hund und Katze. Franziskus sagt doch sicher: »Dieser Papst hat rein nichts vom Evangelium begriffen! Es ist Zeit, dass wir das Ruder übernehmen.« Und Innozenz: »Diese überspannten Fanatiker! Nicht auszudenken, wenn die in der Kirche an die Macht kommen!« Denken wir.

Aber dann geschieht etwas. Eines Tages stehen Franziskus und seine Gefährten in dem goldgeschmückten Audienzzimmer und fallen vor Innozenz, der auf seinem Thron sitzt, nieder. Der Papst gibt sich geschäftsmäßig kalt und abweisend: Nein, noch mehr Orden braucht die Kirche nicht, ihr könnt gehen. Franziskus, hartnäckig, erzählt ein Gleichnis, in welchem mehrere Königssöhne unter gewöhnlichen Dienern aufwachsen; als sie schließlich zurück zu ihrem Vater kommen, kennt der sie nicht wieder. Ist nicht klar, dass die

Brüder die Söhne der Kirche sind? Der Papst reibt sich nachdenklich das Kinn: Gut, kommt morgen wieder . . .

In der Nacht hat Innozenz einen Traum. Er sieht, wie die Mauern der großen Lateranbasilika Risse bekommen, die Steine lösen sich, gleich wird alles einstürzen. Aber da steht ein armer Bettelmönch und stemmt sich mit aller Kraft gegen die Kirche, und sie stürzt nicht ein. Das entscheidet die Sache. Als die beiden sich am folgenden Tag wieder treffen, ist der Papst wie verwandelt. »Was für eine Regel willst du für deinen neuen Orden haben?« Der Rest ist Geschichte, wie man so sagt.

Die franziskanische Erweckung verbreitete sich wie ein Lauffeuer über Europa und stellte jahrhundertealte Vorstellungen über das Leben der Kirche auf den Kopf. Mönche, die nicht hinter ihren dicken Klostermauern blieben, sondern sich unter das Volk begaben und an den Straßenecken predigten, und zwar in der Muttersprache und nicht auf Kirchenlatein . . . Und barfuß waren sie und ärmlich gekleidet! Nein, es war nicht mehr wie früher in der Kirche . . .

Halten wir einen Augenblick inne: Was wäre geschehen, wenn Franziskus so wie wir gedacht und der etablierten Kirche und dem Papst den Rücken gekehrt hätte? Die Geschichte bietet genügend Beispiele, um sich das wahrscheinliche Szenario vorzustellen: eine kurz und heftig aufblühende Erweckung, dann Krise und Personalwechsel in der Leitung, eine immer starrere Struktur und zum Schluss ein langsames Sterben, mit immer enttäuschteren Anhängern: »Und wir dachten . . .« Und der Traum des Papstes von der einstürzenden Kirche wäre Wirklichkeit geworden – ohne das Happy End. Die Kirche wäre mehr und mehr zerfallen und nicht mehr fähig gewesen, Menschen zum lebendigen Christus zu führen.

Aber was mussten denn Franziskus bzw. Innozenz mitbringen, damit es so ging, wie es dann kam? Nun, Franziskus musste verstehen, was die Aufgabe der Kirche war: So gebrechlich und verwirrt sie auch sein mochte, ihm das Leben weiterzugeben, er konnte sie unmöglich übergehen und von seiner Berufung in die Nachfolge Christi trennen. Indem er die Kirche nicht zu einem frei über ihrer konkreten irdischen Gestalt schwebenden Ideal machte, bekannte er sich zur Menschwerdung Gottes.

Weiter musste Franziskus seine entstehende Kommunität als Gabe an die ganze Kirche verstehen und nicht als Mittel zur Verwirklichung seiner persönlichen Visionen. Die offizielle Führung der

Kirche musste er trotz all ihrer offensichtlichen Mängel als die notwendige Instanz sehen, die die Kirche zusammenhielt, und sich daher ihrer Weisung unterordnen. Und er musste einen so großen Glauben an den Heiligen Geist haben, dass er bereit war, das ganze Projekt aufzugeben, falls die Leitung der Kirche es nicht akzeptierte. War es von Gott, dann konnte es nur vorübergehend gestoppt werden, und es war nicht Franziskus' Aufgabe, es durchzuboxen; und war es nicht von Gott, dann war es ja nur gut, wenn nichts daraus wurde.

Von Innozenz wurde die Bereitschaft verlangt, überhaupt auf die Brüder zu hören, und genügend geistliche Klarheit, um Gottes Stimme in dem Traum zu erkennen. Er musste eine offene, großzügige Sicht von der Kirche haben und begreifen, dass der Heilige Geist aus allen Richtungen Leben schafft – nicht nur von oben. Er musste es zulassen können, dass die fruchtbarsten Initiativen nicht von ihm selber oder seinen engsten Mitarbeitern kamen, sondern von eher exzentrischen Menschen, die vielleicht gar keine Priester oder Theologen waren. Als Führer der Kirche musste er für Theologie und Arbeitsformen der neuen Bewegung deutliche Bedingungen stellen. Er musste bereit sein, persönlich Kontakt zu Franziskus zu halten, und zu seiner Verantwortung dafür stehen, dass diese Bewegung ein Segen und nicht ein Problem für die Kirche wurde.

Und nicht zuletzt musste er Franziskus und seinen Brüdern Freiraum für ihre Initiativen und Experimente geben, ohne gleich auf die Bremse zu treten, sobald etwas Unerwartetes geschah. Genau wie Franziskus musste er einen tiefen Glauben haben, dass der Heilige Geist fähig ist, Gottes Gemeinde auch auf ungewohnten Wegen zu führen.

## Zwei Arten des Verrats

Wie gehen wir um mit unserer Sehnsucht und Frustration? Es ist eine Sache, in tiefen Zügen das Quellwasser des Neuen Testaments und der alten Kirche zu trinken – aber was macht man, wenn die eigene Kirche eher an eine Sandwüste erinnert? In diesem Ringen landen wir, wenn wir uns dem nicht durch ein nettes bisschen Wirklichkeitsflucht entziehen. Brüder und Schwestern, was machen wir mit der Kirche?

Franz von Assisi und unzählige andere bekannte und unbekannte Christen vor uns weisen uns den Weg. Nennen wir ihn so: *der schmale Weg zwischen Anpassung und Ausbruch.* Es gibt nämlich zwei Arten, unsere Sehnsucht – und damit Gott und seine Gemeinde – zu verraten.

Die eine besteht darin, dass wir ein paar Jahre gegen den Strom schwimmen, feststellen, dass alles nichts bringt, und dann unsere Sehnsucht auf Sparflamme zurückdrehen. Das System lässt sich nicht ändern, die Leute wollen es ja nicht anders. Es gibt ja so viele andere Sachen, die dankbarer sind als die Kirche: Karriere, Hobby, Ausbildung, Haus und Garten ... Ich gehe natürlich weiter zum Gottesdienst, und einmal in der Woche die Jungschar übernehmen, warum nicht? Aber das muss reichen, es ist besser so. Und nett sind die Leute ja.

Und unter dieser grauen Anpassung wird die Glut meiner Gottessehnsucht langsam zu Asche. Ja, dies ist wirklich ein Verrat, nicht nur an mir selber, sondern auch an der Gemeinde, die den nächsten funktionierenden Kompass verloren hat. Allein Gott weiß, wie viele Sehnsüchtige ihr Weinen auf diese Art gestillt haben. Vielleicht hat er in seiner unergründlichen Barmherzigkeit irgendwo auch für ihre erstickte Hingebung einen Platz, als verborgenes Saatkorn für ein kommendes Erwachen. Aber jetzt sehen wir nur Trauer, Resignation, stilles Dahinwelken.

Bei der zweiten Art, unsere Sehnsucht zu verraten, ziehen wir einen anderen Schluss aus dem trägen Widerstand der Gemeinde: Ich muss hier raus! Also in eine andere Kirche. Oder ich bilde mit ein paar Gleichgesinnten eine neue Gemeinde, in der man das Neue Testament wieder zum Leben erwecken kann.

Ich weiß aus eigener Erfahrung, wie schier unwiderstehlich verlockend diese Alternative sein kann, vor allem für eine Gruppe junger Enthusiasten, die es nicht erwarten können, endlich »im Glauben aufzubrechen«. Wir waren ganz nahe daran in der christlichen Großfamilie, die wir Ende der 70er Jahre aufbauten.

Ich glaube, heute sind wir dankbar, dass wir es doch nicht taten. Die unzähligen ähnlichen Aufbrüche, die Schweden in den letzten 20 Jahren gesehen hat, waren anfangs sicher segensreich. Aber drei Dinge scheinen solchen Abspaltungen wie ein Schatten zu folgen. Erstens dauert es nicht lange, bis man exakt wieder in Strukturen gelandet ist, die trotz hartnäckigen Leugnens verdächtig bekannt aussehen. Es stellen sich Routine und Dürreperioden ein, die man mit immer größerer Lautstärke kaschieren muss.

Zweitens ist die ursprüngliche Gemeinde durch diesen Auszug sehr wahrscheinlich kräftig gegen alles, was mit geistlicher Erneuerung zu tun hat, geimpft worden. Es sind ja die gegangen, die man am meisten brauchte! Da sieht man, wie es geht, wenn man es mit der Frömmigkeit übertreibt! Und die Gemeinde zieht sich vollends in die ausgefahrenen Gleise zurück, und wenn das nächste Mal jemand vorsichtig anfragt, ob nicht vielleicht . . ., erhebt sich eine Mauer aus verletztem Schweigen.

Und drittens führt der Ausbruch zu noch einem Verein in einer bereits zersplitterten Kirchenlandschaft. Die Enthusiasten beteuern eifrig, dass sie »das ganze Volk Gottes segnen«, aber Christen wie Nichtchristen sehen mit bloßem Auge, dass hier mitnichten ein Segen ist. Jede neue Spaltung nimmt dem christlichen Zeugnis etwas von seiner ursprünglichen Kraft und lässt es in dem allgemeinen Zerfallsprozess der pluralistischen Gesellschaft mittreiben. Dazu kann der Spaltpilz leicht süchtig machen: Wenn eine noch neuere Gemeinde noch mehr Freiheit des Geistes hat, warum dann nicht . . . Das Ganze ist eine ahnungslose Kopie des rastlosen Konsumhungers unserer Zeit, mit dem durchsichtigen Feigenblatt, dass man da sein will, »wo der Herr wirkt«.

Dieses rastlose Umherwandern ist nichts Neues. Benedikt lebte zur Zeit der Völkerwanderung, die manches mit unserer Zeit heute gemeinsam hatte. In einer solchen Situation lautet der prophetische Auftrag der Kirche nicht »Aufbrechen«, sondern »Bleiben«. Benedikt sah, wie jene Rastlosigkeit Menschen zu »geistlichen Krüppeln« machte. Gewisse Wandermönche, die *Gyrovagen*, hatten sie sich damals zum Lebensstil erkoren. Benedikt verurteilt sie scharf:

»Diese treiben sich ihr Leben lang in den verschiedenen Gegenden herum und halten sich in den Zellen einzelner Mönche drei oder vier Tage auf; immer unstet, nie beständig, sind sie Sklaven ihres Eigenwillens und der Gaumenlust . . .«[101] Wie soll ein solcher Mensch geistlich reif werden? Er flieht ja dauernd vor den festen äußeren Rahmen, die ihn in die Tiefe zwingen würden, und lebt immer nur an der Oberfläche.

Für die Benediktinermönche war es eine Grundbedingung, mit diesem Vagabundieren aufzuhören. Das lateinische Wort *stabilitas* spricht für sich selbst; es war eines der mönchischen Gelübde: Hier werde ich bleiben. Diese Regel und diese vier Wände werden mir helfen, nicht mehr zu fliehen, sondern mich meinen inneren Feinden und Gott zu stellen.

Ein anderes Schlüsselwort in dieser geistlichen Erziehung ist die *Zelle*. Für den Mönch hat dieses Wort, wie für uns, zwei Seiten. Es kann *eingesperrt* und *abgeschirmt sein* heißen, und es kann Zentrum und Quelle des Lebens bedeuten. Bewusst in seiner Zelle, seiner Begrenzung zu bleiben, ist seit den Wüstenmönchen die Grundstufe der geistlichen Schule im Kloster. Für den Menschen, der dies verweigert und sofort weg will, sobald es schwierig wird, kann der geistliche Lehrer wenig tun.

Mit der »Zelle« – ob nun einer Klosterzelle, einer Ehe, einer Pfingstgemeinde, einer Mitarbeitergruppe oder was auch immer – berühren wir den Nerv des schmalen Weges der Heiligen. Ich weiß, dass Christus mich in seine Nachfolge gerufen hat, und ich weiß, dass nichts in der Welt mich daran hindern kann; im Gegenteil: Alles, was mir begegnet, auch Widerstand und Grenzen, muss letztlich Gottes Ziel in meinem Leben dienen – *wenn ich dies will*. Warte ich dagegen ständig nur auf neue offene Türen und Segnungen, dauert es nicht lange, bis ich das erste Hindernis für meine Nachfolge entdecke, vor dem ich folglich flüchten muss, und schon ist die Jagd in vollem Gang.

»Bleibt hier und wacht mit mir!«, lautet Jesu einfache Instruktion an seine Jünger in Gethsemane (Matthäus 26,38). Sie brauchen nichts zu tun, nichts zu organisieren, zu verteidigen oder zu arbeiten, nicht einmal ein bestimmtes Gebet zu formulieren – nur dieses: nicht flüchten, sondern zusammen mit Jesus wach bleiben; den Kampf führt er selber. So ist auch jede lästige Begrenzung, in der wir landen, jede Erfahrung der Blindheit und Gefangenschaft der Kirche eine Einladung Jesu, in diesem Schmerz bei ihm zu bleiben. Das ist nicht einfach. Wenn wir bei einem Schwerkranken wachen, fällt es uns leichter, dauernd aufzustehen und tausend Handreichungen zu tun, als einfach am Bett sitzen zu bleiben, das Leiden des Kranken zu teilen, zu hören und zu beten – aber das Zweite ist das, was am meisten hilft.

Ein englischer Pastor, der mit der scheinbar hoffnungslosen Diskrepanz zwischen dem, wonach er sich sehnte, und der Realität in seiner Gemeinde kämpfte, betete: »Herr, nimm mich nicht aus dem System heraus, nimm das System aus mir heraus.« Gerade so wie in einer kriselnden Ehe können die Phantasien von dem grüneren Gras jenseits des Zaunes übermächtig werden. Wenn ich in dieser Gemeinde wäre, wenn ich jenen Posten hätte, wenn dieser Mensch nicht im Gemeinderat säße . . . Genauso wie nach einer vollzogenen Scheidung dürfen wir uns aber auch nicht zum Richter über den setzen, der nicht mehr konnte und schließlich ging. Für einen angeknacksten Menschen kann dies die einzige Überlebensmöglichkeit sein.

Aber es kann nicht der Ausweg aus der Krise der Kirche sein. Die Befreiung muss tiefer gehen als der Ausbruch aus einem einengenden System, sie muss bedeuten, dass wir selber innerlich frei von diesem System werden; erst dann sind wir in der Lage, etwas zu schaffen als Antwort darauf, wer Gott ist, und nicht als Protest gegen das, was die Kirche ist.

Eine berühmte Legende aus der alten Kirche ist wie ein Spiegel unserer Situation. Die Freunde des Petrus drängen ihn, Rom zu verlassen, wo der Boden zu heiß für die Christen wird. »Aber Brüder, wollen wir etwa Deserteure werden?«, protestiert Petrus. »Nein«, sagen die anderen, »flieh, damit du weiter dem Herrn dienen kannst.« Petrus lässt sich schließlich überreden. Vor dem Stadttor begegnet ihm Jesus, der auf dem Weg hinein in die Stadt ist. »Wo willst du hin, Herr?«, fragt Petrus ihn. »Nach Rom, um mich kreuzigen zu lassen«, erwidert Jesus. »Du willst dich wieder kreuzigen lassen, Herr?« »Ja, Petrus, jetzt werde ich wieder gekreuzigt.« Da begreift Petrus. Der Herr verschwindet, und Petrus geht zurück in die Stadt.[102]

Nur das doppelte apostolische Zeichen – Leiden und Auferstehung – kann die apostolische Kirche gestalten. Der Mutter des Herrn, die Jesus in ihrem Leib trug und der Welt schenkte, prophezeite der greise Simeon, als er das Kind in seinen Armen hielt: »Auch durch deine Seele wird ein Schwert dringen« (Lukas 2,35). Nicht nur einmal, sondern etliche Male sollte Maria diesen eisigen Schmerz verspüren: als Jesus sein Elternhaus verließ, als er gemartert wurde, als sie unter dem Kreuz stand, als sie seinen erkaltenden Leib in ihrem Schoß hielt. Sicher halfen ihr die Worte Simeons, nicht vor ihrem Schmerz zu fliehen, sondern ihn still zu tragen, in dem Wissen: Auch hier habe ich Teil an Gottes Sohn.

Es ist nichts Spektakuläres an diesem Prozess, nichts, was man in Gemeinderat oder Gottesdienst als Zeugnis vortragen könnte. Es ist ein Schmerz, den wir mit niemand als nur Jesus teilen können. Das Schwert durch meine Seele dringen lassen . . . Der unendliche Kontrast zwischen Sehnsucht und sichtbarer Wirklichkeit, zwischen dem, wonach ich brenne und rufe, und der Situation um mich, die blind und taub für all das zu sein scheint.

Aber wenn ich nicht so das Schwert durch mich selber dringen lasse, werde ich es zwischen andere Menschen dringen lassen. Dann verlagert der Schmerz sich ein Stückchen; das große Problem ist jetzt dieser Mensch und jene Gruppe, die »gegen das Werk des Herrn stehen«. Wie Maria das Schwert durch meine Seele dringen lassen, ist ein Teilhaben an Christi Leiden, das heilend und versöhnend auf die Gemeinde wirkt. Sich diesem Schmerz verweigern und wild um sich schlagen heißt, die Gemeinde verletzen und spalten.

## Ein sanfter Regen

»Aber es geschieht doch nichts«, seufzen wir. Aber aus Gottes Perspektive, der im Verborgenen ist und in das Verborgene sieht, geschieht das Entscheidende vielleicht gerade jetzt. Wir registrieren es nicht, weil es noch nicht sichtbar ist, aber die schmerzhaften Wehen sind ein Wachsen, in welchem Gott am Werk ist.

Wir können dies nicht beschleunigen. Hier entlarvt sich unsere Fixierung auf die schnelle Lösung als das, was sie ist: die kindische Weigerung, erwachsen zu werden. Das Kind will alles sofort haben. »Wir stehen vor einer Erweckung, vor dem ganz großen Durchbruch!« – in der tiefen Krise der Kirche ist dies nicht ein Zeichen für Glauben, sondern für Verzweiflung. Die Verzweiflung lässt uns vor dem Schmerz fliehen, der Glaube hilft uns, ruhig in ihm zu bleiben.

Vielleicht kann ein Bild uns helfen. Wenn eine monatelange Trockenperiode den Boden steinhart gemacht hat, ist ein Wolkenbruch nicht das Beste: Das Wasser kann nicht in die Erde eindringen, sondern fließt sofort wieder ab, wobei es möglicherweise noch wertvollen Mutterboden wegspült. Was nötig ist, ist ein sachter Landregen, der den Boden bis in die Tiefe hinein tränken kann.

Während dieses allmählichen Prozesses kann mir der Heilige Geist zeigen, wie es wirklich in meinem Inneren ist. Habe ich auf meine innersten Motive gehört? Und auf die Not meiner Brüder und Schwestern, die unter all den Diskussionen versteckt liegt? Habe ich auf Gottes Willen gehört, bevor ich gebetet habe?

*Wenn ich nicht warten will:* Beruht dies auf *Ungeduld?* Dass ich nicht meinen eigenen Schmerz spüren will und deshalb auch nicht den der Gemeinde bewältigen kann? Dass die Konflikte an Wunden aus meiner Vergangenheit rühren, die mich nicht klar sehen lassen? Dann liegt das Problem vielleicht zuerst bei mir selber und muss zum Gegenstand meiner eigenen Seelsorge und meines Gebetslebens werden, bevor ich frei dafür werde, auf Gottes Willen für die Gemeinde zu hören.

Oder beruht es auf *Ehrgeiz?* Muss ich beweisen, wie gut ich bin, dass meine Ideen und Lösungen die besten sind? Will ich zur Schau stellen, wie geistlich ich bin, anstatt den anderen zu dienen? Ertrage ich es nicht, starke und kreative Personen neben oder gar über mir zu haben? Auch dies ist mehr eine Frage für mein eigenes Seelsorge- und Gebetsleben als für Diskussionen mit der Gemeindeleitung.

*Wenn ich nicht weitergehen will*: Der Gegenpol zur Rastlosigkeit ist, dass ich weiß, was ich tun soll, aber vor der Hürde stehen bleibe. Es ist so ähnlich wie beim Reiten. Ein Reiter muss lernen zu unterscheiden, ob das Pferd Angst hat oder ungehorsam ist, wenn es nicht weiter will. Es wäre falsch, ein Pferd, das Angst hat, zu bestrafen, oder einem ungehorsamen Pferd seinen Willen zu lassen.

Habe ich also Angst vor der Veränderung? Dann brauche ich vielleicht, gerade so wie das Pferd, Zeit, mich ruhig zu orientieren, hinzusehen, zu lauschen und zu entdecken, dass da ja gar keine so große Gefahr ist. Ich muss mehr Gottes Nähe suchen, denn das Licht seines Angesichts vertreibt die Angst. »Aber als du dein Antlitz verbargest, erschrak ich« (Psalm 30,8). Herr, ich suche dein Angesicht!

Oder bin ich Gott *ungehorsam?* Eigentlich weiß ich, was er will, aber ich will meine Sicherheiten, Bequemlichkeiten, Positionen nicht aufgeben. Hier leuchtet Gottes Scheinwerfer in den innersten Kern meiner Existenz hinein: Was ist das Ziel meines Erdenlebens? Was ist mir am wichtigsten? Wer ist Gott eigentlich für mich? Was bedeutet es, Jesu Jünger zu sein?

Wir könnten noch viele Fragen stellen; diese paar mögen genügen als Beispiele für den Prozess des Hörens, der sich mir öffnen kann, wenn ich nicht vor meinem Schmerz fliehe. Wenn ich in meinem eigenen Leben durch diesen Prozess hindurchgehe, zusammen mit Gott (im Gebet) und einem guten Seelsorger, hat das auch zutiefst etwas mit der Gemeinde zu tun. Überspringe ich meine persönliche Problembearbeitung, um stattdessen die Probleme der Gemeinde zu lösen, mache ich die Schwierigkeiten nur noch größer.

»Ziehe zuerst den Balken aus deinem Auge! *Und dann wirst du klar sehen,* um den Splitter herauszuziehen, der in deines Bruders Auge ist« (Lukas 6,42). Beachten wir die Verheißung in diesem Satz! Es gibt eine Klarsichtigkeit, nach der die Gemeinde ruft und die man sich nicht anlesen oder einstudieren kann. Mit diesem klaren Blick kam Franziskus nach seinem langen, einsamen Kampf ins Tal zurück. Er kam nicht, um etwas zu beweisen, sondern um zu dienen.

Aber wie überlebt man in einer ausgedörrten Gemeinde? Woher bekomme ich die innere Speise, die ich brauche, um diesen sich hinziehenden Geburtsprozess durchzustehen? Hier hat man oft die Schafe als Vorbild genommen, die von selber über den Zaun auf die saftigere Wiese springen, wenn die eigene abgegrast ist. Handgreifliche Erfahrungen mit den Tieren unseres Nachbarn (doch, doch, wir sind gute Freunde . . .) haben uns jedoch gezeigt, dass sie es sehr rasch lernen, einfach so über den Zaun zu springen, auch wenn das eigene Gras gut ist. An die Schafe können wir uns also nicht halten.

Aber ein anderes Bild für das Leben mit Gott ist im Alten wie im Neuen Testament der Baum. Bäume springen nicht durch die Gegend, und wenn man sie verpflanzt, ist das Risiko groß, dass sie sterben. Stoßen die Wurzeln eines Baumes auf Stein und Fels, wachsen sie einfach in eine andere Richtung. Der Baum steht weiter an seinem alten Ort, aber sein verborgenes Wurzelsystem erstreckt sich meterweit zur Seite und nach unten, um das Leben spendende Wasser zu holen. Das ist die Erklärung für die kerngesunde Kiefer oder Birke mitten in einem Steinhaufen.

Dass ich »an meinem Platz« bleibe, muss also nicht bedeuten, dass ich meine Nahrung nur von dort beziehe. »Alles ist euer«, sagt Paulus in 1. Korinther 3,21 und deutet damit den gewaltigen Nahrungsstrom an, den der geistliche Blutkreislauf der Kirche bietet. Die jährliche Einkehrzeit wird heute für viele Christen – nicht zuletzt für solche, die in der Gemeinde Verantwortung tragen – wieder zu einer Selbstverständlichkeit. Sie ist ein idealer Raum für das ungestörte Hören auf Gott und die eigene Seele. Anders als Kurse und Konferenzen, bei denen man mehr bei anderen auftankt, haben diese Stillen Tage, bei denen man seine eigenen Quellen erschließt, oft eine ausgezeichnete Langzeitwirkung auf das innere Leben. Sie machen uns unabhängig von dem ständig neuen »Kick« von außen, indem sie uns in Verbindung mit Wasseradern bringen, die die Wüstendürre der Gemeinde nicht erreichen kann.

Die tiefsten Wurzeln haben die Wüstenpflanzen, während die verwöhnte Treibhauspflanze sehr empfindlich ist, wenn sie ausgepflanzt wird. Die Kirche braucht robuste Gewächse mit tiefen Wurzeln, die auch eine Dürre durchstehen und geduldig auf den Frühling warten können, der die Wüste wieder blühen lässt.

Auch die persönlichen Beziehungen sind natürlich ein lebenswichtiger Nährstrom. Wir brauchen Freunde, mit denen wir in Gespräch und Gebet unsere Sehnsüchte und Frustrationen teilen können. Hier ist der Heilige Geist heute dabei, ein verborgenes Netzwerk von Person zu Person zu knüpfen, quer durch alle Konfessions- und Gemeindegrenzen hindurch, wo man einander ermuntert und stützt, einander »Bruder und Mitgenosse an der Bedrängnis und am Reich und an der Geduld in Jesus« ist (Offenbarung 1,9). Dieses Netz gibt uns schon jetzt Leben und Trost; es geschieht etwas an uns, einfach dadurch, dass wir uns treffen. Hier liegt auch etwas von dem tragenden Netzwerk der Zukunft, gleichsam ein verborgenes Pfadfinden, das eines Tages sichtbare Formen annehmen kann, die jetzt noch hinter dem Horizont liegen.

## »Swadeshi«

Unser persönlicher Hörprozess ist die Voraussetzung dafür, dass wir überhaupt die Phase des gemeinsamen Hörens in der Gemeinde beginnen können. Meine persönliche Sehnsucht ist der Ausgangspunkt, auch für mein Gespräch mit anderen in der Gemeinde. Aber sie kann dieses gemeinsame Gespräch keineswegs ersetzen. Hier gibt es viele traurige Beispiele für »Propheten«, die der verdutzten Gemeinde verkünden, was Gott alles von ihr will, ohne dass sie die anderen jemals an ihrem Ringen und Fragen hätten teilhaben lassen. In einer verunsicherten Gemeinde, die sich verwirrt fragt, ob das nicht vielleicht doch von Gott kommt, kann ein solcher Mensch schweren Schaden anrichten. Hier sind Leiter gefragt, die ihr eigenes Inneres gut kennen und es gelernt haben, nicht nur Gottes Wort zu erkennen, sondern auch seine Stimme . . .

Jesus Christus steht *mitten in* der Gemeinde und spricht aus unserem Leben und unseren Erfahrungen heraus. Gute Zeichen für seine Stimme sind Wiedererkennen, Freude, Aufmunterung, Versöhnung, Kreativität, Hoffnung. Er steht nicht irgendwo am Rande und redet in wunderlichen Worten, die uns unsicher, missmutig, schuldbeladen und uneins machen. In unserer »Satellitenschüssel-Kultur« ist dies unerhört wichtig. Die Lösung der Gemeindekrise liegt nicht in irgendeiner fernen Botschaft, die wir noch nicht empfangen haben, sondern im Zentrum, wo unser Herr steht und uns zuruft, näher zu kommen, damit wir auf ihn hören können.

Im indischen Unabhängigkeitskampf arbeitete Gandhi unter anderem mit dem Begriff *swadeshi.* Er meinte damit »jene Gesinnung in uns, die uns darauf verweist, das zu benutzen und dem zu dienen, was zu unserer unmittelbaren Umgebung gehört, unter Ausschluss des mehr Abgelegenen.«[103] In einer Situation, wo Indien zum Rohstofflieferanten der Engländer herabgesunken war und für seine Versorgung ganz von ihnen abhing, bedeutete diese Strategie, dass man zurückkehrte zu den lokalen Erfahrungen und von ihnen her sein Selbstgefühl und seine Selbständigkeit aufbaute.

Wir müssen unsere lähmende Abhängigkeit von Experten von außen in Jesu Namen brechen, ob sie nun im akademischen oder im charismatischen Rock daherkommen. Der einzig mögliche Ausgangspunkt für unser Hören sind unsere eigenen Erfahrungen, Versuche, Misserfolge, Traditionen, Bedürfnisse und Fragen. Es wäre z.B. ein Verrat an diesem Buch, wenn ich es mit »Fragen für Gruppengespräche« oder Ähnlichem versehen würde. Es reicht doch wohl, dass wir so oft Antworten aufgezwungen bekommen, da braucht es nicht auch noch die Fragen! Dom Helder Camaras Besuch in dem Dorf ist ein biblischerer Weg. Was sind unsere Probleme? Was für Mittel und Erfahrungen haben wir, um ihnen zu begegnen?

Jeder Impuls, der die Menschen in der Gemeinde von ihrem Zentrum in Christus fortlockt und das Hören auf Gottes Stimme im Herzen und in den Erfahrungen vor Ort mindert, kommt vom Bösen, *selbst wenn die Ideen an sich noch so gut sind.* Genau wie bei der Einzelseelsorge geht auch bei der Gemeinde eine wirkliche Hilfe ganz darauf aus, uns offen zu machen für Gottes Stimme in unserem Leben. Ein ständiges Bedürfnis nach Modellen und Stimulation von außen schaffen heißt die Gemeinde niederzureißen statt sie aufzubauen. Natürlich dürfen wir berichten, was anderenorts geschieht, und uns davon ermuntern lassen, aber das Risiko ist groß, dass dies auf den Prozess vor Ort eher lähmend wirkt, weil wir meinen, dies sei »die Lösung für uns«. Wie Mose sagte: »Denn es ist das Wort ganz nahe bei dir, in deinem Munde und in deinem Herzen, dass du es tust« (5. Mose 30,14).

Gottes Werk beginnt oft mit einer Sehnsucht, und ein erster Schritt besteht darin, dass wir unsere Sehnsucht den anderen in der Gemeinde zeigen und es wagen, unsere Träume zu formulieren, obwohl wir keine Möglichkeit sehen, sie zu verwirklichen. Es gibt immer sogenannte Realisten, die sich wie Habichte auf alles stürzen, was sich nicht sofort in ein Drei-Punkte-Programm umsetzen lässt. Sie ersticken nicht nur die Stimme des Geistes, sondern schließlich auch die der Menschen. Was übrig bleibt, ist ein gut funktionierender Betrieb, der wie ein Blinder um sich tastet, wenn die Herausforderungen kommen.

Wenn ich meine Gedanken über die Gemeinde mit einer Gruppe teile, bekomme ich manchmal Reaktionen wie: »Ja, sollen wir also unsere ganze Arbeit an den Nagel hängen? Was sollen wir denn stattdessen machen?« Sie klingt irritiert, die Frage, und wie das Gespräch weitergeht, hängt stark davon ab, ob wir es in ruhigere Bahnen lenken können. Zunächst einmal habe ich nicht gesagt, dass wir mit unserer Arbeit aufhören sollen, sondern dass wir uns genau überlegen sollten, wohin die Reise unserer Gemeinde gehen soll; im Lichte dieser Frage sollten wir dann unsere Arbeitsformen überprüfen, das ausbauen, was bereits in die richtige Richtung geht, und das abschaffen, was dies nicht tut.

Und zweitens habe ich buchstäblich keine Ahnung, was die Gemeinde »stattdessen« tun soll. Dies muss in der Gemeinde selber wachsen. Und an dieser Stelle liegt eine gefährliche Falle in diesem Einwand. Der Gedankengang ist ungefähr so: »Wir wissen, was wir haben, aber nicht, was wir kriegen. Solange niemand einen fertigen Plan auf den Tisch legen kann, bleiben wir lieber beim Altbewährten.« Die Erfahrung zeigt, dass eine solche Gemeinde nach und nach verkümmert. Sie ist hilflos gefangen unter der Tyrannei der Sichtbarkeit und wird nie einen Glaubensschritt tun können. In ihr gilt nur der Status quo als »realistisch«. In Wirklichkeit ist ein solches Denken das genaue Gegenteil von dem, was die Bibel unter Realismus versteht:

»Es ist aber der Glaube eine feste Zuversicht auf das, was man hofft, und ein Nichtzweifeln an dem, was man nicht sieht. Durch diesen Glauben haben die Vorfahren Gottes Zeugnis empfangen ... Durch den Glauben hat Noah ... die Arche gebaut zur Rettung seines Hauses, als er ein göttliches Wort empfing über das, was man noch nicht sah ... Durch den Glauben wurde Abraham gehorsam, als er berufen wurde, in ein Land zu ziehen, das er erben sollte; und er zog aus und wusste nicht, wo er hinkäme ... Durch den Glauben verließ er [Mose] Ägypten und fürchtete nicht den Zorn des Königs; denn er hielt sich an den, den er nicht sah, als sähe er ihn ...« (Hebräer 11,1-2+7-8+27)

Wenn Noah, Abraham und Mose von Gott verlangt hätten, ihnen erst haarklein zu sagen, was alles geschehen würde, hätte keiner von ihnen sich aufgemacht. Wenn die Apostel von Jesus einen detaillierten Plan verlangt hätten, wie sie das Evangelium »bis an das Ende der Erde« (Apostelgeschichte 1,8) tragen sollten, wäre heute niemand von uns Christ. Der Ruf nach einem sichtbaren »Modell«, wie die Gemeinde der Zukunft aussehen soll, dürfte eines der effektivsten Hindernisse für das Entstehen dieser Gemeinde sein. Gott hat uns einfach nicht dazu berufen, als Sklaven der Sichtbarkeit zu leben, sondern er will, dass wir im Glaubensgehorsam vor ihm leben, der uns in das Unsichtbare und Unbekannte hinausruft. Wir gehen diesen Weg nicht deswegen, weil wir wüssten, was alles geschehen wird, sondern weil wir wissen, wer Gott ist.

Aber ... wenn das schiefgeht ... wenn die Leute ihre Arbeitsstelle verlieren ... wenn noch weniger zum Gottesdienst kommen ... wenn ... Die Bibel ist stockrealistisch gegenüber den Risiken der Veränderung. Als Mose und Aaron zum Pharao gingen, um Freiheit für das versklavte Volk zu erwirken, reagierte er damit, dass er das Arbeitssoll noch höher schraubte (2. Mose 5). Ähnliche Töne hören wir manchmal, wenn wir in der Gemeinde über all die Betriebsamkeit klagen und tiefere Quellen suchen und die anderen uns vorwerfen, dass wir uns halt nicht einbringen wollten ...

Und so war das erste Ergebnis der Befreiungsarbeit, dass die Lage noch schlechter wurde. Die Israeliten schmierten das Mose und Aaron gleich aufs Butterbrot: »Der Herr ... strafe es, dass ihr uns in Verruf gebracht habt ...« (2. Mose 5,21). Und Mose klagte es Gott (V. 22-23). Bevor es besser werden kann, muss es erst schlimmer werden – dies ist ein Grundgesetz des Lebens, das seinen deutlichsten Ausdruck in Jesu Tod und Auferstehung gefunden hat.

Als die Sowjetunion auseinanderbrach, schrieb Hans Magnus Enzensberger einen Artikel über die Helden des Rückzugs, in welchem er feststellte, dass die alten Eroberer in unseren Tagen abgelöst worden seien von Helden eines neuen Schlags, die nicht für Sieg, Eroberung und Triumph stünden, sondern für Abwicklung, Demontage, Verschrottung. Wir hätten allen Anlass, uns mit diesen Spezialisten der Negation zu befassen, denn auf sie sei unser Erdteil angewiesen, wenn er überleben will. Es sei Clausewitz gewesen, jener Klassiker des strategischen Denkens, der gezeigt habe, dass die schwierigste aller Operationen der Rückzug ist. Dies gelte auch für die Politik. Der Gipfel der Kunst des Möglichen bestehe darin, eine unhaltbare Position zu räumen.[104]

Solche Schritte in der Gemeinde zu tun, ist nicht ein Ausdruck mangelnden Glaubens, sondern gerade umgekehrt: Nur der, der wirklich glaubt, dass Christus von den Toten auferstanden ist, wagt es, das Sichtbare sterben zu lassen, und sieht, wie durch Christi Auferstehungskraft Neues wächst. Der Zweifler klammert sich bis zuletzt an das Sichtbare und verzögert so die Geburt des Neuen.

# Postludium – Ausklang

»Und der Herr erschien ihm im Hain Mamre, während er an der Tür seines Zeltes saß, als der Tag am heißesten war« (1. Mose 18,1).

Es war vielleicht das erste Mal, dass Gott seine Vorliebe für Zelte zeigte. Einige hundert Jahre später wandert ein ganzes Volk unerträglich langsam durch die Wüste. Vierzig Jahre dauert die Wanderschaft, die rein technisch in ein paar Wochen zu schaffen wäre. Mit auf der Wanderung hat das Volk die Stiftshütte, ein tragbares Zelt zur Unterbringung der wichtigsten Zeichen der Gegenwart Gottes unter seinem Volk.

Als sie endlich das neue Land erreicht haben, nimmt das Zelt mit der Zeit dauerhaftere Formen an. Aber auch im Tempel betet das Volk Gottes den an, der nicht in Tempeln wohnt, die mit Händen gemacht sind (Apostelgeschichte 7,48). Er ist ja der, dessen Kleid Licht ist, der den Himmel ausbreitet wie einen Teppich (Psalm 104,2)!

Eines Tages schlug Gott sein Zelt auf einer schönen Wiese bei Bethlehem auf. Ja, so steht es wörtlich im Urtext: Und das Wort wurde Fleisch und zeltete unter uns (Johannes 1,14). Viele versuchten mit vereinten Kräften, dieses Zelt in ihre eigenen engen Labyrinthe einzumauern, aber Gott ließ sich nicht einsperren. Er ist der ewige Pilger, der mit seinem Zelt weiterzieht, wie der Wind weht . . .

Daher ist jede Begegnung mit Gott eine Zeltbegegnung. Wir ruhen uns aus vor seinem Angesicht, lernen unsere Mitwanderer kennen und brechen zur nächsten Wegstrecke auf. Der, der auf dem Thron sitzt, schlägt sein Zelt über uns auf, damit wir nicht hungern und dürsten müssen. Und das Ziel? Das ist auch ein Zelt, aber ein viel besseres: »Siehe, das Zelt Gottes bei den Menschen! Und er wird bei ihnen wohnen, und sie werden sein Volk sein, und Gott selbst wird bei ihnen sein. Und er wird jede Träne von ihren Augen abwischen« (Offenbarung 21,3-4; unrevidierte Elberfelder Übersetzung).

Letzten Sommer war ich auf einer Einkehrfreizeit. Ein Märchenschloss in Wales, mit Aussicht über das Meer und die Hügel mit grasenden Schafherden. Seit dem 19. Jahrhundert ist in diesem Schloss, St. Beuno, ein College für werdende Jesuitenpriester. Sein berühmtester Schüler war Gerald Manley Hopkins, einer der größten englischen Dichter.

Als vor einigen Jahren die Kapelle restauriert wurde, da hätte man dem Namen des Dichters ein kleines Denkmal setzen können, z.B. mit einem schönen Messingschild mit der Aufschrift: »Hier hielt G. M. Hopkins seine erste Predigt. Bitte nichts berühren.« Ein nettes Museum für die Helden von gestern.

Stattdessen riss man die harten, dunklen Bänke heraus und entfernte den alten Altar vorne im Chor. Ein sandfarbener Teppichboden schickte die Gedanken in eine bestimmte Richtung, und ganz richtig: Mitten auf dem Boden mauerte man auf einem Haufen Natursteine einen runden Altartisch, um den man in mehreren Kreisen einfache, lose Stühle aufstellte. Über das Ganze hängte man, wie eine wogende Decke gegen die brennende Wüstensonne, große weiße Zeltplanen zwischen die dunklen Eichenbalken. Was hatte die Architektin sich dabei gedacht? Nun, sie hatte sich an ein Wort aus dem Zweiten Vatikanischen Konzil erinnert, dass Gottes Gemeinde auf der Wanderschaft ist ...

Man hätte die Kapelle mit ihrer Ehrfurcht gebietenden Geschichte unverändert lassen und den Menschen mit den neumodischen Gedanken auf die Finger klopfen können. Worauf sie vielleicht ihr Zelt abgebrochen und woanders neu aufgeschlagen hätten. Gut, dass es nicht so kam.

# ANMERKUNGEN

1 *Dagens Nyheter* v. 22. Jan. 1995
2 Thomas Merton, *Conjectures of a Guilty Bystander*, New York 1989, S. 116
3 Thomas Merton, *Conjectures* . . ., S. 116
4 Carsten Jensen, in: *Moderna Tider* v. Okt. 1991
5 Ignatius av Loyola, *Pilgrimens berättelse*, Stockholm 1981, S. 42f
6 *Urkunder till kyrkans historia*, urspr. von Arvid Sjöstrand, Stockholm 1970, Teil 5/133
7 Walter Kasper, »Att ge tron vidare«, *Signum* 8/1985
8 Ignatius an die Smyrnäer, in: *Die apostolischen Väter*, Bibliothek der Kirchenväter, Kempten 1918, S. 148
9 *Des hl. Irenäus fünf Bücher gegen die Häresien*, Bd. II, Buch V. 17.1, Bibl. der Kirchenväter, 1912, S. 518
10 Ignatius an die Smyrnäer (s. Anm. 8), S. 148f
11 ebenda S. 149f
12 *Des hl. Irenäus fünf Bücher gegen die Häresien*, Bd. II, Buch IV.18.5, S. 380
13 *Dagens Nyheter* v. 20. Febr. 1995
14 Dietrich Bonhoeffer, *Nachfolge*, München, 6. Aufl. 1958, S. 1,8,10f
15 *Urkunder till kyrkans historia* (s. Anm. 6), Teil 1/14
16 *Des hl. Kirchenvaters Caecilius Cyprianus sämtliche Schriften*, Bd. I, Bibl. d. Kirchenväter, München 1928, S. 42f (Traktat an Donatus, Abschnitt 4)
17 *Dagens Nyheter* v. 25. Juni 1993
18 Richard Rohr, »Why Does Psychology Always Win? – The process of conversion from self-actualization to self-transcendence«, in: *Sojourners* Nov. 1991
19 Zitiert in: Thomas Merton, *Conjectures* . . . (s. Anm. 2), S. 44-45
20 Magnus Malm, *Under mandelträdet*, Skellefteå 1993, S. 17
21 Thomas Merton, *Seeds of Destruction*, 1961, S. 33f
22 Zitat aus dem Film »Ghandi«
23 Thomas Merton, *Conjectures* . . ., S. 126
24 Ann-Louise Eriksson, in: *Svenska Dagbladet* v. 3. Juni 1987
25 *Svensk Missionstidskrift* 4/1990
26 *Des hl. Irenäus*, Bd. I, Buch III. 24.1, S. 316
27 *Des hl. Irenäus*, Bd. II, Buch V. 9.3, S. 494
28 Das dämonische Plagiat scheint die ganze Geschichte hindurch Gottes Werk wie ein Schatten zu folgen. Als Aaron vor dem Pharao Wunder tut, damit dieser Israel ziehen lässt, tun die Zauberer des Pharao das Gleiche (2. Mose 7,8-13). Am anderen Ende der biblischen Offenbarung warnt Jesus vor falschen Propheten, die in der Endzeit viele mit ihren Zeichen und Wundern verführen werden (Mt 24,23-25). Nicht anders verfährt das Tier in der Offenbarung (Offb 13,11-15). Das Urbild der Propheten, Mose, gibt übrigens zwei Kriterien für falsche Prophezeiungen: Entweder sie treffen nicht ein (5. Mose 18,21-22) oder sie treffen ein, aber im Namen falscher Götter (5. Mose 13,1-4)
29 *Des hl. Irenäus*, Bd. I, Buch II. 32.4, S. 199
30 Plato, *Phaidon*, zitiert nach: *Urkunder till kyrkans historia*, Teil 1/35. Die gängige dt. Übersetzung von Schleiermacher (*Werke*, Griech. u. Dt. Bd. 3, Darmstadt, 2. Aufl. 1988, S. 82 d) ist hier bis zur Unverständlichkeit unelegant (d.Ü.)
31 Plotin, *Enneaden*, zitiert nach: *Urkunder till kyrkans historia*, Teil 1/52,57
32 Timothy (Kallistos) Ware, *The Orthodox till kyrkans historia*, Teil 1/52,57

[33] Siehe z.B. die Warnung Jesu in der Bergpredigt, Mt 7,21-23. Ähnlich Paulus in 1. Kor. 13,2

[34] Vgl. z.B. das große Gebot in 5. Mose 6,4-5 sowie die Auseinandersetzung mit den falschen Göttern in Jes 40-41

[35] Thomas Merton, *Conjectures* . . ., S. 284

[36] *Des hl. Athanasius ausgewählte Schriften*, Bd. II, Bibliothek der Kirchenväter, Kempten 1917, S. 705 (= Leben des hl. Antonius, Kap. 14)

[37] *Populär Historia* 6/1993

[38] C.S. Lewis, *Die große Scheidung*, München 1966, S. 123ff (Kap. 13)

[39] In: *Katolsk Kyrkotidning* 2/Jan. 1994

[40] *Katolsk Kyrkotidning* 9/Mai 1994

[41] Hans Sundberg in einem Interview in der schwedischen Tageszeitung *Svenska Dagbladet* v. 5. Febr. 1995

[42] *Weisung der Väter*, Nr. 944

[43] *Weisung der Väter*, Nr. 703

[44] Didache, in: *Die apostolischen Väter (vgl. Anm. 8)*, 1918, S. 7 und 10 (Kap. 2,2 und 5,3)

[45] *Signum* 5/1994

[46] Didache, in: *Die apostolischen Väter* (vgl. Anm. 8), 1918, S. 11f (Kap. 9)

[47] Michael Green, *Evangelisation zur Zeit der ersten Christen*, Neuhausen-Stuttgart 1970, S. 35

[48] Zitiert nach: *Urkunder till kyrkans historia*, Teil 5/107

[49] Zitiert in: Per Jönsson, »Gud själv regerar i USA?«, *Dagens Nyheter* v. 30. Dez. 1991

[50] Thomas Merton, *Conjectures* . . ., S. 45-46

[51] Interview in *Nytt Liv* v. Sept. 1983. Die Angaben über das Pinochet-Regime wurden in die Vergangenheitsform umgeschrieben

[52] Carl Bildt, *Svensk kyrkotidning* Nr. 35-36 v. 2. Sept. 1994, resp Leif Blomberg, *Dagens Nyheter* v. 23. März 1995

[53] Quelle: »Kenya – Taking Liberties«. An African Watch Report, USA, Juli 1991

[54] Der Brief an Diognet, in: *Frühchristl. Apologeten und Märtyrerakten*, Bd. I, Bibl. der Kirchenväter, Kempten 1913, S. 165f (= Kap. 5-6)

[55] »Adam, var är du?«, rapport från manshelg på Rättviks stiftsgård 1989, hrsg. v. Svenska kyrkans församlingsnämnd

[56] Siehe Gunnar Westin, *Der Weg der freien christlichen Gemeinden durch die Jahrhunderte*, Kassel 1956, S. 21-27

[57] Siehe Gerard Arbuckle, *Refounding the Church*, London 1993

[58] Thomas Merton, *Conjectures* . . ., S. 14-15

[59] Siehe Henry Chadwick, *Die Kirche in der antiken Welt*, Berlin 1972, S. 144

[60] Ebenda, S. 304

[61] Michael Green, *Evangelisation* . . ., S. 152

[62] Zitiert in Timothy Ware, *The Orthodox Church*, S. 252

[63] Broomé/Cottin, *I kyrkans mitt*, Stockholm 1989, S. 150

[64] *Die Regel des hl. Benedikt*, Beuron, 12. Aufl. 1980, Kap. 64,19

[65] Henry Chadwick, *Die Kirche in der antiken Welt*, S. 30

[66] Margarete Kieffer, *Signum* 1/1992

[67] Ignatius von Loyola, *Geistliche Übungen*, Freiburg 1966, S. 15

[68] Gunnel Vallquist, *Stigfinnare*, hrsg. von Peter Halldorf, Alingsas 1994, S. 63

[69] *Ur Filokalia om hjärtats bön*, urval och övers. Sten Rodhe, Stockholm 1984, S. 64

[70] *Des hl. Athanasius ausgewählte Schriften*, Bd. II, S. 692f. (= Leben des hl. Antonius, Kap. 3)

71 *Die Schriften des hl. Franziskus von Assisi*, Werl, 3. Aufl. 1963, S. 142 (= Schreiben an den hl. Antonius von Padua)

72 *Nytt Liv v.* März 1985

73 Gustavo Gutierrez, *Irruption in the Third World*, Los Angeles 1983

74 James Dunn, »Ministry and the Ministry«, in: *Charismatic Experiences in History*, hrsg. von Cecil Robeck jr., New York 1985, S. 83-84

75 Kenneth Scott Latourette, *Geschichte der Ausbreitung des Christentums*, Göttingen 1956, S. 14

76 Erster Brief des Klemens an die Korinther, in: *Die apostolischen Väter* (vgl. Anm. 8), 1918, S. 52 (= Kap. 40,5)

77 C.H. Lawrence, *Medieval Monasticism*, Harlow, England 1984, S. 63

78 nach *Nytt Liv v.* Feb. 1988

79 Zitiert in: Catherine Mowry Lacugna, »Kvinnan, teologin och ämbetet«, *Signum* 9-10/1992

80 Didache, S. 13-15 (= Kap. 11, 12, 15)

81 Gunnar Westin, S. 19f

82 *Regel des hl. Benedikt*, Kap. 64,2

83 Ebenda, Kap. 62,1-8

84 Timothy Ware, *The Orthodox Church*, S. 254

85 Catherine Mowry Lacugna, »Kvinnor i kyrklig tjänst«, *Signum* 8/1992

86 Ein ähnliches Beispiel dafür, wie das Zeugnis des Heiligen Geistes eine bis dahin bestehende Grenze durchbricht, zeigt Apg 10, wo Petrus sich überwindet und das Evangelium auch zu den Heiden bringt. Als diese darauf den Hl. Geist bekommen, zieht Petrus den Schluss, dass die Grenze zu den Heiden durchbrochen ist: »Wer war ich, dass ich Gott wehren konnte?« (Apg 11,17)

87 Stefan Jonsson, »Geopolitiska kartritare«, *Dagens Nyheter v.* 19. Mai 1995

88 Zitiert in: Stefan Jonsson, »Vem tillhör morgondagen?«, *Dagens Nyheter v.* Mai 1995

89 *Dagens Nyheter v.* 20. Sept.1993

90 *Nytt Liv v.* März 1981

91 *Dagens Nyheter v.* 16. März 1993

92 *Jesuits and Friends*, Nr. 27, London 1994

93 Anders Ekenberg, »Den tidiga kristendomen och våldet«, *Signum* 5/1994

94 Tertullian, Apologetikum, Kap. 39, in: *Tertullians apologetische, dogmatische und montanistische Schriften*, Bibl. der Kirchenväter, Kempten 1915, S. 142f

95 Die Quelle der folgenden Beispiele und Zitate aus der alten Kirche ist: Per-Axel Sverker, »Fornkyrkan: den tysta revolutionen«, *Nytt Liv v.* April 1978

96 Eusebius von Caesarea, *Kirchengeschichte*, Darmstadt 1997, S. 398 (= Buch IX. 14)

97 Michael Green, S. 163

98 Christopher Lasch, *The Culture of Narcissism*, New York 1979, S. 168 und 140

99 Thomas Merten, The Waters of Siloe (HBJ, USA, 1979), S. 153

100 Henrik Roelvink, *De fattigas rikedom*, Stockholm 1983, S. 23

101 *Regel des hl. Benedikt*, Kap. 1,10-11

102 Michael Green, S. 273f

103 Hællqvist, *Indiens och Pakistans historia*, Lund 1970, S. 108

104 nach *Dagens Nyheter v.* 31. Dez. 1989